ROME

collection tempus

MARCEL LE GLAY

ROME

tome I

Grandeur et déclin de la République

Perrin
www.editions-perrin.fr

© Éditions Perrin, 1990, et 2005 pour la présente édition.
ISBN : 978-2-262-01897-9

tempus est une collection des éditions Perrin.

AVANT-PROPOS

L'HISTOIRE ÉCONOMIQUE ET SOCIALE PEUT-ELLE EXPLIQUER LA GRANDEUR ET LA DÉCADENCE DE ROME ?

Dans un article récent paru dans les *Cahiers de Clio*[1] et consacré à la présentation de son excellent livre sur l'histoire sociale de Rome[2], le grand historien de Heidelberg, Géza Alföldy, rappelle la formule frappante qu'a utilisée R. Mac Mullen pour évoquer la part prise par les sciences sociales dans l'explication des phénomènes historiques antiques. « Qui ne s'interroge pas sur les relations de César avec les différentes couches de la société romaine au moment où il éperonna son cheval pour la traversée du Rubicon connaît seulement César et son cheval. » Et G. Alföldy d'ajouter : « Notre génération a fait plus que les précédentes pour l'étude des forces sociales qui jusqu'ici étaient dissimulées dans l'ombre de César et de son cheval. » C'est vrai que l'historiographie française en particulier a longtemps attaché au politique et au religieux plus d'importance qu'au social[3].

---

1. 82-83, 1985, p. 11-30.
2. G. Alföldy, *Römische Sozialgeschichte*, Wiesbaden, 1984, paru aussi en anglais.
3. Est-ce un hasard s'il a fallu attendre 1987 pour disposer d'une traduction française de *l'Histoire économique et sociale de l'Empire romain* de M. Rostovtzeff, parue en anglais en 1925 ?

Que l'on voie en César le premier des *Caesares* ou le dernier des *imperatores* républicains, c'est toujours l'accent politique qui est mis en avant. Mais réduire l'histoire des trente dernières années de la République (de 60 à 27) à un conflit des forces sociales opposées est tout aussi excessif. Au vrai, seule une histoire globale des faits politiques et militaires qui en scandent le déroulement, des relations économiques et sociales qui résultent de la vie des hommes, de leurs besoins et de leurs aspirations matérielles, des institutions et de la manière dont les hommes les utilisent, des valeurs religieuses et culturelles qu'ils entretiennent et expriment pour eux-mêmes et leur postérité, peut à la fois rendre compte de la complexité des comportements humains et les expliquer ou du moins essayer de les expliquer.

L'histoire sociale ne peut à elle seule nous faire comprendre « les causes de la grandeur de Rome » et pas davantage les causes de son déclin. L'histoire politique non plus. Et encore moins l'histoire économique. Mettre en avant et de manière insistante la « société esclavagiste » comme la donnée essentielle de la société antique (et non seulement romaine) – ce qu'ont fait les diadoques marxistes, plus que Marx lui-même – relève de la simplification intellectuelle. Et, sous le prétexte que la vie économique était dominée par l'activité rurale, réduire l'essentiel des relations entre les hommes à une opposition, voire à un conflit entre les propriétaires du sol et les producteurs agraires, relève pour le moins de la légèreté. La vie économique et sociale de Rome et de l'Empire romain comporte d'autres aspects et a connu une évolution variable selon les époques et selon les régions, qui rendent les réalités historiques singulièrement plus complexes. Les Gaules et les provinces africaines n'ont pas connu le même taux d'esclavagisme que l'Italie. Les conflits entre propriétaires des fonds et producteurs n'ont pas été identiques en Afrique du Nord où une législation des domaines est bien connue – on y reviendra – et en Bretagne par exemple, où l'activité rurale était orientée d'une tout autre manière – on y reviendra également. On ne peut mêler dans une même appréciation d'ensemble l'histoire économique et sociale des provinces romaines du Nord européen et du Sud africain, des provinces orientales héritières à la fois d'un passé lointain tyrannique et d'un passé grec plus libertaire, et des provinces d'Occident qui ont hérité de traditions multiformes, celtiques, ibériques, berbères, mais aussi phéniciennes et grecques. Toute généralisation dans ces domaines est abusive, contraire aux réalités et, à la limite, intellectuellement malhonnête. Il n'y eut pas dans le monde romain de système social unique. Et partout la société, dans ses structures et ses comportements, a évolué.

Cela dit, il faut bien poser la question de la responsabilité du système économique romain et de l'ordre social romain dans les causes de la grandeur et du déclin de Rome et de son Empire.

Le système économique romain

Il est clair et admis généralement – G. Alföldy le souligne fortement – que la source principale de richesse, non seulement dans la Rome archaïque, mais aussi sous la République, à la fin de la République et sous l'Empire, était la propriété foncière bien plus que l'artisanat et le commerce. On verra les difficultés de l'agriculture italienne et celles des provinces ; là peut donc se situer une des déficiences du système. Ce qui caractérise bien le retard de l'activité artisanale et commerciale, c'est – note-t-il – que le monnayage romain commença seulement au début du IIIe s. av. J.-C. ou pendant la guerre de Pyrrhus. C'est la deuxième guerre punique qui lui donna toute sa valeur d'instrument d'échange. Et c'est aussi le fait que le développement technologique fut exceptionnellement lent ; il est significatif qu'il fut plutôt gêné que favorisé par les cercles dominants. Ainsi, par exemple, Vespasien empêcha la propagation de découvertes technologiques pour assurer les ressources des artisans pauvres (Suétone, *Vespasien*, 18) :

> Même, comme un ingénieur lui promettait de transporter à peu de frais au Capitole d'énormes colonnes, il lui offrit une somme considérable pour son invention, mais il refusa

de l'utiliser, en lui disant : « Permettez-moi de nourrir le pauvre peuple. »

Se contenter de caractériser le système économique romain comme un système capitaliste, comme l'ont fait les historiens marxistes, ou de mettre l'accent sur les traits capitalistes de l'économie romaine, comme l'ont plus ou moins accepté des historiens non engagés, voire antimarxistes comme Tenney Frank, Michael Rostovtzeff et F.M. Heichelheim, ne peut plus être envisagé aujourd'hui. On sait que la lex Claudia de 218 av. J.-C. limitait à 300 amphores, soit moins de 80 hectolitres de grains ou de liquides, le tonnage des navires appartenant à des sénateurs ou à leurs fils. C'était du même coup leur interdire non seulement de faire eux-mêmes du commerce maritime, mais aussi de posséder des navires utilisables par des entreprises commerciales. Les membres de l'ordre sénatorial devaient donc en principe s'en tenir à la grande propriété terrienne, conformément à la tradition, et s'abstenir de toute entreprise de caractère capitaliste. Ce sont les hommes d'affaires (*negotiatores*), à la fois grands commerçants, armateurs, prêteurs à gages, publicains, issus des milieux d'affranchis, de notables municipaux italiens, pour beaucoup originaires d'Italie centrale et surtout du Sud, des officiers enrichis par la guerre, certains chevaliers, qui se substituèrent à eux. À partir de 123, peut-être avant, il fut en outre interdit aux sénateurs de participer aux adjudications publiques, sauf quand il s'agissait de fournitures sacrées. De là naquit et se développa une catégorie sociale nouvelle de nouveaux riches et même très riches qui, bientôt, vont aspirer à leur tour à jouer un rôle politique, comme on le verra.

Bien entendu, ces mesures ont encouragé l'aristocratie romaine à constituer à son profit de très grands domaines fonciers. Et elle ne l'ont pas empêchée de s'enrichir par des activités d'entreprise. Des exemples fameux comme ceux de Lucullus, de Crassus ou de L. Domitius Ahenobarbus le montrent, on y reviendra. Il reste que, s'il y eut à Rome des forces « capitalistes », on les trouve davantage dans les milieux d'affaires que dans la classe sénatoriale.

Il est remarquable à cet égard, que, si les banquiers de métier[1] font leur apparition à Rome dès la seconde moitié du IVe s. av. J.-C., en fait dans les années 318-310, quand s'installent sur le Forum les premières boutiques des *argentarii*, c'est-à-dire des manieurs d'argent, le plus souvent des affranchis, c'est seulement un siècle et demi plus tard, dans les années 150-100 av. J.-C., que l'on voit se modifier leur situation sociale, en même temps que le volume de leurs affaires : les *argentarii* deviennent volontiers propriétaires de terres, de résidences et d'immeubles, et ils interviennent dans les ventes aux enchères. Mais il faut attendre le milieu du Ier s. av. J.-C., les années 60-40, pour assister à la véritable naissance de la banque, avec l'organisation du prêt à intérêt et l'installation de manieurs d'argent de métier : des essayeurs-changeurs (les *nummularii*) ont maintenant boutique sur rue, un comptoir (*mensa nummularia*) où se pratiquent l'essai des monnaies et le change. Ils ne sont plus seulement concentrés aux alentours immédiats du Forum ; ils se répandent dans la Ville où se multiplient leurs enseignes. Et si la plupart de ces « banquiers » sont toujours des affranchis, du moins sont-ils devenus riches et parfois considérés, même s'ils restent en dehors des ordres privilégiés. Aux membres de ces derniers, sénateurs et chevaliers, il leur arrive de prêter de l'argent, de recevoir d'eux des dépôts et d'effectuer leurs paiements. On sait le rôle qu'a joué M. Pomponius Atticus auprès de Cicéron comme banquier, mentor et confident. C'est chez Atticus qu'il déposait l'essentiel de ses disponibilités. Et on le voit, par le truchement de ses banquiers, se faire ouvrir en une fois un compte de 2 200 000 sesterces par un versement effectué au siège d'une société publicaine. Intéressé, âpre au gain et à ses intérêts,

---

1. Voir l'excellente thèse de doctorat de Jean Andreau, *la Vie financière dans le monde romain. Les métiers de manieurs d'argent (IVe s. av. J.-C. – IIIe s. ap. J.-C.)*, Rome, 1987.

mais prodigue et attaché à un train de vie luxueux, l'orateur doit lui-même emprunter et pas seulement à Atticus. En 62, au lendemain de son consulat, il confie (en plaisantant par un rappel catilinien) à Sestius ses embarras financiers : « Apprenez que je suis maintenant si chargé de dettes que j'aurais envie d'entrer dans une conjuration si l'on consentait à m'y recevoir » (*Ad fam.*, V, 6). Non sans méchanceté, J. Carcopino a naguère remarqué, en évoquant les rapports de Cicéron avec son fils Marcus, que dans ses lettres à Atticus, « où ils reviennent fréquemment, il est moins question d'éloquence ou de morale que d'économies ou d'équilibre budgétaire[1] ».

Si la place des « banquiers » dans la vie économique romaine n'a cessé de s'affirmer à partir de Ier s. av. J.-C., et si la profession a pu, dans quelques cas, déboucher sur des réussites sociales – le cas d'Octave Auguste dont le grand-père était *argentarius* (Suétone l'a affirmé et Marc Antoine s'en était moqué[2]) est exceptionnel et son succès sans rapport évident avec la profession de son ancêtre – il reste, comme l'a bien montré J. Andreau, que pour l'essentiel, les clients des manieurs d'argent de métier ne furent pas, même à l'apogée des affaires (disons au IIe s. ap. J.-C.), les sénateurs ou les chevaliers, mais bien plutôt les fabricants, les commerçants et les petits ou moyens propriétaires fonciers. Même un « Monsieur Jucundus » – le L. Caecilius Jucundus, homme d'affaires de Pompéi au Ier s. ap. J.-C. – dont l'activité a pu être étudiée grâce aux tablettes et aux inscriptions découvertes sur ce site[3], n'avait pas, semble-t-il, une fortune supérieure à 100 000 sesterces, soit l'équivalent du cens minimum requis pour entrer dans le sénat municipal... où il n'est d'ailleurs pas entré. C'était un ban-

---

1. J. Carcopino, *les Secrets de la correspondance de Cicéron*, I, Paris, 1947, p. 250 et sur ses relations avec Atticus, en part. p. 92 et suiv., 110-111, etc.
2. Son père, s'il n'était pas *argentarius* (banquier de métier), avait aussi des activités financières, avant d'entrer au sénat.
3. J. Andreau, *les Affaires de M. Jucundus*, Rome, 1974.

quier local. Et pour une fois, on peut extrapoler. Tous ou presque tous les manieurs d'argent de métier étaient des « financiers locaux, spécialistes des opérations effectuées sur place ou à brève distance ».

Quelles opérations ? Celles, on l'a dit, des artisans et commerçants, des petits et moyens propriétaires terriens. C'est un fait important de la vie économique romaine que le développement, dès le IIe s. av. J.-C., d'activités non agraires. Développement qui va s'amplifier au point d'atteindre un degré jusque-là inconnu dans l'histoire de l'économie antique. Récemment une liste de 525 métiers d'ouvriers et d'artisans a pu être dressée à partir des textes littéraires et épigraphiques[1].

Production domestique d'abord, qui devient très vite production artisanale, à partir notamment du bois, du textile, du cuir, cette activité qui, de l'Italie, va gagner peu à peu, parfois rapidement, les provinces où elle trouve les matières premières indispensables – le cuivre et le plomb argentifère d'Espagne, l'étain de Bétique, de Gaule et de Bretagne, le fer et l'argent des Balkans, mais aussi bien les produits de l'agriculture et de l'élevage – va trouver son essor dans le développement de la construction et du commerce et la progression du niveau de vie.

Comme l'a bien vu C. Nicolet[2], « le bâtiment représente certainement le seul "investissement" massif de l'Antiquité, en l'absence de véritables équipements industriels ». Qu'il s'agisse de la maison de pierre ou de brique, de la *villa urbana* ou *rustica* qui prend parfois l'aspect de palais : Cicéron – et il n'était pas le plus riche sénateur de son temps – ne possédait pas moins de cinq immeubles à Rome, dont un hôtel particulier (*domus*) sur le Palatin, acheté à Crassus pour 3 500 000 sesterces, dix *villae* et six

---

1. Il est vrai pour le Bas-Empire : H. von Petrikovits, dans la *Zeitschrift für Papyrologie und Epigraphik*, 43, 1981, p. 285-306.
2. *Rome et la conquête du monde méditerranéen*, I, *les Structures de l'Italie romaine*, Paris, 1977.

deversoria, c'est-à-dire des pied-à-terre en Italie. Qu'il s'agisse des grands travaux (aqueducs par exemple) et des édifices publics, civils et religieux, dont les communautés publiques et l'évergétisme privé dotent les villes à partir du IIᵉ s. av. J.-C. Qu'il s'agisse encore des travaux d'infrastructure routière et portuaire dont commencent à se pourvoir l'Italie et les provinces : la via Appia de Rome vers le sud date de la fin du IVᵉ s. (312) et la via Flaminia vers Rimini de 220, mais la via Popillia de Rimini à Adria ne date que de 132, la via Cassia d'Arretium à Florence et Pise de 127-124, la via Aurelia sur la côte tyrrhénienne de 119 et la via Aemilia qui la continue de 115 ; la via Egnatia qui, à partir de Dyrrachium (Durazzo), traverse la Macédoine vers Thessalonique et les Détroits est implantée dès 146-145 par le proconsul Cn. Egnatius, et en Gaule du Sud dès 121 la via Domitia qui relie l'Italie à la péninsule ibérique. Autant de routes qui, même si elles ont eu à l'origine une finalité stratégique, ont bien entendu servi les échanges. Et l'on ne peut oublier qu'à partir de la deuxième guerre punique, Rome est devenue une puissance commerciale maritime : des bateaux à voile d'un tonnage moyen de 150 à 500 tonneaux sillonnent la Méditerranée de mai à septembre – l'hiver, la mer est fermée (*mare clausum*) c'est-à-dire que, sans être interdite, la navigation est alors pratiquée aux risques et périls des navigateurs, privés de toute assurance – à partir de ports qu'on commence à aménager. Avec un certain retard sur Alexandrie, célèbre par ses bassins et son phare, modèle de tous les autres qui ont été construits de Caesarea (Cherchel) à Boulogne, l'Italie avec Tarente et Naples d'abord, puis Pouzzoles, Brindes et Ostie, et les provinces avec Marseille, puis Narbonne et Arles en Gaule, Carthagène puis Cadix et Tarragone en Hispanie, Carthage, puis Utique, Hippo Regius et Caesarea en Afrique du Nord se sont donné l'infrastructure portuaire qui a permis, une fois la piraterie éliminée grâce à l'action du Grand Pompée, de faire de la Méditerranée le célèbre *mare nostrum*, tant vanté et tant cité. Dans le même temps, Rome s'étant dotée d'un instrument d'échange avec la monnaie de bronze (l'*aes*) puis à partir de la deuxième guerre punique d'un système monétaire de valeur internationale, avec la monnaie d'argent, le denier, les deux monnaies étant intégrées dans un même système métrologique, les conditions financières et bientôt les techniques bancaires furent autant d'adjuvants à un grand essor commercial.

Parallèlement au développement de la construction et des bases matérielles du commerce, doit être prise en compte la progression du niveau de vie. On ne vit plus à Rome au IIe s. av. J.-C. comme on vivait dans la Rome royale ou dans la Rome des débuts de la république. Des cabanes de bois du Palatin on est passé à la maison en dur avec atrium et péristyle-jardin (la *domus*) ou à l'immeuble qui superpose ses appartements sur plusieurs étages (l'*insula*). Le mobilier, qui reste simple, n'est plus élémentaire : coffres et lits commencent même à être faits en bois précieux dans les demeures des riches. Les vêtements se sont compliqués et ils vont s'enrichir : de la laine grossière on est passé à la laine affinée, bientôt au lin d'Égypte et à la soie de Chine. L'alimentation s'est affinée elle aussi : on ne se nourrit plus de galettes et d'oignons comme les anciens, les boulangeries apparaissent à Rome en 170 av. J.-C. ; l'austère Caton commence à être considéré comme une survivance. Bientôt la cuisine orientale avec ses condiments et ses sauces pimentées va s'imposer dans le triclinium des Romains. La vaisselle elle-même se diversifie et des modes y contribuent : la poterie campanienne va évoluer vers la céramique vernissée d'Arezzo.

Ces quelques exemples suffisent à expliquer la naissance et la rapide multiplication des ateliers d'artisans et des boutiques de commerçants. Mais ce qui reste frappant, c'est le caractère le plus souvent rural de cette économie. Certes commencent à apparaître des centres urbains de production. Ainsi à Tarente une industrie textile, à Capoue des fabricants de tissus de lin et de laine. À Cales fleurissent les ateliers de poterie. À Rome même se développe un artisanat diversifié. Il reste que la majeure partie des produits artisanaux sont issus des ateliers liés aux exploitations agricoles. Et le commerce le plus important est encore celui qui se pratique dans les marchés et les foires des campagnes italiennes. L'économie de l'époque républicaine tardive reste fondamentalement une économie rurale. Et elle va garder ce caractère jusqu'à la fin de l'Empire romain. « Ce fait eut pour la vie sociale d'énormes conséquences. Il suffit de noter que Rome, de Romulus à Romulus Augustule, fut toujours dominée par une noblesse de propriétaires terriens [1]. »

L'ORDRE SOCIAL ROMAIN

Étroitement dépendante de cette structure économique, la société romaine se caractérise avant tout par la hiérarchisation, par la stratification. « Une situation privilégiée dans la société était inséparablement liée à la possession du sol », note G. Alföldy qui, en quelques lignes, résume parfaitement une évolution qui, pour réelle qu'elle fût, n'en a pas moins toujours respecté ses critères essentiels de définition : « Au début de l'histoire romaine, le système de stratification était très simple. Tout homme d'origine noble était aussi, en tant que propriétaire foncier, en position supérieure du point de vue économique et disposait des privilèges politiques attachés à l'exercice des magistratures et au droit de vote au sénat. En revanche, le non-noble était défavorisé à tous points de vue. » Pourtant l'évolution de ce système commença au plus tard dès la constitution dite servienne (VIe s. av. J.-C.) et fut accélérée par les lois liciniennes-sextiennes de 367 av. J.-C. « qui permirent aux plébéiens l'accès au consulat », qui inauguraient l'intégration des patriciens et des dirigeants plébéiens en une aristocratie partiellement neuve. Après les grands succès de l'expansion romaine dans le domaine méditerranéen se développa un système très différencié des critères de stratification, dans lequel jouèrent ensemble la propriété foncière

---

1. G. Alföldy, *Cahiers de Clio*, 82-83, 1985, p. 16.

encore, mais aussi la puissance financière, l'origine sociale et les aptitudes personnelles, activités, culture, puissance politique (avec ses privilèges) et expérience, enfin le droit de cité ou l'absence de droit, la liberté personnelle ou l'absence de liberté, l'appartenance ethnique ou régionale, l'activité économique soit rurale soit urbaine. Les facteurs nommés en premier lieu donnaient la *dignitas*, rang et honneur, où se manifestait le plus clairement une position sociale élevée. À la fin de la République, ce système ne se modifie que graduellement, et même sous l'Empire le seul élément vraiment nouveau qui se révéla fut la loyauté politique à l'égard de la monarchie ». Il faudra attendre la crise du IIIe ap. J.-C. pour assister à un bouleversement des données sociales.

Plus fortement structurée par ordres (sénatorial, équestre, décurional... et les autres[1]) que par classes (il n'y a pas à Rome de classe moyenne), la société romaine est dans tous les domaines une société hiérarchisée selon un principe toujours aristocratique. Mais sans que celui-ci aboutisse jamais à la constitution de castes. Le mérite personnel (la *virtus*) a toujours permis de passer d'une catégorie sociale à une autre : un esclave pouvait devenir affranchi, un simple citoyen pouvait accéder à l'ordre des décurions, un décurion à l'ordre équestre, un chevalier à l'ordre sénatorial, s'ils possédaient le cens requis. De même qu'un pauvre pouvait, par son travail et sa valeur personnelle, devenir riche, un non-citoyen (*peregrinus*) pouvait, sous certaines conditions, obtenir la citoyenneté romaine et dès lors participer activement à la vie de la cité. C'est seulement plus tard, au IIIe s. de notre ère, que la société s'est figée, et ce fut sans nul doute une des causes de la grande crise du monde romain, d'aucuns disent de son déclin.

---

1. On a dénombré 27 ou 28 catégories diverses qui, en sept siècles d'histoire, ont pu à Rome s'appeler *ordines* (les hérauts, les licteurs, etc.). L'ordre se définit comme une « dignité » avec aptitude à une fonction. Voir *Des ordres à Rome* (sous la direction de C. Nicolet), Paris, 1984.

Pour le moment, le sénat ouvre ses bancs aux *senatores novi*, « ceux qui, les premiers de leurs familles, accédaient à une charge publique de rang supérieur et, de ce fait, à l'appartenance au sénat ». Le célèbre Marius et M. Tullius Cicero, tous deux d'Arpinum, dans le Latium, en étaient ; et cette qualité d'*homo novus* explique souvent leur comportement politique. Sous la République il fallait, pour cela, posséder un cens de 400 000 sesterces (cens de chevalier). Auguste accentuera la stratification en créant un cens sénatorial spécifique, porté à 1 000 000 de sesterces. Pour les chevaliers, le cens spécifique était donc de 400 000 sesterces depuis 150 av. J.-C., et il le restera sous l'Empire. De même pour les décurions, c'est-à-dire les magistrats municipaux des colonies et des municipes, fallait-il un cens d'au moins 100 000 sesterces.

Quelle proportion de la population cela représentait-il ? Au vrai, une proportion bien faible, une infime minorité de la population civique. Le sénat comptait environ 300 membres jusqu'en 80 av. J.-C., entre 450 et 600 jusque vers 49 ; s'il atteint un millier après la mort de César, pendant le second triumvirat, Auguste réduisit son chiffre à 600. Autant dire que seules sont intéressées par l'*ordo* supérieur quelques centaines de familles. Pour les chevaliers, C. Nicolet a donné d'eux une image nouvelle[1] en prouvant qu'ils ne se confondirent jamais avec une « classe moyenne » et surtout pas avec les publicains, mais qu'ils doivent se définir comme un ordre fondé sur certains privilèges (notamment le cheval public, c'est-à-dire la prise en charge par l'État des frais d'achat et d'entretien d'un cheval, emblème de leur rang), privilèges liés à certains services, leur assise sociale est nettement plus large. Sans être considérable pour autant. Leur effectif se situe autour de 2 500 jusque vers la fin du IIe s. Il a augmenté ensuite quand la guerre

---

1. *L'Ordre équestre à l'époque républicaine (312-43 av. J.-C.)*, I « Définitions juridiques et structures sociales » ; II « Prosopographie des chevaliers romains », Paris, 1966-1974.

sociale (ou plutôt, pour éviter toute mauvaise interprétation, la guerre des *socii*, les alliés de Rome) fit entrer progressivement dans *l'ordo equester* les notables municipaux, ceux qu'on appelle d'un terme fâcheusement anachronique les représentants des « bourgeoisies » italiennes. Sous Auguste, l'effectif dépassera 5 000. À la fin de la République, pour une population civique de quelque 5 000 000 de personnes, le deuxième ordre de l'État qui ne doit compter que « quelques milliers, peut-être une dizaine de milliers de familles[1] » ne compterait pas plus de 5 % de l'ensemble des citoyens romains. Quant aux décurions, membres des sénats des colonies et des municipes d'Italie et des provinces, leur nombre a naturellement varié ; il a crû au fur et à mesure de la municipalisation et de la colonisation du monde romain. On a calculé qu'au milieu du IIe s. ap. J.-C. qui correspond à l'apogée de l'Empire, ils devaient être environ 100 000 pour une population totale évaluée entre 50 et 80 millions. Dans ce dernier chiffre sont inclus les femmes et les enfants, les pérégrins (autochtones non citoyens) et les esclaves, qui ne font pas partie du corps civique. Le nombre des représentants des corps dirigeants de l'État et des communes, sénateurs, chevaliers, décurions, ne constitue qu'une très faible minorité, à côté de la masse du *populus*.

Bien entendu, les couches sociales ont varié selon les époques. En dépit des différences et des variations de chiffres, tous d'ailleurs approximatifs, le trait fondamental de la société romaine reste le même : sa division en catégories hiérarchisées. Hiérarchisées selon l'importance des privilèges afférents à leur rang. C'est donc sous la forme d'une pyramide que l'on peut figurer la société romaine. Géza Alföldy l'a dressée pour le Haut-Empire, en observant très justement qu'elle ne devait pas être différente de la pyramide

---

1. Chiffres avancés avec prudence par C. Nicolet, *Rome et la conquête du monde méditerranéen*, I, p. 197-198.

sociale à d'autres époques[1]. Je me permets de la lui emprunter presque sans changements.

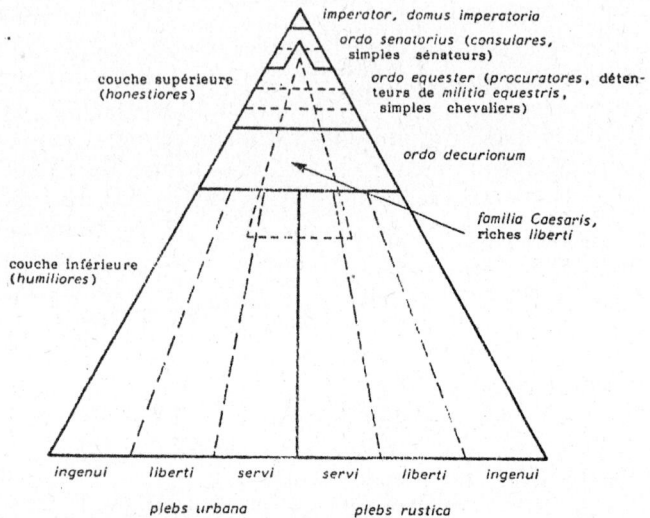

Cette représentation pyramidale inspire plusieurs remarques. D'abord elle met en évidence une absence : celle d'une classe moyenne. C'est peut-être là la différence la plus frappante avec nos sociétés modernes. La société romaine ne comportait pas de bourgeoisie dans le sens actuel du mot. Une analyse socio-économique ne révèle que deux catégories : une couche supérieure et une couche inférieure.

La couche supérieure est composée de privilégiés : de la naissance, de la fortune, de la dignité, qui leur vaut le pouvoir politique et le premier rang dans la société. Dans la société de Rome pour les deux premiers ordres, sénatorial et équestre. Dans la société provinciale pour les sénateurs

---

1. *Cahiers de Clio*, art. cit.

municipaux. Peu nombreux, on l'a vu, ils ne sont pas tous égaux. Si sénateurs et chevaliers appartiennent au même monde, voire aux mêmes familles nobles (les *nobiles* de naissance), certains chevaliers sont issus des cadres de l'armée, du barreau, de la finance, des notabilités municipales. Ce sont en quelque sorte des *equites novi* (bien que l'expression n'existe pas dans les textes, à ma connaissance). Ils ont un point commun : ils sont riches. Mais ces deux *primi ordines* n'ont ni le même statut, ni le même rôle dans l'État : l'ordre sénatorial fournit les sénateurs ; l'ordre équestre fournit des cadres à l'administration financière, judiciaire, militaire.

Quant au troisième ordre, celui des décurions municipaux, il forme la classe dominante des milieux italiens et provinciaux. Ce sont les anciens magistrats qui ont exercé une charge municipale. Et les sénats locaux constituent en même temps le vivier qui fournit les responsables supérieurs des honneurs et des sacerdoces municipaux. Bref, ce sont les notables qui, pour être élus par le *populus* et pour pouvoir gérer leurs fonctions, doivent eux aussi être riches.

On a parfois à propos de ces ordres supérieurs parlé de castes. Le terme, rappelons-le, est impropre. Des passerelles existaient, on l'a vu, au moins jusqu'au IIIe s. ap. J.-C. Et c'est quand ces passerelles se sont fermées qu'ont commencé les difficultés.

La couche inférieure n'était pas davantage homogène. Elle se composait de groupes très divers dans la population des villes et des campagnes. Divers aux points de vue juridique, politique et social. Là encore existait une hiérarchie, plus complexe à certains égards que dans la couche supérieure. Si en effet, la masse des citoyens romains de naissance (les *ingenui*), forts de leur statut d'hommes libres, membres de la Cité, pouvait participer pleinement à la vie politique par leurs votes, il n'en allait pas de même des autres. De fait, sous la République et sous Auguste, les citoyens formant le *populus* (corps civique) élisaient les magistrats de Rome et votaient les plébiscites ; à partir de Tibère, quand les magistrats furent désignés par cooptation, ils continuèrent à élire leurs magistrats dans les cités italiennes et provinciales, où se réfugia une activité politique souvent intense, les murs de Pompéi et d'Herculanum en témoignent par leurs « affiches électorales ». Les autres, c'est-à-dire les affranchis (*liberti*), anciens esclaves qui ont reçu la *libertas*, et *a fortiori* les esclaves, considérés comme des non-personnalités, au mieux comme des « outils animés » de production, étaient juridiquement exclus de cette activité politique. Même si en fait certains affranchis pouvaient constituer des groupes de pression : lors de sa candidature au consulat de 64, Cicéron reçoit de son frère le conseil de se les concilier. Ne pouvant être candidats aux magistratures, les affranchis se sont lancés dans les affaires. Si parmi les artisans et petits commerçants de Rome, beaucoup étaient des ingénus dont le rôle politique comptait et pas seulement dans les moments troublés – C. Nicolet l'a fort bien noté : « Comme dans les villes musulmanes, l'ouverture ou la fermeture de ces boutiques ou de ces étalages, spontanée ou non, était un signe manifeste dans les luttes politiques ou sociales. Les boutiques jouent un rôle important dans la propagande politique : Catilina en 63 le sait bien (*Cat.*, IV, 17), et c'est en retournant l'opinion urbaine avec la crainte de l'incendie que Cicéron gagnera la partie » –, en revanche le grand commerce, les entreprises de travaux publics, les prêts d'argent, bref les affaires étaient entre les mains des affranchis. Ils n'y trouvaient pas la dignité, ni forcément la considération, mais ils y trouvaient l'argent et une puissance économique que n'avaient pas beaucoup de citoyens de la plèbe.

Il y a d'ailleurs un aspect de cette société dont ne rend pas compte la pyramide sociale, c'est l'abîme de fait qui sépare parfois un paysan égyptien qui ne possède qu'un sixième d'olivier d'un sénateur romain, à la tête d'une fortune de 400 000 000 de sesterces. Un abîme qui s'est particulièrement creusé à la fin de la République, avec les fortunes colossales d'un Lucullus ou d'un Licinius Crassus, surnommé *Dives* (le Riche).

Hormis la liberté, la vie du petit paysan des campagnes italiennes ou provinciales ne différait pas beaucoup de celle de l'esclave, propriété de son maître, dont le sort, généralement meilleur à la ville qu'à la campagne, a varié énormément et selon les époques et surtout selon les maîtres. Tel esclave médecin, pédagogue, secrétaire, pouvait être fort bien traité, quasiment comme membre de la famille. Ainsi Tiro, le « sténodactylographe » de Cicéron. Tel autre, homme de confiance du propriétaire rural, pouvait devenir l'intendant (*villicus*) du domaine. Mais d'autres pouvaient aussi bien être mis en croix ou enchaînés dans l'ergastule. Diodore de Sicile insiste notamment sur les mauvais traitements infligés dans l'île par les grands propriétaires grecs.

L'esclavage, par son ampleur – les évaluations, très approximatives, situent entre 32 % et 50 % de la population totale le nombre des esclaves aux IIe-Ier s. av. J.-C. – constitue un des grands dangers de la Rome antique. D'autant qu'à cette époque on a l'impression que, sous la poussée des événements et avec l'évolution morale, il existe dans l'*Urbs* et en Italie « une masse servile incontrôlée et relativement libre de ses mouvements, mobilisable par un ambitieux ». C. Nicolet le note en se fondant sur une réflexion d'Appien dans son histoire des guerres civiles [1].

Pourtant – et c'est là un des traits frappants de la société et de la vie sociale à Rome – on n'a pas affaire à une société de classes et *a fortiori* de classes en lutte. Il y eut, c'est bien connu, des révoltes et des guerres serviles, notamment en 185-181 en Apulie chez des pasteurs inorganisés, puis en Sicile en 135-132, où, commencée autour d'Enna dans la troupe d'esclaves de grands propriétaires grecs cruels, elle gagna une bonne partie de l'île sans que le mouvement prît jamais le caractère de révolution contre l'esclavage. En 104-102, de nouvelles révoltes secouèrent la Campanie, animées par un chevalier romain, T. Vettius, puis en Sicile de nouveau où le mouvement prit un caractère

---

1. *Bellum civile*, II, p. 120. C. Nicolet, ouv. cit., p. 218.

« nationaliste » sicilien. C'est en 73-71 que l'alerte fut la plus chaude, du fait de la personnalité du Thrace Spartacus : cette fois, la révolte, lancée par des gladiateurs, gagna l'Italie du sud au nord et menaça Rome même. Fort heureusement pour elle, cette fois comme auparavant, le mouvement servile se limita aux campagnes ; les esclaves urbains ne suivirent pas. N'empêche, pour venir à bout des quelque 150 000 révoltés, plusieurs fois vainqueurs, le sénat romain dut faire appel à Crassus, investi des pleins pouvoirs militaires. La répression fut terrible. Neuf ans plus tard, en 62, des insurgés tenaient encore le maquis en Italie du Sud. Ce fut la dernière grande révolte servile. Par la suite, Catilina, puis Clodius ont projeté et, pour ce dernier, ont entrepris d'utiliser des groupes d'esclaves à des fins insurrectionnelles urbaines. On remarquera qu'alors, comme auparavant, le principe même de l'esclavage, admis et appliqué dans toutes les civilisations de l'Antiquité méditerranéenne, n'a jamais été mis en cause. Les révoltes serviles furent le fait d'esclaves ruraux, opprimés avec brutalité et exaspérés par l'absence de perspectives d'affranchissement.

Certes, il serait faux de croire qu'entre la couche supérieure des privilégiés et la couche inférieure plébéienne il n'y eut jamais de tensions sociales. Celles-ci ont existé entre patriciens et plébéiens dans la Rome archaïque, puis dans la Rome républicaine entre grands propriétaires terriens et paysans sans terre (sinon il n'y aurait pas eu de question agraire et d'action des Gracques), à la fin de la République entre détenteurs de la puissance économique et masses serviles. Mais on notera qu'en dehors des événements qu'on vient de rappeler, elles ne débouchèrent pas sur des conflits violents. « Il n'y avait pas une classe opprimée, révolutionnaire qui eût pu mener une révolution sociale [1]. » En revanche, dans les luttes nettement plus politiques que sociales, qui, à la fin de la République, opposèrent les *optimates* aux

---

1. G. Alföldy, art. cit., p. 23.

populares (en qui il est peu exact de voir une opposition entre conservateurs et démocrates ; on dira plutôt entre aristocrates, partisans du pouvoir des puissants et partisans du peuple), les menaces sociales ne furent pas toujours sans influence, on le verra.

S'il n'y eut pas à Rome de vraie révolution sociale, en dépit de l'existence de tensions, cela tient à plusieurs causes. D'abord, bien sûr, à l'absence d'idéologie révolutionnaire. Mais surtout, nous semble-t-il, à deux traits caractéristiques de la société romaine : la mobilité et le contrôle.

De même, on l'a dit, que de l'ordre équestre on pouvait, sous certaines conditions, bien sûr, accéder à l'ordre sénatorial, et de l'ordre des décurions municipaux, à l'ordre équestre « national », de même on pouvait d'esclave devenir affranchi et d'affranchi (ou plutôt de fils d'affranchi) devenir décurion. C'est même quand des esclaves se voyaient interdire tout espoir d'affranchissement et d'amélioration de leur genre de vie qu'ils songeaient à la révolte. Dans le même ordre d'idées, un pérégrin aspirait à devenir citoyen romain avec tous les privilèges, non seulement politiques, mais humains (qu'on songe au *civis romanus sum* de saint Paul qui vit immédiatement tomber les verges dont il était menacé), financiers, et notamment fiscaux, qu'entraînait le changement de statut. C'est ce pouvoir d'attraction vers le haut qui servit le mieux la romanisation du monde méditerranéen et, du même coup, contribua à garantir l'ordre romain. Les difficultés apparurent quand, tous les hommes libres devenus citoyens par l'édit de Caracalla de 212, disparut dans les provinces ce hochet merveilleux qu'était la promotion de la citoyenneté romaine.

Certes, cette mobilité sociale ne doit pas être exagérée. Il a sans doute été longtemps plus facile par le travail et le mérite personnel d'améliorer sa condition sociale que sa condition juridique. Comme on l'a maintes fois observé, un esclave ne pouvait guère devenir empereur ni un simple paysan sénateur. Des exemples de promotions exceptionnelles ne se lisent guère dans l'histoire qu'à des moments eux-mêmes exceptionnels, à l'occasion de troubles civils ou de menaces de l'extérieur par exemple. On dit que, déjà en 312 av. J.-C., un fils d'affranchi, C. Flavius, put devenir édile curule, mais Tite-Live qui le rapporte (IX, 46, 1) indique que cela fit scandale. On sait que César et surtout les triumvirs qui lui succédèrent (Octave, Marc Antoine et Lépide) firent entrer des affranchis au sénat. Si bien qu'en 31, à la veille d'Actium, celui-ci était peuplé de toute une foule mêlée et sans prestige (*deformi et incondita turba*), il comptait en effet plus de 1 000 membres, certains tout à fait indignes, que la faveur et la corruption y avaient introduits après le meurtre de César ; le public les nommait « sénateurs d'outre-tombe ». C'est ce qu'indique Suétone dans sa *Vie d'Auguste* (35,1) avant de préciser que celui-ci dut se livrer à une sévère épuration et ramener le nombre de sénateurs à 600 ; il aurait souhaité 300... mais il dut composer. Plus tard, on vit Pertinax, fils d'un affranchi, donc ancien esclave, devenir officier équestre, sénateur, consul et empereur en 192, quand la mort du dernier des Antonins, Commode, assassiné par son préfet du prétoire, laissa le trône impérial vacant et exposé aux usurpations. Plus tard encore, on verra des promotions tout aussi exceptionnelles pendant la grande crise du IIIe s. et sous la tétrarchie. Normalement, les choses se passaient autrement : les promotions sociales s'étalaient sur plusieurs générations. Du moins la société est-elle longtemps restée ouverte à un mouvement ascendant. Quand elle se bloquera au IIIe s. commenceront les vraies difficultés sociales.

Un autre facteur d'ordre social réside dans le fait que la société romaine était une société sous surveillance. Sous surveillance morale autant que sous contrôle de l'État, de l'administration et même des particuliers. C'est là un trait sur lequel on n'a peut-être pas suffisamment attiré l'attention. Ainsi il appartenait aux censeurs, les plus hauts magistrats de Rome, d'anciens consuls, élus tous les cinq ans pour dix-huit mois (alors que les magistratures courantes sont annuelles), de dresser la liste des sénateurs (*lectio senatus*) et de veiller par conséquent à en exclure tout homme frappé d'infamie pour des raisons morales ou professionnelles : certaines activités étaient jugées disqualifiantes, telles que gladiateurs, entremetteurs, entrepreneurs de pompes funèbres, etc. Quand d'autres que les censeurs procédèrent à une *lectio*, ce fut dans des circonstances exceptionnelles : après le désastre de Cannes en 219, ou en 91, quand le tribun Livius Drusus voulut adjoindre aux sénateurs 300 chevaliers « parmi les plus riches et les meilleurs », ou un peu plus tard, quand Sylla après les proscriptions voulut peupler la haute assemblée de ses partisans. À ce moment, les institutions, il est vrai, étaient déjà bien détraquées, et les résultats ne furent pas heureux.

Ce n'est pas tout. Une fois entrés au sénat, les simples sénateurs n'étaient pas eux-mêmes dans leur activité de sénateurs entièrement libres de leurs mouvements. En principe, ils l'étaient. En fait, c'étaient les consulaires, eux-mêmes le plus souvent entraînés par le prince du sénat, qui indiquaient la voie à suivre et le vote à adopter. De même qu'un *senator novus*, s'il veut poursuivre sa carrière jusqu'au consulat, a intérêt à aligner son attitude sur celle de la *nobilitas* : on a calculé qu'au Ier s. av. J.-C. 85 % des consuls sont issus des familles consulaires qui constituent cette « noblesse ».

Si du sénat l'on se transporte dans le monde de la plèbe et des affranchis, c'est pour constater, dès le IIe s. au moins, le rôle déterminant de la clientèle. Qu'un esclave, propriété de son maître (son *dominus*) soit affranchi et à ce titre acquière les droits civils du citoyen, il ne gagne pas du même coup son indépendance : il reste le *cliens* de son ancien maître, devenu son *patronus*. Non seulement il lui doit certaines marques d'honneur (l'*obsequium*), mais il lui doit aussi certains services... entre autres celui de voter pour lui dans une élection. La clientèle, celle des affranchis vis-à-vis de leurs patrons, celle des petites gens à l'égard des puissants, constitue, à partir du IIe s. av. J.-C., un phénomène socio-politique qui va jouer un rôle de plus en plus considérable dans la vie romaine. Caius Gracchus déambulait dans Rome accompagné parfois, dit-on, de quelque 5 000 clients. Pompée pouvait compter, lui, sur une clientèle énorme non seulement dans son Picenum natal, mais à Rome et dans les provinces qu'il avait conquises : des rois eux-mêmes se proclamaient ses clients. Et Octave, avant de partir pour la guerre qui devait aboutir à la victoire d'Actium du 2 septembre 31, reçut dans sa clientèle les villes d'Italie. Ce type de dépendance – on le verra – a occupé une place déterminante dans le déroulement de la vie politique aux deux derniers siècles de la République. Il a contribué au déclin et à la mort de la République, bref à la « révolution romaine », qui a abouti à l'institution du principat augustéen.

Enfin, à regarder une dernière fois la pyramide sociale romaine, apparaît encore une cause de complexité, au vrai le lien le plus sérieux (avec la clientèle) entre la couche inférieure et la couche supérieure de la société, c'est – sous forme d'une petite pyramide incluse dans la grande – le groupe des riches affranchis : *negotiatores* dont certains sont chevaliers, hommes d'affaires qui pour acquérir une *dignitas* placent leur argent dans des propriétés foncières, qui eux-mêmes ou leurs fils deviennent des notables municipaux, qui contribuent à de grandes constructions édilitaires, civiles et religieuses, notamment en Italie centrale et méridionale. Parmi ces constructions ou restaurations dues à ces hommes d'affaires mêlés à toutes les grandes entreprises orientales en Égypte, en Syrie, en Asie Mineure et en Grèce, on ne citera ici que le premier temple de la Fortuna Primigenia à Palestrina (*Praeneste*), les temples d'*Albunea* et d'Hercules Victor à Tivoli (*Tibur*), le temple de Jupiter Anxur à Terracine, à Rome même le temple d'Hercule sur le Forum boarium.

À partir d'Auguste, leur situation et en particulier celle des affranchis impériaux (*liberti Augusti*) va se renforcer encore, non seulement dans l'administration et la vie économique, mais dans la société et la vie sociale. Sous Claude, ils vont accéder aux ministères. Sous Néron, Trimalchion fait figure emblématique : il est le symbole de l'affranchi nouveau riche, prétentieux et puissant, modèle triomphant et représentatif de cette nouvelle société qui a commencé de naître à la fin de la République.

En somme, la société romaine est remarquable de simplicité au point de vue juridique dans sa division fondamentale entre libres et non-libres, entre citoyens et non-citoyens. De même à l'intérieur du groupe des citoyens, les seuls qui comptent dans la vie de la Cité : sur le plan juridique, en tant que *civis romanus*, un petit paysan de Sabine est l'égal d'un sénateur de Rome. La société des citoyens est remarquablement égalitaire ; c'est si vrai que, pour se distinguer, ils affichent volontiers leur qualité de *primus* ou de *primus omnium*. Tel se vante d'être le premier sénateur de sa famille, ou le premier à atteindre le consulat, ou le premier duumvir de sa colonie[1].

Mais, en même temps, cette société composée d'ordres et de couches est extraordinairement complexe dans la mesure où interfèrent les facteurs économiques, sociaux, moraux... et les influences. C. Nicolet a pu définir les ordres qui constituent la couche supérieure, celle des hommes qui ont fait et défait la république, qui ont fait et défait l'empire, comme « des sortes de listes d'aptitude fondées à la fois sur la dignité, sur la fortune et sur l'hérédité[2] ». C'est vrai que l'ordre sénatorial fournit le sénat, que l'ordre équestre peuple les préfectures et les procuratèles, et que dans l'ordre décurional se recrutent les magistrats et les prêtres municipaux.

Pour la couche inférieure, les conditions économiques, sociales, voire morales ne sont pas moins déterminantes dans la vie de groupe et dans la vie individuelle des personnes, qu'elles soient esclaves, affranchis, pérégrins ou citoyens. Et là intervient un autre facteur de diversification et de complexité, selon que cette vie se déroule à Rome ou dans les provinces, dans les villes ou dans les campagnes.

---

1. Voir G. Alföldy, *Die Rolle des Einzelnen in der Gesellschaft des Römischen Kaisereiches*, Sitzungsber. der Heidelberger Akademie der Wissenschaften, Phil.-Hist. Kl., 1980, p. 7-49.
2. *Rome et la conquête du monde méditerranéen*, I, p. 195.

Au total une société profondément inégalitaire, hiérarchisée dans tous les groupes : ainsi dans la colonie latine d'Aquilée, on distinguait trois classes censitaires, ceux qui avaient reçu 140 jugères de terre, ceux qui avaient reçu 100 jugères et ceux qui n'en avaient eu que 50. Dans la colonie latine de Cosa (en Étrurie) la fouille du forum a révélé trois emplacements séparés pour les élections, qui devaient correspondre à trois catégories de citoyens votant en trois classes censitaires. Si hiérarchisée qu'à partir de la seconde moitié du IIe s. ap. J.-C. ceux qu'on appelait les *honestiores* (les gens de haute naissance) et d'autre part la masse de tous les autres, les gens de condition modeste (les *humiliores*) ne seront plus traités de la même façon par la loi pour un même délit. La loi fixera une peine plus grave pour ceux-ci. Même entre les citoyens, l'égalité juridique a fini par céder, quelques décennies avant l'édit de Caracalla qui devait faire de tous les hommes libres des citoyens.

Voulues, entretenues, les différences sont donc considérables dans la société romaine. Du moins, en dépit d'évolutions dans le temps, a-t-elle gardé, à travers les siècles, les périodes de grandeur et de crises, la trame essentielle de son tissu. Peut-on dire qu'elle a été une cause du déclin et de la chute de Rome ?

Première partie

Du village
à la cité conquérante

Il ne saurait être question de reprendre ici l'histoire des origines de Rome, de son époque royale et des premiers siècles de la République. Ce serait hors de propos[1]. On voudrait plus simplement évoquer rapidement le « miracle romain », en quelques pages essayer de comprendre comment un village (ou un groupe de villages) pris dans un étau du côté du nord et du sud a pu, non sans peine, mais assez rapidement d'abord, devenir une cité, puis se rendre maître des bourgades du pays environnant, le Latium, et dominer ensuite les deux mondes qui l'entouraient : le monde étrusque et le monde de la Grande-Grèce, pour établir son autorité sur l'Italie avant de l'imposer à l'univers.

L'ENVIRONNEMENT ITALIQUE

Des trois grandes péninsules méditerranéennes, l'Italie se trouve géographiquement la plus favorisée par sa position centrale entre les péninsules grecque et ibérique,

---

1. Pour une mise au point sur les questions les plus difficiles, quelquefois renouvelées par des découvertes récentes, souvent controversées, voir le livre remarquable de J. Heurgon, *Rome et la Méditerranée occidentale jusqu'aux guerres puniques* (coll. « Nouvelle Clio », 7), Paris, 1969.

et en même temps la plus engagée dans les eaux de la Méditerranée[1]. Ce qui ne l'empêche pas d'être solidement soudée au continent européen par la riche plaine du Pô. La géographie la désignait donc comme terre de rencontre entre tous les courants de cultures qui parcouraient la mer au sud et le continent au nord. De là l'importance et le rôle historique d'une ville comme Bologne, en Émilie-Romagne, admirablement située à la porte du principal passage de la plaine du Pô vers la Toscane ; les monuments qui y ont été découverts portent les traces des peuples descendus du nord vers l'Italie péninsulaire et vice versa. De là aussi l'importance et le rôle historique de Rome, ville-pont à l'époque étrusque sur le Tibre, le fleuve le plus imposant de l'Italie centrale.

Aux peuples italiques qui l'enserraient, Rome et le génie romain doivent beaucoup, plus qu'on ne l'a cru longtemps. Qu'il s'agisse de peuples méditerranéens comme les Lucaniens, les Bruttiens et les Samnites du Sud-Ouest, des Latins et des Ombriens du Centre, des Étrusques du Nord-Ouest, ou de peuples indo-européens établis en Italie du Nord et de l'Est, généralement au terme de migrations complexes, les uns venant des pays transalpins, les autres d'Illyrie, beaucoup ont directement ou indirectement, par leurs cultures diverses, contribué à la formation du génie romain, dont A. Grenier[2] écrivait naguère : « Le génie romain n'est pas, il s'est fait peu à peu, il s'est formé des vicissitudes mêmes du développement romain, du travail et des efforts de Rome, de ses acquisitions successives, de ses peines comme de ses triomphes. » Constitué à partir de données multiples touchant les dieux, la cité, le jeu, la connaissance de l'homme, il a recueilli « la substance de tout le monde antique, et

---

1. On relira toujours avec profit les considérations générales de F. Braudel, *la Méditerranée et le monde méditerranéen à l'époque de Philippe II*, Paris, 1949 et *la Méditerranée*, Paris, 1977-1978.
2. Dans un livre toujours utile, *le Génie romain dans la religion, la pensée et l'art*, Paris, 1938.

son mérite a été de lui donner « une forme nouvelle », celle que Rome a transmise au monde moderne.

Que ce soit dans la création de la langue – le latin a conservé un caractère archaïque –, dans le droit, dans les rites, religieux et funéraires, dans les arts, ces peuples ont apporté quelque chose à la civilisation romaine.

Et l'on ne saurait oublier que, dès la seconde moitié du deuxième millénaire av. J.-C., des Mycéniens, héritiers de la civilisation crétoise, ont laissé non seulement sur les côtes de Sicile et d'Italie du Sud, mais en Étrurie et dans l'Adriatique, des tessons de céramique qui attestent au moins une activité commerciale. Il paraît même vraisemblable qu'à Tarente, les Achéens ont établi une colonie à la fin du XVe s. av. J.-C., vers 1425. On ne s'étonne plus que l'*Odyssée* d'Homère contienne des descriptions exactes des rivages de l'Italie. On ne peut négliger non plus l'influence des marchands phéniciens, et même leur présence non seulement en Sicile et en Sardaigne, mais même à Rome, où une colonie de Tyriens a pu s'installer dès les VIIIe-VIIe s. av. J.-C. sur le Forum boarium[1].

Il reste que, dans les premiers temps de Rome, dominent en Italie deux peuples et deux civilisations qui ont exercé très tôt sur la bourgade naissante des influences profondes : les Étrusques et les Grecs. D'origine encore discutée, « au tournant du VIIIe et VIIe s., apparaît déjà fortement constitué dans l'Italie centrale, entre l'Arno et le Tibre, entre l'Apennin et la mer Tyrrhénienne, un peuple puissant, merveilleusement doué pour l'action et les arts, que les Grecs appelèrent *Tyrrhenoi* et les Latins *Etrusci* ou *Tusci* : la Toscane moderne, qui en a recueilli, avec le nom, le lointain héritage, couvre la partie nord de l'Étrurie antique[2] ». Les premiers de la

---

[1]. Voir très récemment C. Bonnet, *Melqart. Cultes et mythes de l'Héraclès tyrien en Méditerranéen* (*Studia Phoenicia*, VIII), Namur, 1988 et F. Coarelli, *Il Foro boario dalla origini alla fine della Republica*, Rome, 1988. Sur ces deux ouvrages, M. Le Glay, *Mythes, légendes et réalités cultuelles. À propos de livres récents*, *Latomus*, 1989, p. 581-589.

[2]. J. Heurgon, ouv. cit., p. 103.

péninsule, avec les Grecs de Grande-Grèce, à avoir fondé des villes, dont une douzaine formaient des cités-États d'une prospérité qui s'étale dans le décor et le mobilier des tombes, dotés d'une culture à la fois nationale et éclectique où se mêlent les influences orientales et grecques, les Étrusques vont contribuer à la naissance de la Ville de Rome, à la formation de l'État romain et à l'enrichissement d'une civilisation qui leur doit beaucoup, notamment au point de vue artistique et au point de vue religieux.

Quant aux Grecs, si fortement implantés à partir du milieu du VIIIe s. dans les colonies éparses sur les côtes d'Italie méridionale et de Sicile, depuis Cumes – la plus septentrionale et en même temps, selon Strabon, la doyenne de ces colonies – jusqu'à Rhegion (Reggio de Calabre) pour l'Italie et sur tout le pourtour de la Trinacrie sicilienne, ils constituaient là, comme on l'a dit, un « foyer générateur et un centre de diffusion de la civilisation hellénique ». Un foyer si ardent qu'on donna à ce monde le nom de Grande-Grèce[1]. D'abord refoulées plus ou moins brutalement par les envahisseurs, les populations indigènes, qu'elles aient ici simplement coexisté ou là coopéré avec les colons, ont toutes plus ou moins été marquées par ce phénomène qu'on appelle aujourd'hui l'acculturation. C'est ce qu'avant tout étudient maintenant les archéologues et les historiens. L'hellénisation n'a pas touché que les zones côtières et à un degré moindre l'arrière-pays. Elle a touché aussi Rome. Est-ce un hasard si la date traditionnelle de la fondation de Rome (754-753 av. J.-C.) correspond à quelques années près à la date qu'on attribuait à l'établissement des Achéens à Sybaris (750) ? Et si la fin de l'époque royale coïncide, toujours selon la tradition, avec la chute de Sybaris (510 av. J.-C.) ?

Ce qui est certain, c'est que les Grecs de Grande-Grèce et même de Grèce continentale ont commercé avec Rome au

---

1. Ce nom apparaît pour la première fois chez Polybe (II, 39, 19), mais il doit remonter au VIe s. av. J.-C.

moins dès le VIIe s. – là encore la céramique le prouve – et qu'ils vont eux aussi, comme les Étrusques, exercer une influence profonde sur la culture romaine en formation. Non seulement sur le droit et les institutions, mais sur les arts, sur la littérature et la religion. Le nom de Pythagore, émigré à Crotone vers 530 et mort à Métaponte, l'homme le plus savant et le plus sage selon Hérodote, est connu de tout le monde. On disait, en faisant fi de la chronologie, que Numa Pompilius, le deuxième roi de Rome, avait été son disciple. Le nom d'Archytas, qui, dans la première moitié du IVe s. av. J.-C., régnait à Tarente sur la philosophie et la politique – c'est « le premier et le plus bel exemple d'un philosophe au pouvoir[1] » – est moins célèbre ; son esprit universel l'a fait qualifier de « Léonard de Vinci de l'Antiquité ». On sait combien le pythagorisme et plus tard le néo-pythagorisme ont marqué la pensée romaine, encore à l'époque de l'empereur Claude, si l'on date de son règne ce curieux édifice souterrain qu'on appelle la basilique pythagoricienne de la Porte Majeure.

La fondation de Rome : les premiers habitats

Il faut connaître cet environnement politico-culturel pour situer historiquement la naissance de Rome. Historiquement ? Il est encore difficile de se prononcer, car nous disposons de peu de renseignements historiques. Ce sont surtout des légendes que nous livrent les auteurs anciens, qu'ils soient grecs ou latins[2]. Les auteurs, grecs bien entendu, mettent d'abord en cause l'Arcadien Évandre, qui serait venu s'installer sur la rive gauche du Tibre, où, bien accueilli par Faunus, le roi des Aborigènes, il se serait fixé sur la colline du Palatin. Cet Évandre, dont la venue dans le Latium se situerait soixante ans avant la guerre de

---

1. Selon P. Wuilleumier, *Tarente des origines à la conquête romaine*, Paris, 1939, p. 67.
2. Voir H. Strasburger, *Zur Sage von der Gründung Roms*, Heidelberg, 1968.

Troie, aurait accueilli à son tour Héraclès sur le Forum boarium. Ils font ensuite intervenir Énée qui, après la chute de Troie (en 1193 av. J.-C. pour les uns, en 1184 pour les autres), serait venu se réfugier lui aussi dans le Latium. Quant aux auteurs latins, c'est Fabius Pictor, le plus ancien annaliste qui, vers 200 av. J.-C. rapporte l'histoire de Romulus et Rémus, les jumeaux nourris par une louve, qui sur une colline fondent la ville. Toutes ces légendes se mêlent peu à peu, s'enrichissent mutuellement et, exposées finalement par Tite-Live et Virgile, s'articulent autour de deux personnages : Énée et Romulus.

Dans le Latium, Énée aurait fondé Lavinium ; puis son fils Ascagne, que les Romains appelleront volontiers Iulus pour en faire l'ancêtre mythique des Julii, aurait fondé Albe-la-Longue ; ensuite son descendant Romulus aurait à son tour fondé Rome. Pour certains, Romulus serait même le petit-fils d'Énée... ce à quoi s'oppose évidemment la chronologie. Pour d'autres, entre Énée et Romulus, il faudrait insérer la dynastie des rois albains, soit quelque 400 ans[1]. Quant à Romulus et Rémus, fils jumeaux du dieu Mars et d'une vestale albaine, ils seraient venus d'Albe sur les bords du Tibre, où ils auraient fondé Rome entre 753 et 748 selon les auteurs, un 21 avril, qui restera la date retenue par les calendriers pour célébrer le *dies natalis* de la ville.

Sur ce fond de légendes, des découvertes archéologiques ont apporté quelques données plus proches des réalités et des repères chronologiques qui parfois confirment curieusement les récits légendaires. On pense d'abord aux fonds de cabanes trouvés en 1907 et dégagés en 1949 sur le Palatin, près de l'endroit où les Romains conservaient le souvenir de la maison de Romulus : cabanes de forme oblongue, de plan rectangulaire ou elliptique, aux angles arrondis,

---

1. Les découvertes archéologiques faites à Albe-la-Longue (qu'il faut sans doute situer à Castelgandolfo) montrent que les villages albains ne sont pas antérieurs aux cabanes et aux tombes retrouvées à Rome sur le Palatin et le Forum. La légende de Rome, colonie d'Albe, doit être rejetée.

qui mesuraient environ 4,80 m sur 3,40 m. Le fond est taillé dans le tuf de la colline sur une profondeur de 0,40 à 0,50 m. Sur le pourtour sont creusés des trous où s'enfonçaient les piliers de soutien du toit et, à l'extérieur, un canal destiné à l'écoulement des eaux. Au centre, un trou plus important accueillait le pilier central, et à côté apparaissent souvent les traces du foyer. Enfin, sur un côté, en général au sud, subsiste le creux de la porte, flanqué à l'intérieur et à l'extérieur de deux couples de trous plus petits. Les murs étaient en roseaux revêtus d'argile. L'aspect général était exactement celui, miniaturisé, des urnes-cabanes retrouvées dans les tombes contemporaines, où elles servaient d'ossuaires : les premiers Romains avaient déjà la notion de la tombe – demeure d'éternité (*domus aeterna* des premiers chrétiens). Quant au matériel, essentiellement céramique, recueilli sur les fonds de cabanes, on le date du milieu du VIIIe s. pour le plus ancien – c'est-à-dire du moment que la tradition attribue à la fondation de Rome – , tandis qu'il disparaît vers 575 av. J.-C. avec la cabane primitive, alors remplacée par une architecture plus monumentale, celle de l'époque étrusque.

D'autres fonds de cabanes, découverts en un autre endroit du Palatin, sous le péristyle du palais édifié par les empereurs flaviens à la fin du Ier s. ap. J.-C., paraissent appartenir à un autre village, puisque entre les deux a été retrouvée une tombe. D'autres encore sont apparus sur le Forum, en son centre et sur les dernières pentes du Palatin. Et voici que des fouilles très récentes viennent de révéler, en 1988, un nouveau noyau d'habitat entre la maison des vestales et l'arc de Titus. Sous une grande maison aristocratique – demeure du célèbre M. Aemilius Scaurus, contemporain de Cicéron qui le défendit ; elle comportait une cinquantaine de petites stalles, réservées sans doute aux esclaves – le laissent voir les vestiges de maisons plus anciennes et toujours luxueuses et spacieuses (quatre ont été reconnues) qui paraissent remonter à l'époque des Tarquins, et sous ces palais qui flanquaient la via Sacra, un ensemble tout à fait inattendu qui remonte aux VIIIe-VIIe s. av. J.-C. : non seulement des fonds de cabanes, mais trois murs différents dont le plus ancien daterait du VIIIᵉ s. Ce qui obligerait à conclure que, dès cette époque, le premier village était défendu par une sorte de *pomoerium*[1], d'enceinte sacrée, et qu'il connaissait donc une véritable organisation, bien avant celle du VIᵉ s. qu'on attribue généralement aux rois étrusques.

De la même époque datent les plus anciennes tombes retrouvées au début du siècle, dans les années 1902-1903 sur le Forum, près du temple d'Antonin et Faustine, en bordure de la via Sacra : 41 tombes ont été découvertes là, les unes circulaires à puits au fond desquelles les cendres étaient le plus souvent contenues dans les urnes en forme de cabanes signalées plus haut, les autres rectangulaires à fosse où les cadavres étaient déposés soit directement sur le sol, soit dans des sarcophages primitifs en tuf ou encore dans des troncs d'arbres taillés en cercueils et recouverts de pierres. Dans ces tombes à fosse gisait un mobilier funéraire très varié comportant notamment des vases protocorinthiens du VIIᵉ s. av. J.-C. On notera que cette nécropole a cessé d'être utilisée au début du VIᵉ s., et que, près de la future maison des vestales, deux puits ont été comblés à cette même date. Il semble donc que toute cette partie du Forum, habitée dès le VIIᵉ-VIᵉ s., a subi des transformations au début du VIᵉ s. au moins. Manifestement, cette dernière date marque un moment important dans le développement de la jeune Rome[2].

---

1. Voir A. Magdelain, « Le *pomerium* archaïque et le *mundus* », *Revue des études latines*, 1976, LIV, p. 71-107. Plus généralement, il faut renvoyer à l'excellent livre de M. Humbert, *Institutions politiques et sociales de l'Antiquité*, Dalloz, Paris, 1984, p. 171 et suiv.
2. Sur la fondation de Rome et les débuts de son histoire, voir maintenant le premier volume de la *Storia di Roma*, 1988, par plusieurs auteurs sous la direction du regretté A. Momigliano et de A. Schiavone. Bon exposé de M. Crawford, *Early Rome and Italy*, *The Oxford History of the Classical World*, éd. J. Boardman, J. Griffin, O. Murray, Oxford-New York, 1986, p. 387-416.

D'autres tombes ont été mises au jour, notam__
Quirinal – 5 seulement, les unes à incinération, les au__
inhumation comme sur le Forum – et surtout sur l'Esquilin
où voisinaient quelque 86 tombes, toutes sauf 4 à inhumation et pour la plupart contenant des armes, des casques, des boucliers et même un char de combat. Ce qui révèle bien évidemment la présence sur cette colline d'un peuple différent des autres, un peuple de guerriers inhumants, en face duquel il est possible que les occupants des villages du Palatin et de la Vélia aient éprouvé le besoin de se protéger par des murs d'enceinte.

Parmi ces divers habitats, c'est clairement celui du Palatin et de ses pentes qui, dominant d'un côté la vallée du futur Forum, de l'autre le couloir qui sépare la colline du Tibre, à l'emplacement du Forum boarium, allait jouer le rôle historique principal. Comme l'a noté Tive-Live dans son *Histoire romaine* (V, 54,4) :

> Ce n'est pas sans raisons que les dieux et les hommes ont choisi ce lieu pour bâtir notre ville : ces collines à l'air pur ; ce fleuve qui nous apporte les produits de l'intérieur et par où remontent les convois maritimes ; une mer à portée de nos besoins, mais à distance suffisante pour nous garder des flottes étrangères ; notre situation au centre même de l'Italie : tous ces avantages forment le plus privilégié des sites pour une cité promise à la gloire.

Comme l'a très bien vu Tite-Live, c'est en effet à une croisée de routes, mais d'abord au voisinage des collines et du Tibre, qu'une île – l'île Tibérine – rend aisément franchissable, que se sont fixés les premiers villages, très vraisemblablement des villages de pasteurs qui pouvaient traverser le fleuve (sur des ponts légers ancrés sur l'île, ou sur des radeaux ?) pour faire transhumer leurs troupeaux et installer leur habitat sur les collines, notamment sur le Palatin, où ils pouvaient se réfugier et se protéger. Une porte du Palatin, dite *porta Mugonia*, et la légende du monstre Cacus qui enlevait les bestiaux jusqu'à ce qu'Hercule, le dieu toujours bienfaisant, y mît bon ordre, évoquent probablement cette vie pastorale des premiers temps. Quant à la croisée de routes, à savoir le fleuve lui-même, voie des importations et des exportations, et la route reliant l'Étrurie à la Grande-Grèce par Rome, elle ne prendra toute sa valeur qu'à partir du VIe s.

C'est d'ailleurs encore à ce grand tournant historique du VIe s. av. J.-C. que nous ramènent les extraordinaires découvertes archéologiques effectuées dans le Latium, à Prattica di Mare, sur le site de l'antique Lavinium, fondée – on l'a vu – selon la tradition par le héros troyen Énée. Dans ses environs immédiats, ont été retrouvés quatorze autels monumentaux, un tombeau sacré (qu'on a appelé l'hérôon d'Énée), des inscriptions votives dont l'une a été lue *Lar Aeneas* (mais la lecture et l'interprétation sont discutées) et dont une autre est une dédicace archaïque à Castor et Pollux, les célèbres jumeaux divins vénérés avec une ferveur particulière à Tarente et à Locres, deux des plus importantes cités de Grande-Grèce. Il faut y ajouter une abondante série de statues et de statuettes en terre cuite d'une Minerve que son style orientalisant, son décor surchargé de bijoux, de serpents, de croissants lunaires, permettent de dater des VIe-Ve s. Il est manifeste que l'influence grecque, qui s'est manifestée à Rome par des importations de céramique dès le VIIe s., s'est renforcée à partir du VIe s., que le souvenir d'Énée se trouve très étroitement lié au Latium de cette époque et que la région de Lavinium a été alors un centre religieux de grande importance, qui a beaucoup apporté à la religion romaine archaïque[1].

Quant à savoir ce qui s'est réellement passé sur le Palatin (et sur les autres collines) au milieu du VIIIe s., dans les années 754-748, c'est une autre histoire... ou une autre légende ! Que le Palatin ait été le berceau de Rome, il le semble bien. Mais Romulus ? On le disait fils d'Énée, ou fils de Latinus et d'une dame troyenne nommée Romè, ou fils du dieu Mars et de Lavinie, fille d'Énée ; on le disait aussi

---

1. Voir naturellement G. Dumézil, *la Religion romaine archaïque*, Paris, 1966.

petit-fils d'un roi d'Albe. Plutarque, qui rapporte toutes ces légendes et en détail l'histoire de Romulus, de Rémus et de la louve, dans la *Vie de Romulus* (qu'il confronte à celle de Thésée, autre héros fondateur), n'est pas naïf ; il sait à quoi s'en tenir sur les récits légendaires. Et tandis qu'il présente Thésée comme le héros par excellence de l'Attique dont il unit les habitants autour d'une cité (qui devient Athènes), en revanche on voit bien que pour Romulus, qui en dehors de Rome n'a ni personnalité mythique, ni personnalité historique, son invention est le résultat d'une identification postérieure au dieu Quirinus et d'autre part de la nécessité de fabriquer un personnage de fondateur à la manière grecque, mais en l'adaptant au génie de Rome. Il est bien possible que Romulus n'ait été qu'un chef de tribus migratrices, venues peut-être du Latium (ou d'ailleurs), voire même un chef de bandes vivant de l'élevage... et du brigandage. Le 21 avril, tous les calendriers latins annoncent les *Parilia* ou *Palilia*, la fête de Pales, protectrice des troupeaux. On a noté que le nom de la déesse a la même racine que celui du Palatin ! Le Romain le plus célèbre de toute l'histoire de Rome – le dernier empereur s'appellera Romulus Augustule – est aussi le plus légendaire. Encore cette légende est-elle relativement récente, et elle n'a été exploitée à fond qu'à la fin de la République et au début de l'Empire, notamment par Octave Auguste... qui faillit s'appeler Romulus.

Tout aussi légendaire la liste des sept rois qui compose l'histoire de la Rome royale. Il est probable que le chiffre sept s'est imposé parce que Fabius Pictor a admis et fait admettre que la période royale avait duré 245 ans, soit 7 générations de 35 ans. Pourtant, sur le Capitole, huit statues archaïques prétendaient représenter les rois de Rome ! On n'a pas manqué de souligner le dualisme qui domine les légendes (les jumeaux Romulus / Rémus, l'association Romulus / Titus Tatius, roi des Sabins, le groupe Romulus / Numa Pompilius, c'est-à-dire le fondateur politique et le créateur religieux) et de présenter ce dualisme comme la préfiguration de la dyarchie consulaire, du dualisme patricien / plébéien et de la dualité de certains collèges sacerdotaux. Dans les quatre premiers rois, certains ont voulu retrouver une alternance de rois latins et de rois sabins, deux constituantes de peuples qu'indiquent les légendes, l'unité romaine étant née de la rencontre entre Romulus et Tatius et de l'accord intervenu sur la via Sacra (qui en tirerait son nom selon Festus) ... l'enlèvement des Sabines n'est qu'un épisode de la légende !

Parmi les nombreuses tentatives d'explication des origines et des premiers temps de Rome, il convient de mentionner celle de Georges Dumézil[1]. Particulièrement brillante, elle a séduit beaucoup de monde et a, bien entendu, été très critiquée. Pour ce grand savant, l'histoire des rois est purement mythologique. Elle est l'expression historicisée de la tripartition fonctionnelle qui se trouve à la base de tout système politique, religieux, social, des peuples indo-européens. Ceux-ci ayant en commun trois organes hiérarchisés imposés par une structure idéologique commune : ces trois organes représentent et assurent les trois fonctions essentielles de souveraineté religieuse, de puissance militaire et de force de production. La société est donc formée de ceux qui détiennent le pouvoir politico-religieux (rois, magistrats, prêtres), la protection militaire (les soldats) et la capacité de production (les travailleurs). La religion s'ordonne donc autour de Jupiter (le dieu de la souveraineté), de Mars (le dieu de la guerre) et de Quirinus (le dieu de la troisième fonction), qui constituent une trinité ancienne, pré-étrusque, qui se survit dans l'histoire de Rome en la personne du roi-prêtre (le *rex sacrorum*) et dans les trois flamines majeurs

---

1. Voir, entre autres nombreux ouvrages, *Jupiter, Mars, Quirinus, essai sur la conception indo-européenne de la société et sur les origines de Rome*, Paris, 1941, et *Naissance de Rome*, Paris, 1944. Sa vision de Romulus a été développée et modifiée par D. Briquel, dans *Latomus*, XXXVI, 1977, p. 253-282 et *Hommages à R. Schilling*, 1983, p. 53-66, enfin dans *Hommages à R. Chevallier*, 1986, p. 15-35. Pour une position traditionaliste, J. Poncet, *les Origines de Rome : tradition et histoire*, Bruxelles, 1985.

de Jupiter, de Mars et de Quirinus. Quant aux rois des premiers temps, ils expriment d'abord le diptyque de la souveraineté politique (Romulus) et religieuse (Numa), puis la force guerrière (Tullus Hostilius ; son nom même est révélateur), enfin la prospérité économique et les préoccupations sociales (Ancus Martius).

Que retenir de sûr, ou de presque sûr ?

D'abord que les légendes intéressant les origines de Rome et l'époque royale se sont constituées peu à peu en mêlant des éléments du folklore italique, des apports de l'historiographie grecque et des explications étiologiques, qui ont abouti à une quasi-vulgate des origines de Rome. Quasi, parce qu'elle comporte de nombreuses variantes ! Mais on peut croire qu'en 296 av. J.-C. la fable des jumeaux allaités par la louve était établie, puisque à cette date les frères Cn. et O. Ogulnii, édiles curules, érigèrent le fameux monument en bronze représentant la scène de l'allaitement, non loin du Lupercal, la grotte creusée au pied du Palatin, qui accueillit l'animaltotem et les deux enfants (Tite-Live, X, 23,12)[1].

Ensuite, il est sûr que Rome n'a pas été fondée le 21 avril 753 av. J.-C. ou dans une année quelconque du VIIIe s. Elle est le résultat d'un processus lent et complexe qui se retrouve dans les transformations intervenues non seulement dans le Latium, mais en Italie et même dans le bassin méditerranéen, transformations qui conduisent dans la seconde moitié du VIIe s. av. J.-C. à l'apparition des cités-États. À Rome se sont alors opérés des regroupements de villages autour du Palatin, que l'on peut considérer comme le berceau de Rome. Y eut-il vraiment une ligue septimontiale ?

---

1. Au début du IIIe s. la légende était donc formée. On notera que les Ogulnii étaient d'origine étrusque. Et qu'un miroir prénestin (de *Praeneste* – Palestrina) datable de la fin du IVe s. av. J.-C. constitue actuellement le plus ancien témoignage de la diffusion de la légende dans le Latium : voir R. Adam, D. Briquel, *le Miroir prénestin de l'Antiquario Comunale de Rome et la légende des jumeaux divins en milieu latin à la fin du IVe s. av. J.-C.*, MEFRA, 1982, XCIV, p. 33-65.

À l'époque historique, on célébrait toujours la fête du *Septimontium*, qui peut-être portait le souvenir d'une confédération. Mais peut-être plutôt la mémoire de la première enceinte commune protégeant les villages des sept *montes* originels : Palatium, Velia, Fagutal, Germal, Oppius, Coelius, Cispius (d'après une liste conservée) ; on voit que ni le Capitole, ni le Quirinal, ni le Viminal n'y figurent. En revanche le Palatin, l'Esquilin, la Velia et le Coelius y sont : les vestiges de murs tout récemment découverts au pied du Palatin pourraient remonter à cette époque du VIIe s.

Ce qu'on peut retenir encore, c'est le genre de vie pastoral des tout premiers occupants historiques du site de Rome. Cette civilisation de bergers commande par exemple le culte totémique du loup et le très vieux rite des lupercales. Quant au groupe ternaire Jupiter-Mars-Quirinus, il représente incontestablement un état de la religion antérieur à la période étrusque qui va voir triompher la triade capitoline Jupiter-Junon-Minerve. De même, de l'activité religieuse du pseudo-Numa, fondateur de la religion romaine selon la tradition littéraire qui lui attribue notamment l'organisation du triple flaminat et une dévotion spéciale à Fides – il aurait fondé le premier sanctuaire de Fides Publica, institué en son honneur des sacrifices officiels et appris aux Romains leur plus grand serment, le serment par Fides ; tout cela nous est rapporté par Denys d'Halicarnasse, II, 75, et par Plutarque, *Vie de Numa*, 16 – on retiendra le rôle de cette notion d'engagement de foi non seulement dans le droit, mais aussi dans la religion, où elle introduit le système essentiel d'obligations réciproques entre les hommes et d'autre part entre les dieux et les hommes : la *fides* devient la condition même de la paix avec les dieux, la *pax deorum* qui, jusqu'à la fin de l'histoire de Rome, va rester le fondement de la *religio romana*.

Enfin, même si le calendrier n'a été que le résultat d'une codification étrusque, il est admis que l'organisation des plus anciennes fêtes autour des deux préoccupations majeures des premiers Romains – leur activité pastorale et la guerre – remonte aux premiers temps de Rome. Ainsi les *Palilia* ou

Parilia du 21 avril, les *Lupercalia* du 15 février. Ainsi les rites des *Salii*, prêtres danseurs qui, en rapport avec le culte de Mars, ouvrent et ferment le cycle guerrier, les rites des féciaux qui s'imposent quand s'ouvrent les opérations, ou encore le *Tigillum sororium* (qui évoque la purification du meurtrier Horace après le célèbre combat) lors de la fermeture du cycle guerrier en octobre.

Mais, comme on l'a déjà deviné, le grand moment de l'histoire des premiers temps de Rome correspond à la mainmise étrusque du VIe s. av. J.-C., qui est à l'origine de la naissance de Rome comme cité organisée et va faire d'elle l'*Urbs*, la Ville par excellence. De ce tournant historique, Salluste rend parfaitement compte au début de sa *Conjuration de Catilina*, 6 :

> La ville de Rome, dit-on, eut pour fondateurs et pour premiers habitants les Troyens qui, ayant fui leur patrie sous la conduite d'Énée, erraient jusqu'alors sans demeure fixe ; à ceux-ci se joignirent les Aborigènes, peuplade agreste, sans lois, sans gouvernement, vivant dans une anarchie totale. Quand se trouvèrent réunis dans les mêmes murs ces hommes de races diverses, de langage différent, de mœurs dissemblables, ils se fondirent en un corps de nation avec une facilité incroyable ; tant il avait fallu peu de temps pour que d'une multitude disparate et vagabonde l'union fît une cité.
> Mais lorsque leur État se fut accru de citoyens, de coutumes, de terres, comme il paraissait avoir atteint un certain degré de puissance et de prospérité, suivant le cours ordinaire des choses humaines, son opulence fit naître l'envie. Aussi, rois et peuples voisins de lui faire la guerre ; de ses amis quelques-uns seulement lui portaient secours : les autres, frappés de terreur, se tenaient loin du danger. Mais au-dedans comme au-dehors, les Romains ont l'œil à tout ; ils s'empressent, ils se préparent, s'encouragent mutuellement, marchent contre les ennemis, protègent de leurs armes liberté, patrie et parents. Puis lorsqu'ils avaient par leur bravoure repoussé le danger, ils portaient secours à leurs alliés et à leurs amis, et c'est plus par les services rendus que par les services reçus qu'ils s'assuraient des amitiés. Sous le nom de royauté, ils avaient un gouvernement régi par des lois. Une élite, chez qui, dans un corps affaibli par les ans, logeait un esprit

fortifié par la sagesse, veillait au salut de l'État : ces hommes en vertu de leur âge ou de la similitude de leur mission portaient le nom de pères (*patres* désigne les sénateurs).
Puis, lorsque le pouvoir royal, institué d'abord pour protéger la liberté et agrandir l'État, se fut transformé en une orgueilleuse tyrannie *(superbiam dominationemque)*, un changement de régime y substitua un gouvernement annuel confié à deux chefs. On pensait par ce moyen empêcher l'âme humaine de concevoir cet esprit d'orgueil que donne l'abus de l'autorité.

Dans ce couplet très « patriotique », qui comporte quelques anachronismes, Salluste montre bien que deux moments scandent l'histoire des premiers temps de Rome : l'époque dite royale, suivie de l'époque de la tyrannie étrusque, qu'il présente comme une déviation du système originel, un fruit de l'envie née de l'opulence (!), et donc dans une certaine mesure un déclin de l'institution royale primitive qui conduit à la révolution marquée par l'expulsion du dernier roi, Tarquin le Superbe, et par l'institution de la république. Est-ce la bonne vision des choses ?

La naissance de la ville et la formation de la cité

La naissance de Rome à la fois comme ville et comme cité est liée à l'implantation étrusque en Italie centro-méridionale et à l'avènement d'une dynastie étrusque.

Fortement implantés dans l'actuelle Toscane, autour de Volsinies, leur centre fédéral, une ville puissante et riche, les douze peuples d'Étrurie ont tenté là le premier essai d'unification de la péninsule italienne[1]. Après avoir poussé des

---

1. Sur les Étrusques et leur civilisation, la bibliographie est considérable. On se contentera ici de renvoyer à quelques ouvrages accessibles en français : R. Bloch, *le Mystère étrusque*, Paris, 1956 – M. Pallottino, *Etruscologia*, Milan, 1963, 5e éd. (trad. française par R. Bloch, *la Civilisation étrusque*, Paris, 1949) – du même auteur *la Peinture étrusque*, coll. « Skira », 1952 – J. Heurgon, *la Vie quotidienne chez les Étrusques*, Paris, 1961 – A. Hus, *les Étrusques, peuple secret*, Paris, 1957.

ROME PRIMITIVE ET LE MUR SERVIEN

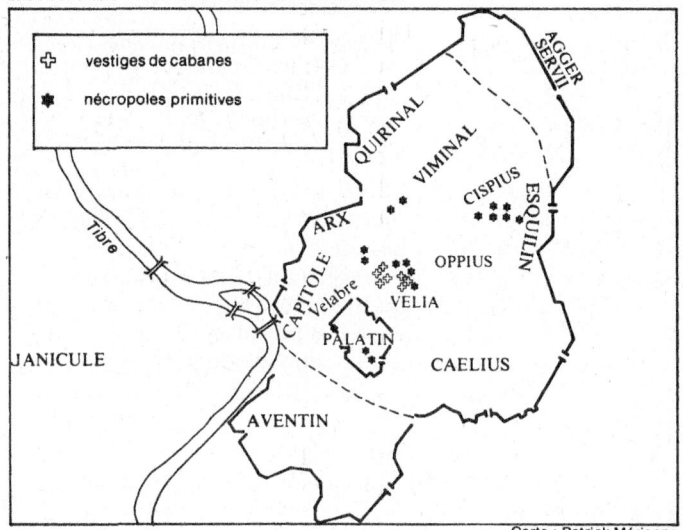

Carte : Patrick Mérienne

pointes au nord vers la plaine du Pô avec la création de Felsina (future Bologne) et vers le sud jusqu'au Silaris (l'actuel Sele ; au-delà de ce petit fleuve côtier commence le monde grec), ils occupent le site de Rome au début du VIe, sinon avant, et pendant un siècle et demi leur domination – pour reprendre le mot de Salluste – se manifeste, on va le voir, de diverses façons et, somme toute, de manière globalisante.

Dès la fin du VIIe s., des groupes ethniques d'origine étrusque y sont en place, l'archéologie le montre. Leur influence se fait sentir à la fois dans les villages sabins de l'Esquilin et sur le Quirinal ainsi que dans le quartier des Carènes, de même dans les villages latins du Palatin et sur l'Aventin. Leur présence est attestée au pied du Palatin dans le *vicus Tuscus* (autant dire le quartier étrusque) et sur le Coelius, près de l'église des Quatre-Saints-Couronnés.

Au VIe s. remontent les débuts de la nouvelle dynastie composée, selon la tradition, de trois rois : Tarquin l'Ancien,

Servius Tullius et Tarquin le Superbe. Si leurs noms mêmes sont douteux, la présence étrusque, quant à elle, est tout à fait sûre. Non seulement elle se manifeste sous la forme de relations économiques par des vases de bucchero (céramique étrusque caractéristique qui abonde partout dans les demeures des vivants et des morts) et par des inscriptions qui démontrent l'ouverture des villages de bergers à une nouvelle activité commerciale et à une nouvelle catégorie sociale : à côté de la vieille aristocratie des *Quirites* apparaît une couche sociale de type différent dont le rapide développement va conduire à la classification dite servienne. Mais en outre elle se traduit par l'action militaire de condottieri privés : ainsi celle que de Vulci mène avec une armée chassée d'Étrurie sous la conduite d'un certain Mastarna, que Fabius Pictor identifie à Servius Tullius. Tandis que les célèbres fresques de la tombe François (de Vulci précisément) montrent ce même Mastarna en lutte contre Cneve Tarchunies Rumach, c'est-à-dire Cnaeus Tarquinius de Rome. C'est à ce Tarquin que Fabius Pictor attribue une partie des réalisations que les Fastes consulaires rattachent au dernier roi étrusque. Les récits romains divergent particulièrement pour la période finale du VIe s. Outre ceux qui inventent l'action d'un Junius Brutus expulsant de Rome Tarquin le Superbe et fondant ainsi la république en 510-509, d'autres font mention d'une expédition étrusque contre Cumes en 524, qui, passant par Rome, en chasse les gens de Vulci pour réinstaller les Tarquins, en attendant que, vingt ans après, le roi de Clusium (Chiusi) soumette Rome et chasse à son tour le parti des Tarquins. Notons que Porsenna ayant ensuite été battu devant Aricie, dans le Latium, cette défaite marquerait le début de l'implantation romaine dans cette région voisine de Rome, inaugurant ainsi les débuts de l'impérialisme romain. Il y a bien d'autres récits. Si bien qu'il est difficile de dater la fin de la dynastie étrusque et l'avènement de la république. On tend actuellement à reporter cet avènement dans les années 480-475 av. J.-C.

Beaucoup d'incertitudes donc, notamment dans la chronologie, continuent de grever l'histoire de la période royale étrusque. Pourtant, de cette période on retiendra des faits de civilisation essentiels qui vont marquer profondément le présent et le futur de Rome.

D'abord de grandes réalisations de caractère monumental qui, inspirées des modèles étrusques, triomphant dans une civilisation essentiellement urbaine qui pratiquait des techniques de construction en pierre très avancées, vont aboutir à Rome à d'énormes travaux d'urbanisme. Grâce à quoi va naître une ville. C'est peut-être autour de 575 av. J.-C. que furent entrepris l'assèchement, puis le pavage – deux techniques parfaitement maîtrisées en Étrurie – de la vallée humide du Forum. L'assainissement de cette zone marécageuse par des travaux de canalisation est rendu particulièrement spectaculaire par la construction de la Cloaca maxima, le grand canal collecteur qui débouche dans le Tibre en aval du Pons Aemilius, l'actuel Ponte Rotto. Pline écrira (*Hist. nat.*, 36,108) :

> On dit que Tarquin donna à la galerie une telle ampleur qu'on y pouvait faire passer un char débordant de foin.

Il est certain que la substitution d'une vaste place publique aux cabanes et nécropoles archaïques de cette vallée suppose alors, au VIe s., une organisation politique. De même que, dans le monde grec, l'agora était associée à l'existence d'une *polis*. La construction d'une enceinte répond aussi à une préoccupation de défense urbaine commune aux villes d'Étrurie (et aux cités grecques d'ailleurs). Deux murs vont ainsi se succéder, dont les vestiges sont aujourd'hui encore apparents en plusieurs endroits de Rome, notamment près de la gare centrale, la stazione dei Termini. Le premier, qui date du VIe s., est construit en blocs de cappellacio, très bien taillés et régulièrement disposés. Ce tuf provenant de la campagne romaine s'est-il dégradé rapidement ? Ou la muraille a-t-elle été partiellement détruite lors de la prise de la ville par les Gaulois en 390 (ou 387) ? Toujours est-il qu'elle fut reconstruite à certains endroits, en d'autres réparée avec des blocs moins bien taillés, en tuf dit de grotta oscura, provenant du territoire de Véies (conquis en 396). Selon Tite-Live, ce nouveau mur daterait de 378 ; il aurait donc été élevé dans les dix ou douze années qui suivirent le sac de Rome. C'est encore à la même volonté de donner à Rome une parure urbaine, tout en honorant les dieux, que sont construits en dur de nouveaux temples. Les premiers, les plus anciens, devaient être en bois, peu à peu ornés de décors en terre cuite. Au VIe s. surgissent de nouveaux édifices en pierre avec décors en terres cuites polychromes de type étrusque et riches de dépôts votifs d'origine étrusque et de vases grecs de haute qualité. Parmi ces temples, on retiendra celui qui a été retrouvé sous l'église de San Omobono, en bordure du Forum boarium, et qui fut dédié à la déesse Fortuna, dit-on, par Servius Tullius, particulièrement attaché à ce culte[1]. À la fin de la domination étrusque, les constructions religieuses s'accélèrent : en 508 avec le temple de Jupiter capitolin, en 496 avec le temple de Saturne, en 496-493 avec celui de Cérès, Liber et Libera[2].

C'est que se forge alors au cours de ce VIe s. une nouvelle culture qui, bien entendu, doit beaucoup aux Étrusques, eux-mêmes touchés par la civilisation grecque. Ainsi s'impose une nouvelle religion, qui ne fait pas abstraction des cultes antérieurs (il en sera toujours ainsi à Rome), mais qui est calquée sur beaucoup de points sur les croyances et les rites de l'Étrurie. À la tête du panthéon se trouvait une triade vénérée dans des temples tripartites. Remplaçant l'ancien groupe Jupiter-Mars-Quirinus, s'installe maintenant et définitivement la triade étrusque latinisée : Tinia est identifié à Jupiter ; Uni devient Junon et Menrva Minerve.

---

1. Sur ce temple de Fortuna, le dernier état de la question est présenté par F. Coarelli, *Il Foro boario*, Rome, 1988, p. 205 et suiv.
2. Voir R. Bloch, « Rome de 509 à 475 environ avant J.-C. », *Rev. et. lat.*, 37, 1959, p. 118-131 et plus généralement du même auteur, « Recherches sur la religion romaine du VIe siècle et du début du Ve siècle av. J.-C. », dans *Recherches sur les religions de l'Antiquité classique*, Paris, 1980, p. 347-381.

Ils forment la célèbre triade capitoline, qui reçoit sur le Capitole un temple à triple cella qui va devenir le prototype des Capitoles du monde romain et le symbole de la puissance romaine conquérante. La Junon romaine porte les marques de l'Héra grecque, Minerve celles de Pallas-Athéna. Avec des contaminations orientales et grecques, d'autres divinités étrusques prennent pied désormais à Rome en même temps que des divinités vénérées dans de nombreuses villes d'Italie centrale. Ainsi Mater Matuta, déesse matronale et de l'Aurore dont le temple est accolé à celui de Fortuna sur le Forum boarium et qui est vénérée aussi dans le Latium, notamment à Satricum où son sanctuaire était très renommé. Ainsi Diane dont l'introduction sur l'Aventin est attribuée à Servius Tullius et qui avait un temple célèbre à Aricie sur le bord du lac de Némi dans les monts Albains. Mais on n'oublie pas que Turan étrusque fut assimilée à Aphrodite avant de devenir Vénus, que Fufluns fut identifié à Dionysos-Bacchus et Turms à Hermès-Mercure. Un nouveau panthéon se constitue. Tandis que se mettent en place des fêtes et des rites ordonnés dans un calendrier et pour beaucoup décrits dans des livres qui composaient la *disciplina etrusca* : les livres rituels (*libri rituales*) contenaient, selon Festus (358 L), « les prescriptions relatives à la fondation des villes, la consécration des autels et des temples, l'inviolabilité des enceintes, les lois concernant les portes, et tout ce qui se rapportait à la guerre et la paix » ; les *libri fulgurales* touchaient à l'interprétation du tonnerre et des éclairs ; les livres des haruspices (*libri haruspicinales*) traitaient de l'observation des entrailles des victimes promises aux sacrifices.

Pour rester un instant encore dans le domaine culturel, « il faudrait ajouter, comme le note avec un sourire J. Heurgon[1], que ce sont les Étrusques qui ont appris aux Romains

---

1. Dans son livre, auquel il faut se reporter pour un dernier état des questions : *Rome et la Méditerranée occidentale jusqu'aux guerres puniques*, Paris, 1969, p. 239.

à lire et à écrire, en introduisant chez eux un alphabet dérivé du grec, que Rome adapta aux besoins du latin ».

Tous ces apports sont – on le voit bien – d'une extrême importance. Il reste que, parmi les faits de civilisation qui ont profondément et pour longtemps illustré le VIe s. av. J.-C., se détache avec un relief particulier ce qu'on appelle couramment les réformes serviennes[1] ou mieux la constitution servienne dont deux auteurs de l'époque d'Auguste, Tite-Live (I, 43) et Denys d'Halicarnasse (IV, 16 et suiv.) ont transmis un tableau précis. Si bien que des trois rois étrusques, Servius Tullius est celui qu'on connaît le moins mal. Pour les uns, un étranger, ancien esclave, devenu gendre de Tarquin, pour d'autres, notamment pour l'empereur étruscologue Claude, un condottiere, étrusque peut-être, nommé Mastarna, devenu ami des princes de Vulci, qui d'après les fresques de la tombe François se serait rendu maître de Rome après avoir éliminé le parti des Tarquins. En tout cas, c'est à lui qu'est attribuée l'organisation de Rome en cité, le phénomène majeur de l'histoire du VIe s.

L'organisation servienne touche à la fois la société politique, l'institution militaire et les divisions de l'*Urbs* et de son territoire, l'*ager romanus*.

La société romaine primitive était, semble-t-il, composée de deux catégories de personnes : ceux qui, sur un site entouré d'une zone impropre à la céréaliculture, vivaient de l'élevage transhumant en Sabine (d'où l'accord entre Latins et Sabins) et d'une horticulture domestique très simple ; à côté de ces petits propriétaires, leurs serviteurs, étrangers pour beaucoup, qui ne possédaient rien. Selon la tradition, toujours sujette à caution, cette population aurait été, à partir de Romulus, répartie en trois tribus – les Ramnes (latins ?), les Tities (sabins ?), les Luceres (premiers étrusques ?) et en trente curies. On voit bien que ces correspondances numériques sont plutôt gratuites ; selon

---

1. H. M. Last, « The Servian Reforms », *Journ. of Rom. St.*, 35, 1945, p. 30-48.

Robert E. A. Palmer[1], elles sont dues à Varron, un « obsédé des chiffres », et étymologiquement le mot *curia* dériverait de *co-viria*[2] et désignerait des unités de peuplement naturelles qui se seraient sur une durée très longue agrégées peu à peu par synoecisme progressif. Quand, avec l'occupation étrusque, une nouvelle forme d'économie, de type commercial, favorisa la formation et le développement d'une nouvelle catégorie sociale vivant d'échanges et non plus seulement du sol, Servius Tullius, lui-même plus proche de ces nouveaux riches, voulut, ou dut les faire entrer dans la société politique. Ce qui fut fait en substituant au système curiate un autre système dans lequel le domicile valait titre de cité. Ce nouveau système implique, bien entendu, un *census*, un recensement de toutes les personnes libres résidant en territoire romain, avec déclaration de leur fortune[3]. De là une classification et une distribution des droits politiques fondées sur la richesse. Cinq classes de citoyens sont ainsi distinguées : la première comprend ceux qui possèdent un capital d'au moins 100 000 as (120 000 selon Verrius Flaccus) ; la deuxième un capital de 75 000 as ; la troisième de 50 000 ; la quatrième de 25 000 et la cinquième de 11 000. Inutile de dire que cette estimation en as ne correspond pas aux données économiques du temps, où la fortune était évaluée en arpents de terre (*jugera*) et en têtes de bétail (*pecunia* de *pecus*, troupeau ; c'est plus tard que le mot désignera la monnaie) ; l'estimation ne dut être établie sur ces bases chiffrées qu'au IIe s. av. J.-C.

---

1. *The Archaic Community of the Romans*, Cambridge, 1970, 328 p. – Dans un sens différent, A. Alföldi, *Early Rome and the Latins*, Ann Arbor, 1963.
2. *Co-viria* évoque peut-être à l'origine la fraternité de combat. De ce mot va dériver *quirites* qui à l'époque classique est synonyme de *cives* : citoyens.
3. Sur le sens de *census* : déclaration de rang et de fortune, dénombrement, voir A. Ernout et A. Meillet, *Dictionnaire étymologique de la langue latine*, Paris, 1932, p. 168. Voir C. Nicolet, *le Métier de citoyen dans la Rome républicaine*, Paris, 1976 (2e éd. 1979), p. 72 et suiv.

Il reste que l'organisation et l'idéologie politiques se trouvent maintenant étroitement liées à un système et à une idéologie censitaires, influencés sans doute par la Grèce – notons que la réforme de Servius à Rome fait pendant à celle de Clisthène à Athènes. Elles s'expriment dans l'institution des comices centuriates[1]. Bien entendu il faut admettre qu'une telle assemblée n'a pas fonctionné sous ce nom dès le VIe s. ; elle résulte d'une organisation progressive. Tout ce qu'on peut affirmer, c'est que l'assemblée préexiste à 450 : la loi des douze Tables l'appelle *comitiatus maximus*. C'est d'autre part qu'en 443 est créée la censure, une magistrature spéciale chargée des opérations du *census* jusque-là menées par le roi, puis par les consuls. Ainsi, quelles que soient alors – au VIe s. – la composition et la fonction de l'assemblée, il existe à Rome, à côté du roi, le chef le plus fort, *ductor* avant tout guerrier, mais maintenant investi religieusement (*inauguratus*), un groupe de conseillers, les premiers des grandes familles, les plus anciennes sans doute et les plus influentes (qui forment une manière d'aristocratie) – on les appellera bientôt les *Patres*, dont le groupe constituera le sénat – , et une assemblée de citoyens, sur laquelle ont de plus en plus tendance à s'appuyer les rois étrusques. Ce qui explique, ici comme à Athènes où les Pisistratides sont chassés dans les mêmes conditions et à la même date, les réactions aristocratiques contre le dernier Tarquin jugé démagogue et tyran.

On retiendra aussi que, lié à l'institution du *census*, se trouve formé du même coup le concept de *civitas* : Rome est maintenant une cité, une collectivité de citoyens, juridiquement égaux, mais hiérarchisés dans une inégalité sociale et politique, déterminée par les différences de fortune[2].

---

1. Voir C. Nicolet, « L'idéologie du système censitaire et la philosophie grecque », *La filosofia greca e il diritto romano*, colloque italo-français, Rome, avril 1973, actes parus en 1976, p. 111 et suiv.
2. Voir Cl. Nicolet, *le Métier de citoyen...*, p. 71-121.

Ces caractères se retrouvent dans l'institution militaire servienne. Tite-Live a parfaitement marqué le parallélisme des droits et devoirs civils et militaires (I, 42, 4-5) :

> (Servius Tullius) passe aux yeux de la postérité pour avoir établi dans notre cité toutes les distinctions et toutes les classifications qui créent une différence entre les divers degrés de la dignité et de la fortune. Il a en effet créé le cens, institution très heureuse pour la grandeur future de l'Empire, et qui répartissait les charges civiles et militaires non plus par tête, comme auparavant, mais d'après la richesse ; il établit alors cette organisation des classes et des centuries, déduite du *census*, aussi admirable dans la paix que dans la guerre.

Chacune des cinq classes de citoyens se trouve divisée en centuries (groupes de cent hommes) dont la moitié sert dans l'armée active (les *juniores* de dix-sept à quarante-six ans), l'autre moitié dans la réserve (les *seniores* de quarante-six à soixante ans), équipés et nourris à leurs frais. De là découlent deux conséquences. Sont exclus du service militaire ceux dont le cens est inférieur à 11 000 as ; on les appelle *capite censi*, ceux qui n'ont que leur tête. Sont dispensés les orphelins. Sont exclus aussi les esclaves bien entendu, les affranchis et les citoyens privés de leurs droits civiques. Le service (*militia*) est donc un droit en même temps qu'un devoir du citoyen actif, intégré à la cité. D'autre part, dans cette armée civique, les droits et devoirs varient selon les classes, c'est-à-dire selon la fortune. Dans la première classe se recrutent 18 centuries de cavaliers et 80 centuries de fantassins portant, à leurs frais, on l'a dit, un armement complet de bronze (armes offensives et défensives). Dans les trois classes suivantes, la deuxième, la troisième et la quatrième, 20 centuries de fantassins armés plus légèrement ; à quoi s'ajoutent deux centuries du génie et deux autres de musiciens. La cinquième classe enfin fournit 30 centuries d'hommes armés seulement de frondes.

Un tableau de la situation sera sans doute utile :

Classes	Cens	Centuries :	Juniores	Seniores	
1	100 000	*equites*	12	6	18
		pedites	40	40	80
2	75 000		10	10	20
3	50 000		10	10	20
4	25 000		10	10	20
5	11 000		15	15	30
				Génie	2
				Musiciens	2

La constitution servienne visant à répartir, dit Tite-Live, « les charges civiles et militaires », la centurie y est considérée à la fois comme unité de combat et comme unité de vote. Compte tenu du fait que les *capite censi* sont tous regroupés dans une seule centurie, on dénombre donc 193 centuries, dans lesquelles la première classe, avec ses 98 centuries, détient la majorité absolue. Les comices centuriates sont donc dominées par les plus riches. Parallèlement se constitue à l'époque royale un patriciat (littéralement les *patricii* sont les descendants des *patres*), une sorte de noblesse héréditaire, qui se réserve les grands sacerdoces ainsi que les terres, fournit à l'armée ses cadres et s'entoure de clients que le patron protège en contrepartie d'un engagement de foi (la *fides*, dont on a parlé plus haut). Le phénomène social, plus tard, aux incidences politiques si importantes, de la clientèle paraît être fort ancien : si l'on en croit les sources littéraires, quand vers 495 av. J.-C. la gens des Claudii quitta sa Sabine originelle pour s'installer sur le territoire de Rome, elle aurait émigré avec quelque cinq mille clients !

Sans entrer ici dans le détail de l'organisation, on décèle clairement son caractère timocratique, tant dans ses implications civiles que militaires. Comme le note très justement M. Humbert, « les pouvoirs politiques de cette assemblée (centuriate) militaire, qui se réunit en armes au son de la trompe et hors du *pomerium*, restent encore imprécis : acclamation de tout projet royal touchant à l'ensemble de la Cité, la guerre surtout et le partage du butin. *L'important est de remarquer que la fraction combattante y dispose du pouvoir de décision, si restreint qu'il ait pu être*[1] », en particulier à la fin de la dynastie étrusque.

La réforme servienne touche encore un autre domaine important, celui de la distribution des citoyens en tribus. À la place des trois anciennes tribus ethniques, elle crée des tribus territoriales : quatre tribus urbaines pour la Ville et une dizaine de tribus rustiques pour son territoire, l'*ager romanus*[2]. Tous les citoyens se trouvent désormais rattachés à l'une de ces tribus. Et après avoir rapporté cette division nouvelle de Rome en quatre régions et quatre tribus, Denys d'Halicarnasse (4,14) dans son texte de valeur essentiellement étiologique ajoute : « Et il (Servius) décida que les citoyens qui habitaient dans chacune des quatre parties, comme des villageois[3], ne devraient ni changer de domicile, ni payer ailleurs leurs impôts. » C'est donc bien le lieu du domicile qui maintenant crée le lien civique ; la définition de la citoyenneté s'en trouve modifiée. Cette réforme offre, entre autres intérêts, celui de faciliter le recensement des citoyens. Mais, naturellement, quand l'extension du territoire romain va se développer avec les conquêtes de nouveaux territoires en Italie et que de nouvelles tribus seront créées – le nombre des tribus rustiques atteint trente et un en 241 – des difficultés vont apparaître.

---

1. Ouv. cit., p. 189. C'est moi qui souligne le passage, qui me paraît de première importance.
2. Les quatre tribus urbaines sont et resteront la *Palatina*, l'*Esquilina*, la *Collina* et la *Suburana*. Les premières tribus rustiques ont-elles été au nombre de 10, de 16 ou de 20 ? On ne peut le savoir. Selon Fabius Pictor, il aurait été de 26, soit 30 tribus au total, chiffre « trop satisfaisant » (J. Heurgon, ouv. cit., p. 258). De ces tribus rustiques, 14 furent créées entre 387 et 241, comme résultats des conquêtes.
3. Le mot grec *kômètai* peut correspondre au latin *vicani*, les *vici* étant des quartiers des régions.

À la fin du VIe s., la Rome latino-sabine des débuts, devenue étrusque, présente, semble-t-il, beaucoup de points communs avec les cités des lucumonies toscanes. Comme elles, elle est entourée d'une robuste enceinte qui protège ses quelque 420 ha, et elle s'orne de monuments construits en dur, notamment des temples dont le décor polychrome retient l'attention. Depuis l'assèchement de la partie septentrionale de la vallée du Forum, elle possède là un centre de vie urbaine. Elle a, comme les cités étrusques et grecques, une structure administrative, sociale et militaire différenciée, dont les bases ont été profondément modifiées sous la domination étrusque.

Il semble aussi – toutes les sources le soulignent – que celle-ci se soit faite plus oppressive dans les dernières décennies du siècle. Déjà la prise de pouvoir du premier Tarquin, dit l'Ancien, avait été marquée à la fois par une accentuation de son caractère militaire et un renforcement du rôle de l'ascendant personnel sur la partie la plus populaire de la population urbaine[1]. D'après certaines sources, son usurpation n'avait réussi que grâce à la confiance d'Ancus Martius, le dernier roi qui en avait fait son auxiliaire militaire et grâce surtout à la faveur du peuple. Les conditions d'accès au pouvoir de Servius Tullius ne sont pas moins troubles. Il paraît bien, lui aussi, l'avoir usurpé malgré l'opposition des *patres* et en s'appuyant sur le peuple. Mais pour le dernier, Tarquin dit le Superbe, les sources anciennes, et même les historiens modernes, sont unanimes à dénoncer une usurpation violente – selon Tite-Live, il aurait interdit de sépulture le vieux Servius, offense suprême et quasi sacrilège, et il se serait entouré d'une garde armée – et ensuite son comportement tyrannique : on connaît l'histoire du viol de la noble Lucrèce.

Dans ses *Antiquités romaines* (IV, 41), Denys d'Halicarnasse a lui aussi insisté sur le comportement de Tarquin :

---

1. Sur ces conditions d'accès au pouvoir, voir P. de Francisci, *Primordia civitatis*, Rome, 1959.

Lucius Tarquin, successeur de Tullius, devint le maître de Romains par la force des armes et non en faisant jouer les lois existantes. Cela se passa la quatrième année de la soixante et unième olympiade, celle en laquelle Agatharque de Corcyre remporta le prix de la course, dans le temps qu'Hercule était archonte à Athènes (534 av. J.-C.). Affichant un souverain mépris, non seulement pour le peuple, mais aussi pour les patriciens qui l'avaient poussé vers le pouvoir, confondant et sapant les coutumes, les lois et toute l'ancienne discipline dont les rois ses prédécesseurs s'étaient efforcé de faire autour de la Cité comme une parure, il transforma, pour le dire en bref, le gouvernement de l'État en une tyrannie ouverte. Premièrement, il établit autour de lui une garde comprenant, tant parmi les étrangers que les naturels du pays, tout ce qu'il y avait de plus déterminé : armés d'épées et de lances, ils veillaient de nuit à l'entrée de son palais, l'accompagnant de jour en quelque endroit qu'il allât, lui procurant une sécurité constante contre toutes les embûches qu'on pouvait lui tendre. En second lieu, il ne paraissait pas souvent à l'extérieur, ni surtout à des heures fixes, mais, s'il se montrait en public, c'était rarement et lorsqu'on s'y attendait le moins. C'est chez lui que la plupart du temps il traitait des affaires de l'État, dans l'intimité de conversations avec ses amis les plus proches ; il était rare qu'il traitât des affaires sur la place publique. On ne laissait pénétrer chez lui que ceux qui y avaient été mandés : encore était-il loin de réserver à ceux-ci un gracieux accueil, mais il se manifestait comme un tyran rigoureux et insupportable, le visage plein de colère, et plus capable d'inspirer la terreur que de procurer la moindre satisfaction. Ce n'était point par la justice ni par les lois qu'il tranchait les procès relatifs aux contrats et conventions contestées, mais bien par caprice et par humeur.

Même si les historiens ont accentué en lui les traits caractéristiques du *tyrannos* grec (qu'on retrouve alors chez les Pisistratides ses contemporains), à savoir l'usage de s'entourer d'une garde du corps, l'hostilité envers l'aristocratie, la tendance à s'attirer la bienveillance populaire par des faveurs, des concessions et une politique de grands travaux ostentatoires, l'ambition de nouer des liens personnels avec certaines grandes familles étrangères à la ville, le renforcement de l'appareil militaire et le désir d'expansion, il semble bien que tout ne soit pas faux.

En tout cas, malgré ce que dit Tacite (*Ann.*, I, 1) : « La ville de Rome fut d'abord en la possession des rois ; puis L. Brutus établit la liberté et le consulat », on peut admettre que L. Brutus est un personnage fabriqué, qui n'est pour rien dans l'expulsion de Tarquin et l'avènement de la république. L'expulsion de Tarquin est le fait du roi de Clusium Porsenna, probablement en 509-508. Réfugié à Tusculum d'abord, le dernier roi étrusque dut mourir en 495 à Cumes. Quant à la fondation de la république, elle est le résultat d'un sursaut de l'aristocratie (appelons-la le patriciat) de Rome contre une domination tyrannique et étrangère. Elle n'intervint peut-être pas avant les années 504 pour les uns, 480-475 pour les autres.

Mais ce qu'on peut retenir du texte de Tacite – Cicéron avant lui avait dit la même chose – c'est que, pour les Romains, république et liberté sont désormais synonymes et que des rois ils ne retiennent que le caractère tyrannique et l'origine étrangère du dernier d'entre eux. De là une profonde horreur de la royauté, qui va nourrir la rhétorique républicaine, qui n'épargnera pas César et dont Auguste saura tenir compte.

Les premières conquêtes en Italie et l'entrée de Rome en Méditerranée occidentale

Révolution politique ? Changement de régime ? Soit. Il reste que ceux qui détiennent le pouvoir de décision sont toujours aussi, avant comme après la chute des rois, la fraction combattante. De là découlent les traits essentiels de l'histoire des ve s. et ive s. av. J.-C., les plus obscurs de l'histoire de Rome.

Ainsi on doit bien constater que, si la monarchie est tombée, l'institution républicaine ne lui a pas succédé immédiatement et d'un bloc. Il est donc faux de parler de révolution politique. C'est un certain M. Horatius, semble-t-il, qui a reçu pour un an le pouvoir, avec le titre de *praetor maximus*, c'est-à-dire de magistrat supérieur au sein d'un collège de *praetores*. Un système de transition auquel va succéder une autorité partagée entre deux *praetores majores*. De sorte qu'apparaissent déjà les deux traits essentiels de la *respublica* romaine qui, à l'opposé des principes monarchiques, sont la collégialité et l'annalité des magistratures. Ces deux règles resteront intangibles (ou presque) jusqu'à la fin de la République. Et ce sont les atteintes répétées à ces règles qui constitueront une des causes majeures de son déclin.

C'est seulement au milieu du Ve s., en 449, que les deux consuls deviennent les hauts magistrats de la république. Comme le note J. Heurgon[1], l'adoption de ce titre nouveau « révèle une prise de conscience accrue de ce qu'impliquait la collégialité de fait ».

À travers ces changements qui ne la camouflent guère, se laisse percevoir une réalité politico-sociale profonde : c'est la prééminence continue du patriciat. Si révolution il y a eu, ce fut une révolution aristocratique. Au lendemain de l'expulsion des rois, c'est le patriciat qui est maître de Rome. Et peut-être sont-ce ses excès de pouvoir qui vont entraîner assez vite une agitation politique, le regroupement des opposants et la naissance de la plèbe. On connaît l'histoire de sa sécession sur le mont Sacré et en 494, diton, la création des tribuns dont la mission consiste à protéger le peuple contre le plein pouvoir (l'*imperium*) des consuls et dont la personne est, par mesure de précaution, inviolable et sacrée. Comme l'écrit très heureusement M. Humbert[2], désormais se font face deux États : « L'État de droit, entre les mains des patriciens qui prétendent représenter toute la Cité ; l'État de fait avec la plèbe organisée. Comme le globe, la Cité a deux pôles. » Cet État de droit est à l'origine d'un système institutionnel qui va évoluer

---

1. Ouv. cit., p. 272.
2. Ouv. cit., p. 192.

certes, mais sans rupture sur l'essentiel jusqu'au Ier s. av. J.-C. Il est aussi à l'origine de la formation d'une culture civique qui, tout au long de l'histoire de Rome, laisse au droit un rôle de premier plan dans la gestion des relations sociales. Mais de l'État de fait dérivent les conflits qui d'abord vont secouer la vie politique intérieure avant de contribuer pour une part non négligeable au développement de l'impérialisme romain en Méditerranée.

Que la vie politique ait été agitée au cours des deux premiers siècles de la République n'est guère douteux. À suivre sur les Fastes consulaires la liste des consuls en fonctions dans une période de grande incertitude, on constate, après une poussée plébéienne dans les années de la création des tribuns, une réaction patricienne d'un quart de siècle, entre 485 et 461, qui elle-même conduit à de graves désordres au milieu du ve s. Pour y mettre fin, il fallut recourir à l'institution décemvirale : un collège de dix magistrats exceptionnels présidé par le patricien Appius Claudius, le premier de ces orgueilleux Claudii, émigrés de Sabine à Rome, qui vont fournir une imposante lignée d'hommes politiques et plus tard un empereur. Chargés à la fois du pouvoir consulaire et de la rédaction des lois, ils donnent à la Cité la fameuse loi des Douze Tables, « le plus important monument législatif que Rome ait conçu jusqu'aux compilations de Justinien[1] ». Tite-Live y voit « la source de tout le droit privé et public » (3, 34, 6). Avec ce texte fondamental est établie l'égalité juridique : pour tous les citoyens les lois sont maintenant égales. Les conflits entre patriciens et plébéiens n'en deviennent pas pour autant moins aigus. Après de multiples incidents et même des coups de force, ils aboutissent au compromis de 367 : le plébiscite

---

1. Son texte, reconstitué à partir de citations retrouvées chez les auteurs anciens, est d'une authenticité aujourd'hui peu contestée : on le trouve, avec bibliographie et commentaire, dans *les Lois des Romains*, 7e éd. par un groupe de romanistes des *Textes de droit romain*, t. II, de P.F. Girard et F. Senn, Camerino, 1977, p. 23-73. Voir M. Humbert, ouv. cit., p. 212-217.

licinio-sextien des tribuns C. Licinius et L. Sextius imposé et finalement voté par le sénat, selon lequel le consulat devra désormais être partagé entre le patriciat et la plèbe : un consul sur deux sera obligatoirement plébéien.

Mais l'un des points les plus surprenants de cette longue histoire, c'est qu'en dépit de cette agitation, malgré les grèves (il y en eut !), les sécessions et les coups de force, Rome ait poursuivi et même renforcé sa politique d'expansion en Italie. Comme si dans ce domaine les patriciens qui constituent la force militaire la plus active et les plébéiens qui en tirent profit se trouvaient à peu près d'accord !

Sans entrer dans le détail des interventions romaines, on distinguera deux phases dans leur déroulement : une première marquée par des opérations limitées, mais importantes autour de Rome ; une deuxième qui à partir du milieu du IVe s. conduit les armées romaines dans toute la péninsule et au-delà.

Jusqu'au milieu du IVe s. des opérations limitées autour de Rome

Déjà aux rois étrusques la tradition annalistique attribue une grande activité militaire. Plusieurs guerres contre les Sabins au nord de Rome, contre les Eques et les Volsques à l'est sont rapportées par Tite-Live et par Denys d'Halicarnasse. On leur attribue même la conquête de Nomentum et de Praeneste (l'actuelle Palestrina) dans le Latium, tout en reconnaissant que c'est seulement en 338 que les Latins vaincus reconnurent la pleine souveraineté romaine. On leur attribue aussi – c'est Denys d'Halicarnasse – un accord avec Gabies (le *foedus Gabinum*) qui aurait établi l'isopolitie entre Romains et Latins : la citoyenneté romaine aurait été donnée aux gens de Gabies et la citoyenneté de Gabies offerte aux Romains. Plus tard, vers 493, un autre accord (le *foedus Cassianum*) aurait scellé une alliance avec les Latins, après la fameuse bataille du lac Régille (499 ou 496) qui avait opposé les armées romaines aux troupes latines confédérées et qui n'avait été gagnée que grâce à l'intervention miraculeuse de Castor et Pollux. Bien entendu, il y a chez Denys une utilisation trop large des conceptions grecques de le *politeia* pour que son récit soit à prendre au pied de la lettre[1]. En fait, il semble bien que, sous les rois comme après leur expulsion, les opérations militaires et sans doute les conquêtes n'ont concerné que les villages et les petites localités des environs de la Ville. Et même qu'à plusieurs reprises c'est elle qui a dû se défendre contre les incursions de ses turbulents et puissants voisins : l'émigration du Sabin Attus Clausus avec ses milliers de clients n'en est qu'un épisode.

Jusqu'au milieu du IVe siècle, la tradition nous révèle une suite interminable de guerres contre à peu près tous les peuples qui entourent Rome et son territoire, l'*ager romanus* qui devait alors s'étendre jusqu'au cinquième ou sixième mille autour de l'*Urbs*. Notamment contre les Latins qui ont constitué une confédération, une ligue dont le sanctuaire fédéral est le bois sacré de Diane à Aricie, sur les bords du lac de Némi. Heureusement pour Rome, l'hégémonie s'y disputait entre Ardée, Lavinium, Aricie et Tusculum. Ce qui, avec une bonne alliance avec Gabies, lui permit non sans peine d'ailleurs de s'assurer elle-même cette hégémonie : l'installation d'un sanctuaire de Diane sur l'Aventin proclama sans doute ce succès. Contre les Volsques et les Eques, les voisins de l'Est, la lutte ne fut pas plus facile ; elle aboutit quand même à la conquête de deux positions fortes, Tibur (actuel Tivoli) et Praeneste. Contre les Sabins, notamment ceux de la plaine, la dernière guerre paraît dater de 449, suivie d'un accord entre les deux peuples ; il faut cependant attendre 290 pour que le pays sabin devienne romain. Mais c'est contre les Étrusques méridionaux, et singulièrement contre la puissante Véies qui dominait la région située sur la basse rive droite du Tibre que fut engagée la guerre la plus redoutable. Le siège de la ville dura dix ans, de 405 à 395.

---

1. Voir M. Humbert, *Municipium et civitas sine suffragio à l'époque républicaine*, Rome-Paris, 1978 : sur l'organisation de la conquête jusqu'à la guerre sociale.

Rome dut recourir à la dictature, magistrature exceptionnelle prévue dans les cas d'urgence et pour une durée maximale de six mois. C'est le dictateur M. Furius Camillus qui finalement vint à bout de la cité étrusque, perchée sur un plateau isolé à 17 km de Rome et bien protégée par les marais qui l'entouraient, par ses murailles et sa citadelle sous laquelle le Romain réussit à creuser une sape. La ville fut détruite et son territoire annexé par Rome. Dans ce conflit, non seulement Caere (Cerveteri) à 40 km au nord de l'*Urbs*, n'a pas bougé pour secourir Véies, mais elle semble même avoir entretenu avec la République romaine des relations si étroites que, parmi les villes étrusques, elle fait figure de cité proromaine : quand, en 390, les Gaulois occupent et pillent Rome, c'est à Caere que les Vestales cherchent refuge et emportent les *sacra* de la Ville. À la suite de quoi leurs relations se resserrent encore : les Caerites reçurent le droit d'hospitalité publique, l'*hospitium publicum* et divers privilèges qui caractérisent le statut de *civitas sine suffragio*, c'est-à-dire un droit de cité non assorti du droit de vote. On voit poindre les formes très diverses que peu à peu prend l'implantation romaine dans le centre de l'Italie. Ainsi, Faléries et Capènes, voisines de Véies, l'ayant aidée, Camille s'en empara, les traita bien, mais créa pour les surveiller deux colonies latines à Sutrium (Sutri) et à Nepete (Nepi). Une guerre contre les grandes villes étrusques de Volsinies et de Tarquinies – Volsinies était le centre de la confédération étrusque – emmena plus au nord l'armée romaine. Elle aboutit à un accord forcé... car Rome dut soudainement faire face à un grave danger : l'invasion gauloise.

C'est un événement historique d'une grande importance, non seulement militaire, mais aussi psychologique, que l'invasion gauloise en Italie et jusqu'à Rome dans les années 390-386 av. J.-C. Manifestation de l'éveil de l'Occident celtique, elle conduisit une horde de Barbares jusqu'au Tibre où sur les bords de l'Allia, un affluent du fleuve, ils défirent l'armée romaine (qui s'enfuit à Véies) et, descendant le long du Tibre ils entrèrent dans la Ville qu'ils mirent au pillage. L'événement eut un énorme retentissement et le *tumultus gallicus*, c'est-à-dire l'attaque soudaine d'une troupe en désordre (stupéfiante pour des Romains habitués à l'ordre légionnaire) devait entretenir pour longtemps un effroi dont on retrouve l'écho à l'époque de Cicéron et de César et plus tard encore à l'époque impériale : dans la mémoire collective des Romains, il est pour l'Ouest le pendant du péril parthe auquel est attaché à partir de 54 av. J.-C. le désastre de Carrhae. Quand les Gaulois de Brennus quittèrent Rome, qu'ils avaient occupée du 18 juillet jusqu'au mois de février (381 ?), tout danger ne fut pas pour autant écarté. Ils devaient se livrer encore à trois incursions : l'une vers 358-354 qui vit tomber Felsina, à qui les occupants boïens donnèrent le nom de Bononia (Bologne) et qui amena des bandes gauloises jusque dans les monts Albains et même jusqu'en Apulie ; vers 347-343 elles reparurent dans le Latium et Rome ne fut sauvée que de justesse ; de 332-329 date leur dernière menace. Mais Rome, alors maîtresse du Latium et de la Campanie, put leur imposer un accord de trente ans. L'ampleur et la répétition du péril gaulois expliquent l'effroi des Romains... et l'image qu'ils se firent désormais du Barbare occidental.

Les Gaulois partis, on assiste sous l'impulsion de M. Furius Camillus et de la puissante famille des Manlii à un remarquable redressement de Rome, qui non seulement se dote d'une nouvelle enceinte (le mur en *grotta oscura*), mais relève ses monuments pillés et se lance dans une politique d'intervention en Italie centrale et centro-méridionale qui la conduit jusqu'en Campanie. Il est vrai que les incursions gauloises ont amené à s'illustrer quelques grands hommes qui, après avoir sauvé leur Ville, ont entrepris de la protéger par des menées expansionnistes.

Vers 386, des campagnes victorieuses en Étrurie du Sud aboutissent à la création de quatre nouvelles tribus rustiques, cependant que s'installent là, sur les terrains annexés, des colons romains : la romanisation suit de près l'annexion. Dans les années qui suivent c'est plutôt vers le sud que s'orientent les regards : Tusculum qui jouait alors un rôle prépondérant dans la ligue latine dut consentir un *foedus aequum*, c'est-à-dire un accord entre égaux, renforcé en une véritable alliance quand se fit sentir dans le Latium le péril gaulois. Vers 357-353, deux nouvelles tribus consacrent les succès romains en pays volsque : Rome est désormais maîtresse des plaines pontines. Ce qui lui ouvre l'accès vers le sud, vers la riche Campanie.

De ce côté dominait dans les rudes montagnes des Abruzzes et les plaines fertiles qui les séparent de la mer la confédération samnite. Une même langue, l'osque (dialecte plutôt que langue), ainsi que des institutions militaires et religieuses communes scellaient l'unité. Parmi ces institutions s'inscrit le fameux printemps sacré, le *ver sacrum*, en vertu duquel les Samnites menacés de disette vouent à Mars, leur dieu national, tout ce qui naîtra au printemps suivant, enfants aussi bien qu'animaux ; en suite de quoi les enfants voués, devenus des hommes, doivent quitter leur patrie pour aller sous la conduite d'un taureau, attribut de Mars, s'installer ailleurs, donc fonder une colonie. Parmi les centres samnites, l'un des plus importants était Capoue, d'abord simple centre agricole, qui était devenu une ville au moment de la conquête étrusque[1]. En 354, un traité conclu entre Rome et les Samnites marque un pas vers une nouvelle domination.

À partir du milieu du IVe s. les interventions romaines dans la péninsule et en Méditerranée

Les années 348-338 marquent un moment crucial dans la marche de Rome vers la maîtrise de la péninsule et l'expansion maritime. Au vrai, elle avait déjà fait une entrée timide dans la politique méditerranéenne. Peut-être sont-ce ses bonnes relations avec Caere (Cerveteri) – une ville de 150 ha alors que l'enceinte du VIe s. relevée en 378 enserrait quelque 420 ha... déjà la plus grande ville de la péninsule

---

1. Voir J. Heurgon, *Trois études sur le ver sacrum*, Bruxelles, 1957 et sur Capoue : *Recherches sur l'histoire, la religion et la civilisation de Capoue préromaine, des origines à la deuxième guerre punique*, Paris, 1952.

qui l'avaient entraînée à regarder vers le grand large. Caere disposait en effet d'une flotte puissante qui, unie à la flotte carthaginoise, avait en 535 voulu s'opposer aux entreprises colonisatrices des Phocéens (installés à Marseille depuis 600 av. J.-C.). Et l'on sait bien maintenant que des liens étroits existaient encore entre la Caere étrusque et la Carthage punique au début du Ve s. Les belles découvertes de Pyrgi, le port de Caere, le montrent à l'évidence.

C'est une découverte fortuite de terres cuites intervenue en 1957 qui orienta les fouilles du professeur M. Pallottino et amena rapidement la découverte d'un sanctuaire étrusque datable d'après le matériel céramique des années 480-470 ; une inscription permit de l'attribuer à la déesse Uni, équivalent étrusque d'Héra grecque et de Junon latine. Un deuxième sanctuaire fut exhumé ensuite. Entre les deux apparut une vasque de pierre contenant tout un matériel de décharge, des fragments divers, des statuettes datables des années 500 av. J.-C. et surtout trois feuilles d'or couvertes d'inscriptions. Il s'agissait d'une dédicace en punique, avec des caractères propres au phénicien de Chypre, adressée à la déesse punique Astarté ainsi introduite dans un sanctuaire d'Uni par le magistrat Tiberie Velenas régnant sur Kisrie (Caere), qui lui offrait le lieu saint en remerciement d'un bienfait. En outre de deux dédicaces en étrusque dédiées à Uni par le même magistrat appelé ici Thefarie Velianas. On devine l'importance de ces documents bilingues qui attestent à la fois une action religieuse commune de Carthage et de Caere et une action politique commune des deux villes sans doute contre les Grecs[1]. D'autre part, ils rendent moins invraisemblable la date que la tradition fixe

---

1. Parmi une abondante bibliographie, présentée en dernier lieu dans le catalogue de l'exposition de Venise consacrée à *I Fenici*, 1988, p. 56 et 750 et suiv., voir M. Pallottino et coll., « Scavi nel santuario di Pyrgi e scoperta di tre lamine d'oro inscrite in etrusco e in punico », *Arch. Class.*, 17, 1964, p. 39-117 – et J. Heurgon, « The Inscriptions of Pyrgi », *Journ of Rom. St*, 56, 1966, p. 1-15.

en 509 pour la conclusion du premier traité entre Rome et Carthage, traité qui aurait été placé sous la garantie de la déesse Uni-Juno-Tanit. Il reste que la date la plus probable de ce premier traité est plutôt. 348 av. J.-C.

Entre-temps, Rome paraît bien avoir envoyé en Sardaigne vers 377 un groupe de 500 colons et un autre en Corse, tout cela avec le bienveillant accord de Caere.

C'est tout de même à partir du milieu du IVe s. que commencent les opérations expansionnistes. Pour fixer les idées, signalons seulement :

— En 348 l'accord romano-carthaginois entre la première cité d'Italie centrale et la puissante Carthage qui, par son activité commerciale, domine le bassin occidental de la Méditerranée. Il marque la naissance (ou le renouveau) de l'intérêt maritime des Romains.

— Vers 335, c'est la fondation d'Ostie, qui non seulement ouvre la série des créations de colonies romaines (jusque-là n'avaient été installées que des colonies latines, d'abord fédérales), mais qui va devenir très vite le port de l'*Urbs*, atout majeur de son ravitaillement et de son commerce.

— Entre 340 et 338, c'est la guerre latine, truffée de détails légendaires, qui aboutit à la dissolution de la ligue latine, à l'implantation d'une colonie militaire à Antium (Anzio) sur le bord de la mer, et à la création de deux nouvelles tribus rustiques. À des titres divers, Rome domine maintenant tout le pays latin.

— Entre 341 et 291, ce sont les trois guerres samnites qui auraient commencé, selon la tradition, par une *deditio* : en 343, pour contraindre les Capouans à intervenir en leur faveur ; Tite-Live raconte qu'ils se seraient donnés, corps et biens, à Rome, c'est-à-dire remis complètement à la discrétion de celle-ci. Une étude critique[1] montre qu'il s'agit là d'une falsification délibérée, destinée à convaincre que la première guerre samnite était une guerre juste,

---

1. J. Heurgon, ouv. cit., p. 157 et suiv.

conforme au droit, un *bellum justum*. Capoue, néanmoins, devint, par un *foedus*, en 231 l'alliée de Rome, avant de se voir concéder la *civitas romana* en 338, puis de recevoir le statut de municipe fédéré en 334 et d'accueillir des colons romains dans l'*ager falernus* sur la rive droite du Volturne. Les Capouans, alliés de Rome, ayant manifesté des ambitions territoriales aux dépens des cités grecques et notamment de Naples, éclata la deuxième guerre samnite de 327 à 304, une guerre difficile et très dure, où les armées romaines furent plus d'une fois mises à mal : en 321, le désastre des Fourches Caudines affecta deux légions commandées par un consul ; battues, elles durent passer sous le joug. Mais en 315, Lucérie délivrée reçut une colonie romaine et une garnison. Et en 312 le grand homme du moment, Appius Claudius Caecus (l'Aveugle) put fonder la voie qui porte son nom (la via Appia) de Rome à Capoue. Il est vrai qu'entre 318 et 312, Capoue a été annexée et la prédominance de Rome affirmée sur la Campanie, ici sous forme de domination directe, là par suzeraineté. Une troisième guerre samnite entre 298 et 291, bien que mal connue, n'y changea rien. La bataille de Sentinum engagée contre des Samnites, des Gaulois et des Étrusques, se termina par la déroute des ennemis de Rome. De nouvelles colonies furent installées à Minturnes, à Sinuessa et à Venusia. La soumission des Samnites entraîna deux conséquences très importantes. Bien sûr d'abord la consolidation de la puissance romaine dans le sud de la péninsule, où elle se trouve dès lors en contact direct avec les cités grecques de Grande-Grèce. Mais aussi la création d'un État romano-campanien dont la réalité et la puissance dominent l'histoire romaine de la fin du IVe et de la première moitié du IIIe s.

Pratiquement, après les sursauts de la troisième guerre samnite, il n'y a plus qu'un État du Tibre à Cumes et de la mer Tyrrhénienne au lac Fucin. Grâce à l'entente des aristocraties romaine et capouane des services communs furent établis, entre autres la célèbre *legio campana*, composée de mercenaires samnites qui, affublés de l'uniforme des légionnaires, participèrent activement à une intervention romaine à Rhegium (Reggio de Calabre) où fut installée en 280 une garnison capouane ; d'autres interventions à Thurioi, puis à Locres engageaient de plus en plus Rome dans les affaires d'Italie du Sud, de la Grande-Grèce et de la Sicile, ce qui n'allait pas tarder à susciter des conflits avec les Carthaginois, eux aussi implantés dans l'île. D'autant qu'au sénat romain, où depuis 350 la noblesse italique a pris place, l'une des familles dominantes, les Fabii très attachés à la politique campanienne, a favorisé l'accès de *gentes* campaniennes, notamment les Atilii, parmi lesquels M. Atilius Regulus, de Cales, consul en 335 et surtout C. Atilius Regulus, consul en 257 qui osera porter la guerre en Afrique lors de la première guerre punique. On a pu dire que cette première guerre contre Carthage a été leur guerre.

En attendant, on peut voir comment Rome se trouve après 291 (fin de la troisième guerre samnite) de plus en plus impliquée dans les affaires italiennes. D'abord en Italie centrale, où le pays sabin est confisqué et colonisé en 290. Puis en Étrurie, où les villes, livrées à des dissensions intérieures entre démocrates et aristocraties locales appuyées par Rome, perdent peu à peu leurs territoires et deviennent cités alliées (*foederatae*) ; à Cosa est réduite une colonie romaine et, en 265, Volsinies est prise et détruite. C'est la fin de la grande Étrurie. Rome va plus loin en s'en prenant au territoire gaulois que les tribus celtiques se sont taillé en Italie du Nord : une colonie est implantée à Sena Gallica et le territoire sénon entre Ancône et Rimini est annexé. Le territoire romain, qui couvrait quelque 5 000 km^2 après la guerre latine, s'étend maintenant sur près de 13 000 km^2.

Dans le même temps, le sénat romain était conduit à s'occuper de plus en plus directement des problèmes d'Italie du Sud. Du fait d'un étonnant personnage dont il est difficile de dire s'il avait un profil de conquérant dans la tradition d'Alexandre le Grand ou de simple aventurier :

Pyrrhus d'Épire[1]. Chef d'un royaume montagnard, pauvre et déshérité, entre l'Illyrie, la Macédoine, la Thessalie et l'Étolie, dominé par la tribu des Molosses entraînée par le roi Alexandre Ier, dit le Molosse, à considérer la guerre comme une « industrie nationale rentable », Pyrrhus, devenu roi en 296 à l'âge de vingt-trois ans, multiplie les interventions en Macédoine et en Thessalie d'abord : devenu roi de ces deux pays, il doubla du même coup et son territoire et sa population. Il s'imagina dès lors maître de la Grèce et appelé à une grande destinée : nouvel Alexandre, il donna ce nom à son deuxième fils. Appelé par le parti démocrate de Tarente menacé lui-même (comme dans les villes d'Étrurie) par l'aristocratie locale favorable aux empiétements romains en Italie du Sud, Pyrrhus, chassé de Macédoine, rêva alors d'unifier les cités grecques de Grande-Grèce avec les Barbares de l'intérieur, de constituer là un puissant royaume d'où il pourrait reconquérir la Macédoine. Pour lui, « la route de Pella passait par Tarente et Syracuse ».

Il débarqua à Tarente au printemps de 280 avec 25 000 hommes et des éléphants qui semèrent la terreur dans l'armée romaine rencontrée à Héraclée dans l'été et il marcha vers la Campagnie. Malgré un échec devant Capoue, il voulut se diriger vers Rome. Menacé sur ses arrières par les alliés de Rome restés fidèles, il n'alla pas plus loin qu'Anagni. Mais il eut la prétention d'imposer des conditions de paix. Selon la tradition, Appius Claudius serait sorti de sa retraite, malgré son grand âge et sa maladie, pour plaider le rejet des propositions. Pyrrhus se replia en Campanie. L'année suivante, en 279, une terrible bataille se déroula à Ausculum, sur les bords de l'Aufide ; elle dura deux jours. Sur les 40 000 hommes qu'ils lui opposèrent (quatre légions et des contingents

---

1. Outre Plutarque, *Vie de Pyrrhus*, voir P. Lévêque, *Pyrrhus*, Paris, 1957, et J. Carcopino, « Pyrrhus, conquérant ou aventurier ? » dans *Profils de conquérants*, Paris, 1961.

alliés), les Romains en perdirent 6 000, les troupes de Pyrrhus 3 000 seulement : les annalistes romains en firent le type même de la bataille indécise... Pyrrhus ne sut pas profiter de sa victoire. D'autant que des négociations engagées avec Carthage aboutissaient alors à un accord romano-punique qui assurait la protection de la Sicile contre les menées du roi. Ce qui eut pour effet d'amener l'Épirote dans l'île, où ce « héros-météore », comme l'appelle joliment J. Heurgon[1], réussit en un temps record à prendre Catane, puis Syracuse (où il se fit proclamer roi), puis Agrigente, d'où il pénétra dans la partie contrôlée par les Carthaginois. Là, il envisagea de passer en Afrique. Mais, après un échec devant Lilybée et face à une insurrection des Siciliens écrasés d'impôts, il rembarqua en 275 pour la péninsule, d'où à l'automne il dut regagner l'Épire, chassé par la révolte des cités grecques. Il ne laissait qu'une garnison à Tarente ; elle y resta pendant deux ans. Quant à lui, il mourut en Grèce en 272 lors du siège d'Argos, assommé par une tuile que lui lança du haut de sa maison une vieille femme, puis égorgé par un soldat du roi Antigone.

Cette guerre marque le triomphe décisif de Rome sur l'Italie hellénique et barbare du Sud et sa première victoire sur la Grèce, du moins sur un roi grec ! Elle acheva son œuvre de conquête en soumettant la Lucanie et surtout en s'emparant de Tarente en 272. C'était la seule cité capable de lui faire concurrence en Italie du Sud. Les vainqueurs en emportèrent de fabuleux trésors, des statues, des tableaux et de merveilleux bijoux qui constituaient la spécialité de l'artisanat tarentin. On comprend qu'autant que Rome, Carthage ait convoité une ville si riche, et un port si bien situé. De là va naître le premier grand conflit avec la capitale punique, maîtresse du commerce maritime occidental.

---

1. *Rome et la Méditerranée occidentale...*, ouv. cit., p. 339.

L'histoire des guerres puniques est trop connue pour qu'on en entreprenne ici le récit[1]. Il suffira de rappeler quelques événements majeurs et quelques effets de ces événements pour souligner l'importance de l'engagement romain en Méditerranée.

Fondée par les Phéniciens de Tyr, après une escale à Chypre, à une date encore incertaine, mais qui doit se situer à la fin du IXe s. av. J.-C., Carthage s'est constitué en Afrique du Nord orientale (dans l'actuelle Tunisie), le long des côtes de cette Afrique, dans le sud de l'Espagne et dans les îles du bassin occidental méditerranéen un véritable empire marchand qui, en Sicile, puis à Tarente, l'amena inévitablement à se heurter aux intérêts romains. Les accords de 348 et de 278 ne pouvaient répondre que provisoirement à des questions de circonstance. Une première guerre, qui devait durer vingt-trois ans, de 264 à 241, se déroula sur terre et sur mer, en Sicile, en Afrique avec l'expédition de C. Atilius Regulus menée contre l'avis des vieux Romains et qui échoua, et dans les eaux tyrrhéniennes où elle s'acheva par la brillante victoire romaine des îles Aegates et la mainmise sur la Sicile (qui devient province romaine), suivie peu après, en 236, de l'annexion de la Sardaigne.

Ces deux conquêtes insulaires en Méditerranée constituent un résultat important. D'autant plus important qu'il s'accompagne d'un événement capital, fruit des nécessités de la guerre : la naissance de la puissance navale romaine. Jusque-là, Rome était une cité de terriens. Pour vaincre Carthage, elle dut faire un immense effort de constructions navales et se donner une marine. Au vrai, déjà à la fin du IVe s., on s'était rendu compte de l'intérêt que commençaient à prendre les affaires de la mer, puisqu'en 311, alors

---

[1]. Pour une indispensable mise au point sur Carthage et les guerres puniques, voir en dernier lieu M. Sznycer pour Carthage et la civilisation punique, et C. Nicolet pour les guerres puniques, dans *Rome et la conquête du monde méditerranéen*, II, *Genèse d'un empire*, sous la direction de C. Nicolet, Paris, 1989, 2e éd. avec bibliographie très augmentée.

que Rome n'avait pas d'autre flotte que celle de ses alliés et de ses colonies maritimes, elle nomma deux amiraux. Mais c'est la première guerre avec Carthage qui entraîna la création d'une flotte et, à cette occasion, des inventions techniques et stratégiques, dont la plus remarquable est sans doute celle du grappin, qui transforme pour une part une bataille navale en une bataille de fantassins sur mer. Polybe, attentif au détail, n'a pas manqué d'insister sur cette invention (*Hist.*, I, 22) :

> Comme leurs navires étaient mal construits et difficiles à manier, quelqu'un (un Grec sans doute) leur suggéra un moyen de secours en prévision de la bataille : ce qu'on appellera plus tard les corbeaux. Voici quel était leur agencement : un poteau rond se dressait à la proue, d'une hauteur de quatre brasses (environ 7 mètres) et, pour la largeur, d'un diamètre de trois palmes (environ 22 centimètres) ; le poteau portait une poulie à son extrémité. Autour de ce poteau se mouvait une échelle sur laquelle étaient clouées des planches transversales, échelle dont les dimensions étaient de quatre pieds (soit 0,80 centimètre) de largeur et de six brasses (10,50 mètres) de longueur. Dans le plancher, il y avait un trou oblong permettant un déplacement autour du poteau, et qui était percé à deux brasses (3,50 mètres) de l'extrémité. L'échelle était munie, sur chacun de ses côtés et sur toute la longueur, d'une barrière atteignant en hauteur le genou d'un homme. Adaptée à l'extrémité, il y avait une pièce de fer analogue à un pilon, se terminant en pointe à l'extrémité, et munie d'un anneau, de telle manière que l'ensemble ressemblait aux machines à broyer le grain. À cet anneau était fixée une corde ; en agissant sur elle, pendant l'attaque des navires, au moyen de la poulie du poteau, on relevait les corbeaux, on descendait sur le pont du vaisseau adverse, et ce, tantôt à la proue, tantôt en accomplissant un mouvement de conversion dans le cas d'une attaque de flanc. Une fois que les corbeaux, s'étant enfoncés dans les planches des ponts, soudaient les navires l'un à l'autre, dans le cas où les flancs se touchaient, on bondissait de toutes parts à l'attaque ; et si l'on était proue contre proue, c'est par le corbeau lui-même que l'on opérait l'irruption, à deux de front. Ceux qui marchaient en tête se protégeaient en avant au moyen de leurs

boucliers ; ceux qui les suivaient paraient les coups de côté en plaçant les orbes de leurs boucliers sur les barrières. Ainsi prémunis, les premiers pouvaient guetter le moment opportun pour attaquer.

Cette invention devait entraîner le premier succès naval des Romains à Myles en 260 av. J.-C. Il y eut néanmoins bien des déconvenues, et même des désastres dus notamment aux tempêtes et à une ignorance fréquente des principes de la navigation maritime. Il reste que la création d'une flotte va inciter les Romains à se lancer dans les expéditions militaires et commerciales en Méditerranée. C'est si vrai que, vers 235, au revers des *as* va apparaître une proue, symbole de leur volonté de puissance maritime.

Après vingt-trois ans de paix armée, marqués par l'annexion de la Sardaigne et la constitution en Espagne d'un Empire barcide, du nom d'Amilcar Barca qui dirigea les opérations en 237 et 228 et de son fils Hannibal après 221, la deuxième guerre punique engagée en 218 allait durer jusqu'en 201. Cette fois, elle affecta non seulement l'Italie où les armées carthaginoises vécurent sur le pays et mirent plusieurs fois en grand danger Rome elle-même, mais, bien sûr, l'Espagne où elle commença avec le siège terrible de Sagonte, la Sicile, l'Afrique où, renouvelant l'exploit de Regulus, P. Cornelius Scipio put débarquer, entraînant le rappel d'Hannibal qu'il réussit à vaincre chez lui, à Zama en 202, et même le monde grec où la première guerre de Macédoine fut causée directement par le conflit romano-punique. On en connaît les moments graves, les échecs romains (La Trébie, Trasimène, Cannes) et carthaginois (devant Rome, à Capoue et sur le Métaure), les succès de Scipion en Espagne où il est mis fin en 206 à la domination punique, puis en Afrique, sur le territoire de la Tunisie actuelle. Hannibal vaincu dut quitter sa patrie ; il s'exila en Syrie où pendant plus de vingt ans il excita Antiochus contre Rome, avant de s'empoisonner pour éviter d'être livré aux Romains, en 183 av. J.-C.

La deuxième guerre punique eut d'immenses conséquences à Rome, en Italie et dans le bassin méditerranéen. L'Italie a été partiellement dévastée dans les zones occupées par les armées d'Hannibal et d'Hasdrubal venu en renfort en 208. Mais, surtout, l'Italie s'est divisée : après Cannes, surtout, de graves défections se sont produites ; si de nombreux peuples d'Italie centrale sont restés fidèles à Rome, d'autres plus au sud ont rallié la cause d'Hannibal, chez les Bruttiens, les Lucaniens et les Samnites. Malgré l'État romano-campanien, Capoue a pris parti pour le chef carthaginois, en manœuvrant pour mettre Rome dans son tort. Un traité conclu en 215 a même prévu le partage de l'Italie entre Capoue et Carthage en cas de défaite romaine. Et, en 214, est né un projet d'État en Italie du Sud. La Sicile s'est soulevée et les révoltes ont éclaté en Sardaigne. Tite-Live fournit une information caractéristique des troubles causés partout (XXIV, 2, 8-9) :

> Il semblait que la même maladie se fût répandue sur toutes les cités de l'Italie ; partout le peuple et les principaux citoyens étaient divisés d'opinion ; le sénat était pour Rome et le peuple se prononçait pour les Carthaginois.

À partir de 211, et bien entendu surtout après 201, Rome reprit la situation en main. Et la réaction fut souvent très violente : Bruttiens et Lucaniens, désormais écartés du recrutement légionnaire, virent leurs terres confisquées au bénéfice des colonies romaines. En Campanie, les cités alliées d'Hannibal ou de Capoue furent sévèrement châtiées et leurs territoires détachés. Capoue elle-même perdit son autonomie et devint un *sedes aratorum*, un simple centre agricole administré par des préfets romains. C'est ainsi que se constitua l'*ager campanus*, 60 000 ha des terres les plus riches d'Italie, dont le sénat romain eut la disposition. La question italienne va commencer à se poser. De difficultés en difficultés elle aboutira à la guerre sociale, comme on le verra plus loin. D'autant que les Italiens restés fidèles à Rome et en particulier ses alliés (les *socii*) se virent refuser

LES PREMIÈRES CONQUÊTES

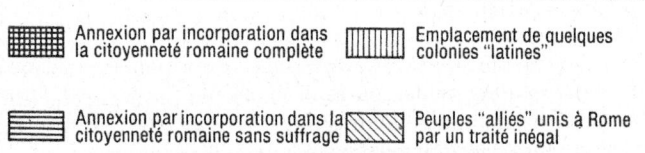

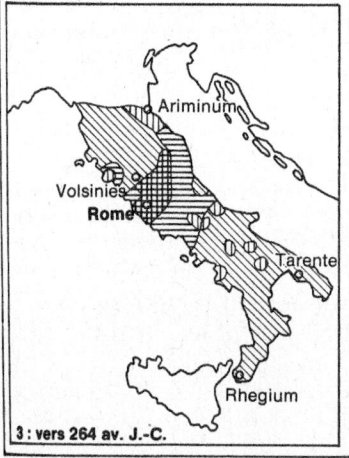

Extrait de M. HUMBERT, *Inst. pol. et Soc. Antiquité*   Carte : Patrick Mérienne

les avantages qu'ils réclamaient en récompense de leur fidélité.

À Rome même, les contrecoups de la guerre ne furent pas moins importants. Un énorme effort de guerre a été soutenu tant au point de vue humain que financier. À la suite des mésaventures survenues en Espagne du fait de la politique indigène des Scipions, favorables aux Celtibères, Rome se méfiant des auxiliaires fit appel aux citoyens romains et à ses alliés italiens. Avant 218, elle entretenait sur le pied de guerre de 6 à 8 légions, c'est-à-dire entre 25 et 33 000 hommes. Entre 217 et 203, elle mobilisa jusqu'à 28 légions, soit quelque 120 000 hommes. À qui il faut ajouter les alliés et la flotte. Après Cannes, en 215, puis en 208-207 contre Hasdrubal, elle eut même recours aux esclaves volontaires : selon Tite-Live elle aurait armé jusqu'à 8 000 de ces *volones*. Parallèlement dut être accompli un immense effort financier. Rome n'a frappé monnaie que vers le début du IIIe s., au moment de la guerre de Pyrrhus. Et l'on s'accorde à reconnaître que l'argent n'a été à Rome frappé qu'à partir de 269 av. J.-C. Mais, après maintes discussions, on pense maintenant que l'établissement d'un même système métrologique avec équivalence de la monnaie de bronze et de la monnaie d'argent ne date que de la deuxième guerre punique, et probablement de 214. C'est à ce moment que dut apparaître le *denarius*, le denier d'argent valant 10 as de bronze et remplaçant désormais le quadrigat de valeur trop importante. Rome se dotait ainsi d'une monnaie légère qui pouvait faciliter les transactions. Naturellement, les besoins de la guerre, intensifiés avec la création d'une flotte, provoquèrent maintes difficultés financières : on fut même conduit à demander aux publicains de prêter de l'argent à l'État (ce fut le premier exemple à Rome de crédit public). Plus tard, c'est aux sénateurs qu'il fut demandé de prêter leur or et leur argent. Sans compter les manipulations monétaires, qui affectèrent le denier, retarifé à 16 as, et qui durent affecter le titre métallique des monnaies d'argent. Il n'empêche qu'avec le denier, intégré à un système métrologique cohérent et méditerranéen, Rome se trouvait maintenant dotée d'une monnaie admise dans les circuits commerciaux extérieurs.

Un autre résultat de la guerre fut le renforcement des institutions. Décimé par les premiers désastres (à Cannes quatre-vingts sénateurs sont restés sur* le champ de bataille), le sénat sort de la tourmente non seulement reconstitué, mais renforcé et grandi. Complété par une *lectio senatus* conduite par M. Fabius Buteo, le plus ancien des censeurs, il l'est pour la première fois selon un principe, une règle désormais appliquée, qui fixait une hiérarchie : on prend d'abord, par ordre d'ancienneté, les anciens magistrats curules, consuls et préteurs, puis on choisit parmi les anciens édiles, tribuns et questeurs, enfin on recourt à ceux qui, sans magistrature, se sont illustrés dans la guerre. Le sénat, devenu vraiment l'assemblée des magistrats et anciens magistrats, y gagne en prestige. Et comme ces magistrats ont été élus par le peuple, il devient du même coup l'assemblée des représentants du peuple romain. D'autre part, s'étant pendant la guerre et aux jours les plus sombres imposé par sa fermeté et son patriotisme, il est, après 201, la clef de voûte des institutions républicaines. Il est vrai qu'il a profité des difficultés pour accaparer certains pouvoirs qu'il ne détenait pas jusque-là : non seulement dans les relations internationales et la conduite de la guerre, mais il a aussi acquis la haute main sur les finances, ainsi que sur le gouvernement de l'Italie et des provinces ; depuis 209, c'est lui qui nomme les promagistrats-gouverneurs et c'est lui qui envoie des préfets dans les cités d'Italie qui ont failli.

La période qui suit la paix de 201 avec Carthage voit l'apogée de la puissance du sénat. Son *auctoritas* couvre toutes les décisions et tous les actes les plus importants de la vie politique ; elle leur confère une augmentation de portée aussi bien dans le droit public que dans le droit privé romain. Comme le soulignera Cicéron dans le *Pro Sestio*, 117 :

Nos ancêtres firent du sénat le tuteur, le défenseur, le protecteur de l'État ; ils ont voulu que les magistrats soient pour ainsi dire les ministres de ce Conseil imposant.

En même temps, la deuxième guerre punique a mis en valeur des magistrats et des généraux compétents qui, munis de pouvoirs extraordinaires, ont gagné un prestige personnel. Ce fut le cas par exemple de T. Otacilius Crassus en Sicile et surtout de P. Cornelius Scipion, destructeur de l'empire barcide d'Espagne et vainqueur d'Hannibal à Zama. La puissance de ces hommes fondée sur la volonté du peuple plus que sur celle du sénat annonce pour les siècles suivants la montée des *imperatores* qui marquera le déclin de la République et s'achèvera avec le triomphe d'Octave Auguste.

En attendant qu'au terme de la troisième guerre punique, Rome détruise Carthage en 146, on assiste au développement de son expansion en Méditerranée occidentale. Avec un premier pas vers le bassin oriental, puisqu'en 229 déjà elle a été obligée d'établir une base territoriale sur la côte balkanique de l'Adriatique afin de combattre les pirateries illyriennes. Deux ans plus tard furent institués les promagistrats chargés de gouverner les territoires extérieurs à l'Italie ; ces promagistrats se trouvaient chargés d'une *provincia*, entendons d'une tâche qui s'exerçait dans une circonscription territoriale, d'où le glissement de sens qui plus tard fera de ces circonscriptions des provinces. Bien entendu, la chute de la domination barcide sur l'Espagne après la prise de Carthagène (Carthago nova) par Scipion, amena non seulement la création des provinces de Bétique, ou Espagne ultérieure, et d'Espagne citérieure, mais du même coup et peu à peu la mainmise de Rome sur la vie économique et singulièrement commerciale du bassin méditerranéen occidental. Le processus impérialiste était enclenché... pour une part du fait de Carthage et d'Hannibal !

Très bientôt, Polybe, bon observateur, pourra écrire, après avoir évoqué d'autres peuples conquérants (I, 2) :

> Les Romains, eux, ont forcé non pas quelques contrées, mais presque tous les peuples de la terre à leur obéir, si bien qu'il n'est personne aujourd'hui qui puisse leur résister et que, dans l'avenir, nul ne peut espérer les surpasser.

Reste à savoir quels seront, dans l'avenir, les effets des conquêtes...

Deuxième partie

De la cité à l'Empire

Dans l'histoire du monde antique après la mort d'Alexandre le Grand (323 av. J.-C.), le phénomène le plus important, celui qui a commandé l'avenir de l'Occident, ce n'est pas tant, au cours des IIIe-IIe s., la formation et le développement des monarchies hellénistiques – ce phénomène historique eut surtout pour le monde occidental des conséquences culturelles – que, en Italie, le passage progressif de Rome-cité à Rome-capitale d'un empire territorial méditerranéen. C'est donc, d'un point de vue événementiel, la conquête par Rome des pays de l'Occident dit barbare et de l'Orient hellénistique, qui, entre la deuxième guerre punique (218-202) et la mainmise sur la Gaule (58-51), puis sur l'Égypte (31-30)[1], aboutit à la constitution, sous l'égide de l'*Urbs*, de l'empire le plus puissant et le plus durable de l'histoire. C'est, du même coup, cette fois d'un point de vue culturel (et comme une revanche des vaincus !), parce que cet empire s'est trouvé ouvert à la diffusion de l'hellénisme dans tous les pays du bassin méditerranéen, la naissance en Italie d'abord, puis l'expansion dans les provinces d'une civilisation propre,

---

1. Plus tard viendront s'ajouter encore la Maurétanie et la Bretagne sous Claude, la Dacie sous Trajan, et, de manière plus éphémère, la Mésopotamie.

gréco-romaine, qui va marquer profondément le devenir des nations européennes occidentales et au-delà même les valeurs culturelles du monde tout entier[1]. Mais, à Rome, elle va conduire à des changements d'une ampleur extraordinaire dans tous les domaines : politique, social, économique, culturel et religieux.

L'impérialisme romain est donc pour l'Antiquité un fait historique essentiel aux résonances considérables.

---

1. On connaît le mot de Paul Valéry, qui définit la civilisation occidentale comme le produit de la liberté grecque, de l'ordre romain et de la foi chrétienne.

1

L'IMPÉRIALISME ROMAIN

Il n'est, bien entendu, pas question dans ce livre, qui n'est pas et ne veut pas être une histoire de Rome, de raconter la conquête des pays bordiers du bassin méditerranéen et par là la formation de l'empire territorial romain. D'excellents manuels existent, auxquels le lecteur pourra se reporter[1]. On voudrait simplement tenter d'expliquer l'impérialisme romain, jalonner les grandes phases et marquer les principales orientations de son développement.

Chemin faisant, on voudrait, bien entendu, tenter de répondre à la question : le déclin de la République romaine a-t-il été une conséquence des conquêtes, donc de l'impérialisme romain ?

Mais d'abord, se pose une première question : qu'est-ce que l'impérialisme romain ? et s'ensuivent immédiatement d'autres : y a-t-il eu vraiment impérialisme, c'est-à-dire volonté de conquêtes, d'extension territoriale ? Si oui, qui l'a voulu ? et si non, qui s'y est opposé ? Bref, quels sont les responsables des conquêtes ? Les sénateurs ? Les chevaliers ? Les grands chefs militaires ? Et si c'était le peuple romain ?

Assurément le mot *imperium* est bien latin, comme est réellement et initialement romaine la notion qu'il recouvre.

---

1. Voir la bibliographie.

Si le mot et le concept d'impérialisme, pour n'être pas étrangers à Bossuet et à Montesquieu, n'ont pris leur véritable valeur qu'au XIXe s. avec la conquête des empires contemporains, Rome n'en apparaît pas moins comme la première cité de l'Antiquité et son peuple comme le premier peuple qui ait développé et maintenu son pouvoir (son *imperium*) sur l'ensemble des pays alors connus : Italie, pays méditerranéens et au-delà, jusqu'aux pays du Nord, au Sahara et aux régions transtigritaines. C'est bien, comme l'a rappelé Jérôme Carcopino dans l'introduction des *Étapes de l'impérialisme romain*, « une création de la Rome antique », la première tentative réelle de domination universelle [1].

Il reste que la question de l'existence d'un tel impérialisme a été posée, et récemment encore par Paul Veyne [2]. Sans entrer dans le détail des discussions, on peut dire que s'opposent deux conceptions de l'impérialisme romain et donc deux théories sur la politique extérieure de l'État romain. La première, présentée par Th. Mommsen, plus récemment par M. Holleaux et en dernier lieu par E. Badian, lave la politique étrangère de Rome de tout soupçon d'impérialisme offensif. Les guerres lui ont été imposées. Le sénat, dégagé de toute idée expansionniste et d'arrière-pensées lucratives, s'est contenté de répondre aux attaques, bref de se défendre. Au moins jusqu'en 146 av. J.-C. – date de la prise et de la destruction, à quelques mois d'intervalle, de Carthage et de Corinthe. Après ces événements dramatiques, suivis d'annexions territoriales, il est plus difficile de soutenir la thèse de l'impérialisme purement défensif. Encore que pour l'Afrique, Mommsen ait prétendu

---

1. Sur la connaissance qu'avaient les Romains de la géographie et sur le caractère universel de leur empire, voir tout récemment C. Nicolet, *l'Inventaire du monde. Géographie et politique aux origines de l'Empire romain*, Paris 1988. Pour une étude d'ensemble des divers impérialismes, voir J.R. Palanque, *les Impérialismes antiques*, 1948.

2. « Y a-t-il eu un impérialisme romain ? », *Mélanges de l'École française de Rome*, 87, 1975, p. 793-855.

que Rome, pendant de longues années, installée à contrecœur à la place de Carthage, s'était contentée de « garder le cadavre ». Et E. Badian, pour sa part[1], descend jusqu'à l'époque de Sylla et de Pompée, entre 90 et 50, les débuts de l'impérialisme romain. Quant à P. Veyne, il veut montrer que « l'impérialisme, au sens de recherche de l'hégémonie, qui est à l'origine de presque toutes les politiques de conquête dans l'histoire, a été le plus souvent étranger au sénat romain (à une grosse exception près : la seconde guerre de Macédoine) » ; la conquête romaine ne fut pas impérialiste, c'est-à-dire qu'elle ne chercha pas l'extension territoriale pour elle-même, mais seulement une liberté d'action unilatérale. Pour assurer sa sécurité définitive, Rome recherchait avant tout une « confortable solitude ».

Le livre récent – et offensif – de W.V. Harris, *War and Imperialism in Republican Rome 327-70 B.C.*, paru à Oxford en 1979[2], a entrepris de réviser ces thèses. En fait, il les ruine ! D'abord par une analyse psychologique de l'attitude des Romains devant la guerre. Les sénateurs, pour la plupart des ambitieux, cherchent dans les expéditions lointaines la *gloria* et les moyens financiers nécessaires au succès de leur carrière. Les chevaliers, qu'ils soient officiers, hommes d'affaires ou publicains, ne trouvent qu'avantages aux conquêtes et à leur exploitation. Quant aux simples citoyens, si certains répugnent à partir pour plusieurs années dans des expéditions lointaines qui leur interdisent de consacrer aux travaux agraires et domestiques la saison où l'on ne combat pas, si dans ces conditions on assiste, après la deuxième guerre punique, à une prolétarisation de l'armée romaine par son ouverture aux plus pauvres et aux alliés italiens, il est clair que ceux-ci comme ceux-là ne manquent pas d'être attirés par les rapines et le partage du butin. Les motifs économiques n'ont donc pas été étrangers

---

1. *Roman Imperialism in the Late Republic*, 1968.
2. Sur ce livre, voir A.N. Sherwin-White, « Rome the Aggressor ? », *Journ. of Rom. St.*, 70, 1980, p. 177.

aux conquêtes, qu'il s'agisse de l'attrait de la gloire, des terres, des tributs et du butin, et naturellement des esclaves. La guerre, selon W.V. Harris, est avant tout une « opération de conquête qui dépouille le vaincu et enrichit le vainqueur ». Faut-il rappeler qu'à certains jours on vendait jusqu'à 10 000 esclaves sur le marché de Délos ? Mais il y a plus et qui est susceptible d'emporter la conviction. W.V. Harris montre que ces mobiles intéressés et égoïstes n'étaient même pas inavoués. Ils étaient consciemment perçus par les Romains et par l'intelligentsia du temps, par les écrivains et les historiens, témoins de leurs entreprises.

Cela dit, la question de l'impérialisme romain, de sa nature, de ses causes, de sa définition même et de son développement est extrêmement complexe. Pour l'aborder, il existe plusieurs entrées, d'autant plus difficiles à franchir que nos sources de renseignements sont quasiment unilatérales, c'est-à-dire romaines. Le point de vue des vaincus nous échappe complètement, ou presque.

Pourtant, le premier à s'être posé le problème est un Grec, Polybe qui, né vers 200 dans une famille dirigeante de la ligue achéenne, s'est trouvé déporté en Italie après la victoire de Pydna de 168, qui avait vu la chute de Persée et l'échec des patriotes achéens. Mais Polybe, qui a eu le temps de méditer sur les raisons pour lesquelles Rome avait obtenu la maîtrise de la Grèce et de l'Orient, et qui a fait part de ses réflexions, était vite devenu à Rome solidaire du milieu dans lequel il vivait. Otage, il était installé dans la maison de L. Aemilius Paulus, celui qu'on appelle malencontreusement Paul-Émile, et dans la compagnie de deux fils de son hôte – le cadet, Scipion Émilien, sera le vainqueur de Carthage en 146 – il s'est profondément intégré au milieu aristocratique romain où il vécut pendant seize ans. Si bien que sa méditation sur Rome, son passé, son action et son destin, telle qu'il nous l'a transmise dans son *Histoire* (universelle) et notamment dans la préface, si elle nous est infiniment précieuse, est tout de même celle d'un historien conquis par son milieu et sans nul doute partial. Comparant les empires du passé (perse, lacédémonien, macédonien) à celui que Rome est en train de fonder depuis le début de la deuxième guerre punique, c'est-à-dire entre 220 et 167, il souligne sa différence :

> L'État romain a pu, chose sans précédent, étendre sa domination à presque toute la terre habitée et cela en moins de cinquante-trois ans (I, 1). (D'autres empires ont existé) mais Rome, ce ne sont pas seulement quelques peuples qu'elle a subjugués ! Elle a conquis presque tout l'univers, si bien qu'il n'est personne aujourd'hui qui puisse lui résister et que, dans l'avenir, nul ne peut espérer la surpasser (I, 2).

Cette domination universelle, il l'explique et, dans une large mesure, la justifie par l'excellence des institutions de la République romaine et la supériorité de son armée. Constatant l'équilibre des pouvoirs des consuls, du sénat et du peuple, qui disposent des moyens de « se contrarier ou se soutenir mutuellement », de telle manière que « dans toutes les situations critiques, un parfait concert s'établit entre eux », il peut conclure qu'« on ne saurait trouver de meilleur système de gouvernement » (VI, 18). Quant à l'armée, son organisation, son armement, son mode de campement, de recrutement et d'entretien des soldats, sa stratégie confèrent à Rome une réelle supériorité sur tous ses adversaires (VI, 19-42). À quoi s'ajoute – ce qui est important dans un monde pénétré par le divin – que « c'est dans le domaine des conceptions religieuses que la supériorité de la Cité romaine est la plus grande » (VIII, 56). Or, dans la morale politique du temps, celui qui possède une supériorité quelconque sur ses voisins a le devoir d'en user. Le droit international lui-même ne s'y oppose pas. La supériorité du peuple romain (*majestas populi romani*) légitime en quelque sorte la domination de Rome (*imperium populi romani*).

Avec des nuances, les Grecs Posidonios, savant historien du temps de Sylla et de Pompée, qui prétendit continuer Polybe, puis Diodore de Sicile et Strabon, à l'époque d'Auguste et de Tibère, ont pensé fondamentalement la même chose.

Au fond, nul ne songe sérieusement, ni parmi les auteurs anciens, ni chez les historiens modernes, à nier la réalité de l'impérialisme romain. En revanche, on peut discuter de sa nature et de son évolution. Rome s'est-elle lancée dans les conquêtes, sinon sans le savoir, du moins sans le vouloir vraiment ? N'est-ce pas surtout pour défendre sa propre existence qu'elle a dû lutter pour dominer ses voisins du Latium ? La République, qui avait dès le IVe s. affiché ses victoires – le monument des Rostres a été élevé sur le Forum en 338 av. J.-C. – n'est-elle devenue « conquérante », pour reprendre un mot d'André Aymard[1], qu'à partir de 146 ? La prise et la destruction de Carthage, puis de Corinthe, à trois semaines d'intervalle, ne marquent-elles pas le vrai début de l'impérialisme déclaré, voulu, conscient et organisé ? Autant de questions qui ont été posées et se posent encore.

L'IMPÉRIALISME ROMAIN A-T-IL ÉTÉ VOULU ET PRÉMÉDITÉ ? OU INVOLONTAIRE, NÉ DES CIRCONSTANCES ?

À la suite de Polybe, les historiens – des XVIIe et XVIIIe s. (Bossuet, Montesquieu notamment) jusqu'au XXe s. (ainsi G. Colin, J. Kromayer, G. De Sanctis, etc.) – ont eu tendance à admettre un impérialisme volontaire, prémédité, préparé par un sénat élaborant de vastes « plans d'extension ». Rome aurait conquis le monde méditerranéen en appliquant un programme bien conçu et mis en œuvre par ses gouvernants : le Latium d'abord, l'Italie ensuite, les bassins occidental et oriental de la Méditerranée enfin.

Contre de telles vues on n'a pas manqué d'observer qu'étant intervenue dans la péninsule balkanique en 229 contre l'État-pirate de la reine Teuta, Rome s'était contentée de prendre pied sur la côte en contrôlant une bande littorale de 200 km sur 40 à 60 de profondeur et que, même

---

1. *Rome et son empire* (*Histoire générale des civilisations*, II), Paris, 1967, 6e éd., p. 86.

après ses retentissantes victoires de Cynoscéphales en 197 sur Philippe V de Macédoine, puis de Pydna en 168 contre Persée, alors qu'elle pouvait annexer la Grèce, elle ne l'avait réduite en province romaine qu'en 146. De même en Espagne, Rome pouvait, dès 206, s'emparer du pays dans lequel l'avait introduite la menace impérialiste carthaginoise et où les populations autochtones l'accueillaient avec sympathie par haine des Puniques. En fait, si Rome créa en 197 deux provinces, elle ne s'attacha que plus tard à la conquête méthodique de la péninsule, qui ne fut achevée qu'en 19. Autre exemple : dès 202 (victoire de Zama), Rome pouvait annexer l'Afrique au terme d'une expédition destinée seulement à arracher Hannibal au sol italien. Mais elle ne le fit qu'en 146, et très partiellement, ne prenant que le territoire de Carthage au nord-est de l'actuelle Tunisie. La conquête fut réalisée ensuite par étapes : en 46 le royaume de Numidie ; en 40 ap. J.-C. la Maurétanie. De même encore en Égypte, Rome l'eût-elle voulu qu'en 168 elle pouvait s'en emparer. L'Égypte ne devint romaine qu'en 30, après la victoire d'Actium sur Cléopâtre et Marc Antoine.

Mais n'étaient-ce pas là de la part de Rome de simples manœuvres politiques ? Rome ne voulait-elle pas, dans ses plans impérialistes, ménager d'habiles transitions ? Certains l'ont pensé. Cela supposerait évidemment de la part des gouvernants romains une extraordinaire continuité de vues politiques pendant les IIIe-IIe et Ier s. av. J.-C.

Est-ce concevable, dans une Rome qui est alors une république aristocratique, gouvernée par un sénat, à côté duquel des magistrats dirigent l'État, tandis que l'assemblée du peuple, réunie en comices, a charge d'élire les magistrats, de voter les lois, de déclarer la guerre et de conclure la paix ?

Les magistrats (consuls, préteurs, édiles et tribuns, questeurs) sont élus, les uns par les comices centuriates – ce sont les magistrats curules, *cum imperio* : consuls et préteurs – les autres par les comices tributes – magistrats *minores* : édiles, tribuns, questeurs – tous par conséquent par des assemblées populaires. En fait, c'est le sénat qui, au IIIe s., les désigne aux votes des comices ; et ce choix est souvent ratifié. Tous d'ailleurs ou presque tous sont d'origine sénatoriale, recrutés dans la *nobilitas*, qu'on ne peut du reste pas confondre avec le patriciat, comme le montre l'étude minutieuse de T.R.S. Broughton[1]. Les *senatores novi*, comme on les appelle, c'est-à-dire ceux qui ne sont pas d'origine sénatoriale, mais qui font entrer leur famille dans la classe des clarissimes, sont très rares. Et si, pendant leur année de gouvernement (qui suit la préture et le consulat), on leur assigne une mission, une *provincia* (c'est le premier sens du mot), qu'elle soit de caractère civil ou militaire, c'est encore le sénat qui en contrôle l'exercice, propoge ou abroge leur mandat, désigne même leur état-major. Certes, la fixation de la hiérarchie des honneurs, le *cursus honorum*, par la loi Villia Annalis de 180 n'a pas empêché les transgressions d'un Scipion Émilien qui, fort de son succès carthaginois et de son prestige, se fit élire consul en 147, à trente ans, alors qu'il n'avait pas été préteur, puis consul pour la deuxième fois, en 134. Mais cela même s'est fait avec l'accord du sénat. Ainsi, le tribunat de la plèbe mis à part – encore le sénat peut-il y faire nommer des hommes à lui, même en période d'agitation populaire ; ce fut le cas de M. Octavius, l'ennemi de Tiberius Gracchus – les magistratures sont en fait les instruments du sénat. Seuls des hommes comme Marius, Cinna, Sylla, plus tard Pompée et enfin César ont su avec plus ou moins de succès les utiliser contre le sénat à des fins personnelles... Mais nous sommes là dans la phase finale, déclinante, de la République.

Les assemblées populaires ont-elles, au IIIe s., des pouvoirs plus réels ? Laissons de côté les comices curiates, dont le rôle est réduit à voter la loi, dite *lex curiata de imperio*, qui confirme les magistrats élus par les comices centu-

---

1. *The Magistrates of the Roman Republic*, New York, 1951-1960, 2 vol. et suppl.

riates : ce n'est qu'une formalité et elles ne sont plus qu'un « fantôme archéologique », selon le mot de J. Carcopino. Les comices centuriates, réformées en 241, représentent le peuple divisé en 5 classes et en 368 centuries. Elles ont pour fonction d'élire les magistrats curules, les chefs militaires, les censeurs. Elles votent les lois importantes, telles que les lois constitutionnelles. Elles déclarent la guerre et décident de la paix. En fait, on constate que, depuis la fin de la deuxième guerre punique, elles se contentent souvent de ratifier les listes des candidats et les projets de lois présentés par le sénat. Quant aux comices tributes, réformées en 312 par Appius Claudius, elles représentent le peuple divisé en tribus, qui de réelles sont devenues personnelles, mais où les *humiles*, c'est-à-dire les petits artisans, les prolétaires (ceux dont la famille constitue le seul troupeau) se retrouvent groupés dans les quatre tribus urbaines. Elles élisent les magistrats inférieurs, votent les plébiscites. Ce dernier pouvoir peut être important ; mais là encore intervient le sénat, qui présente des listes de candidats et qui doit ratifier les plébiscites pour leur donner force de lois. Ajoutons que pour le peuple, le Romain idéal n'est pas le soldat, mais le paysan-citoyen, attaché à la terre. Décimé par la deuxième guerre punique, obligé d'abandonner sa terre lors de la terrible crise agraire qui suit les conquêtes, il se réfugie dans les villes, à Rome surtout, devient un prolétaire peu pressé de s'expatrier, sans volonté coloniale. La plèbe romaine fut plus séduite par la loi frumentaire de Caius Gracchus que par ses projets coloniaux de Corinthe et de Carthage. Occupé, à partir des Gracques, par les problèmes sociaux, le peuple ne s'est intéressé, semble-t-il, aux guerres de conquêtes qu'à partir de la réforme militaire de C. Marius.

Au IIIe s., c'est donc en définitive le sénat qui dirige réellement la République. Sa fermeté et son patriotisme lui valent après la deuxième guerre punique un regain de prestige. Et la guerre lui a permis de renforcer ses pouvoirs ; il a maintenant la haute main sur les finances, sur les relations internationales, la guerre et la paix, sur le gouvernement de l'Italie et des provinces. Il contrôle l'activité des magistrats, que souvent il désigne en fait. Il prépare les projets de lois et ratifie les décisions populaires. Enfin il exerce une juridiction de fait, puisque les juges sont choisis parmi ses membres. Bref il mène la politique romaine. Il aurait donc pu en principe élaborer et diriger une politique impérialiste. L'a-t-il fait ?

Au milieu du IIIe s., le sénat romain est un sénat résolument conservateur, qui se recrute dans les grandes familles de propriétaires terriens, et dans lequel ont pénétré, comme l'a montré Jacques Heurgon[1] des éléments campaniens qui ont joué un rôle important lors de la première guerre punique. Réorganisé après Cannes par la *lectio senatus* du censeur M. Fabius Buteo, il compte alors environ 300 membres, tous anciens magistrats. L'examen des Fastes, consulaires et autres, montre que les vieilles familles romaines y ont renforcé singulièrement leur emprise : les Aemilii d'abord, puis les Fabii, puis les Servilii, finalement les Cornelii[2]. Quelques-uns sont des hommes très remarquables, marqués déjà par la culture hellénistique, dotés de vues politiques larges, comme P. Cornelius Scipio (Scipion l'Africain), qui peut s'appuyer sur les Aemilii et les Acilii par exemple : les Acilii Glabriones seront de brillants seconds. Mais la majorité est composée de riches campagnards, dont Maurice Holleaux a tracé un portrait définitif : « Ils apportaient dans la politique extérieure leur lenteur d'esprit et leur pauvreté d'imagination, comme aussi les multiples défiances, la répugnance aux nouveautés, la crainte des aventures, la timidité devant l'inconnu, naturelles

---

1. D'abord dans *Recherches sur l'histoire, la religion et la civilisation de Capoue préromaine, des origines à 211 av. J.-C.*, Paris, 1942, puis dans *Rome et la Méditerranée occidentale jusqu'aux guerres puniques*, Paris, 1969, p. 345 et suiv.
2. Voir les études de M. Gelzer, *Die Nobilität der Römischen Republik*, 1912 – F. Münzer, *Römische Adelsparteien und Adelsfamilien*, Stuttgart, 1920, 2e éd. 1963 – F. Cassola, *I gruppi politici romani nel III secolo a.C.*, Trieste, 1962.

aux âmes paysannes[1]. » Leur politique intérieure est, au début du IIe s., dominée par une crainte : l'hégémonie d'un chef militaire glorieux – Scipion est, après Zama, relégué au second plan, dans la fonction de « prince du sénat », qu'il remplit de 199 à 184, date de son procès. À l'extérieur, elle se borne à la défense de l'intégrité du sol italien.

Aussi après comme avant Zama, si les *patres* décident d'intervenir à l'extérieur avec plus de fermeté, est-ce toujours et seulement pour neutraliser ou prévenir des impérialismes voisins. On l'a bien vu en Hispanie en 219, quand Rome a envoyé les Scipions pour contrecarrer la mainmise de Carthage sur la péninsule ibérique et ainsi s'opposer au danger d'un Empire punique couvrant le bassin occidental de la Méditerranée. On le voit encore en 150-146 quand Rome intervient en Afrique pour empêcher la reconstitution, au bénéfice du roi de Numidie, Massinissa, de l'ancien Empire carthaginois, abattu en 202 et maintenant exposé, pantelant, aux visées d'un puissant voisin. Récemment, G. Camps[2] a voulu mettre en doute les projets de Massinissa sur Carthage, en reconnaissant finalement que, si ambitions il y eut, ce furent des « ambitions séniles ». Séniles ou non, les visées impérialistes du roi numide ne pouvaient qu'inquiéter les *patres*.

Il n'y a donc pas place chez les gouvernants romains du IIIe s. pour une politique impérialiste concertée et voulue, non plus que pour une continuité de politique permettant de concevoir des plans impérialistes à longue échéance. À la fin du IIIe s. aucun des éléments dirigeants de l'État romain ne peut, pour des raisons diverses qu'on a essayé d'analyser, envisager une politique impérialiste. Que celle-ci soit fondée sur des raisons sociales, comme l'a suggéré

---

1. *Rome, la Grèce et les monarchies hellénistiques au IIIe s. av. J.-C. (273-205)*, Paris, 1921 – *La politique romaine en Grèce et dans l'Orient hellénistique au IIIe s.*, réponse à M. Th. Walek, dans *Études d'épigraphie et d'histoire grecques*, 1952, IV.
2. *Aux origines de la Berbérie. Massinissa ou les débuts de l'histoire, Libyca*, 1960.

A. Piganiol[1], qui pensait à la nécessité d'installer comme colons les soldats démobilisés après Zama ; au vrai, la colonisation militaire fut sensiblement plus tardive. Ou qu'elle soit fondée sur des motifs psychologiques ou humains, tels que l'orgueil romain, le goût du lucre et du pillage. Ces raisons ont pu entrer en ligne de compte, mais plus tard, au Ier s. surtout. Quant au philhellénisme, il est certes revendiqué par quelques Romains de poids[2] ; mais au IIIe s. il est encore trop peu répandu pour orienter une politique. On ne peut non plus faire état des ambitions militaires ; le Sénat se méfie des *imperatores* victorieux ; l'exemple de Scipion le prouve. Impossible enfin d'invoquer des idées de croisade politique ou religieuse ; les *patres* ne répugnent pas à traiter avec des révolutionnaires communisants comme Nabis de Sparte. Quant à l'inspiration religieuse de l'impérialisme romain[3], on ne peut guère la déceler chez les auteurs anciens avant le Ier s. ; alors on verra Cicéron proclamer sa foi dans le droit divin du peuple romain, peuple de seigneurs, « vainqueur et maître de toutes les nations » (*victor dominusque omnium gentium* : *Philippiques*, VI, 12), et Salluste affirmer que la protection divine ne peut manquer aux Romains, « les plus religieux des mortels » (*religiosissimi mortales* : *Conjuration de Catilina*, XII, 3).

À la fin du IIIe s., rien de tout cela ne peut être déterminant. On est donc amené à se demander quand est né l'impérialisme romain. Problème fondamental, puisque à partir d'une certaine date, le mouvement impérialiste se confond pratiquement avec l'histoire de Rome.

Quand et comment est né l'impérialisme romain ?

À l'encontre de Th. Mommsen, la plupart des historiens modernes ont soutenu, on l'a vu, que Rome avait mené

---

1. *La Conquête romaine*, Paris 1967, 5ᵉ éd., p. 281.
2. Voir P. Grimal, *le Siècle des Scipions. Rome et l'hellénisme au temps des guerres puniques*, Paris, 1975.
3. Voir A. Zwaenepoel, *l'Antiquité classique*, 1949, p. 5-23.

une politique résolument impérialiste dès le III⁰ s. Et certains, Droysen par exemple, ont même fait partir cet impérialisme d'un « traité d'amitié et de commerce » conclu entre Rome et Rhodes dès 306. On doit à M. Holleaux d'avoir montré que le traité de 306 était « pure imagination », née de « l'altération tardive d'un passage de Polybe (XXX, 5,6) », et que, jusqu'à la fin du III⁰ s., les gouvernants romains n'avaient montré à l'égard du monde grec « qu'une longue indifférence », alors même que de leur côté des princes grecs, notamment Pyrrhus d'Épire, regardaient avec avidité vers l'Italie. À vrai dire, Rome est intervenue trois fois dans le monde grec au cours du III⁰ s. D'abord sur les côtes de l'Adriatique lors de la première guerre d'Illyrie, en 229-228. Une nouvelle fois dans l'Adriatique, contre Démétrios de Pharos, en 219, lors de la deuxième guerre d'Illyrie. Enfin, en 217-205, lors de la première guerre de Macédoine, née de l'alliance de Philippe V et d'Hannibal, alors présent en Italie. Dans les deux premières occasions, il s'agissait d'assurer la paix troublée dans la mer Adriatique par les incursions des pirates illyriens. La troisième fois, Rome voulait empêcher seulement la jonction de Philippe de Macédoine et du général carthaginois. Il n'y a pas là la moindre trace de visée impérialiste.

C'est seulement après Zama, entre 200 et 198, que Rome commence à s'intéresser vraiment aux affaires du monde grec. Dans les faits, c'est la deuxième guerre de Macédoine (200-196) qui constitue l'acte de naissance de l'impérialisme romain. Mais il est juste de dire que dans les esprits, celui-ci était conçu depuis longtemps, que sa naissance officielle, historique avait été préparée.

L'idée impérialiste avait germé dans les esprits de certains sénateurs influents pendant la deuxième guerre punique. C'est Hannibal qui, en fin de compte, apparaît comme le principal responsable de la naissance de l'idée : le scandale de la présence punique sur le sol sacré de l'Italie, la menace qui pesa sur Rome elle-même, le péril mortel que représentait l'alliance de Carthage et de la Macédoine, autant de réalités qui incitèrent certains *patres* à orienter leurs regards au-delà des mers[1]. De cette responsabilité initiale, le relai fut très vite assuré du côté romain par P. Cornelius Scipio (Scipion l'Africain), ce personnage hors série que ses succès en Espagne de 211 à 206, puis à Zama, en 202, son courage, son audace, sa prestance mettaient en valeur, tandis que ses allures de monarque et son renom habilement entretenu provoquaient l'inquiétude. On parlait de sa naissance miraculeuse (un serpent avait été vu sur le lit maternel) ; on disait son admiration pour les tyrans de Syracuse ; on racontait qu'il se rendait dans le temple de Jupiter sur le Capitole pour converser avec le dieu ; et le « salon » de sa fille Cornelia n'était pas sans influence dans les milieux cultivés de Rome. Toutefois, si l'intelligence politique de Scipion lui a fait comprendre le rôle méditerranéen de Rome et de ses *imperatores*, et s'il avait avec lui des sénateurs influents comme les Aemilii et les Acilii Glabriones, acquis, comme lui-même, aux idées nouvelles, il avait contre lui, on l'a vu, la majorité des *patres*, bientôt dirigée par le redoutable traditionaliste M. Porcius Caton. Uniquement et aveuglément préoccupés par la sauvegarde de l'intégrité du sol italien, ils refusaient toute visée plus lointaine.

À tous les Romains cependant, les événements de la deuxième guerre punique, dont la gravité se trouvait accrue par l'ouverture d'un deuxième front, résultat de l'alliance punico-macédonienne, ont révélé l'existence d'un double péril, carthaginois et macédonien : en 212, Philippe V, en s'emparant d'une partie de l'Illyrie, a repris contact avec l'Adriatique, au moment précis où Hannibal se rendait maître de Tarente et où Carthage faisait un grand effort naval. Face à ce grave danger, le peuple ressentit la nécessité d'une politique hellénique, résolument antimacédonienne : une conférence entre le Romain Laevinus et les

---

1. Comme l'a montré J. Carcopino dans *les Étapes de l'impérialisme romain*, Paris, 1961, 2ᵉ éd. revue et augmentée de *Points de vue sur l'impérialisme romain*, 1934.

Étoliens aboutit en 212 à une alliance. Ce fut enfin l'occasion de révéler aux Romains la puissance du roi de Pergame, Attale, qui intervint en Grèce contre Philippe V. Mais on notera les réticences du sénat, qui mit deux ans à ratifier l'alliance étolienne et ne souhaita jamais cette guerre qui lui avait été imposée ; il s'empressa d'ailleurs de la terminer par la paix de Phoinikè en 205, après l'avoir conduite avec beaucoup de mollesse. Pourtant, la guerre de Macédoine a eu une importance considérable : c'est le premier contact prolongé de Rome avec la Grèce. De plus, des liens d'amitié sont maintenant noués avec Pergame, le riche royaume d'Asie Mineure, liens qui se resserrent peu après la conclusion de la paix, quand une ambassade dirigée par Laevinus va chercher la fameuse pierre noire de Pessinonte ; cette amitié devait peser lourd dans la politique orientale de Rome. En tout cas, Rome se trouve désormais engagée dans l'engrenage hellénique et oriental. La preuve, c'est qu'en 200, elle est amenée à rouvrir elle-même les hostilités de la deuxième guerre de Macédoine.

Quand, en 200, Rome attaque la Macédoine avec la volonté de chasser Philippe V du territoire de la Grèce, c'est une nouvelle politique qui s'amorce. Pourquoi ce changement brutal dans la politique sénatoriale ? C'est que, comme l'a montré M. Holleaux et comme l'ont confirmé les travaux plus récents, à la fin de 201, les *patres* ont été avertis par les Rhodiens et par le roi de Pergame qu'un pacte d'alliance venait d'être conclu entre Philippe V et Antiochos III de Syrie. Effrayés par le renforcement des positions royales en Asie, par la création d'une marine macédonienne à laquelle s'intéressait particulièrement Philippe V, par les perspectives d'une nouvelle action macédonienne en Grèce et en Illyrie et d'une éventuelle menace sur l'Italie – où l'on n'oublie pas la guerre de Pyrrhus – heureux peut-être aussi de prendre leur revanche de l'alliance avec Hannibal, les *patres* décident de prévenir le danger macédonien en attaquant eux-mêmes et immédiatement Philippe V. Au fond, c'est pour ruiner l'impérialisme macédonien qu'ils passent à l'offensive, mais encore une fois par un réflexe de défense plus que par une pensée réellement conquérante. S'ils recourent à une nouvelle politique, leur pensée profonde reste toujours la même : garantir l'intégrité de la péninsule italienne. Bien qu'agressive, cette politique ne comporte pas encore, pour le moment, de visées à proprement parler impérialistes : vainqueurs de Philippe V à Cynoscéphales en 197, triomphants de Persée à Pydna en 168, ils n'en retirent pratiquement aucun avantage territorial. Il faut attendre 146 pour assister à l'annexion de la Grèce. C'est reconnaître du même coup qu'entre-temps l'impérialisme romain a évolué.

Le développement de l'impérialisme romain de 197 à 30 av. J.-C.

L'histoire des deux derniers siècles de la République se confond avec l'histoire des conquêtes et de leurs contrecoups sur la vie politique, sociale, économique et culturelle de Rome et de l'Italie, sur les genres de vie, les modes de pensée et les croyances de leurs habitants. L'impérialisme de Rome représente alors le fait majeur de son histoire ; il la commande, comme il commande le destin de tous les peuples riverains du bassin de la Méditerranée. Or cet impérialisme n'est pas un ; dans son développement aux IIe-Ier s., il a beaucoup évolué.

De 197 à 170-169, il s'agit encore d'un impérialisme essentiellement défensif. Rome est devenue impérialiste, mais sans le vouloir vraiment, et sa politique reste conforme, note Polybe (XXXVI, 9,9), aux maximes des Romains : la franchise et la loyauté. Si elle a pris l'initiative de la deuxième guerre de Macédoine, si elle se laisse maintenant entraîner dans les affaires grecques, syriennes et asiatiques, c'est toujours sans réel appétit de conquêtes territoriales. Jusqu'en 168, les seules annexions réalisées en Méditerranée orientale sont celles de Zakynthos (Zante) et Céphallénie. C'est donc bien un « impérialisme qui s'ignore encore ».

Il est vrai que, pendant cette période, Rome s'est trouvée confrontée à de redoutables problèmes en Italie et en Méditerranée occidentale : il lui a fallu reprendre en main et réorganiser l'Italie, divisée et ruinée par dix-sept années de présence et de pillage des armées carthaginoises, soumettre les peuples révoltés de l'Italie du Nord (les Insubres, Cénomans, Boïens, Ligures et Vénètes), organiser et soumettre la péninsule ibérique, où les difficultés n'ont pas cessé avec la prise de Carthagène et la création de deux provinces. Toutes opérations longues et difficiles, qui ont retenu en priorité l'attention et les efforts des *patres*.

Cependant, si Rome résistait aux tentatives d'agrandissement territorial en Orient, peu à peu se précisaient ses visées et sa pensée impérialistes. Déjà, la deuxième guerre de Macédoine a marqué un moment important ; ses conséquences, le déclin de la Macédoine, la prétention de Rome à régler seule les affaires grecques et la rupture avec Antiochus de Syrie, étaient de portée incalculable : elles ne préparaient rien de moins que la mainmise romaine sur l'Orient grec. Tandis que l'idée impérialiste pénétrait de plus en plus dans les esprits, séduisant les éléments jeunes et déjà hellénisés des grandes familles aristocratiques, désireux de jouer un rôle et de renforcer leur autorité par un patronat sur une ville ou un peuple étranger – le premier exemple fut donné en 214 par M. Claudius Marcellus, patron de Syracuse après la prise de la ville – elle commençait à gagner par la perspective de bons profits financiers la récente catégorie sociale des chevaliers publicains et hommes d'affaires (les *negotiatores*), de plus en plus nombreux et actifs entre l'Italie et les pays d'Orient. Le rôle du cercle des Scipions et, là, de l'Achéen Polybe, devenu l'ami de Scipion Émilien et l'historien moraliste de la grandeur et de l'impérialisme de Rome, fut sans nul doute considérable dans l'évolution des esprits.

197, c'est aussi – on l'a vu – la création dans la péninsule ibérique des deux provinces de Bétique, ou Espagne ultérieure, et d'Espagne citérieure couvrant en principe tout le pays compris entre le sud de Carthagène et les Pyrénées (restait à conquérir et à pacifier !).

On notera que c'est aussi pendant cette période, en 188, que fut, pour la première fois, semble-t-il, formulée explicitement la doctrine impérialiste romaine, par les soins de Cn. Manlius Vulso, le fameux consul mercenaire (mercenaire du roi de Pergame), comme l'appelle dédaigneusement Tite-Live. Dans un discours au sénat, il proclame l'absolue et urgente nécessité pour Rome d'assurer la paix sur terre et sur mer d'une part, de surveiller tout l'Orient d'autre part (Tite-Live, XXXIX). Mais Rome pouvait-elle se contenter d'être le gendarme du bassin oriental de la Méditerranée ?

Il ne le semble pas, car elle expérimentait alors en Grèce, au service de cet impérialisme qui s'ignorait encore, un mode d'expansion, usité d'abord en Sicile après la première guerre punique. Toutes les villes de Sicile, sauf Messine, avaient alors été proclamées *civitates liberae*, c'est-à-dire libres de charges militaires, de garnisons étrangères (entendons romaines) et exemptées du tribut. Seulement cette liberté, qui supprimait entre les bénéficiaires, villes ou peuples, et Rome toute obligation légale, comportait en revanche une obligation morale de fidélité. « Être dans la foi de quelqu'un », traduction littérale de la formule bien connue *in fide alicujus esse*, aboutissait, comme l'a montré E. Badian[1], à fonder un régime d'« État-client », de protectorat, dans lequel le peuple romain exerçait tous les droits d'un patron. C'est précisément ce « patronage du monde grec » (*patrocinium orbis graeci*) qu'en réalité s'arrogea Rome, lorsque, en 196, T. Quinctius Flamininus lança la proclamation de Corinthe par laquelle le sénat et lui-même n'annonçaient pas, comme on le dit souvent, l'indépendance de la Grèce, mais « laissaient libres, sans garnisons, exempts de tributs, en possession de leurs lois traditionnelles, les Corinthiens, les Phocidiens, les Locriens, les

---

1. *Foreign Clientelae*, Oxford, 1958.

Eubéens, les Achéens Phthiotes, les Magnètes, les Thessaliens et les Perrhébiens » (Polybe, XVIII, 46,5). Quand Tite-Live écrit que la Grèce est *beneficio libertatis obnoxia* (XXXV, 31,8), cela signifiait que Rome renonçait à toute souveraineté en Grèce ; cela ne signifiait pas que les peuples libérés redevenaient maîtres de leur sort. En 194, contre l'avis de Scipion, les forces romaines évacuèrent le pays. En fait, Rome fit de la Grèce un État-client et soumit les Hellènes à son protectorat. La mise au point d'un tel statut, qui tout à la fois offrait à l'État protégé le privilège de la liberté et à Rome l'avantage de disposer de son client comme centre d'espionnage, poste avancé et État tampon, autorise à parler d'impérialisme par la liberté, puisque, par un astucieux paradoxe, Rome s'est servie de la liberté comme ressort de son impérialisme. Ce régime a tenu quarante ans. Il a fini par se dégrader et, pour reprendre l'expression d'E. Badian, « du protectorat on est passé à la domination ».

De 170-169 à 146, le ton change. D'abord avec la troisième guerre de Macédoine. Dès son avènement, dans l'été 179, Persée, poursuivant l'action de son père, avait entrepris de fortifier son royaume, qui en 172 vivait dans la prospérité. Entre-temps, il était devenu par mariages gendre de Seleucos IV de Syrie et beau-frère de Prusias II de Bithynie, tandis qu'il concluait un traité d'alliance avec la Béotie. En affichant son intérêt pour la Grèce, sans pour autant vouloir la guerre qu'il tenta à tout prix d'éviter, il violait l'esprit du traité de 197 par lequel la Macédoine avait renoncé à toute emprise sur la Grèce. En s'alliant avec les voisins du roi Eumène de Pergame, qu'il menaçait d'encerclement, il inquiétait celui-ci et l'amenait à intervenir auprès du sénat romain. Rome se décida à agir ; elle envoya sur le territoire grec le consul Q. Marcius Philippus. Non sans difficultés, l'armée romaine de Paul Émile l'emporta à la bataille de Pydna (168). Suivant l'avis de Caton, le sénat ne voulut pas annexer la Macédoine ni l'Illyrie, mais ses exigences furent terribles : les deux royaumes furent démembrés et assujettis au tribut, tout en étant proclamés libres ; la royauté y fut abolie ; une partie de l'Épire qui avait trahi la cause romaine fut dévastée et les classes dirigeantes grecques qui avaient failli furent épurées. Si Rome refusait encore les annexions territoriales, elle se comportait de plus en plus en suzeraine de la Grèce. En Orient, elle morigénait le roi de Pergame et enjoignait au roi de Syrie de se retirer de l'Égypte où il était entré. Là aussi, elle intervenait pour briser toute hégémonie. Mais on notera que, pour la première fois, la guerre de Persée provoqua, si l'on en croit Tite-Live (XLII, 47,2), de véhémentes protestations de certains sénateurs contre les méthodes du consul Philippus, jugées déloyales à l'égard du roi de Macédoine. Non sans mépris, elles furent qualifiées de nouvelle sagesse (*nova sapientia*).

Une autre décision sénatoriale mérite d'être relevée : celle de faire de Délos un port franc. Le coup fut rude pour le commerce rhodien – Rhodes avait elle aussi failli à l'alliance romaine – selon Polybe (XXX, 31,12), les revenus annuels du port tombèrent de 1 000 000 de drachmes à 150 000. Rhodes dut implorer de Rome un nouveau traité d'alliance, qui lui fut accordé en 164. Pour Délos, l'île sainte d'Apollon, donnée à Athènes comme colonie, la création d'un port franc allait lui donner une importance économique de premier plan : elle devenait, on l'a dit, « la plaque tournante du trafic entre l'Orient hellénique et l'Occident romain ». L'activité des *negotiatores* allait s'y exercer à plein.

Période décisive dans l'histoire de l'impérialisme romain que ce quart de siècle 170-146. S'il n'a pas connu de grandes annexions territoriales au profit de Rome, il a été marqué par la disparition du royaume de Macédoine, terre d'Alexandre le Grand, par un interventionnisme accentué en Orient où est maintenant tissé un réseau diplomatique et moral de protectorats, d'États vassaux et de nations alliées, par une décision d'ordre économique qui donne à l'impérialisme de Rome une nouvelle dimension. Un autre changement intervient dans les dernières années de cette période avec l'intervention militaire de Rome en Macédoine en 149 et la troisième guerre punique déclenchée en 148, type même de la guerre préventive que condamne Polybe (XXVI, 9)[1]. Pour les sénateurs, il s'agissait maintenant « pour assurer la domination de leur patrie, d'écarter une menace qui pesait sur elle et d'abattre une cité qui leur avait si souvent disputé la suprématie et qui, à l'occasion, pourrait la leur disputer à nouveau ». L'ère des annexions s'ouvrait.

L'impérialisme triomphant

Les années 148-146 marquent à cet égard un tournant historique. Lancée pour mettre fin à l'aventure d'un certain Andriskos qui, en se faisant passer pour le fils de Persée, avait rallié la majorité des Macédoniens et trouvé des appuis en Thrace, une expédition dirigée par le préteur Q. Caecilius Metellus eut pour résultat la réduction de la Macédoine en province romaine, placée sous l'autorité d'un proconsul résidant à Thessalonique. C'est la première province constituée dans le bassin oriental de la Méditerranée.

Un an plus tard se jouait le sort de la Grèce. Un soulèvement y éclatait dont les origines sont assez troubles. Dans ce pays ruiné, livré aux luttes sociales et périodiquement aux agitations nationalistes, toute querelle entre cités – elles étaient traditionnelles – risquait à chaque instant de dégénérer en conflit général. Ce n'est pas le retour en 151 de trois cents déportés achéens survivants, « vieux Grecs décrépits », comme les qualifie avec humeur Caton au sénat, presque tous animés d'une haine farouche contre Rome, qui pouvait apaiser les esprits. Un conflit entre Athènes et Oropos, engagé sur une affaire de douanes, devint bientôt un conflit plus grave entre les Achéens vers qui s'était

---

[1]. Sur la pensée de Polybe et plus tard des Gracques à l'égard des guerres de conquêtes, voir E. Gabba, « Aspetti culturali dell'imperialismo romano », Athenaeum, 55, 1977, p. 50-74, – P. Pedech, « Polybe face à la crise romaine de son temps », Actes IXe Congr. Association G. Budé, I, Paris, 1975, p. 195-201.

tournée Oropos, et Sparte appuyée par le sénat. En 147-146, profitant de ce que Rome était occupée à la fois en Espagne et en Afrique, le stratège achéen Critolaos, chef du parti antiromain, lança l'agitation dans le Péloponnèse, promit au petit peuple l'abolition des dettes, obtint l'alliance des Béotiens et de Chalcis et fit voter la guerre contre Sparte. Plusieurs ambassades romaines furent très mal accueillies et même, à Corinthe, insultées. Critolaos s'avançant au-delà des Thermopyles, le sénat décida d'envoyer en Grèce deux légions commandées par L. Mummius, tandis que de son côté le chef de l'armée de Macédoine adressait un ultimatum à Critolaos. Les opérations furent brèves. Critolaos fut battu et tué. Son successeur achéen ne fut pas plus heureux, en septembre 146 à Leucopétra, sur le golfe de Corinthe. À cette bataille, que chacun considérait bien comme décisive pour l'avenir de la Grèce, le petit peuple de Corinthe avait assisté, sorti de la ville, signale Justin (XXXIV, 2), pour applaudir au succès des Achéens... et ramener le butin. Quand, au lendemain de Leucopétra, L. Mummius se présenta devant Corinthe, la ville semblait vide, beaucoup d'habitants avaient fui, les murs étaient dégarnis, les portes ouvertes. Après deux jours d'attente, dans la crainte d'une ruse, les légions occupèrent la ville. Pour obéir à l'ordre formel du sénat de « détruire Corinthe » (Tite-Live, *Épit.* III), Mummius la livra à ses soldats : les habitants restés sur place furent massacrés ou vendus comme esclaves, la ville fut pillée et brûlée, le sol voué aux dieux infernaux. On ne compte pas les chefs-d'œuvre qui furent emmenés, dispersés, ou détruits. Polybe, accouru du camp africain de Scipion Émilien, a pu écrire : « J'y étais, j'ai vu des tableaux foulés aux pieds ; les soldats s'installaient dessus pour jouer aux dés ! »

Pas plus qu'à Carthage, la destruction de Corinthe ne fut cependant totale ; les fouilles modernes menées par des archéologues américains l'ont montré. On peut s'interroger sur les raisons de la terrible décision sénatoriale de détruire l'illustre cité : désir de venger les insultes lancées aux ambassadeurs romains ? Impressionner à jamais les Grecs turbulents ? Anéantir, sous la pression des *negotiatores*, une cité concurrente ? Admise depuis Mommsen, cette opinion a été repoussée par J. Hatzfeld, spécialiste de l'histoire des hommes d'affaires dans l'Orient romain, qui pense qu'une telle rage de détruire ne pouvait servir les intérêts des marchands italiens en Grèce.

Le sac de Corinthe marquait de toute façon la fin de la Grèce libre, c'est-à-dire protégée depuis 197. La Grèce était désormais romaine.

Quelques mois plus tôt, en avril de la même année 146, Rome avait pris et détruit Carthage de la même façon. Dès 153, des sénateurs avaient envisagé de reprendre la guerre contre la grande rivale occidentale, battue en 201, mais qui depuis lors s'était réarmée et avait retrouvé une prospérité qui les inquiétait. C'est à la suite de l'ambassade dont l'avait chargé le sénat, que s'engagea entre Caton et les partisans de la paix le grand débat historique sur le thème du fameux *delenda est Carthago*. Déclarée en 150 après une contre-attaque carthaginoise contre les Numides, la guerre, menée à partir de 147 par Scipion Émilien, aboutit, après un long et terrible siège et une atroce bataille de rues de près de huit jours, à la chute de Carthage. Pour obéir aux ordres du sénat, les habitants survivants furent réduits en esclavage ou durent émigrer en pays grecs ; la ville fut incendiée (non complètement : les fouilles récentes révèlent à la fois les traces de l'incendie, mais aussi les vestiges d'habitations épargnées par le feu) ; le sol fut déclaré *sacer*, c'est-à-dire tabou, voué aux dieux. Et le territoire punique, représentant le nord-est de la Tunisie actuelle, devint la province romaine d'*Africa*, avec Utique pour capitale.

Naturellement, on s'est aussi pour Carthage posé la question des raisons de l'intransigeance romaine. Et cela depuis Polybe. Repoussant les motifs économiques invoqués par Mommsen (Rome ne s'intéressa pas au site de la ville pendant plus de deux décennies), les plus récentes recherches penchent plutôt en faveur d'un renouveau de la puissance carthaginoise coïncidant avec un regain d'influence du parti antiromain : en 151, Carthage avait effectué le dernier versement de l'indemnité imposée en 201.

En tout cas, il est clair que la ruine de Carthage et le sac de Corinthe, la même année 146, marquent le passage du système de protectorat, assorti déjà d'une mainmise économique plus ou moins directe, au système de l'annexion pure et simple. Une étape importante est franchie dans l'histoire de l'impérialisme romain. Ce qui ne veut pas dire que le système du protectorat soit abandonné pour autant. Si les interventions romaines se multiplient et aboutissent parfois à la création et à l'organisation de provinces (Macédoine, Grèce, Afrique), le sénat n'en reste pas moins encore attaché prioritairement au statut d'État protégé : ce fut le cas pour la Thrace, l'Asie, la Syrie, l'Égypte, la Cyrénaïque, Chypre et la Crète. Comme on le voit, c'est surtout sur l'Orient, en vérité en pleine anarchie, que Rome est conduite, entre 146 et 133, à renforcer son *patrocinium* : en 136-135 Scipion Émilien y est envoyé « pour inspecter les royaumes des alliés » (Justin).

Dans le même temps il est significatif qu'on assiste alors à la conquête économique progressive du bassin oriental de la Méditerranée par les trafiquants italiens, ceux qu'on appelle de manière suggestive les *Rômaioi*. J. Hatzfeld leur a consacré en 1919 un livre, qui n'a pas été remplacé[1], où il date précisément du milieu du IIe s. l'influence de la classe mercantile (commerçants, banquiers) sur la politique romaine. Peut-on dès lors raisonnablement parler de politique mercantile de l'État romain ? La question se pose. Peut-être faut-il pour cela attendre l'époque des Gracques. Cependant qu'à Rome et en Italie commencent à se faire sentir de manière aiguë les conséquences des conquêtes.

Et voilà qu'en 133 Rome reçoit un fabuleux héritage : le royaume de Pergame, qui devient en 129 la province d'Asie,

---

1. J. Hatzfeld, *les Trafiquants italiens dans l'Orient hellénique*, Paris, 1919 – P. Roussel, *Délos, colonie athénienne*, Paris, 1926.

la plus belle et la plus riche des provinces romaines. Créé en 282 au détriment des Séleucides de Syrie, des Mysiens et des Galates d'Asie Mineure, et au profit d'un officier nommé Philetairos, le royaume de Pergame s'était constitué autour de la fertile vallée du Kaikos sur la côte ouest de l'actuelle Turquie. Ses rois successifs Eumène I, Attale I, Eumène II et Attale II en avaient fait un royaume puissant, le plus puissant de toute l'Asie, doté de ports actifs et de villes dont le riche passé grec et le renom international des sanctuaires avaient favorisé la splendeur urbanistique [1]. En conflits fréquents avec leurs voisins, macédonien et syrien, les rois de Pergame avaient depuis longtemps entretenu les meilleures relations avec Rome. Eumène II en particulier s'était dès 188 placé sous sa protection, tout en gardant sa souveraineté politique. Ce qui ne veut pas dire que l'entente romano-pergaménienne ait toujours été cordiale. Sous Attale II (159-138) les relations redevinrent si étroites que l'on peut parler de protectorat déguisé... et au vrai assez peu déguisé ! Quand, après la mort de sa mère Apollonis, le roi lui fit élever un temple à Cyzique, il l'orna de bas-reliefs inspirés de la mythologie romaine, et l'inscription faisait allusion à Romulus et à Rémus : autant de flatteries à l'égard de l'État-patron.

Attale II meurt en 138. Lui succède son neveu Attale III, personnage assez bizarre : méfiant, atteint de la maladie de la persécution, il devient rapidement un tyran sanguinaire, qui fait massacrer parents et amis pour protéger sa vie. Passionné de jardinage et de sculpture, il ne s'occupe guère de politique. Il est vrai que son règne est mal connu. Mais nous voyons Scipion Émilien, visitant Pergame en 136, s'y comporter comme en pays conquis, puis en 134 Attale III expédier du ravitaillement aux Romains empêtrés dans le siège de Numance. Les liens romano-pergaméniens

---

1. Qui se développe encore à l'époque romaine, tout en respectant les traditions grecques : M. Le Glay, *Villes, temples et sanctuaires de l'Orient romain*, Paris, 1987.

restaient donc très étroits. Au printemps de 133, le roi est frappé d'une insolation et meurt. Un grave problème de succession risque alors de se poser : Attale II était mort sans enfant, lui-même n'a pas de descendance ; il ne reste de la dynastie qu'un bâtard d'Eumène II, Aristonikos, non reconnu. En droit, le problème ne devait pas se poser : par testament, le roi défunt a légué ses biens au peuple romain.

Déjà, en 155, un roi de Cyrène, Ptolémée Physkon, avait par testament légué son royaume à Rome, s'il mourait sans descendance. Un fils lui étant né, le testament ne fut pas exécuté. Mais il avait été connu à l'époque et même publié, puisque son texte a été retrouvé sur une inscription de Cyrène. Attale III fit de même. Le texte du testament ne nous a pas été transmis et, dès l'Antiquité, on a douté de son authenticité ; c'est le cas de Salluste par exemple. Une inscription de Pergame, exhumée en 1885 (*O.G.I.S.*, I, 338) contient néanmoins un décret de la ville qui parle du testament et en révèle certaines clauses : Attale léguait au peuple romain tous ses biens, mobiliers et immobiliers, y compris son trésor et la *chôra* (c'est-à-dire le territoire) ; il donnait la liberté à Pergame (et peut-être à toutes les cités grecques) ; une partie des esclaves royaux recevaient la liberté ; les autres étaient donnés à Pergame.

On s'interroge, bien sûr, sur les mobiles qui ont entraîné cette extraordinaire décision du roi : désir de régulariser officiellement un état de fait vieux d'un quart de siècle ? Hostilité foncière à l'égard de son demi-frère Aristonikos ? Ou plutôt inquiétude devant l'instabilité de la situation sociale, en particulier devant l'agitation des esclaves qui sévissait alors en Sicile et en Grèce et qui menaçait Pergame, Rome étant seule jugée assez forte pour contenir cette agitation ? On ne sait.

Ce qu'on sait, c'est que la mise à exécution du testament ne s'est pas déroulée sans heurt. Aristonikos présenta le testament comme un faux et lui-même comme l'héritier légitime de la dynastie attalide. Il occupa un certain nombre de villes et promit la liberté aux serfs ruraux et aux esclaves. L'étude des inscriptions et des monnaies[1] a montré qu'il avait réussi à former un véritable royaume. En 131, Rome finit par envoyer ses troupes. Et c'est seulement en 128-126 que M. Aquillius, assisté de dix commissaires sénatoriaux, put organiser la province d'Asie, avec Éphèse pour capitale.

La dévolution de ce fabuleux héritage, qui vaut à Rome la plus belle de ses provinces, clôt une phase de politique impérialiste encore hésitante et annonce la grande politique annexionniste des *imperatores* du Ier s.

La République conquérante,
ou l'impérialisme au service des généraux

Après la province d'Asie, les annexions et les campagnes de conquêtes et de pacification se multiplient, en Occident comme en Orient.

En 125 c'est, à l'appel de Marseille alliée de Rome, menacée par une pression croissante des indigènes, notamment des Salyens d'Entremont, l'expédition du consul M. Fulvius Flaccus, suivie l'année suivante de celle de C. Sextius Calvinus contre les Voconces et les Salyens. Entremont est prise, les chefs salyens se réfugient chez les Allobroges. La fondation des Aquae Sextiae (Aix-en-Provence) et l'implantation d'une garnison militaire rendent Rome maîtresse des voies situées à l'est du Rhône méridional. En 122-121, Cn. Domitius Ahenobarbus, puis Q. Fabius Maximus défont les Allobroges et les Arvernes, d'où s'ensuivent en 118 la fondation de la colonie de Narbo Martius (Narbonne), la première colonie de citoyens romains en Gaule, et l'organisation de la Gaule du Sud en province. Désormais l'Hispanie romaine va se trouver reliée à l'Italie par voie de terre : la voie Domitienne, dont une borne milliaire

---

1. L. Robert, *Villes d'Asie Mineure*, Paris, 1962, p. 252-272. Voir V. Chapot, *la Province romaine proconsulaire d'Asie*, Paris, 1904 et D. Magie, *Roman Rule in Asia Minor*, Princeton, 1950.

portant le nom de Cn. Domitius Ahenobarbus a été retrouvée en 1949, assura cette liaison.

Pendant ce temps, en 123, Caius Gracchus mettait fin à vingt-trois ans d'inertie sénatoriale en Afrique, en envoyant une expédition coloniale fonder une nouvelle Carthage. Ce fut un échec. Du moins Rome avait-elle rompu avec la politique passée – Mommsen a parlé pour la définir de « garde du cadavre » –, des *negotiatores* italiens commencèrent à s'établir non seulement en Africa, mais aussi dans le royaume voisin de Numidie, notamment à Cirta, l'actuelle Constantine. C'est, entre autres raisons, pour venger ces *negotiatores* mis à mort par Jugurtha de Numidie, qui après un long siège prit la ville en 113, que Rome entreprit la célèbre guerre de Jugurtha, racontée par Salluste. Une guerre longue et très dure, menée par C. Marius, puis par Sylla, qui ne vint à bout du redoutable aguellid que dans l'été de 105, grâce à la trahison du roi Bocchus de Maurétanie qui le lui livra, bien qu'il fût son beau-père. Rome n'annexa pas le territoire numide, mais de nombreux colons s'y établirent, notamment les anciens soldats de Marius à qui des terres furent attribuées. Bocchus, pour sa part, obtint le titre d'ami et allié du peuple romain ; il entrait ainsi dans la clientèle romaine. À l'autre extrémité de l'Afrique, Lepcis Magna (dans l'actuelle Libye), ville libre et amie, reçut une garnison. Rome pouvait ainsi contrôler le commerce africain jusqu'en Tripolitaine.

Quelques années plus tard, en 102, pour réprimer la piraterie, qui depuis la fin du royaume attalide gênait sérieusement le trafic commercial dans le bassin méditerranéen oriental, le sénat envoya une expédition avec mission de détruire les pirates et, pour anéantir leurs bases, de constituer la province de Cilicie.

En 96, nouvel héritage : le roi de Cyrène Ptolémée Physkon légua son territoire au peuple romain : une nouvelle province de Cyrénaïque était née. Rome y trouva le précieux sylphium.

Si Marius n'avait pas réussi à vaincre durablement Jugurtha, il remportait en revanche de brillants succès contre les Cimbres et les Teutons qui, depuis 113, avaient envahi la Gaule du Sud. Ses victoires remportées près d'Aix à l'automne 102, puis à Verceil en Italie du Nord, lui assuraient un immense prestige qu'il mit à profit non seulement à Rome, mais aussi en Orient.

C'est qu'en Asie Mineure était apparu, dans les dernières années du IIe s., un redoutable danger personnifié par le roi du Pont Mithridate VI Eupator. Devenu roi en 120, à l'âge de onze ans, il avait été soumis aux dangereux aléas d'une régence exercée par sa mère ; il avait dû prendre le maquis et, pendant sept ans, vivre dans les montagnes du « pays le plus montagneux du globe[1] ». Rentré brusquement en 111, il provoqua une révolution, fit emprisonner et tuer sa mère et son frère, devenant ainsi seul maître d'un royaume riche et bien situé, « le type même du pays complet se suffisant à lui-même ». Mithridate a alors vingt ans : grand, beau, le regard profond, le front large, d'une vive intelligence et d'une ténacité sans scrupules, rusé, perfide, c'est un curieux mélange de brutalité et de raffinement, de barbarie et de culture, qui reflète assez bien la double influence subie : celle des traditions perses et celle de l'hellénisme. Il nourrit un rêve : devenir le maître de l'Orient. Ses vingt années de règne vont être consacrées à renforcer son armée, avec l'aide d'instructeurs grecs, et à reconquérir des positions propres à assurer à son royaume des débouchés sur l'extérieur. Ce qu'il entreprend méthodiquement du côté des cités grecques de la mer Noire, de la Colchide, du Bosphore, de la Crimée. Quand, en 99, Marius en pèlerinage à Pessinonte rencontre le roi du Pont, il prend la mesure du danger ; rentré à Rome, il présente au sénat un rapport inquiétant, assez inquiétant pour provoquer une trêve des partis en conflit.

---

1. Le livre classique sur Mithridate et son pays reste celui de Th. Reinach, *Mithridate Eupator, roi du Pont*, Paris, 1890. Voir aussi le chap. IX du livre de D. Magie, *Roman Rule in Asia Minor*, déjà cité.

Avec celui que Cicéron appela « l'adversaire le plus acharné de notre empire », la guerre commence en 89, quand le roi de Bithynie, poussé par le gouverneur de la province d'Asie, entreprend un raid punitif en territoire pontique. La réaction de Mithridate est immédiate et les défaites romaines si graves que l'Asie fait défection et que les haines s'y déchaînent avec une rare violence. Les ressortissants italiens qui s'y trouvent sont massacrés : 30 000 pour les uns, 150 000 pour les autres. Un bain de sang unique dans l'histoire de l'Antiquité. Mithridate pose en libérateur de l'Asie. De 88 et 62, les trois guerres mithridatiques exigent de Rome d'immenses efforts et l'intervention des meilleurs généraux. Tour à tour sont envoyés Sylla, Lucullus et finalement Pompée, qui parvient à envahir le Pont et à s'emparer des trésors royaux. En 63, on apprend avec soulagement que Mithridate s'est suicidé.

Pompée n'eut pas seulement la mérite de vaincre Mithridate et de réorganiser les provinces d'Anatolie, à savoir l'Asie, la Cilicie et la Bithynie, qu'il protégea vers l'est, du côté des Parthes, par des États vassaux servant de tampons, il fut aussi l'artisan de la conquête de la Syrie, réduite en province romaine en 64-63 et, comme pour les provinces asiatiques, flanquée de principautés vassales du côté de l'est et du sud. De retour à Rome, Pompée que ses soldats avaient appelé le Grand – le premier à porter ce titre depuis Alexandre – put célébrer pendant deux jours de septembre 61 un triomphe, le plus fastueux que le peuple eût jamais vu : on y commémora les victoires remportées sur quatorze nations.

Trois ans plus tard, c'était au tour de Chypre de tomber entre les mains romaines. L'île constituait un relai intéressant pour le commerce méditerranéen.

César ne pouvait pas laisser au seul Pompée l'impressionnant éclat de ses conquêtes et de ses victoires. Après avoir regardé du côté de la Dacie, l'ambitieux consul s'orienta en fin de compte vers la Gaule transalpine, opportunément menacée par les Germains d'Arioviste. On s'est naturellement beaucoup interrogé sur l'importance historique de la conquête de la Gaule, point d'orgue de l'impérialisme romain en Occident et, pour nous, moment déterminant de notre histoire nationale : pure action impérialiste romaine ? Nécessité politique pour Rome ? Manœuvre politique pour César ? Nul n'a mieux répondu, me semble-t-il, que T. Mommsen, quand, après avoir évoqué les annexions pontiques et syriennes qui assuraient à l'est la frontière de l'Euphrate, il écrit : « À l'ouest et au nord, par-delà les Alpes, il restait encore à achever l'Empire et son territoire. Il y avait là des contrées nouvelles et vierges à gagner à la civilisation hellénique, à l'influence encore vivace de la race italienne. On commettrait plus qu'une erreur, on serait coupable d'attentat contre l'esprit sain et puissant de l'histoire, si l'on ne voulait voir dans les Gaules qu'un terrain de manœuvres où César aurait exercé ses légions, en vue de la prochaine guerre civile. En soumettant l'Occident, César, je ne le nie pas, conquérait les moyens pour son but final ; et ses guerres transalpines ont été le fondement de sa puissance ultérieure : encore est-ce le privilège des grands génies de la politique que chez eux les moyens soient aussi le but. Pour faire vaincre son parti, il fallait à César le pouvoir militaire, mais il n'a point conquis la Gaule en homme de parti. C'était pour Rome une nécessité politique que de marcher sans délai au-delà des Alpes, que de prendre les devants sur l'invasion à toute heure menaçante des Germains, et de planter là la digue qui assurerait la paix du monde. Grand et glorieux motif d'action, certes ! Et pourtant ce motif ne fut ni le plus grand ni le plus décisif parmi ceux qui conduisaient César dans les Gaules. Jadis, quand la vieille patrie, devenue trop étroite pour le peuple, avait couru risque de dépérissement, le sénat, embrassant l'Italie dans sa politique de conquêtes, avait sauvé la République. Aujourd'hui, la patrie italienne était trop étroite à son tour ; et l'État souffrait du même malaise social, malaise cent fois plus grand, eu égard à la grandeur de l'empire. Ce fut une pensée de génie, un grandiose espoir, qui firent passer les Alpes à César, la pensée et la confiance qu'il gagnerait pour ses concitoyens une nouvelle patrie, cette fois sans limites, et qu'il régénérerait aussi l'État, en lui donnant une plus vaste base[1]. »

De fait, l'annexion de la Gaule celtique s'imposait à plus d'un titre. D'abord comme l'achèvement indispensable de l'œuvre accomplie depuis 125-118 en Gaule du Sud, où s'était constituée une belle et riche province qui commençait à se présenter plutôt comme le prolongement de l'Italie que comme une province ordinaire, mais qui n'était nullement à l'abri des invasions ; la Gaule chevelue pouvait servir à la fois de bouclier à la *Provincia* et de terre vierge à civiliser « à la romaine ». Non que César ait considéré les « Gaulois portant braies » comme des primitifs, bien au contraire, il leur reconnaissait beaucoup de qualités, du courage, de la bravoure, du sens religieux... et de la légèreté d'esprit. Mais, comme le relève avec une certaine satisfaction Mommsen, leur bravoure ancestrale s'était quelque peu émoussée : « Le Gaulois, dit César, n'ose pas regarder le Germain en face. » La Gaule vivait, c'est vrai, sous la menace des invasions germaniques. Son annexion devenait stratégiquement indispensable. Belle occasion de s'illustrer et de recueillir les moyens de son ambition – la Gaule avait la réputation d'un pays riche et bien peuplé ; la conquête devait effectivement rapporter à César un extraordinaire butin. L'occupation d'un nouveau et vaste territoire transalpin devait enfin fournir à Rome l'exutoire recherché par sa population de sans-travail, aux vétérans les terres auxquelles ils avaient droit et du même coup aux Italiens la tranquillité qu'ils risquaient de perdre face aux revendications des soldats libérés de leur service. À tous égards, elle apparaissait comme un remède au malaise social. Et par la même occasion, comme un champ largement ouvert aux opérations commerciales et financières des *negotiatores* toujours avides d'élargir le domaine de leurs activités. Des terres et des affaires : voilà ce que César offrait à ses concitoyens. Dès 81, des Romains

---

1. *Histoire romaine*, éd. R. Laffont, 1985, V, p. 153-154.

avaient cherché et trouvé des terres chez les Ségusiaves, près de Lyon ; puis des hommes d'affaires s'étaient installés en plusieurs endroits. À tous les Romains en quête d'aventures, il offrait une nouvelle terre d'accueil. En même temps qu'à Rome, il rendait confiance et honneur : en 61, la République défaillante avait laissé ses alliés Éduens conclure avec le chef germain Arioviste un traité qui les plaçait pratiquement sous sa coupe. La République avait lâché ses amis du parti éduen philoromain. César se posait, lui, en sauveur de l'esprit romain et restaurateur de son honneur[1].

Pour le moment, étant donné les vastes mouvements de peuples qui agitaient les frontières de la Gaule chevelue et l'ambition frénétique du chef suève Arioviste, le danger était certain. Rome entreprit d'abord de négocier : en 59, César consul lui fit donner par les *patres*, avec la reconnaissance de sa royauté, le titre d'ami du peuple romain (titre de plus en plus vide de sens avec la montée en puissance de Rome). De nouvelles intrigues, une sorte de complot national entre chefs arvernes et éduens antiromains (dont Rome était tenue au courant par le druide Diviciac du parti proromain) et finalement la migration des Helvètes fournirent à l'ambition calculée de César l'occasion d'agir, qu'il attendait. Avec sa réputation de richesse tant en matériel humain – évalué selon les uns à 5 000 000 et à 12 selon les autres... les sources anciennes sont décidément pauvres et incertaines en chiffres ! – qu'en ressources du sol et du sous-sol, la Gaule celtique devenait une proie à saisir.

La conquête fut moins facile que ne le prévoyait le proconsul. La guerre dura huit ans. Elle se déroula en trois temps et exigea la mise en œuvre de puissants moyens, qui n'évitèrent pas aux légions romaines d'être mises plus d'une fois en difficulté. Pendant la belle saison de 58, entre le printemps et la fin de l'été, César avec ses quatre légions, plus tard augmentées jusqu'à onze, « la plus belle armée

---

1. D. Trimpe, *Caesars Gallischer Krieg und das Problem des Römischen Imperialismus*, Historia, 14, 1965.

du monde », selon C. Jullian, refoula les Helvètes et vainquit Arioviste qui dut repasser le Rhin avec une poignée d'hommes, après une bataille meurtrière en Alsace où, selon les historiens anciens, il aurait laissé 80 000 morts. En quelques mois, la Gaule était prise en main. Pourtant, il ne fallut pas moins de cinq années, de 57 à la fin de l'été 53, pour venir à bout, au prix de campagnes pénibles et de plus en plus lointaines, des Belges, des Vénètes d'Armorique et des Aquitains, campagnes qui conduisirent les légions au-delà du Rhin contre les Germains, et au-delà de la mer contre les Bretons. Enfin, en 52-51, après des répressions excessives en 53 qui entraînèrent un soulèvement général au début de 52, se produisit le grand heurt entre César et la masse des Celtes. Heurt dominé par la personnalité du chef arverne Vercingétorix, dont notre chauvinisme historique a voulu faire un héros, alors qu'il ne fut peut-être qu'un agent provocateur de César, peut-être même un sot attiré par le proconsul dans tous ses traquenards. L'accord ne se fait que pour lui reconnaître une réelle aptitude au maniement des hommes et une grande énergie. C. Jullian, quant à lui, lui trouvait du charme et de la grandeur. Alésia fut sa perte en septembre 52. La campagne de 51 permit de venir à bout des dernières révoltes. Laissant une Gaule exsangue (2 000 000 de Gaulois étaient morts ou réduits en esclavage), César qui venait de donner à l'empire romain une nouvelle province et, comme dit Mommsen, « de fonder la latinité en Occident », put rentrer à Rome pour affronter son rival Pompée.

Celui-ci vaincu à Pharsale en 48, César à la poursuite des Pompéiens rafla au passage le royaume de Numidie à la suite de sa victoire de Thapsus, remportée en 46 sur le roi numide Juba Ier, malheureux allié des derniers partisans de Pompée le Grand. C'est sur ces brillantes conquêtes que le proconsul devenu dictateur entreprit de fonder sa « monarchie ». Seules les ides de mars 44 l'empêchèrent de mettre à exécution ses derniers projets de campagne contre les Parthes, les redoutables ennemis de l'Est, pour le moment à peu près contenus derrière l'Euphrate, mais toujours inquiétants.

Il appartint à son petit-neveu et héritier, Octave, d'achever la mainmise romaine sur l'ensemble oriental de la Méditerranée en annexant l'Égypte en 30, un an à peine après la victoire décisive d'Actium sur Marc Antoine et son alliée Cléopâtre : le 1er août 30 les légions firent leur entrée à Alexandrie.

Pour boucler la conquête du bassin occidental d'une mer devenue romaine, il restait à mettre la main sur le royaume de Maurétanie, alors confié au roi-client Juba II. Ce sera l'œuvre de l'empereur Claude, sous le règne de qui fut conquise aussi la Bretagne. Au siècle suivant, Trajan osera s'aventurer au-delà du Danube et annexer la Dacie, riche en mines d'or et d'argent. En revanche, ses tentatives lancées au-delà de l'Euphrate, en Mésopotamie, n'auront que des résultats très éphémères. En somme, on peut dire qu'à la fin de la République, la grande ère des conquêtes était quasi terminée.

En un siècle, Rome était passée du rôle d'arbitre dans lequel elle s'était longtemps cantonnée, en se contentant d'interventions le plus souvent diplomatiques, parfois militaires, propres à régler les conflits entre les puissances, à une politique d'annexion directe et souvent brutale qui l'a placée à la tête d'un immense empire territorial débordant même le cadre méditerranéen.

Ce qui conduit à poser la question de l'universalité de cet empire. Déjà au IIe s. av. J.-C. Polybe avait présenté comme un fait acquis, sinon la conquête, du moins la domination exercée par les Romains sur « presque tout le monde habité ». Ils ont, notait-il, « soumis presque toute la terre habitée » (I, 1,5). Il entendait par là que l'empire de Rome, à la différence des anciens empires qui l'ont précédé, s'étendait, lui, sur toutes les parties du monde alors connu : l'Europe, l'Asie et l'Afrique. Il le précise lui-même : « Toutes les parties connues de la terre habitée sont passées sous la domination de Rome » (III, 1)[1]. Après Polybe, les Romains

---

1. Sur cette question, voir le livre récent de C. Nicolet, *l'Inventaire du monde*, Paris, 1988.

semblent bien s'être réellement crus « les maîtres de l'oikoumène ». En tout cas, de Scipion à César en passant par Sylla et Pompée, tous les *imperatores* purent prétendre avoir donné à leur patrie un empire qui atteignait les confins de la terre et du même coup revendiquer pour eux la maîtrise du monde. Il est remarquable que, vers les années 75 av. J.-C. apparaisse sur les monnaies le globe, symbole de la domination universelle. Comme il est dit de Pompée, « il recula l'empire de Rome jusqu'aux limites de la terre » (Diodore de Sicile, XL, 4, citant une inscription). César n'y échappa point : par décision du sénat, on le représenta sur le Capitole, face à Jupiter, dans un char triomphal foulant une image de bronze de l'oikoumène. Mais c'est Auguste qui revendiqua avec le plus de force la maîtrise universelle : dès la première phrase de ses *Res gestae*, il se proclame « celui qui a soumis le monde à l'empire du peuple romain » (*orbem terrarum imperio populi romani subjecit*).

Quelques remarques s'imposent encore. D'abord pour observer que cette grande politique impérialiste ne fut pas l'œuvre de l'aristocratie sénatoriale. Elle est due bien plutôt aux chefs militaires, aux *imperatores* du dernier siècle de la République, dont le prototype est sans doute Scipion le premier Africain, vainqueur d'Hannibal à Zama. Or, pour l'histoire de Rome, on doit constater que ces *imperatores* n'ont pas seulement servi la cause de Rome et de son impérialisme, ils l'ont d'une manière de plus en plus déclarée fait servir à des fins personnelles d'ambition politique. À ce point de vue déjà, on peut dire que les conquêtes et les grands commandements qui les ont favorisées ont fait la monarchie. C'est à J. Carcopino que revient le mérite d'avoir montré qu'à partir des Gracques, l'histoire de Rome se trouve surtout commandée par une succession de tentatives d'instauration monarchique : monarchie à base tribunicienne pour Caius Gracchus, consulaire pour Marius et Pompée, dictatoriale pour Sylla, universelle et divine pour César. Toutes ces tentatives n'ont pu être envisagées que du fait des conquêtes : les Gracques ont bénéficié du fabuleux héritage de Pergame et se sont appuyés sur leur nombreuse clientèle ; les autres ont fondé leur pouvoir sur leur *virtus* personnelle certes, voire sur une *felicitas*, une chance charismatique, mais avant tout sur leurs armées et leurs vétérans, sur leurs clients, leurs rapines et leur fortune.

D'une grande importance historique est aussi la naissance, au Ier s. av. J.-C., comme l'a fortement noté C. Nicolet[1], d'un « nouveau droit impérialiste », fondé en partie du moins sur la *majestas populi romani*, disons pour simplifier sur la conscience qu'avaient les Romains de leur supériorité. Comme on ne doit jamais oublier que Rome est la cité du droit, il faut prendre en compte cette nouveauté qui « implique que, même si elle n'a pas pris immédiatement après une victoire possession d'une région, Rome a le droit de le faire quand bon lui semble ». Marius le signifiait déjà à Mithridate en 97, au moment de quitter le roi :

> Il faut que tu te décides à faire l'un des deux, roi Mithridate, ou que tu tâches à être plus fort et plus puissant que les Romains, ou que tu fasses, sans rien répliquer à l'encontre, tout ce qu'ils te commanderont. (Plutarque, *Vie de Marius*, 56,3.)

Et César devait ensuite le préciser de la manière la plus nette à Arioviste :

> Les Arvernes et les Rutènes ont été battus par Q. Fabius Maximus, et le peuple romain leur a pardonné sans réduire leur pays en province ni leur imposer de tribut. S'il fallait avoir égard à l'ancienneté, la domination du peuple romain sur la Gaule serait parfaitement conforme au droit (*populi romani justissimum esse in Gallia imperium*). S'il fallait observer la décision du sénat, la Gaule devait être libre, puisqu'il avait voulu que, vaincue à la guerre, elle conservât ses lois. (César, *De bello gall.* I, 45, 2-3.)

On ne peut mieux dire : Rome avait le droit pour elle.

---

1. *Rome et la conquête du monde méditerranéen*, II, *Genèse d'un empire*, p. 893.

Il n'est pas étonnant qu'au Ier s. av. J.-C. déjà, historiens et philosophes aient réfléchi sur l'impérialisme romain, les uns pour le critiquer, les autres pour le justifier. L'impérialisme était devenu une réalité. Mieux, il commandait l'histoire et le destin de Rome.

Il les a commandés aussi d'un autre point de vue : en transformant profondément les conditions de vie, publique et privée, sociale et morale, politique et spirituelle, des Romains, les conquêtes ont finalement provoqué la ruine du vieux régime républicain de la Cité-État, devenu inadéquat à la nouvelle situation ; et elles ont permis à César de fonder l'Empire à la fois comme ensemble territorial, comme régime politique et comme foyer de culture, non seulement gréco-latine, mais méditerranéenne. Cet Empire, il a appartenu ensuite à Octave Auguste de sauver son unité géographique et de lui donner pour des siècles une organisation politique stable.

2

LES CONSÉQUENCES ÉCONOMIQUES
DES CONQUÊTES

Elles ont été considérables. Les auteurs anciens ne les ont pas toujours appréciées à leur juste valeur. Pourtant, ils n'ont pas manqué d'être frappés par l'importance du pillage des nations vaincues et l'afflux à Rome de richesses immenses. Ce furent les premiers fruits, les plus immédiatement tangibles, des guerres et des conquêtes aux yeux du peuple romain et au profit non exclusif du Trésor public.

LE PILLAGE DES PAYS VAINCUS

Déjà la prise et la destruction de Véies par Camille en 395 après un siège de dix ans avaient rapporté à Rome un énorme butin, dont la dîme avait été envoyée à l'Apollon de Delphes sous la forme d'un cratère d'or. Pourtant, c'est la victoire remportée sur Tarente en 272 av. J.-C. qui, au point de vue du butin, de sa nature, de sa qualité, de sa richesse et de sa variété, marque un net changement, qu'a bien souligné l'historien Florus :

> Si nombreuses furent les dépouilles provenant de tant de nations opulentes que Rome était incapable de contenir le fruit de sa victoire. Et il n'est guère entré dans la Ville un plus beau et plus magnifique triomphe. Jusqu'à ce jour-là, vous n'y eussiez rien vu que les bestiaux des Volsques, les

troupeaux des Sabins, les chars des Gaulois, les armes brisées des Samnites. Mais à cette heure, en fait de captifs, ce n'était que Molosses, Thessaliens, Macédoniens, Bruttiens, Apuliens et Lucaniens, et, en fait de splendeur, qu'or, pourpre, statues, tableaux, toutes les délices des Tarentins. Mais il n'y eut pas, pour le peuple romain, de spectacle plus plaisant que ces fameux éléphants qui avaient donné tant de frayeur, avec leurs tours[1], et qui, tête baissée, comme s'ils ressentaient leur captivité, marchaient à la suite des chevaux qui les avaient vaincus (*Epitome*, I, 18).

La conquête de Volsinies en 264 par M. Fulvius Flaccus, dont le souvenir a été retrouvé dans une inscription gravée sur le soubassement d'un monument du Forum boarium, a elle aussi rapporté à Rome de nombreuses statues et un riche trésor : deux mille statues (*signa Tuscanica*) selon Pline.

De Sicile, au moment de la conquête de Catane, un énorme butin avait été transporté à Rome, notamment un cadran solaire (*horologium*), que le consul M. Valerius Messalla avait installé sur les Rostres du Forum... où l'on ne s'avisa pas au début que les traits de la méridienne ne correspondaient pas ! Mais c'est la victoire de Claudius Marcellus sur les Syracusains en 212 av. J.-C. qui rapporta le butin le plus impressionnant. Si impressionnant qu'il frappa Polybe au point de lui faire pressentir le danger moral qu'une telle importation d'œuvres d'art pouvait représenter pour les Romains :

Les Romains, alors, décidèrent de transporter dans leur propre ville les œuvres d'art et de n'en laisser aucune[2]. Quant à décider si, en l'occurrence, ils se sont, ou non,

---

1. À la bataille d'Héraclée, au printemps 280, avait eu lieu le premier contact... très désagréable entre les soldats romains et les animaux, véritables chars d'assaut de l'Antiquité.
2. Syracuse était une des cités les plus opulentes et les plus riches en œuvres d'art grecques. Hiéron II avait beaucoup contribué à l'ornementation de sa ville.

conformés au droit ou à leur propre intérêt, la discussion là-dessus serait longue, mais les arguments sont plus forts pour soutenir qu'en la matière ils n'ont pas agi comme il le fallait et qu'aujourd'hui encore leur conduite en ce domaine fut mal inspirée. Si c'était avec le produit de telles opérations qu'ils avaient assuré l'accroissement de leur patrie, il va de soi qu'ils auraient bien fait de transporter ainsi chez eux ce qui assurait leur grandeur. Mais s'il est vrai que c'est en vivant dans la frugalité et en se tenant bien loin de ces superfluités coûteuses qu'ils sont chaque fois venus à bout des peuples qui possédaient en abondance ce qu'il y a de plus beau dans ce domaine, comment pourrait-on s'empêcher de penser qu'il s'agit là d'une faute de leur part ? Renoncer aux usages qui ont procuré la victoire pour adopter les goûts du vaincu et s'attirer du même coup l'envie que suscite la jouissance d'un tel luxe, chose redoutable entre toutes pour les puissants de ce monde, tout le monde reconnaîtra que c'est là une erreur. En contemplant ceux qui se sont approprié le bien d'autrui, il n'arrive jamais qu'on soit ébloui par leur bonne fortune. On éprouve plutôt un sentiment d'envie, auquel se mêle une certaine compassion pour ceux qui ont été antérieurement dépouillés de leurs possessions. Et si, à mesure que se multiplient pour lui les occasions, le conquérant se met à entasser chez lui les biens d'autrui, et que ces trésors invitent en quelque sorte ceux qui en ont été dépossédés à venir les contempler, le mal est deux fois plus grand. Car ce n'est plus sur autrui que les visiteurs s'apitoient, mais sur eux-mêmes, au souvenir de leurs propres malheurs. Dès lors, ce n'est plus seulement de l'envie qu'ils ressentent à l'égard des triomphateurs, mais une sorte de rancœur qui les brûle. En effet, le souvenir de leurs désastres les dispose à exécrer ceux qui en sont les auteurs. Pour ce qui est d'accumuler chez soi l'or et l'argent, on peut avoir de bonnes raisons de le faire, car on ne saurait prétendre à l'empire universel, si l'on n'a pas réduit les autres nations à l'impuissance en se pourvoyant soi-même des moyens d'action nécessaires. Mais pour toutes ces choses qui n'ont rien à voir avec la puissance, les Romains pouvaient les laisser là où elles étaient, avec l'envie qu'elles inspirent, et servir la gloire de leur patrie en la parant non pas de sculptures et de tableaux, mais de dignité et de magnanimité. Cela soit dit à l'intention de tous les conquérants à venir : qu'ils n'aillent

pas, en dépouillant les cités, s'imaginer que les infortunes d'autrui peuvent servir de parure à leur patrie.
Les Romains transportèrent donc ces œuvres d'art chez eux. Ils ornèrent leurs demeures avec les dépouilles des particuliers et les lieux publics avec celles de la cité. (*Histoire*, IX, 10).

Quelques chiffres fournis par les auteurs anciens, qui ont été frappés par l'ampleur du phénomène, donnent une idée de l'importance du pillage des nations vaincues (en œuvres d'art notamment, mais aussi en bijoux, objets précieux, etc.) et des prélèvements financiers effectués lors des guerres (indemnités de guerre, contributions imposées aux vaincus). D'autres prélèvements viendront avec les conquêtes.

— En 241, battue dans la première guerre punique, Carthage fut condamnée à payer 2 200 talents euboïques en vingt ans, plus 1 200 talents lors de l'abandon de la Sardaigne en 238, soit 95 000 000 de francs Poincaré.

— En 211-210, Capoue reprise sur Hannibal dut payer 2 070 livres d'or et 31 700 livres d'argent, soit quelque 32 640 000 francs.

— En 209, Tarente pillée perdit 83 000 livres d'or et un monceau d'argent, soit plus de 600 000 000 de francs.

— En 201, après Zama, Carthage s'engagea à payer, en cinquante ans, 10 000 talents euboïques, soit environ 275 000 000 de francs. Notons que c'est l'année qui a suivi le dernier versement de cette indemnité qu'a été décidée la reprise de la guerre, la troisième guerre punique.

— En 197, après Cynoscéphales, Flamininus fit porter, à son triomphe de 194, 3 714 livres d'or, 43 270 livres d'argent et 14 514 philippes d'or. Philippe V de Macédoine s'engageait d'autre part à verser 1 000 talents, soit au poids de l'or 27 800 000 francs.

— En 190, M'Acilius Glabrio présenta à son triomphe sur l'Étolie 3 000 livres d'argent, 103 000 tétradrachmes attiques et 259 000 cistophores.

— En 189, Scipion l'Asiatique rentra d'Asie avec 1 124 livres d'or, tandis qu'Antiochos de Syrie se voyait imposer un tribut de 15 000 talents euboïques, en gros

415 000 000 de francs. À son triomphe en 189, furent étalés 140 000 pièces d'or, 545 000 tétradrachmes, 1 023 livres de vaisselle d'or, 1 423 livres de vaisselle d'argent, 137 420 livres d'argent en lingots.

— En 187, le triomphe de M. Fulvius sur les Étoliens permit de présenter au peuple romain 12 422 pièces d'or, 1 818 000 tétradrachmes, 243 livres d'or, 83 000 livres d'argent. La même année, figurèrent au triomphe de Manlius Vulso sur les Galates 16 320 pièces d'or, 377 000 tétradrachmes, 2 103 livres d'or, 220 000 livres d'argent.

— Après leurs victoires sur les Lusitaniens et les Celtibères des années 186-184, Quinctius Crispinus et L. Calpurnius Piso versèrent au Trésor 13 000 livres d'argent et 83 couronnes d'or. Déjà en 194, Caton le célèbre censeur avait montré, dans sa pompe triomphale, 127 livres d'or et 12 000 livres d'argent.

— En 168, après Pydna, L. Aemilius Paulus enleva à la Macédoine 30 000 000 de deniers (et même 75 000 000, selon Pline) qu'il remit au Trésor, outre les récompenses distribuées aux soldats et les dons extraordinaires faits aux temples. À quoi s'ajouta un tribut permanent sous forme de rente perpétuelle : une annuité de 100 talents, soit 2 780 000 francs. À partir de cette date, les citoyens romains furent déchargés de leur contribution foncière ; le *tributum*, devoir financier du citoyen, fut aboli par le sénat. La Macédoine payait.

— L'année suivante, L. Anicius Gallus arracha aux bourgades d'Illyrie 27 000 livres d'or, 79 000 livres d'argent, 13 000 deniers et 120 000 victoriats.

— Après la mort de Jugurtha, Marius son vainqueur envoya de Numidie à Rome 5 775 livres d'argent, 3 000 livres d'or et 217 000 drachmes.

— En 85-84, des pays d'où il refoulait Mithridate, Sylla envoya à Rome 15 000 livres d'or et 115 000 livres d'argent. À quoi il faut ajouter 120 000 000 extorqués aux sujets d'Asie.

— Au cours de ses campagnes asiatiques, Pompée préleva sur l'Orient 56 000 000 de deniers, soit environ

225 000 000 de francs, qui furent remis au fisc, et pas moins de 109 000 000 qui furent distribués à ses amis, officiers et soldats. De plus, il éleva de 50 à 135 000 000 de drachmes les redevances exigées des Asiates. Son triomphe, qui dura deux jours de septembre 61 pour célébrer ses victoires sur quatorze nations, fut le plus fastueux qu'on ait vu jusque-là à Rome. Il avait fallu trente jours pour dresser l'inventaire du butin : outre les armes, du mobilier massif incrusté de pierres précieuses, des vases et de la vaisselle d'or, 33 couronnes de perles, une vigne d'or estimée à 500 talents, un échiquier géant, un petit temple des Muses en perles, des œuvres d'art bien sûr, un buste colossal de Mithridate en or.

— L'annexion de Chypre en 63 rapporta à Rome 49 000 000.

— César, pour sa part, préleva en Espagne l'équivalent de 51 500 000 francs et en Gaule l'équivalent de 10 000 000. En 46-45, ses cinq triomphes remportés sur la Gaule, l'Égypte, le Pont, l'Afrique et l'Espagne, furent de longs défilés des pièces du butin. Pour la Gaule, les brancards destinés à les porter étaient en thuya, pour l'Égypte en acacia ; pour le Pont, le bois était plaqué d'écailles de tortue ; pour l'Afrique, ils étaient d'ivoire et d'argent poli pour l'Espagne. Non seulement on donna des spectacles inouïs, notamment des combats de gladiateurs et des chasses aux fauves – 400 lions y furent sacrifiés – mais il versa au Trésor 600 000 000 de sesterces, soit 600 000 000 de francs, en 45. Selon Appien, lors des triomphes de 46, auraient été présentés sur des tables 2 822 couronnes pesant 2 414 livres d'or et plus de 60 000 talents en espèces, soit 1 620 000 000 de francs. Après les cérémonies, cet argent fut réparti entre les citoyens (qui reçurent chacun 400 sesterces), les vétérans (20 000 sesterces), les centurions (40 000 sesterces) et les tribuns légionnaires (80 000).

— Après Actium et la prise d'Alexandrie, Octave s'empara de tant de métal précieux que la valeur de l'argent fut brusquement réduite de 50 %. La mainmise sur le trésor de

Cléopâtre lui permit de couvrir de subventions Rome, les villes italiennes et provinciales.

D'un tel ruissellement d'or, la puissance totale, réelle, est impossible à calculer. D'abord parce que les informations fournies par les auteurs anciens ne concordent pas ; elles varient parfois du simple au triple. Ensuite parce que les chiffres sont donnés en monnaies différentes, dont la traduction en francs or et en francs actuels est extrêmement difficile. Enfin parce que nous ne connaissons pas toutes les rapines effectuées lors des guerres ; seul un échantillon nous en est parvenu, certainement très inférieur à la réalité : on pense qu'il faudrait sans doute décupler le total connu pour approcher la vérité des chiffres. Du moins, cet échantillon, déjà impressionnant, permet-il d'apprécier et dans certains domaines d'imaginer l'ampleur des transformations qu'a introduites ce ruissellement d'or dans la vie matérielle et morale des Romains de l'époque républicaine. D'autant qu'avec l'or sont arrivés également en quantité massive les prisonniers de guerre réduits en esclavage et, après les annexions provinciales, les impôts levés sur les provinciaux et les denrées prélevées ou acquises à des taux fixés par la loi de la province (*lex provinciae*) imposée par le vainqueur. On devine les bouleversements qu'ont connus l'économie et la société romaine aux IIIe-IIe-Ier s. av. J.-C. Ont-ils été des facteurs de décadence ?

D'ÉNORMES MOUVEMENTS DE CAPITAUX : LES PROBLÈMES FINANCIERS DE L'ÉTAT ROMAIN

Dans une Cité-État dont on a souvent dit qu'elle était restée une ville de paysans, dont l'économie en tout cas était caractérisée par la prédominance de l'activité agricole et la relative modicité des moyens et instruments d'échange, la première grande nouveauté a consisté dans les intenses mouvements de capitaux, qui ont résulté des prises de guerre, des indemnités imposées aux nations vaincues et des contributions levées sur les provinciaux.

Ici encore les chiffres varient selon les auteurs anciens et modernes. Ils n'ont souvent qu'une valeur indicative[1]. En quarante-trois ans, entre 200 et 157, l'État romain a encaissé :

— 152 000 000 de deniers au titre des indemnités de guerre,

— 72 000 000	–	provenant du butin,
— 87 000 000	–	au titre de l'exploitation des mines de la péninsule ibérique, monopole d'État,
— 60 000 000	–	produits du *tributum* des citoyens (jusqu'en 167),
— 22 000 000	–	revenus des propriétés domaniales de Campanie,
— 130 000 000	–	provenant des tributs provinciaux,
— 67 000 000	–	du monopole du sel et des droits de douane,
— 20 000 000	–	des autres impôts (*vectigalia*).

Soit un total d'environ 610 000 000 de deniers (en moyenne 14 000 000 annuels) entrés dans les caisses de l'État. De quoi il faut déduire :

— 22 500 000 deniers d'arriérés de dettes payés en 187 (grâce notamment au butin pris sur les Galates) ;

— 25 500 000 deniers, dont on sait qu'ils se trouvaient dans les caisses du Trésor en 157.

C'est donc sur quelque 562 000 000 de deniers que l'on peut fonder les entrées disponibles et utilisables entre 200 et 157.

---

1. Ces chiffres établis par Tenney Frank, *Rome and Italy of the Republic*, t. Ier de *Economic Survey of Ancient Rome*, 5 vol., Baltimore, 1933-1940, p. 126 et suiv. et par P. Brunt, *Italian Manpower...*, p. 70 et suiv. d'après les données de Tite-Live et de Pline, *Hist. Nat.*, 33, 17, 55 (sur l'état du Trésor en 157 av. J.-C.), sont repris par C. Nicolet, ouv. cit. p. 256 et dernièrement par M. A. Levi et P. Meloni, *Storia romana dalle origini al 476 d. C.*, Milano, 1986, 5e éd., p. 189-194.

Pour cette même période ont été également évaluées les sorties, toujours à titre indicatif, bien entendu :
— 300 000 000 pour les soldes militaires,
— 64 000 000 pour les distributions de blé aux troupes,
— 50 000 000 pour les services logistiques,
— 58 500 000 pour la marine,
— 20 000 000 pour les travaux publics,
— 40 000 000 en frais divers.
Soit 532 500 000 deniers de dépenses (en moyenne 12 000 000 par an).

Comme on l'a justement remarqué, les dépenses militaires représentent environ 89 % des dépenses totales de l'État, 77 % si l'on ne compte pas la marine. Il faudra attendre la grande période impérialiste de Pompée et de César pour retrouver de semblables proportions. Mais on remarque aussi que plus de la moitié des dépenses (60 %) se trouve couverte par les 311 500 000 deniers du butin et des indemnités de guerre, et plus des trois quarts (80 %) si à ces fruits des guerres on ajoute les tributs provinciaux. La guerre et la conquête nourrissent les armées et leur activité. Avec la mise en place des administrations provinciales et l'organisation de l'exploitation coloniale, la situation va évoluer à la fin du IIe s. et au début du Ier s. av. J.-C. Ce sont alors les revenus provinciaux qui alimenteront le plus régulièrement les caisses de l'État.

Il reste que de 200 à 157, on assiste à deux phénomènes aussi importants l'un que l'autre par leurs contrecoups : un énorme afflux de masses monétaires et pourtant une marge relativement faible entre le total encaissé et le total dépensé ou présent en caisse : moins de 30 000 000 de deniers pour toute la période, soit environ 700 000 deniers par an.

De là la nécessité pour l'État romain de garantir un volume de circulation correspondant aux exigences de l'économie. Le métal monnayable provenait des butins de guerre déposés au Trésor et des mines d'État exploitées dans la péninsule ibérique, mines d'or, d'argent et de cuivre sur lesquelles Strabon et Polybe fournissent d'intéressantes informations.

À propos de la région du Baetis, qu'il nomme Turdétanie, Strabon écrit :

> Au nord, des chaînes de montagnes courent parallèlement au lit du Baetis, s'en rapprochent tantôt plus, tantôt moins ; elles abondent en mines (il s'agit de la chaîne de la Sierra Morena). L'argent est particulièrement abondant dans la région d'Ilipa et de la ville de Sisapo (III, 2, 3).
>
> En fait, l'Ibérie tout entière est riche en mines, mais elle n'est pas tout entière aussi fertile ni aussi favorisée que la Turdétanie, surtout là où les mines sont nombreuses. Il est rare, en effet, qu'un pays tire sa prospérité simultanément de ces deux sortes de ressources. Il est rare aussi qu'un même pays dispose en abondance sur un territoire restreint de mines renfermant différentes espèces de métaux. Or qui voudrait vanter sur ce point la supériorité de la Turdétanie et des contrées avoisinantes ne saurait trouver un langage qui y suffise. En aucun lieu de la terre on n'a pu voir jusqu'à présent ni l'or, ni l'argent, ni le cuivre, ni le fer être produits en quantités si grandes et avec une telle qualité.
>
> Pour l'or, on ne pratique pas seulement l'exploitation minière, mais aussi le dragage. Les rivières et les torrents charrient, en effet, un sable aurifère qu'on trouve en beaucoup d'endroits (III, 2, 8).

Suivent des détails sur l'exploitation de l'or dans les rivières et dans les mines.

Polybe, pour sa part, dit des mines d'argent, ou plus exactement de plomb argentifère de la région de Carthago Nova (Carthagène), « qu'elles sont très grandes... ». Il leur attribue un périmètre de 400 stades (71 km), dans lequel aurait vécu à demeure une population de 40 000 ouvriers rapportant par jour 25 000 drachmes (environ 115 kg d'argent) au peuple romain (XXXIV, 9, 8 ; Strabon, III, 2, 10).

La Sierra Morena produisait aussi du plomb argentifère.

Ainsi alimentée, la trésorerie romaine frappait peu d'*aurei* ; l'or, qui était calculé douze fois la valeur de l'argent, était conservé comme réserve de l'État, ou vendu en échange de l'argent. À partir de 214, quand fut introduit le denier d'argent, la parité argent-bronze fut fixée à 10 as pour un denier. On a calculé qu'en quarante-trois ans, on avait mis en circulation pas moins de 250 000 nouveaux deniers, soit environ 200 deniers par citoyen romain. Cette masse monétaire mise sur le marché pour satisfaire les besoins nouveaux et croissants de la population n'était peut-être pas en soi excessive. Mais, comparée au total du budget de l'État, elle était assez élevée pour provoquer une baisse de la valeur du denier. Dès 209, le taux de change argent-bronze fut modifié, un denier valant désormais 16 as au lieu de 10. Ce qui ne manqua pas d'entraîner une augmentation du coût de la vie.

On sait que, pour l'Italie du moins, la base du monnayage romain était la monnaie de bronze, l'*as* – le mot *aes* (bronze) signifie monnaie – frappé à partir du début du IIIe s. Avec les difficultés de la deuxième guerre punique, cet as de bronze servant d'unité monétaire dut être allégé dans son poids métallique : de 4 onces en 217 à une once en 211 et une demi-once en 91. Tandis que le poids et le titre de métal du denier (dont la frappe a commencé à Rome au temps de la deuxième guerre punique) restaient fixes. Si bien que, si le prix des céréales demeura constant – l'État y veillant – l'arrivée massive d'argent et les importantes entrées de céréales de l'Empire firent perdre à la monnaie d'argent la moitié de sa valeur métallique et donnèrent l'impression, fondée, qu'à la suite de la dévaluation de fait de l'argent, le coût de la vie augmentait du double. Aux frais des cultivateurs du sol qui ne pouvaient changer le prix de leurs produits, mais qui constataient une augmentation constante de tous les autres produits, hormis les céréales.

Pline a relevé des augmentations énormes de prix, en particulier pour les produits de luxe. Y contribuaient les grandes quantités d'argent que l'économie de guerre mettait entre les mains des particuliers, soit du fait des distributions de butin, soit comme récompenses attribuées aux militaires.

C'est donc un fait nouveau et hautement significatif de la vie économique du IIe s. av. J.-C. que l'énorme mouvement de capitaux qui se produit alors au bénéfice de Rome. L'économie change d'échelle. La monnaie romaine devient, ou est en passe de devenir la monnaie universelle. Tout ceci ne fut pas sans incidences sur les salaires et la vie quotidienne des Romains.

Les plus anciennes informations que nous ayons sur les salaires et le coût de la vie remontent au IIe s. Le salaire moyen d'un travailleur manuel libre, non spécialisé, se situait, dans les premières décennies du siècle, autour d'un demi-denier par jour. Dans les décennies suivantes, il atteignait à peu près un denier par jour. Compte tenu des jours fériés qui représentent un manque à gagner (ils sont nombreux à Rome), des maladies, de l'absence de travail temporaire, on peut évaluer le salaire moyen annuel entre 220 et 250 deniers. Or, pour satisfaire aux exigences élémentaires de la vie, couvrir les frais de vêtement et d'alimentation (blé, huile, fruits, légumes, fromage, sel, un peu de viande et de vin de qualité médiocre), une famille de trois personnes dépensait un minimum de 180 à 200 deniers par an. Restaient donc quelques dizaines de deniers pour faire face aux dépenses imprévues et à la location d'un logement, de coût élevé à Rome où l'afflux des populations rurales italiennes contribuait à raréfier et à enchérir les possibilités d'implantation. Le niveau de vie de la classe laborieuse était donc très bas, de peu supérieur à celui des esclaves.

Ainsi, les premiers fruits des guerres et des conquêtes, l'arrivée massive de métaux précieux et de monnaies étrangères ont entraîné une augmentation, jamais vue jusqu'ici, de la circulation monétaire qui a conduit l'État à garantir, par des émissions, une circulation correspondant aux exigences nouvelles d'une économie qui elle-même changeait de caractère, sinon de base. Cependant que l'augmentation générale du coût de la vie rendait l'existence des Romains laborieux plus précaire, au moment où la consommation, inusitée jusque-là, des produits de luxe correspondait à des changements d'habitude et de style de vie des classes supérieures, comme on le verra plus loin.

Mais qui subit le plus direct et le plus violent contrecoup économique des guerres et des conquêtes ? L'économie de l'Antiquité étant partout et toujours une économie dominée par la vie rurale, les Anciens associant constamment la notion de subsistance à celle d'agriculture, c'est bien entendu celle-ci qui fut la première victime, mais non la seule, des conditions nouvelles de vie nées des guerres et des conquêtes.

Les difficultés et les mutations de l'agriculture italienne

Comme l'a très justement souligné C. Nicolet[1], l'économie romaine est caractérisée par « la prédominance massive du secteur agricole de base ». Ce n'est pas par hasard qu'aux deux derniers siècles de la République, tous les traités d'économie sont des traités d'agronomie ou d'économie rurale : qu'il s'agisse du *De agricultura* de Caton, vers 150, qui est un recueil de recettes pratiques, des *Res rusticae* de Varron, vers 37 (Varron, l'homme le plus savant de son temps, à côté de la philologie et de l'histoire ancienne, ne méprisait pas l'économie rurale). Qu'il s'agisse encore de l'espagnol Columelle, qui, au début de notre ère, a composé avec son *De re rustica* en douze livres le traité d'agronomie le plus complet.

La deuxième guerre punique avait exigé de la part des citoyens et de leurs alliés italiens restés fidèles des efforts sans précédent : ce sont les campagnes qui en avaient supporté l'essentiel. Les guerres extérieures qui ont suivi ont été faites surtout, elles aussi, par les petits propriétaires ruraux. On levait chaque année 4 légions, dont l'effectif normal de 4 500 hommes pouvait s'élever à 5 000 si besoin

---

1. *Rome et la conquête du monde méditerranéen*, I, p. 93 et suiv.

était. Mais on sait que pendant le séjour d'Hannibal en Italie, au moment des grands désastres, il fallut lever jusqu'à 25 légions, soit plus de 100 000 hommes. Et l'on sait aussi que certains combats furent particulièrement meurtriers : selon Tite-Live (XXII, 49), 47 000 soldats, citoyens et alliés, seraient restés sur le champ de bataille de Cannes. Songeons que cette deuxième guerre carthaginoise a duré dix-sept ans, de 218 à 201.

Les campagnes lancées ensuite hors du territoire italien, sans être aussi cruelles, n'en ont pas moins coûté cher aux familles rurales. Quand la guerre se déroulait sur le sol de l'Italie, les campagnes n'avaient lieu que pendant la belle saison ; l'été passé, les légionnaires étaient renvoyés dans leurs foyers où ils pouvaient reprendre leur activité. Avec l'éloignement des lieux d'opérations, tout avait changé. Les soldats restaient mobilisés de plus en plus longtemps. C'est une des raisons des nombreuses désertions. En 171, quand il fallut constituer une armée à opposer au roi de Macédoine Persée, on fut amené à incorporer les anciens centurions âgés de moins de cinquante ans. Ils n'acceptèrent pas de plein gré. Un exemple rapporté par Tite-Live (XLII, 33-36) – montre les difficultés de la petite propriété [1].

La guerre a d'autres incidences. À certains moments, l'armée a besoin de grandes quantités de céréales, d'huile, de vin. Mais ensuite, une fois passés les événements, elle restituait au marché les restes. Ce qui provoquait de dangereuses variations de prix.

Aux besoins de l'armée de terre s'ajoutent ceux de la flotte. On dit qu'en 255, pendant la première guerre punique, les Romains construisirent 220 navires en trois mois. Et selon Polybe, « les Romains au cours du conflit ne perdirent pas moins de 700 quinquérèmes » (I, 63). En 204, quand il partit pour l'Afrique, Scipion avec l'aide de ses alliés italiens et des cités de Sicile rassembla sous son commandement 50 navires de combat, pour la plupart

---

1. Voir ci-dessus, p. 228.

neufs, dit Tite-Live (XXVIII, 45 ; XXIX, 26), qui protégeaient 400 transports[1]. On devine l'importance des déboisements auxquels furent soumises certaines régions d'Italie centrale et méridionale. Ces déboisements furent désastreux pour le climat et pour l'agriculture.

Plus décisifs encore pour les conditions même de l'agriculture et de la vie rurale en Italie se révélèrent rapidement les fruits des conquêtes. Les guerres avaient amené du butin. Les conquêtes amenèrent un afflux de blé étranger. Le blé entrait pour l'essentiel dans l'alimentation populaire, sous forme de bouillies et de galettes. Un changement important se produisit dans les habitudes alimentaires avec l'apparition du pain[2]. Sans doute était-il déjà d'usage domestique. Mais Pline note qu'en 171 Rome connut les premières boulangeries (XVIII, 107-108). Or, il est bien connu que la panification entraîne une augmentation sensible de la quantité de céréales indispensable. De toute façon, depuis longtemps Rome importait des céréales de ses pays voisins conquis, de Sicile et de Sardaigne depuis le IIIe s., d'Espagne, d'Afrique ensuite. Et le blé arrivait maintenant avec la régularité des prestations dues par les provinces. Sa culture cessa donc d'être commercialement intéressante pour les producteurs italiens. Elle ne fut plus lucrative. Ce qui entraîna diverses conséquences.

Pour le vétéran qui, au retour de ses campagnes, trouvait sa terre en mauvais état ou insuffisamment rentable, comme pour le petit paysan dont le travail n'assurait plus la nourriture familiale, il n'y avait pour solutions que l'exode rural et le reflux vers les villes, en particulier vers la Ville, ou la vente de son lopin de terre, ou un changement de pratiques culturales. Nous touchons là l'une des raisons de l'augmentation et de la prolétarisation de la population

---

1. Voir L. Casson, *Ships and Seamanship in the Ancient World*, New York, 1971 – J. Rougé, *la Marine dans l'Antiquité*, Paris, 1975.
2. Voir J. André, *l'Alimentation et la cuisine à Rome*, Paris, 1962.

romaine, avec toutes les implications que va avoir l'arrivée dans l'*Urbs* de gens sans travail, exclus des avantages nés des conquêtes.

La crise des campagnes italiennes paraît avoir été particulièrement sensible dans certaines zones du pays, dans le Latium, dans les marais Pontins, dans la plaine côtière de l'Étrurie, due sans doute à l'abandon ou à la négligence d'entretien des systèmes de drainage, dus eux-mêmes à la guerre et à l'absence des hommes. Ce qui ne manqua pas d'entraîner une recrudescence de la malaria. Autant de raisons pour fuir vers la Ville. Au IIe s. commencent et s'intensifient rapidement ces mouvements, qui vont changer bien des choses dans la vie de l'*Urbs*.

Vendre son petit domaine est une autre solution. Comme du fait des énormes butins, dont les chefs militaires se réservaient de droit une part importante, s'amorçait la tendance à la concentration capitaliste (favorisée, on le verra, par d'autres facteurs), les dimensions des propriétés foncières commencèrent à changer.

Avec elles, les formes de l'agriculture. Pour le petit paysan désireux, malgré les difficultés, de garder sa terre, il pouvait – et certains n'ont pas manqué de le faire – tenter de diversifier ses systèmes de culture, en plantant de la vigne et de l'olivier, par exemple. Le vin et l'huile étaient de plus en plus réclamés en ville. Mais ces substitutions étaient onéreuses. Non seulement la vigne et l'olivier ne produisent que plusieurs années après leur plantation, mais pour celle-ci des frais importants devaient être engagés. Et leur entretien n'était pas moins coûteux. Caton nous dit que pour entretenir 240 arpents d'oliviers, il est nécessaire de disposer d'un intendant, d'un surveillant, de cinq manœuvres, de trois bouviers, d'un porcher, d'un ânier et d'un berger. Pour 100 arpents de vignes, il réclame un intendant, une surveillante, un ânier, un homme chargé de la saulaie, un bouvier, un berger et dix ouvriers, soit treize personnes d'un côté et seize de l'autre. Pour lancer tout cela, il fallait emprunter. Le taux légal de l'intérêt était de 6 %. Le taux réel était bien plus fort. Et l'on sait que le débiteur insolvable, s'il ne perdait pas la citoyenneté juridique, devenait en fait l'esclave de son créancier jusqu'à l'acquittement de sa dette. Somme toute, mieux valait vendre, en tirer un petit pécule et garder sa liberté.

Sur place, il en résulta de nouvelles orientations. Et pour commencer, avec la concentration des propriétés, une plus grande diversification des cultures. On prétend que les vieux Romains se contentaient de propriétés de 7 jugères ! Au début du IIe s., les moyens et les grands domaines sont déjà attestés. Quand Caton parle d'un domaine de 100 jugères pour une vigne, de 240 pour une olivette, c'est une solution idéale, et il parle de terres particulièrement riches, fertiles et adaptées à des cultures lucratives. Ce n'est encore qu'une tendance. Viendra vite le temps (au Ier s. av. et surtout au Ier ap. J.-C.) où les propriétés (plutôt que les exploitations d'ailleurs) vont atteindre des dimensions inusitées dans le monde antique, en dehors des propriétés des souverains hellénistiques, des temples et des villes. Ce sera le temps des *latifundia*. Pour le moment, c'est le développement de nouvelles cultures qui frappe surtout. Déjà Caton, évoquant son exploitation modèle de Campanie, recommandait d'abord la viticulture, puis les plantations d'olivettes ; l'élevage devenait pour lui la plus lucrative des productions. L'orge et le millet venaient en bonne place... et le blé au sixième rang seulement dans cette échelle des valeurs productives. On connaît sa réponse à quelqu'un qui lui demandait quelle était la richesse principale dans un patrimoine : « De bons pâturages – Et après ? – des pâturages assez bons – Et après ? De mauvais pâturages. » C'était sans nul doute plus qu'une boutade. On se dirigeait ainsi à la fois vers des propriétés de grandes dimensions et vers une exploitation de la terre à une échelle « industrielle » : on n'en attendait plus qu'en partie des cultures agricoles coûteuses ; on préférait de plus en plus une exploitation du sol en pâture pour pouvoir répondre à une demande croissante de laitage, de viande, de laine soit pour les besoins des armées, soit pour la population urbaine.

Étant donné les nouveaux systèmes de cultures et les formes nouvelles de l'agriculture romaine, il est clair que les familles vivant sur des propriétés foncières de taille modeste ne pouvaient plus être autarciques comme elles l'étaient jadis. D'une part parce qu'elles ne voulaient plus distraire une partie du domaine cultivé en oliviers, en vignes, en fleurs ou en fruits pour satisfaire à tous les besoins alimentaires et vestimentaires familiaux, d'autre part parce que la production artisanale d'outillage, d'étoffes, de cuir, etc., commençait à se substituer à la production domestique, il fallait maintenant se tourner vers le marché pour acquérir de tels produits.

On assiste ainsi, au IIe s. av. J.-C., à la transformation du marché italien. Beaucoup de populations qui jusque-là vivaient dans leurs montagnes, dans des conditions médiocres ou pauvres, pesant très peu sur l'activité commerciale du pays, sur l'organisation des marchés de la péninsule, furent transférées dans le nord de l'Italie, en Romagne-Émilie et dans la plaine du Pô. La pénétration romaine en Gaule cisalpine avait commencé en 268 avec la création de la colonie latine d'Ariminum (Rimini), destinée à contrer la menace gauloise toujours présente depuis le IVe s. Puis ce fut successivement l'installation de Mediolanum (Milan) en 222, la fondation des deux colonies latines de Cremona et de Placentia (Plaisance) en 218, de Bononia (Bologne) en 189, de Mutina (Modène) et Parma (Parme) en 183, d'Aquileia (Aquilée) en 181, enfin de Luca (Lucques) et Luna (Luni) en 177.

Manifestement la conquête romaine et la fondation de ces colonies répondaient à des exigences essentiellement défensives. Certes, on en venait à penser que, d'un point de vue géographique, l'Italie comprenait la Cisalpine et s'étendait jusqu'au pied des Alpes. Mais les motivations principales étaient militaires. À preuve, le réseau routier construit lui aussi à des fins de protection : qu'il s'agisse de la grande via Aemilia (en 187) d'Ariminum à Placentia, des voies qui reliaient Ariminum à Aquileia, et surtout de la via Postumia (en 148) qui unissait Genua (Gênes) à Aquilée.

Dans la politique romaine en Cisalpine, il y eut nettement deux phases : une première dominée par des intentions militaires, suivie immédiatement d'une seconde marquée par l'installation de colons et la mise en valeur du sol. Cette politique entraîna en effet une forte émigration vers l'Italie septentrionale. Qu'on songe, à titre d'exemple, aux 3 000 colons implantés à Bologne. Là, comme ailleurs, ils reçurent des lots de terres arables, qui les contraignirent parfois à un travail de pionniers, avec une vie dure, mais qui donnait ses fruits. Alors que les concessions primitives couvraient entre 5 et 10 jugères, il fut possible d'arriver à des propriétés bien plus importantes : de 50 à 70 jugères pour les colons de Bononia. Les revenus qu'ils en tiraient leur permettaient un train de vie meilleur, loin d'être tapageur certes, mais convenable. Et l'on vit tout naturellement se multiplier les centres d'échange, les *fora*, les marchés appelés parfois à un développement urbain.

Tandis que l'Étrurie, en revanche, voyait la situation de ses villes et de ses campagnes se dégrader fâcheusement, dans l'Italie centro-méridionale et en Campanie, on constate que la seconde moitié du IIe s. est une période de prospérité urbaine et rurale, même si elle est marquée par un certain exode des campagnes et une émigration massive vers la Cisalpine et les provinces. Les villes se parent de monuments : c'est le cas non seulement de Rome, mais de Capoue, de Pompéi, de Pouzzoles. Le long des routes se multiplient les centres-marchés locaux et régionaux. Entre 166 et 157, la Campanie se met à exporter déjà ses vins vers l'Afrique. Minturnes, relevé après l'incendie de 191, devient un centre artisanal et un marché d'outillage de métal pour l'agriculture. En Italie centro-méridionale en particulier, les recherches récentes d'E. Gabba[1] sur les

---

1. Voir E. Gabba et M. Pasquinucci, *Strutture agrarie e allevamento transumante nell'Italia romana (III-I sec. a. C.)*, Pisa, 1979 – E. Gabba, « Urbanizzazione e rinnovamento urbanistici nell'Italia centro-meridionale nel I sec. a. C. », *Studi classici e orientali*, 21, 1972, p. 73 et suiv.

rapports villes-campagnes montrent bien qu'en dépit d'un renouveau du brigandage, mal endémique, se créent de nouveaux marchés ruraux, en liaison parfois avec des sanctuaires, dont F. Coarelli a dernièrement souligné le développement dans le Latium et la Campanie[1] : Ferentinum, Tibur et Praeneste ne sont que des exemples.

Au IIe s., le système prédominant d'installation des populations en Italie centrale était, à l'intérieur des *pagi* qui formaient des unités territoriales, celui de sites de regroupement, à raison de deux ou trois par *pagus* : on les appelait tantôt *vicus* dans la plaine, *oppidum/castellum* sur les hauteurs, tantôt *conciliabulum* ou *praefectura*. C'est là que se créèrent et se multiplièrent des marchés où les paysans pouvaient trouver les indispensables produits de l'artisanat dans la production desquels ces centres se spécialisaient. Certains, particulièrement bien situés, vont participer à l'intense mouvement de municipalisation et d'urbanisation qui marque la fin du IIe et le Ier s. av. J.-C.

Contrairement à ce qu'on a cru et écrit si souvent, le IIe s. n'est pas caractérisé par une véritable crise économique, mais plutôt par de profondes mutations, notamment dans l'agriculture italienne et dans la vie rurale. C'est en définitive toute une chaîne de transformations et souvent d'améliorations dans la situation économique générale qui se traduisit, pas pour tout le monde bien entendu, par une augmentation de la consommation et donc par l'accroissement des besoins, non seulement en produits alimentaires, mais en tissus, en peaux, en bois, en matériaux de construction, en ustensiles courants et en produits de luxe. Mais s'il ne faut pas exagérer la portée de l'expression, on peut dire qu'au IIe s., on allait sinon vers une « économie de masse », comme on l'a dit abusivement, du moins vers une « économie d'échange ».

---

1. F. Coarelli, « I santuari del Lazio e della Campania tra i Gracchi e le guerre civili », dans *les « Bourgeoisies » municipales italiennes aux IIe et Ier s. av. J.-C.*, Paris-Naples, 1983, p. 217-240 – *I santuari del Lazio*, Roma, 1988.

Vers une économie d'échange

L'ouverture de Rome au monde extérieur et les contacts diplomatiques, militaires et autres, que l'État romain noua avec les pays transméditerranéens à partir de IIIe s. eurent pour effet le développement des échanges. Quand ce ne furent pas les marchands qui précédèrent les soldats.

La lex Claudia de 219-218, qui avait tenté de restreindre les possibilités commerciales des sénateurs, on l'a vu, ne les avait pas anéanties. Et même, ce qui paraît nouveau dès la première moitié du IIe s., c'est que les placements de capitaux soit dans des biens immobiliers de rapport, soit dans les prêts (parfois usuraires) sont maintenant bien attestés. Le cas le plus significatif étant celui du vieux traditionaliste Caton dont Plutarque nous dit (*Cato major*, 21, 5-7) :

> Cependant, à mesure qu'il s'attachait plus âprement au gain, il regardait l'agriculture plutôt comme un passe-temps que comme une source de revenus. C'est pourquoi il investit ses capitaux dans des affaires solides et sûres : il acheta des étangs, des sources thermales, des emplacements propres à l'industrie des foulons..., toutes possessions d'où il tirait de grands profits... Il pratiqua aussi l'usure la plus décriée, le prêt maritime, de la manière que voici. Il invitait ses emprunteurs à former une compagnie nombreuse et, quand ils atteignaient le chiffre de cinquante avec autant de vaisseaux, il prenait une part du capital par l'intermédiaire de Quinction, son affranchi, qui trafiquait et naviguait avec eux. De la sorte, le risque ne portait pas sur le tout, mais seulement sur une petite partie et pour de grands bénéfices.

D'autre part, ce qui est sûr, c'est que dès la première moitié du IIe s. une foule d'hommes d'affaires italiens ont emboîté les pas des légionnaires et ont commencé de se répandre sur les bords de la Méditerranée à l'occasion des interventions de Rome en Macédoine et en Asie d'une part, en Espagne d'autre part. Naturellement, c'est surtout après 146 que les *negotiatores* – c'est le nom qu'on donnait à leur profession de marchands-financiers, d'hommes d'affaires, dirons-nous – sont allés s'installer un peu partout dans le bassin oriental, où on les appelait *Rômaioi*, en confondant sous cette appellation générale des gens qui étaient le plus souvent originaires d'Italie du Sud et de Sicile. Grâce à la brillante synthèse que leur a consacrée J. Hatzfeld en 1919, complétée maintenant par des découvertes et des travaux plus récents[1], on connaît assez bien ces hommes d'affaires et leurs activités.

Dans la péninsule balkanique, l'épigraphie les révèle d'abord en Illyrie, en Épire et en Thessalie, où une communauté d'Italiens existe à Larissa depuis le début du IIe s. Plus tard, à Delphes où l'on a retrouvé des listes de proxènes contenant de nombreux *Rômaioi*, en Béotie également. On s'est même demandé (depuis Mommsen) si ce ne fut pas sous leur pression que Corinthe fut détruite en 146 pour que fût anéantie une cité concurrente ; J. Hatzfeld a repoussé cette opinion. En tout cas, après 146, ils sont partout en Grèce (en particulier à Athènes et en Eubée), en Thessalie, en Macédoine, soit comme trafiquants, soit comme publicains (membres des sociétés fermières exploitant les domaines publics). Toutefois, jusqu'à la guerre de Persée, la plupart du temps ces trafiquants qui importaient du blé, qui exportaient vers Rome des objets d'art et des étoffes, qui dirigeaient des compagnies de transport et à l'occasion prêtaient de l'argent, ne venaient encore qu'à titre individuel. C'est surtout après Pydna qu'ils vont affluer et constituer partout de véritables communautés.

Dans les îles, c'est l'exemple de Délos qui est à cet égard le plus significatif. En 166, on l'a vu, le sénat romain prit la décision d'en faire à la fois une colonie athénienne et un port franc. Dès lors, Délos va connaître un développement

---

[1]. *Les Trafiquants italiens dans l'Orient hellénique*, Paris, 1919. Voir maintenant aussi, N.N. Zalesskij, « Les Romains à Délos », *Opuscula Instituti Romani Finlandiae*, 1982, II, Rome, 1983, p. 21-49 – M.F. Baslez, *Recherches sur les conditions de pénétration et de diffusion des religions orientales à Délos (IIe-Ier s. avant notre ère)*, Paris, 1977 – *Les Étrangers à Délos*, Paris, 1987.

extraordinaire de son activité commerciale et va devenir le principal centre d'attraction de communautés italiennes et orientales du bassin méditerranéen. J. Hatzfeld et surtout P. Roussel[1] ont expliqué les raisons du choix de Délos et de la décision romaine. Celle-ci fut prise sans nul doute au détriment de Rhodes, punie pour avoir pactisé avec les ennemis de Rome. Mais elle tenait compte tout autant de l'excellente situation de l'île au cœur de la mer Égée, qui la prédestinait à devenir le lieu de rencontre des Orientaux et des Occidentaux, des gens du Nord et de ceux du Sud. Mais l'île est petite, rocailleuse et pauvre, et le port est très médiocre. Plus qu'à des raisons géographiques, son essor est dû à des raisons politiques et religieuses. D'abord à la présence du sanctuaire d'Apollon et au succès de ce culte panhellénique qui lui ont valu depuis longtemps un renom et un traitement particuliers. Son indépendance théorique depuis 315 en a fait une ville internationale, qui est vite devenue un port cosmopolite. À quoi il faut ajouter que les richesses considérables, accumulées du fait du sanctuaire, y ont attiré très tôt les banquiers.

Son essor s'explique ensuite par la protection que lui ont accordée les rois de Macédoine et qui a permis l'établissement d'un entrepôt où leurs marchands venaient chercher le blé de Chersonèse et de Numidie, et d'un marché où se rencontraient tous les grands commerçants de l'Orient. Dès le IIIe s. y fut installé un sarapieion, temple du grand dieu alexandrin, parèdre de la très grande Isis. Et déjà, en 250, dans les comptes du sanctuaire d'Apollon de cette année figure un Italien (du Sud), nommé Novius, qui reçut de l'argent pour avoir marqué au fer rouge des bêtes appartenant au dieu.

Ainsi, bien avant 166, Délos était déjà une importante place commerciale et financière, un port accueillant à tous, comme le prouve, au cours de l'hiver 169-168, la présence dans ses bassins, côte à côte, des bateaux de Persée,

---

1. *Délos, colonie athénienne*, Paris, 1916.

d'Eumène, de Pergame et de Rome. Quand, en 166, Rome cède aux Athéniens l'île, désormais administrée par un épimélète athénien, elle prend soin de lui conserver en même temps son caractère international en en faisant un port franc. De cette décision, les Déliens qui vivaient des taxes prélevées à l'entrée du port vont certes pâtir, de même que les Rhodiens dont l'activité commerciale amorça son déclin, mais Délos très vite va devenir « non seulement l'un des plus grands ports marchands du monde hellénique, mais la ville commerciale par excellence et l'entrepôt type de la Méditerranée orientale ». De grands travaux furent entrepris dans le port et dans les quartiers avoisinants. De nombreuses communautés orientales vinrent s'y installer : des Arabes marchands d'épices, des Syriens de Beyrouth qui fondèrent le célèbre établissement des Poseidoniastes de Berytos groupés autour du culte du dieu de la mer, de Tyr les Héracléistes qui se réclamaient de Melqart-Héraclès ; des Égyptiens qui manifestaient leur fidélité à leurs divinités alexandrines dans leurs Sarapieia ; des Bithyniens même venus du nord de l'Asie Mineure. Mais toutes ces communautés, organisées en associations (sans exclusivisme, en bonnes relations) qui avaient près du port des esplanades avec leurs entrepôts et leurs temples, sont dans la seconde moitié du IIe s. et au début du Ier s. (de 166 à 88, date de la guerre de Mithridate) dépassées en importance par celle des *negotiatores* italiens, avant tout banquiers (pratiquant l'usure), commerçants de toute espèce aussi (marchands de tissus, de produits venus d'Orient, importateurs de blé, marchands d'huile et de vin). Assez puissants et riches pour construire à leurs frais, au nord de la ville, une agora, couramment appelée Agora des Italiens, qui devient le lieu de réunion de la colonie italienne de l'île, à moins que, selon une théorie récente[1], elle n'ait été le

---

1. De F. Coarelli, « l'"Agora des Italiens" a Delo : il mercato degli schiavi ? » Opuscula Instituti Romani Finlandiae, 1982, II, p. 119-145.

marché aux esclaves, ils sont les dignes successeurs de ce Marcos Sestios, qui obtint, vers 200, des habitants de Délos un décret de proxénie, en compagnie de Timon, banquier de Syracuse, et dont un bateau chargé d'amphores et de vaisselle grecques et italiques est venu s'échouer au large du Grand Congloué, à l'est de Marseille[1].

C'est grâce à ces trafiquants italiens que Délos devint, vers le milieu du IIe s., le plus grand point de rencontre du commerce oriental et du commerce occidental, entre autres pour les esclaves. Parce qu'elle était avant tout un sanctuaire panhellénique, elle est devenue une ville internationale. Ville internationale bien située, elle est devenue, sous l'impulsion des *Rômaioi*, la plus grande place de commerce du bassin méditerranéen oriental. Très vite, dans la seconde moitié du IIe s. et surtout à partir de l'acquisition de la province d'Asie en 133, ses hommes d'affaires poussèrent plus loin leur activité et affluèrent en Orient.

Notons qu'il y avait aussi des Italiens à Paros, célèbre pour l'exploitation de son marbre, à Ténos et à Amorgos également.

Au vrai, des *Rômaioi* se trouvaient déjà à Pergame à l'époque attalide, sous Attale III ; ils étaient peu nombreux, semble-t-il. Après l'annexion, leur nombre augmenta, bien sûr. À Éphèse, la capitale, ils sont en 100 assez puissants pour s'organiser comme ceux de Délos. Et des groupements d'Italiens sont attestés, toujours par l'épigraphie, à Priène, à Tralles, à Smyrne, à Caunos, à Adramyttion et dans les îles de vignobles, à Chios et à Cos. On sait que le principal revenu que tiraient les Romains de la nouvelle province était la dîme des produits agricoles. Tout le territoire y était soumis, hormis certains sanctuaires privilégiés. À la dîme venaient s'ajouter les *portoria* (droits de douane) et la *scriptura* (taxe sur les pacages). La levée de

---

1. Découvertes sous-marines du commandant Cousteau : voir F. Benoit, *l'Épave du Grand Congloué à Marseille*, 14e suppl. à *Gallia*, Paris, 1961.

ces impôts fut confiée à des sociétés des publicains à qui elle était affermée à Rome tous les cinq ans. On vit alors les *Rômaioi* se grouper en sociétés de plus en plus puissantes[1] qui, en quelques décennies, vont dominer la vie et la province. Les cités grecques d'Asie, de haute ancienneté et de grand prestige, n'avaient pas toutes prospéré sous la monarchie attalide. Et après la guerre d'Aristonicos, certaines ne jouissaient pas d'une bonne situation générale. Devenues tributaires de Rome, souvent à court de grains, elles devaient non seulement racheter leurs dîmes à prix d'argent, mais en outre acheter une part des dîmes prélevées en nature sur les communautés rurales qui dépendaient d'elles. C'étaient les sociétés de publicains qui leur prêtaient, à des taux généralement usuraires, les sommes nécessaires et, après quelques années d'endettement, de quoi payer les intérêts des sommes dues. Par là elles tenaient le sort des cités entre leurs mains rapaces. Les excès commis expliquent l'impopularité de la domination romaine et les massacres commis en 88, à l'arrivée de Mithridate : 80 000 morts (150 000 selon Plutarque, qui exagère certainement). On a évalué à 100 000 au moins le nombre des *negotiatores* alors présents en Asie. On les trouve aussi dans les royaumes voisins : en Bithynie, en Syrie et à Chypre.

Dans le bassin occidental de la Méditerranée, leur présence est également attestée. Moins bien connus, faute d'une synthèse comparable à celle de J. Hatzfeld, ils y sont nombreux et influents, même si leur nombre et leur influence n'ont rien de comparable à leur situation en Orient.

En Espagne, ils apparaissent comme commerçants – ce qu'indiquent les trouvailles monétaires et l'ancienneté du premier monnayage romain dans la péninsule ibérique – et

---

1. À propos du livre récent de M.R. Cimma, *Ricerche sulle societá di publicani (Pubbl. dell'Istit. di Diritto romano e dei Diritti dell'Oriente mediterraneo*, Univ. de Rome, LIX, Milan, 1981), voir R. Vigneron, « Societates publicanorum », Labeo, 30, 1984, p. 80-89.

comme publicains, chargés notamment de l'exploitation des mines. Selon Polybe, rappelons-nous, dans la seule région de Carthagène, elle employait 40 000 hommes, dont beaucoup d'esclaves, bien sûr. Ils y retrouvaient des émigrés italiens (pour beaucoup, venus du Sud) qui, mêlés aux indigènes, constituaient ces *Hispanienses* qui bientôt vont appuyer l'aventure de Sertorius[1].

En Afrique, il y avait, semble-t-il, déjà des commerçants romains et italiens à Carthage avant la troisième guerre punique. Mais c'est surtout après 146 qu'on les rencontre à Utique, la capitale de l'*Africa*, où ils constituent une *magna multitudo*, selon Salluste (*Jug.*, 64, 5), qui insiste sur leur rôle d'appui dans l'élection de Marius en 107. Ils sont nombreux à Cirta, aujourd'hui Constantine. Et leur présence est à l'occasion mentionnée dans les ports, dans les colonies et les communautés de citoyens romains, qui s'implantèrent aussi bien en Numidie qu'en *Africa*, en particulier dans la vallée du Bagradas (Medjerda ou Majrada, comme on dit aujourd'hui). Après Thapsus, en 46, ils seront particulièrement nombreux dans la principauté de l'aventurier campanien P. Sittius au nord de la Numidie, dans ce qu'on appela la Confédération cirtéenne.

En Gaule, si l'on en croit Cicéron (*Pro Quinctio* et surtout *Pro Fonteio*), les *negotiatores* et les *publicani* auraient été partout en Narbonnaise. Sans doute furent-ils en effet assez nombreux dans les principaux centres urbains de la Gaule du Sud, surtout après la conquête et la fondation de Narbo Martius en 118. Mais leur présence n'est vraiment attestée qu'à Glanum (Saint-Rémy-de-Provence) vers 100. C'est au moment de la préparation de la campagne césarienne en Gaule chevelue qu'ils affluèrent vraiment.

Dans toutes ces régions de la Méditerranée, leur activité était plus ou moins la même, parfois plus groupée, parfois

---

1. Sur le fort mouvement d'émigration italienne au IIe s., voir A.J.N. Wilson, *Emigration from Italy in the Republican Age of Rome*, New York, 1966.

plus spécialisée. Commerçants en gros et en tout, *vinarii*, *olearii*, marchands de blé, trafiquants en produits précieux d'Orient (pourpre de Tyr, encens, parfums, tissus), marchands d'esclaves (on trouve des *lenones* parmi les Italiens de Délos), trafiquants en œuvres d'art, etc., ils constituent parfois des compagnies de transport par terre et par eau. Aventuriers en quête d'affaires fructueuses, ils apparaissent cependant avant tout comme banquiers. C'est la profession la plus souvent mentionnée. À ce titre, ils sont changeurs : en Orient circulent des monnaies d'origines très différentes. Surtout ils se glissent dans l'administration des finances des cités et des sanctuaires, comme intermédiaires entre les trésoriers (hiéropes) et ceux qui sont soumis aux loyers, fermages et règlements d'intérêts : ils baillent les fonds, puis prélèvent avec intérêts. Le cas échéant, ils prêtent à ceux qui ne peuvent payer, de nouveau avec intérêts bien sûr. Ou bien ils opèrent à titre individuel, pour eux-mêmes. Ou bien ils représentent de riches Romains de Rome (ainsi Caerellia, avec qui s'acoquina Cicéron vieillissant : femme de lettres et femme galante, elle détenait en Asie des fonds, des créances, des intérêts ; sur place, un financier les gérait). Ou bien ils représentent de puissantes sociétés de publicains (sociétés par actions).

Ces banquiers prêtent (au taux légal de 6 %, devenu en 51 12 %, et souvent dépassé, jusqu'à 24 % et même 48 %) aux particuliers, aux villes, aux rois : ainsi à Nicodème III de Bithynie, rétabli sur le trône en 90, mais entouré de *negotiatores* qui, outre leurs conseils, lui prêtent des sommes énormes. Incapable de rembourser, affolé par sa détresse financière, poussé par les *Rômaioi* qui promettent leur appui, il en vint à envahir le riche territoire voisin, du royaume du Pont ; c'est de là qu'est née la première guerre de Mithridate.

Dans les régions où ils exercent leurs activités, ils jouent des rôles très divers selon les cas et mènent parfois des existences assez extraordinaires, qui ne servent pas toujours le renom romain. C'était, dit-on, le cas de P. Vedius, un parvenu qui voyageait en Asie avec un train aussi fastueux que ridicule, avec équipages multiples, singes et onagres.

La haine accumulée sur ces publicains était d'autant plus forte que ceux-ci étaient pratiquement invulnérables. L'affermage avait lieu à Rome. Les contrôles ne pouvaient venir que de Rome. Or les sociétés de publicains ont su intéresser à leurs affaires les milieux dirigeants romains, peser sur la conduite du sénat et même infléchir quelquefois sa politique orientale. On peut désormais parler de politique mercantile, au vrai entre les mains des publicains, plutôt que des trafiquants italiens de moins grande envergure. Avant 146 étaient déjà posées les bases de l'impérialisme économique. À partir de 146-133, l'impérialisme économique s'affirme.

Non sans incidences sur la vie de l'Italie, en particulier de l'Italie centro-méridionale et de la Campanie. C'est un fait bien connu que les produits du commerce étaient généralement investis en terres et en maisons. Tant il est vrai que la terre était alors – et est restée toujours à Rome – à la fois un « placement-refuge » et un placement de prestige, la marque de la *dignitas* acquise ou revendiquée[1]. Les *negotiatores* ont ainsi largement participé aux mutations de l'agriculture italienne autant qu'à l'essor des villes. Nous les voyons, une fois devenus propriétaires terriens, entrer dans la classe des notables municipaux. Ils y prennent la direction des collèges, associations professionnelles de marchands. Élus magistrats locaux, ils se lancent dans un évergétisme coûteux qui leur vaut d'être honorés par les communautés. Sur tout cela, l'épigraphie nous renseigne en abondance.

Entre 110 et 90, le redressement édilitaire de Capoue – la ville, annexée par les Romains en 318 et 312, avait été en 211-210 reprise à Hannibal, mais ruinée pour un siècle – fut mené rondement, en deux décennies, par des gens dont des études récentes ont montré qu'un certain nombre

---

1. Voir là-dessus les remarques de C. Nicolet, ouv. cit., p. 116.

d'entre eux étaient des Déliens, tandis que d'autres étaient liés aux *negotiatores* orientaux. Tel qui ici fait construire à ses frais un mur d'enceinte avec ses portes, là (à Assise par exemple) une place dallée, tel autre qui fait ériger, à ses frais toujours, un théâtre appartiennent à des familles présentes à Délos, à Pergame ou en Macédoine.

Quant à ces temples de renom dans le Latium et la Campanie, qu'on a appelés les Lourdes de la République, les temples de Fortuna Primigenia à Praeneste, d'Hercule Victor à Tibur, de Diane à Nemi, de Diana Tifatina à Capoue, ils ont tous bénéficié des largesses, soit des *negotiatores* eux-mêmes, soit de membres de leurs familles. Ainsi, dans les plus anciennes inscriptions de Praeneste, de Capoue et de Potentia se rencontrent des Novii, descendants peut-être, homonymes en tout cas du plus ancien Italien attesté à Délos. Et pour prendre un autre exemple, celui des Oppii, mentionnés à Gabies dans le temple de Junon et qui ont joué un rôle non négligeable à Praeneste, ils apparaissent à Délos vers le milieu du IIe s.

Bref, tant en ce qui concerne la vie des campagnes que celle des villes et de Rome en tout premier lieu, le IIe s. av. J.-C., en recueillant les fruits des guerres et des conquêtes, a été marqué par de profondes transformations. Celles-ci n'ont bien entendu pas affecté que les dimensions des propriétés, les formes culturales, l'aspect des villes et des sanctuaires. Elles ont tout autant affecté les sociétés que la vie sociale. Pensons par exemple à l'étrange situation des *Rômaioi* : loin de Rome, dans les provinces et les pays étrangers, ils sont – leur nom l'indique – assimilés aux Romains ; ils sont Rome présente dans le pays. Chez eux, ils sont des personnages importants, ils constituent les élites municipales. Vis-à-vis de Rome, ils sont des sujets ; un fossé les sépare des citoyens romains de l'*Urbs*. Voilà qui ne va pas sans poser de problèmes.

3

LES TRANSFORMATIONS SOCIALES

Les guerres et les conquêtes, les mutations économiques qu'elles ont entraînées ont eu de profondes répercussions dans la société romaine, sur les classes sociales comme sur la vie sociale. Toutes les catégories de la société ont été affectées à des degrés divers. L'effet le plus spectaculaire et l'un des plus importants a été l'afflux massif d'esclaves.

L'EXTENSION DE L'ESCLAVAGE

En même temps qu'affluaient l'or et l'argent, arrivaient en masse les prisonniers de guerre réduits en esclavage :
— de 210 à 202 : 50 600 alliés d'Hannibal,
— en 209 : 30 000 habitants de Tarente,
— en 201 : 35 000 Carthaginois,
— en 197, après Cynoscéphales : 5 000 Macédoniens,
— en 177 : 1 700 captifs ramenés de Corse et 20 000 de Sardaigne,
— en 167 : 150 000 Macédoniens et Epirotes,
— en 146, après la prise de Carthage : 50 000 captifs furent vendus,
— en 104 : 140 000 Cimbres et Teutons.

On peut allonger cette liste jusqu'à la guerre des Gaules de César, qui ramena, dit-on, 1 000 000 de Gaulois. Réduire en esclavage les vaincus est constant et considéré comme normal dans l'Antiquité. Cicéron justifie moralement l'esclavage en le présentant comme la punition d'une mauvaise conduite collective face aux entreprises expansionnistes de Rome, sans aller jusqu'à l'idée aristotélicienne de l'esclave asservi pour son bien. Gagner des esclaves est un des buts de la guerre surtout en pays barbare. C'est un moyen d'accroître son butin et son capital. Il est vrai que tous les prisonniers de guerre n'étaient pas emmenés en esclavage. Certains, grecs et riches, étaient rachetés sur place par leurs familles ou leurs amis ; d'autres au contraire étaient conservés ou revendus, d'autant plus précieux qu'ils étaient cultivés, aptes à devenir médecins, pédagogues, secrétaires, esclaves publics. Pour les Barbares illettrés, en revanche, pas d'hésitation : tous restaient dans la servitude, soit en ville comme esclaves domestiques, soit à la campagne, où ils constituaient une part plus ou moins importante selon les régions de la main-d'œuvre rurale.

La guerre n'était pas la seule pourvoyeuse d'esclaves. Le brigandage et la piraterie alimentaient aussi les marchés, en particulier celui de Délos qui n'était pas le seul : Sidé en Pamphylie, Tanaïs à l'embouchure du Don, Aquilée, Capoue et Pouzzoles en étaient d'autres, et Rome même où les esclaves se vendaient sur le Forum, devant le temple des Dioscures. Mais Délos était de loin le plus important : 10 000 esclaves y transitaient certains jours. Et l'on sait que son marché, où se fournissaient les Italiens et les Siciliens, était alimenté en grande partie tant par les opérations de brigandage et de piraterie qui se déroulaient dans les pays d'Asie et du Proche-Orient, en mer à partir des côtes de Cilicie, que par les guerres intérieures et extérieures des rois de Syrie. Un bon nombre des révoltés d'Henna pendant la grande révolte servile de 135-132 av. J.-C. étaient des Syriens, propriétés de maîtres grecs et italiens de Sicile.

Il faut y ajouter l'esclavage volontaire de misérables qui cherchaient à s'assurer au moins un toit et de la nourriture, les ventes d'enfants par leurs parents, attestées en Asie et maintenant en Afrique du Nord pour une époque, il est vrai, plus tardive, ainsi que l'esclavage (temporaire) pour dettes, répandu chez les Italiens surtout ; mais les provinciaux n'étaient pas non plus épargnés. Diodore de Sicile rapporte (XXXVI, 3,1) que le roi de Bithynie, Nicomède, invité par Marius à lui fournir des troupes dans sa guerre contre les Cimbres, lui répondit que son pays était vide d'hommes, la plupart de ses sujets ayant été emmenés en esclavage et dispersés par les fermiers de l'impôt.

Il y avait une autre source encore : la reproduction naturelle. Les enfants des esclaves étaient eux-mêmes esclaves. Varron dans son traité d'agronomie (2,10) recommande d'entretenir les bergères bonnes reproductrices.

Il est essentiel, pour notre sujet, de pouvoir quantifier le phénomène de l'esclavage, si l'on veut se rendre compte de sa portée sociale autant que de son importance dans la vie économique de l'Italie. Bien des historiens s'y sont essayés avec plus ou moins de succès, à partir de données diverses et toujours fragiles, parce qu'indirectes et parfois sujettes à caution. Il est évident que les chiffres alignés tout à l'heure n'ont qu'une valeur indicative, très partielle et insuffisante. C'est probablement l'historien anglais P. Brunt qui a abouti aux conclusions les plus vraisemblables dans son grand ouvrage sur la démographie romaine sous la République [1], quand il écrit : « À mon avis nous pourrions fixer le nombre d'esclaves à environ 3 000 000 sur une population totale ne dépassant pas 7 500 000 (Cisalpine comprise). Cette proportion entre esclaves et hommes libres est extraordinairement élevée. » Sans s'écarter beaucoup de cette conclusion, mais plus prudent, J.-C. Dumont, qui vient de consacrer un maître livre à la question de l'esclavage à Rome sous la République [2], après avoir passé au crible d'une critique impitoyable les théories antérieures, conclut que « le chiffre de 32 % de la

---

1. *Italian Manpower, 225 B.C. – A.D. 14*, Oxford, 1971, p. 124 ; voir tout le chap. 10 : *The Free and Slave Population of Italy*, p. 121-130.
2. *Servus. Rome et l'esclavage sous la République*, Rome-Paris, 1987, 834 pages. Voir p. 41-82, son chapitre : « L'esclave et le nombre. »

population est un minimum ». Ce minimum – la vérité pourrait se situer entre 32 et 50 % – confirme en tout cas le caractère massif de la présence des esclaves dans l'Italie des IIe-Ier s. av. J.-C. Une présence particulièrement écrasante dans les campagnes, où elle a pu à certains endroits atteindre 70 % de la population.

Il va sans dire que l'afflux de ces esclaves barbares ou étrangers a eu des effets considérables dans beaucoup de domaines de la vie économique et sociale à Rome et en Italie. En tout premier lieu sans nul doute, dans l'agriculture italienne, où il a contribué au développement d'une agriculture d'un type nouveau, dont on a déjà esquissé les formes. La diminution et même en certains endroits la disparition de la petite et de la moyenne propriété, la concentration des grands domaines, du moins dans l'*ager publicus*, c'est-à-dire dans les domaines du peuple romain, l'apparition de nouveaux types de cultures, le développement de l'élevage, des plantations de vignes et d'olivettes au détriment de la céréaliculture, en ont été les résultats les plus apparents. Mais aussi les conflits entre petits et grands propriétaires, toujours désireux d'agrandir leurs terres, entre possesseurs de terres et d'esclaves d'une part et d'autre part les paysans dépossédés et déplacés.

Dans les campagnes apparaît déjà avant, mais surtout dès le début du IIe s., un type d'exploitation rurale appelé à une grande diffusion : celui de la *villa rustica* administrée, non plus par son propriétaire, mais sur place par un intendant-régisseur (le *villicus*), entouré de surveillants (*monitores*) et de chefs de travaux (*magistri operum*), qui commandent à une masse de main-d'œuvre libre, mais surtout servile. Les esclaves étaient employés avec une certaine préférence. C'est ce mode d'exploitation qui va désormais dominer en Italie. Varron, cet « intelligent touche-à-tout et merveilleux bavard, témoin de son temps » (comme l'appelle J. Heurgon[1]) nous a

---

1. Introduction à l'édition (avec traduction et commentaire) de l'*Économie rurale* de Varron, coll. Budé, Paris.

laissé dans ses trois livres des *Res rusticae* publiés en 37 av. J.-C. une vivante analyse de la main-d'œuvre employée sur un grand domaine italien au Ier s. (I, 17) :

> Toute terre est cultivée, en fait d'hommes, avec des esclaves, avec des hommes libres, ou avec les deux : libres, soit qu'ils cultivent eux-mêmes, comme font la plupart des pauvres gens avec leur progéniture, soit avec des salariés, lorsque, pour exécuter les choses importantes – vendanges ou fenaison – on prend à gages une main-d'œuvre d'hommes libres, sans compter ceux que l'on appelait chez nous *obaerarii*, et il y en a maintenant encore beaucoup en Asie, en Égypte et en Illyrie. Sur l'ensemble de cette main-d'œuvre, mon opinion est que, pour les endroits malsains, il est plus utile de les faire cultiver par des salariés que par des esclaves, et même dans les lieux salubres, il vaut mieux les charger des travaux agricoles importants, comme sont, au moment de serrer les récoltes, les vendanges ou la moisson. À leur sujet, sur les conditions qu'ils doivent remplir, Cassius écrit : il faut se procurer des travailleurs qui puissent supporter la fatigue, qui n'aient pas moins de vingt-deux ans et qui soient capables d'apprendre l'agriculture. De quoi l'on peut facilement se rendre compte d'après la manière dont ils exécutent d'autres ordres, et en demandant là-dessus à ceux d'entre eux qui sont nouveaux quelle était leur besogne chez leur précédent maître. Quant aux esclaves, il faut qu'ils ne soient ni craintifs ni effrontés. Ceux qui les commandent doivent savoir lire et écrire et avoir une certaine instruction, être honnêtes et plus âgés que les travailleurs que je viens de dire. Il leur sera plus facile de se faire obéir que ceux qui sont plus jeunes. En outre, il convient de donner de préférence le commandement à ceux qui sont au courant des questions agricoles. Ils doivent en effet non seulement donner des ordres, mais aussi mettre en pratique, afin que l'on imite leur exemple et que l'on sente que le chef commande à juste titre, parce qu'il l'emporte par les connaissances. Et il ne faut pas leur permettre d'exercer leur commandement en préférant la répression violente aux réprimandes verbales, pourvu que le même résultat puisse être obtenu. Et il faut se garder d'en prendre plusieurs de la même nationalité, car de là viennent surtout d'habitude les disputes dans la domesticité. On rendra les

chefs de troupe plus actifs en les récompensant et on aura soin de leur assurer un pécule et des compagnes esclaves comme eux, qui leur donneront des fils. Ainsi ils deviennent plus sûrs et plus attachés au domaine. C'est pourquoi, en raison de ces liens de parenté, les groupes d'esclaves épirotes sont plus réputés et valent plus cher. Il faut se concilier la bonne volonté des chefs en les traitant avec quelques égards, et parmi les ouvriers, s'il y en a de supérieurs aux autres, il faut les mettre au courant du programme des travaux, car, à procéder ainsi, ils se sentent moins méprisés et tenus par le maître pour quantité non négligeable. Leur zèle à l'ouvrage augmente si on les manie de façon plus libérale, si on se montre plus large avec eux en fait de vivres et de vêtements, si on leur accorde une relâche dans leur travail ou si on les autorise à faire paître dans le domaine quelque bétail de leur pécule et par d'autres concessions de ce genre, en sorte que ceux qui ont été blessés par un ordre ou une observation quelconque y trouvent une consolation qui rétablisse leur bonne volonté et leurs bons sentiments envers leur maître.

Un peu plus haut (I, 13), Varron avait donné la description non moins alerte et vivante d'une ferme italienne, à la même époque. Il vaut la peine de la relire pour avoir une vue concrète des choses :

Dans la ferme, il faut aménager les étables de telle façon que les pièces réservées aux bœufs y soient celles qui peuvent être les plus chaudes en hiver. Les produits comme le vin et l'huile seront déposés dans des celliers de plain-pied ; pourtant il vaudra mieux y mettre des jarres à vin et à huile ; les denrées sèches, comme les fèves et le foin, sur des planches. Quant aux esclaves, il faut prévoir un endroit où ils se tiennent, s'ils sont fatigués du travail, du froid ou de la chaleur, où ils puissent, dans les meilleures conditions, se reposer et se remettre. Le fermier doit avoir son logement le plus près possible de la porte d'entrée, et savoir qui entre et qui sort la nuit et ce qu'il a sur lui surtout s'il n'y a pas de portier. Il faut veiller en premier lieu à ce que la cuisine soit proche, car c'est là qu'en hiver avant le lever du jour s'accomplissent un certain nombre de besognes, qu'on prépare la nourriture et qu'on l'absorbe. Il faut encore faire en sorte qu'il y

ait chaque fois dans l'enceinte des bâtiments couverts assez grands pour les voitures et pour le reste du matériel, dont un ciel pluvieux est l'ennemi. Et en effet, s'ils sont enfermés dans un lieu clos et à ciel ouvert, il n'y a que les voleurs qu'ils ne craindront pas ; contre les ravages du mauvais temps, ils seront sans résistance. En fait de cours, dans un grand domaine, deux sont particulièrement indiquées : l'une, à l'intérieur, contiendra un bassin qui recueillera les pluies ; il aura un jet d'eau, et pourra prendre, si l'on veut, la forme d'une piscine demi-circulaire entre les bases d'une colonnade. C'est là en effet que boivent les bœufs ramenés du labour en été, c'est là qu'ils se baignent, ainsi que les oies, les porcs et les cochons lorsqu'ils reviennent de la pâture. Dans la cour extérieure, il faut qu'il y ait un bassin pour faire macérer le lupin et tout ce qui, plongé dans l'eau, devient plus propre à l'usage. La cour extérieure, couverte de chaume et de menue paille que foulent les pattes du bétail, fournit au domaine de quoi transporter au-dehors.
À côté de la ferme, on doit avoir deux fosses à purin, ou une seule divisée en deux : car une partie des immondices, la nouvelle, là doit « se faire » ; une autre, l'ancienne, est emmenée dans les champs, car celle qui a pourri est meilleure que la récente. Et l'on obtient une meilleure fosse en l'abritant du soleil, sur les côtés et sur le dessus, avec des branches et du feuillage : il ne faut pas que le soleil absorbe prématurément le suc dont la terre a besoin. C'est pourquoi les experts, si du moins ils le peuvent, y font couler de l'eau pour cette raison (ainsi en effet le suc se conserve au maximum) et certains établissent sur la fosse les latrines des esclaves.
Il faut construire un bâtiment, à couvert duquel on puisse entreposer, dans sa totalité, la moisson : certains l'appellent *nubilarium*. Il doit s'élever près d'une aire où l'on battra le blé, avoir une grandeur proportionnée aux dimensions du domaine et s'ouvrir d'un seul côté, à savoir celui de l'aire, afin que, d'une part, on puisse facilement le verser en vue du battage, et d'autre part, si le ciel se couvre, le rentrer rapidement. Il doit avoir des fenêtres du côté qui lui assurera la meilleure aération.
FUNDANIUS (c'est l'interlocuteur). Certes, les bâtiments augmentent le revenu d'un domaine, quand on en règle la construction d'après les méthodes attentives des anciens

plutôt que d'après les goûts luxueux de nos contemporains. Ceux-là agissaient en fonction du rapport, ceux-ci de leurs passions effrénées. C'est pourquoi leurs fermes rustiques valaient plus cher que leurs villas d'agrément, alors qu'aujourd'hui, c'est presque toujours le contraire. En ce temps-là on louait une ferme d'avoir bonne cuisine de campagne, amples étables, cellier et huilerie proportionnés au domaine, avec pavage incliné jusqu'au réservoir ; car souvent, là où le vin nouveau est conservé, la fermentation du moût fait éclater les tonnes en Espagne comme les jarres en Italie. De même on avait soin de pourvoir les fermes de tous les autres instruments qu'exigeait la culture. Maintenant, au contraire, on s'applique à avoir une villa d'agrément aussi vaste et élégante que possible, qui le dispute avec les villas élevées au grand dam de l'État par un Metellus ou un Lucullus. On s'inquiète d'avoir ses salles à manger d'été ouvertes à la fraîcheur du levant, celles d'hiver au soleil couchant, plutôt que de veiller, comme les anciens, à orienter convenablement les fenêtres des celliers et huileries ; car le vin en pièces y demande pour les jarres un air plus frais, et les caves à huile un air plus chaud. De plus il faut songer, s'il y a une colline et que rien ne s'y oppose, à y placer de préférence la ferme.

Texte particulièrement intéressant, non seulement parce qu'il nous fait connaître un type d'exploitation pratiquant encore la polyculture et même une polyculture intensive, qui améliore les sols par des engrais naturels – ce qui prouve que tous les domaines ne s'étaient ni spécialisés ni orientés avant tout vers l'élevage extensif, comme on le croit trop souvent – mais aussi parce qu'il nous montre le contraste qui, au Ier siècle, s'affirme entre la ferme moyenne et en quelque sorte traditionnelle d'une part et les somptueuses *villae* des riches *piscinarii* d'autre part. *Piscinarii*, c'est ainsi que Cicéron qualifie les grands propriétaires possesseurs de ces *villae suburbanae* dotées, à la campagne, de tous les raffinements de la vie citadine, des hommes du style de Q. Metellus Pius Scipio, consul en 52 et beau-père de Pompée, ou de Lucullus, le célèbre L. Licinius Lucullus, consul en 74, l'un des aristocrates les plus riches de son temps (sa fortune était évaluée à 100 000 000 de sesterces ; ajoutons que c'est lui qui a en 73 introduit en Italie la cerise cultivée, qu'il avait appréciée dans le royaume du Pont, chez Mithridate).

L'agriculture n'accaparait pas au IIe s. toute la main-d'œuvre servile. L'artisanat en profitait aussi. Ses spécialistes ont remarqué que, tandis qu'avant la deuxième guerre punique, les marques imposées sur les produits de l'artisanat (poteries, bronzes) portaient des noms d'hommes libres, d'*ingenui*, au IIe s. dominent de loin les noms d'esclaves et d'affranchis. Cela veut dire que dans le monde artisanal, très minoritaire, on le sait, dans la société romaine (5 à 10 % de la population), la main-d'œuvre servile l'emporte maintenant, comme dans le monde agricole. C'est un fait remarquable.

Dans la société citadine, c'est aussi un fait notable que l'arrivée massive des esclaves urbains. Non seulement dans ce qu'on appelle la *familia urbana*, c'est-à-dire la maisonnée du maître, où ils remplissent toutes les tâches domestiques, depuis celles de concierge et de cuisinier jusqu'à celles de secrétaire, de caissier et de pédagogue pour les enfants. Dans les grandes maisons, il y a en outre le *nomenclator* qui accompagne le maître pour lui souffler le nom des visiteurs ou, au-dehors, des personnes à saluer. Il y a même des artistes, des comédiens, des musiciens, des esclaves de luxe qu'on achète fort cher. On a mentionné déjà les esclaves artisans. Il faut y ajouter les gladiateurs, dont on reparlera plus loin. Qu'il suffise pour le moment de rappeler que le premier *munus* romain fut organisé sur le Forum boarium en 264 : le combat n'y opposait que trois paires d'hommes. C'est en fait dans le courant du IIe s. que les combats se sont multipliés avec accroissement régulier du nombre des combattants et qu'ils se sont répandus dans toute l'Italie péninsulaire et même hors d'Italie : en 140, aux obsèques de Viriathe en Espagne, combattirent près de la tombe 200 couples de gladiateurs. Tous les gladiateurs n'étaient pas des esclaves. Il y avait parmi eux des hommes libres engagés par contrat dans ce qui est devenu dès le début du siècle une profession. La majorité étaient tout de même des esclaves dressés au combat par des entraîneurs. Il faut enfin penser aux *servi publici*, c'est-à-dire aux esclaves employés à Rome au service de l'État, dans les villes au service des magistrats et des sénats locaux ; comme dans les maisons, ils remplissent tous les offices, de celui d'employé aux écritures et de héraut à celui d'ouvrier des chantiers municipaux.

Comme on peut l'imaginer, la condition servile était vécue de manière très variable, dans l'ensemble mieux en ville qu'à la campagne, où les travaux étaient plus durs et la considération moindre. Elle est de toute façon liée inévitablement au statut de l'esclavage et à la conception que les Romains se faisaient de l'esclavage. Vaste sujet, sur lequel les opinions varient autant que les préjugés. Selon J.-C. Dumont, qui a pris soin de les exposer toutes et de les critiquer, l'esclave n'est pas l'exclu total, la chose, l'être privé de droit qu'on a décrit souvent. Il n'est pas « l'Autre », comme on dirait aujourd'hui. Il n'est pas non plus une marchandise qu'on achète et qu'on vend à volonté.

Juridiquement, c'est vrai, un esclave est rangé parmi les biens (les *bona*). Ainsi le voient les jurisconsultes de la fin de la République. Et, un peu plus tard, ceux de l'Empire le définiront comme une *res mancipi*, un objet de mancipation ; il n'est pas pour autant une chose, puisque le droit domestique lui permet non seulement de réunir un pécule et de se marier selon les principes du *contubernium* (forme de concubinage, qui n'a évidemment rien à voir avec le *justum matrimonium*), mais aussi de jouir de la personnalité pénale devant le *tribunal domesticum*, c'est-à-dire le maître qui dispose de tout un arsenal de punitions, pouvant aller – il est vrai – jusqu'à la peine de mort, toujours précédée de supplices. Justement une inscription récemment découverte à Pouzzoles est venue apporter des précisions sur les supplices auxquels pouvait être soumis un esclave de la part de l'entrepreneur local chargé des pompes funèbres : « Pour qui voudra mettre au supplice un esclave ou une esclave à titre privé, l'entrepreneur mettra au supplice comme le voudra celui qui a commandé la mise au supplice : si celui-ci veut qu'on pratique sur un poteau avec une traverse, l'entrepreneur devra fournir des poutres, des liens, des cordes pour les fouetteurs et des fouetteurs, et, qui que ce soit qui mettra au supplice, il devra verser pour chaque manœuvre qui transportera le gibet et pour les fouetteurs, de même pour le bourreau, 4 sesterces[1]. » Manifestement la cruauté du châtiment voulait avoir valeur d'exemplarité dissuasive. Comme le note avec raison J.-C. Dumont, « la simple mise à mort serait insuffisante dans une société trop accoutumée au suicide ; elle doit se faire lentement, douloureusement, accompagnée de tourments préalables... Mais l'aspect spectaculaire ou exemplaire de la punition, qu'elle ait lieu dans la maison ou dans la rue (en tout cas les bourreaux se rendent en ville pour officier) implique une certaine publicité. Le recours à un service spécialisé, ayant passé contrat avec la municipalité, la tarification prévue attestent non seulement que la condamnation à mort de l'esclave par son maître est une pratique courante et morale, mais aussi, en sens inverse, voyante, qui ne peut s'accomplir qu'au vu et au su de tout le monde et dont, en conséquence, le responsable doit fournir à l'opinion d'autres raisons que son caprice et son bon vouloir. »

Économiquement, l'esclave est, avec l'homme libre, un instrument de production ; sans être une marchandise – les Romains proclament qu'il est un homme – il peut néanmoins être acheté ou racheté pour de l'argent. Il est, a-t-on dit, un « instrument doté de la parole ». Ce n'est pas faux. Il est, peut-être, surtout un capital. De là la double préoccupation du maître : obtenir de lui des services, qui justifient la dépense, et conserver ce capital par des soins appropriés. Nous sommes loin de l'appréciation de Karl Marx : « Le propriétaire d'esclave achète son travailleur comme il

---

1. *Année épigraphique*, 1971, n° 88, p. 37-41. Voir J.-C. Dumont, *Servus. Rome et l'esclavage sous la République*, ouv. cit. p. 127.

achète son bœuf[1]. » Montrer la différence entre l'esclave et le bœuf est précisément l'objet de la recherche de J.-C. Dumont, qui insiste avec raison sur l'absence de théorisation chez les Anciens à propos du « mode de production esclavagiste », qui – note-t-il – « n'est qu'une formule moderne qui rend compte de quelques phénomènes en en laissant de côté beaucoup d'autres[2] ».

Y a-t-il lieu de discuter sur la question de savoir si l'esclavage fut un bien ou un mal ? On n'a, bien sûr, pas manqué de le faire, et abondamment. M.I. Finley a écrit : « L'esclavage est un grand mal : il n'y a aucune raison pour qu'un historien ne puisse pas dire cela. » Pour lui, la possibilité de la torture et la disponibilité aux caprices sexuels du maître sont les deux caractéristiques constantes de la condition servile[3]. Il est bien vrai que dans l'opinion commune des « penseurs professionnels » de l'Antiquité – dont on trouve l'expression philosophique chez les sophistes – l'esclavage est un mal pour la collectivité, une des plaies dont souffre l'humanité depuis qu'elle est sortie de l'âge d'or, période caractérisée par l'ordre, la paix et l'abondance dans une société d'égaux. À Rome, l'esclavage est aussi vieux que la Ville. Le théâtre, pour sa part, en a toujours donné une vision péjorative – l'esclave, chez Plaute, est voleur, paresseux, infidèle, inverti, etc., le maître aussi quelquefois ! –, tout en montrant l'esclave intégré à la famille (parfois un peu trop !), si bien que le meurtre d'un maître par son serviteur est ressenti comme un monstrueux parricide. Quant à l'État, reflétant l'opinion commune, s'il intervient, c'est pour proscrire les excès de pouvoir des maîtres ; par là il reconnaît implicitement les droits des esclaves, tout en concevant évidemment l'esclavage comme légitime.

---

1. *Le Capital*, t. I, p. 261.
2. Ouv. cit. p. 779.
3. *Esclavage antique et Idéologie moderne*, p. 83, 124-128, trad. française d'*Ancient Slavery and Modern Ideology*, Londres, 1979.

En somme, prévaut la célèbre maxime que Plutarque prête à Crassus (*Crass.*, II, 7) : « Tout doit être pris en main par les esclaves, et ces derniers par le maître. » Et à regarder vivre les esclaves dans la société romaine, tant citadine que rurale, domine l'impression qu'ils apparaissent moins comme une classe économique que comme un groupe social défini par un statut juridique, mais dont le sort (qui a évolué avec le temps) est régi par des coutumes domestiques et des styles personnels plus que par des règlements.

L'essor des élites municipales

Guerres, conquêtes avec les profondes transformations économiques qu'elles ont entraînées en Italie ont eu un autre contrecoup social important en soi, mais surtout de grande portée historique pour l'avenir de Rome et de l'Empire : la constitution d'élites municipales formées avec les premiers citoyens des cités municipalisées, ceux que Salluste qualifiera de manière quelque peu emphatique de *domi nobiles*.

Plus haut déjà ont été évoquées les recherches récentes qui ont mis en lumière la municipalisation et l'urbanisation de l'Italie péninsulaire, au cours du IIe s. av. J.-C., en particulier dans l'Italie centro-méridionale. Mouvement qui va s'amplifier après la guerre des Alliés au Ier s. av. J.-C., en négligeant quelque peu l'Italie méridionale (vieille... et actuelle question). D'autre part, on a vu la place de plus en plus considérable occupée non seulement dans les affaires financières des provinces nouvellement annexées, des cités et des royaumes alliés, mais aussi dans la vie économique de l'Italie par les *negotiatores*. On a vu ces hommes d'affaires de plus en plus riches, puissants et influents, se soucier aussi de leur prestige (comme on dit alors, de leur *dignitas*) en plaçant leurs disponibilités dans la propriété foncière. Puis, une fois acquis ce brevet d'honorabilité sociale, en devenant magistrats municipaux pour le profit urbanistique de leurs villes, parées à leurs frais des murs d'enceintes et des édifices civils et religieux indispensables à la vie d'une cité.

Ces élites municipales, nous les connaissons assez bien par les inscriptions qui font état de leur évergétisme, et par Cicéron : les Tullii Cicerones d'Arpinum en étaient. Et de même Pompée le Grand, dont la famille (les Cn. Pompeii Strabones) dominait tout le Picenum. N. Cluvius, cet homme d'affaires ami de Cicéron, financier de talent (sans être pour autant banquier de métier), avait acquis un patrimoine qui, à sa mort en 45, dépassait nettement le cens équestre. Il était devenu propriétaire foncier dans la région de Pouzzoles et il y disposait de biens immobiliers, notamment des boutiques et des jardins. À sa mort il devait d'ailleurs en léguer une partie à Cicéron qui fut ainsi un de ses héritiers, une pratique dont le grand orateur bénéficia souvent ! Cluvius, comme beaucoup de ses collègues en affaires, vivait en Italie, servant d'intermédiaire entre les sénateurs romains et l'Orient, où il travaillait avec d'autres intermédiaires vivant, eux, dans les provinces (chacun, d'une manière ou d'une autre, extorquant de l'argent aux provinciaux). Selon J. Andreau, il est bien possible que Cluvius ait été notable de Pouzzoles ; s'il n'y fut pas magistrat, du moins menait-il un train de vie proche de celui de l'oligarchie locale. C. Vestorius, dont Cicéron parle souvent, appartenait à un autre milieu, un milieu d'affairistes de rang inférieur. Cicéron le présente aussi comme un homme d'affaires important, « spécialiste du prêt, de l'argent et du gain, (mais) qui n'a de culture qu'arithmétique et dont la fréquentation pour cette raison ne lui est pas toujours agréable[1] ». C'est lui qui s'occupa de la succession de Cluvius en faveur de Cicéron, qui fit réparer et ensuite géra les boutiques dont celui-ci avait hérité.

Intermédiaires entre le *populus*, la population civique des villes (colonies et municipes) d'Italie et d'autre part les

---

1. Voir J. Andreau, « À propos de la vie financière à Pouzzoles : Cluvius et Vestorius », dans *les « Bourgeoisies » municipales italiennes aux IIe et Ier s. av. J.-C.*, Paris-Naples, 1983, p. 9-20.

catégories sociales supérieures, ces « bourgeoisies » municipales n'étaient pas plus homogènes que ces dernières : il y avait des différences sensibles entre les petits possédants et les gros propriétaires, qui ne se traduisaient pas nécessairement dans une hiérarchie de fonctions à l'intérieur des sénats locaux. Un chevalier romain pouvait fort bien se contenter du rang de simple décurion ; il y a des exemples. Cela dit, un cens minimal était exigé pour devenir magistrat municipal et donc entrer dans l'ordre des décurions. On sait par Pline qu'à Côme, dans sa ville, il était de 100 000 sesterces pour un simple décurion ; mais le chiffre devait varier selon l'importance des villes et certainement des fonctions.

Par leur position entre le petit peuple et les ordres supérieurs, les élites municipales vont constituer, à partir du IIe s., un « vivier où se recrutent une partie des chevaliers [1] », ces derniers alimentant à leur tour l'ordre sénatorial et pouvant, c'est arrivé, fournir une dynastie impériale. L'exemple le mieux connu est celui de la famille de Vespasien. Son grand-père, T. Flavius Petro, ami de Pompée au moment des guerres civiles du Ier s. av. J.-C., se retira à Reate (Rieti) en Sabine, où il exerça le métier de commissaire-priseur et devint magistrat municipal. Son fils, T. Flavius Sabinus, après avoir été employé d'une société publicaine en Asie, puis *faenerator*, c'est-à-dire prêteur à gages chez les Helvètes, épousa une certaine Vespasia Polla, d'une famille de Nursie. Famille de rang équestre, dont un membre, oncle de Vespasien, entra, le premier de sa *gens* au sénat et, *senator novus*, accéda à la préture. Il ne manqua pas d'aider les débuts de carrière de ses deux neveux, T. Flavius Vespasianus qui devint empereur, et T. Flavius Sabinus qui fut préfet de Rome.

---

1. S. Demougin, « Notables municipaux et ordre équestre à l'époque des dernières guerres civiles », *les « Bourgeoisies » municipales*, ouv. cit., p. 279-298. Dans le même volume, dont beaucoup d'études seraient à citer, voir entre autres J.-M. David, « Les orateurs des municipes à Rome : intégration, réticences et snobisme », p. 309-323.

Toutes les familles de notables locaux ne vont pas jusqu'au trône impérial. Mais pour beaucoup de chevaliers, les magistratures municipales ont représenté, soit dans leur propre ascension politico-sociale, soit dans celle de leurs parents, une étape intermédiaire.

Souvent cultivés, c'est-à-dire hellénisés, ces Italiens occupent dans leur société locale et même parfois à Rome sur le Forum une place comme orateurs, avocats surtout des causes populaires. Certes, il leur arrive de mal prononcer le latin, de pratiquer une éloquence braillarde, au point d'y perdre la voix, de manquer d'humour (l'humour, on le sait, n'est pas d'origine britannique, mais romaine) et de cette *urbanitas* dont les Romains de Rome prétendent s'arroger le monopole, même si, comme Cicéron, ils ne le sont que de fraîche date. Ils sont brocardés, bien sûr ; mais beaucoup s'installent et finissent par s'imposer à un milieu au fond très snob. C'est le cas de Lucilius, venu de Suessa Aurunca, au sud du Latium, aux confins de la Campanie, qui à Rome devient le familier de Scipion et, aux yeux de Cicéron, un modèle d'*urbanitas*. C'est le cas aussi de Q. Granius, originaire de Pouzzoles, homme d'esprit, qui est admis dans le cercle des amis de Crassus et de Cicéron. C'est le cas encore de M. Terentius Varron, natif de Rieti, qui se lie d'abord avec Pompée et Cicéron, avant de devenir sous César directeur des bibliothèques : c'était, il est vrai, on l'a déjà dit, l'homme le plus savant de son temps.

Non seulement ces *domi nobiles* ont fourni à la Rome de la fin de la République et du début de l'Empire une partie de l'ordre équestre et de sa société cultivée, mais ils lui ont fourni aussi, avec ces chevaliers et ces hommes d'esprit, les cadres et les éléments d'une nouvelle société. La nouvelle société qui, autour des triumvirs et d'Octave Auguste en particulier, va se substituer à l'ancienne noblesse, discréditée par son action politique, affaiblie et cruellement atteinte par les proscriptions qui ont ensanglanté les guerres civiles. C'est cette nouvelle société que sir Ronald Syme a si bien étudiée dans son grand livre intitulé *The Roman Revolution*[1]. Contentons-nous ici de quelques exemples. À commencer par celui de Mécène, issu d'une famille royale d'Arretium (Arezzo) ; son grand-père appartenait à l'ordre équestre ; on sait le rôle qu'il a joué auprès d'Octave Auguste à la fois comme arbitre des élégances et comme « ministre de la culture ». Les Salvii de Ferentium appartenaient à l'une des premières familles étrusques ; ils étaient *ex principibus Etruriae*. À l'époque de Cicéron, ils sont dans l'ordre équestre avec l'arrière-grand-père de M. Salvius Otho, l'empereur Othon de l'année 69, après la mort de Néron. Ses parents avaient tous été magistrats municipaux. Quant à M. Statilius Taurus, originaire de Lucanie, où il descendait d'une antique lignée aristocratique locale, il devait accéder au consulat en 37, le premier de sa famille, participer brillamment aux campagnes militaires d'Octave, accumuler les honneurs et par la même occasion d'immenses richesses en Istrie et à Rome même : c'est lui qui fit construire à ses frais sur le Champ de Mars le premier amphithéâtre de pierre. *Consul bis* en 26 avec Auguste lui-même comme collègue (suprême honneur), il termina sa carrière comme préfet de Rome en 16, quand l'empereur partit pour une tournée provinciale en Occident. Bref, un personnage hors du commun, le plus brillant (et le moins scrupuleux, selon R. Syme) des grands hommes de l'entourage augustéen après Agrippa. Combien d'autres trouverons-nous autour du prince et de ses successeurs, tous issus du même milieu des « bourgeoisies » municipales ! Ils forment, dès la fin de la République, les milieux dirigeants du nouveau régime naissant.

L'ASCENSION DE L'ORDRE ÉQUESTRE

Ce sont, pour une part, les plus amples dimensions de l'économie romaine, pour une autre part les besoins

---

[1]. Oxford, 1939 ; trad. française par R. Stuveras, Paris, 1952, sous le titre *la Révolution romaine*.

d'une administration qui se compliquait, qui durant le IIe s. av. J.-C. ont conduit à l'affirmation et à l'ascension de l'ordre équestre, qui s'était constitué au cours du IIIe s. Cette nouvelle catégorie de citoyens vient s'insérer entre la *nobilitas* sénatoriale traditionnelle et la classe des « prolétaires » (littéralement ceux qui n'ont rien d'autre que leur progéniture).

Depuis la constitution servienne, on l'a vu, seule était prise en compte dans le classement des citoyens la propriété foncière, comme le montre le fait que la déclaration des revenus était faite sur la base des seules propriétés terriennes. Maintenant les censeurs, prenant acte de la formation de grandes fortunes non liées à la propriété foncière, commencèrent à enregistrer les revenus des propriétés mobilières, inscrivant les plus riches dans les premières classes de l'organisation centuriate.

Depuis J. Marquardt en 1840 et jusqu'à une date récente, notamment d'après une synthèse devenue classique de H. Hill, *The Roman Middle Class in the Republican Period*[1], on a considéré généralement que les chevaliers constituaient, à côté de l'aristocratie sénatoriale foncière, une « classe moyenne » adonnée aux activités financières et mercantiles : on se fondait pour cela sur un mot de Cicéron qui ne voulait nullement donner une définition : *equites romani, id est publicani*. Et que, d'autre part, la dignité de chevalier était liée soit à un privilège accordé par l'État, c'est-à-dire les censeurs, à une aristocratie, d'abord militaire (la cavalerie), puis de fortune (les *equites equo publico*), soit à la possession d'un certain cens (les *equites equo privato*). Toutes ces notions, définition des *equites romani* et distinction entre aristocratie foncière et classe équestre vouée au négoce et la ferme des impôts, doivent maintenant être révisées depuis la thèse de C. Nicolet, *l'Ordre équestre à l'époque*

---

1. Oxford, 1952.

républicaine[1], qui a renouvelé la question sur plusieurs points essentiels.

D'abord sur la définition même de l'ordre équestre. Elle est liée au problème des origines. À l'origine, les *equites* (cavaliers-chevaliers), répartis dans les dix-huit centuries de la première classe, ce sont les riches, l'aristocratie de l'armée. Eu égard à leur fortune, l'État leur confère le « cheval public », sous forme d'une indemnité-allocation d'achat et d'entretien d'un cheval. Ces *equites equo publico*, jeunes aristocrates riches et choisis par les censeurs, sont dès l'origine des privilégiés, ils le sont restés. C'est la fleur de la jeune *nobilitas*, et parmi eux, il y a naturellement les fils des sénateurs. À côté de ces privilégiés, d'autres citoyens ont aussi le cens équestre, mais ils n'ont pas été gratifiés du cheval public ; ils sont *equites* tout court, c'est-à-dire cavaliers légionnaires, mais ils ne font pas partie de l'ordre équestre. Celui-ci est donc bien un ordre honorifique – c'est le cheval public conféré par les censeurs qui est porteur de la *dignitas* ; il ne se confond pas avec une classe. Il ne s'agit donc pas, on le voit, d'une nouvelle classe sociale, d'une classe moyenne (la *middle class* de Hill) qui, à partir du IIIe s., s'inscrirait horizontalement entre le capitalisme agraire de la noblesse et la vaste troupe des prolétaires. Les grands moyens, financiers notamment, pouvaient appartenir aussi bien au milieu de la *nobilitas* qu'à celui des *equites*, et, entre les deux groupes, il pouvait y avoir des différences de degré et même de condition sociale au point de vue de la richesse, de l'éducation et de la manière de vivre. La situation des chevaliers doit donc être comprise comme celle d'une catégorie sociale qui, à côté d'une classe supérieure dont la base de fortune était essentiellement foncière, avait, quant à elle, pour base

---

1. *L'Ordre équestre à l'époque républicaine (312-43 av. J.-C.)*, I. *Définitions juridiques et structures sociales* ; II. *Prosopographie des chevaliers romains*, Paris, 1966-1974. Déjà E. Belot, *Histoire des chevaliers romains*, Paris, 1866-1873, 2 vol., avait entrevu certains points que C. Nicolet a précisés et développés.

financière, d'autres investissements que la terre, des investissements surtout mobiliers, et dont l'activité était entre autres spéculative.

Ce qui nous conduit à la composition de cet ordre et à son rôle dans la société. Donnée sûre et nouvelle : l'ordre équestre ne se confond pas avec les publicains. Il est de structure plus composite. Pour être choisi comme *eques equo publico*, notons d'abord qu'il faut avoir au moins dix-sept ans. Les *juniores* doivent alors dix ans de service militaire (la *militia*) ou plus exactement dix années de campagnes. Sont retenus les premiers les *juniores* appartenant à des familles où l'on a déjà reçu le cheval public et les familles sénatoriales. Faute de quoi peuvent intervenir soit la recommandation d'un patron, soit des services rendus. On reçoit alors l'anneau d'or, signe distinctif des chevaliers. Pour la plupart, ce sont les fonctions occupées qui leur valent ce privilège. Au départ, il s'agissait surtout des préfets et des tribuns légionnaires ; mais on constate que, depuis 171 pour les tribuns et depuis 167 pour les préfets, aucun chevalier issu de ces fonctions n'est connu. Les 2 400 *equites* des 18 centuries sont donc en fait soit de famille sénatoriale (fils, frères, pères, cousins de sénateurs), soit de riches propriétaires fonciers, quelquefois des publicains (ceux qui afferment les *publica* ou entreprises publiques : collecteurs d'impôts, fournisseurs de l'État, entrepreneurs de travaux publics) et des *negotiatores* (hommes d'affaires) : on sait que depuis 218, ces fonctions sont interdites aux sénateurs, mais bien des chevaliers sont fils ou frères de sénateurs. On trouve aussi des magistrats municipaux provenant des colonies et municipes d'Italie, enfin des représentants des professions « libérales ». Ce qu'il faut souligner, c'est l'importance du recrutement italien de l'ordre équestre, surtout, il est vrai, après la guerre des Alliés. Dès lors, ce sont les décurions, les magistrats des municipes italiens qui vont, parmi les chevaliers, constituer la plus forte proportion. Or ces élites municipales, on l'a vu, comptent beaucoup de *negotiatores* riches et puissants ; certains sont même de grands capitalistes.

C'est enfin le rôle et l'activité politique des chevaliers qui bénéficient maintenant d'un nouvel éclairage. D'abord, bien sûr, ils votent. Ils votent même en tête dans l'assemblée centuriate et, parmi les 18 centuries équestres, votent les premières les 12 qui groupent plus spécialement les *equites* de famille non sénatoriale. Or le vote des premières centuries est important, parfois décisif ; il a une valeur d'entraînement. Mais au IIe s. les chevaliers aspirent à autre chose. Et c'est ce qui va révéler la profondeur des rivalités qui commencent à opposer les vieilles familles « nobles » aux chevaliers des municipes (souvent les plus riches). Ce quelque chose, c'est l'intérêt de plus en plus grand qu'ils montrent pour les tribunaux qui s'occupent de ce qu'on appelle les *res repetundae*, c'est-à-dire les biens que les provinciaux lésés par des représentants du pouvoir romain peuvent réclamer en justice, en somme les biens extorqués. Or, en 149 une lex Calpurnia a créé des tribunaux permanents (les *quaestiones perpetuae*) appelés à juger surtout les promagistrats[1], et dans ces tribunaux siégeaient seuls des sénateurs. Bien qu'on n'en ait aucun témoignage, il est probable que des chevaliers ont pu songer dès ce moment à disputer ce privilège aux sénateurs et par là à jouer un rôle politique plus grand. S'installer dans ces tribunaux équivalait en effet pour les chevaliers à acquérir un moyen de contrôle sur ceux qui pourraient contrecarrer leurs opérations en province. C'était aussi de ce fait s'occuper des procès politiques. En fait, c'est surtout – on le verra plus loin – à partir de la lex judiciaria que C. Gracchus fit passer en 123 qu'éclatèrent au grand jour les rivalités entre vieilles familles de la « noblesse » et chevaliers des municipes. La loi de 123 fit l'effet d'une loi révolutionnaire.

---

1. L'institution de la *quaestio perpetua de repetundis*, à l'initiative de L. Calpurnius Piso, témoigne aussi de la volonté de remédier au déclin moral de la classe dirigeante, que Scipion Emilien considérait comme révélateur de la crise de la société romaine.

Ainsi le IIe s. a vu monter en force un ordre équestre dont la puissance politique va s'affirmer de plus en plus à partir des Gracques et jouer bientôt un rôle déterminant qui contribuera au déclin de la République. La lex Claudia de 218, rappelons-le encore, avait interdit aux sénateurs d'employer leur argent dans des activités financières, commerciales et industrielles, avec pour résultat de les lier toujours davantage à la propriété terrienne. Bien sûr, des dérogations permettant d'échapper à la loi furent fréquentes. Il reste qu'elle entraîna une séparation assez nette entre la « noblesse » et l'ordre équestre. Les intérêts des deux groupes étaient substantiellement concordants ; il n'empêche que quelquefois apparaissaient des contrastes notables, d'autant que les *equites* devenus un ordre privilégié se sentaient maintenant exclus des privilèges réservés aux sénateurs qui étaient leurs égaux par le cens. Le divorce entre le sénat et l'ordre équestre se prépare.

LES MUTATIONS DE LA CLASSE POLITIQUE DIRIGEANTE

Cité inégalitaire en fait comme en droit, malgré l'égalité juridique des citoyens, Rome est, on l'a vu, une cité censitaire, où la répartition des avantages et des charges s'effectue à partir du *census*, opération périodique qui aboutit à un recensement et à un classement des citoyens en groupes, dont la composition, le statut et les fonctions sont de ce fait garantis par l'État[1]. Tous les citoyens n'ont donc ni les mêmes droits, ni les mêmes chances d'accéder aux magistratures. D'une part il y a, pour être candidat à la questure, première magistrature qui ouvre la carrière des honneurs (le *cursus honorum*), une condition censitaire. D'autre part, depuis le milieu du IIe s., est fixé très précisément le cens nécessaire pour être chevalier, le même que pour la questure : 400 000 sesterces.

---

1. Voir C. Nicolet, « Les classes dirigeantes romaines sous la République : ordre sénatorial et ordre équestre », *Annales. Économies, Sociétés, Civilisations*, 4, 1977, p. 726-755.

Ainsi, tandis que tous les citoyens sont électeurs, tous ne sont pas éligibles et n'ont pas accès aux fonctions dirigeantes. Celles-ci appartiennent à une classe politique, composée de deux ordres, c'est-à-dire de deux formations actives de citoyens, constituées non d'après leur origine (la *gens*), ni à partir de processus socio-économiques aboutissant à une classe de grands propriétaires et à une « classe moyenne » de grands commerçants et de publicains, mais, comme on vient de le voir[1], deux formations actives instituées par l'État afin de pourvoir à des fonctions politiques et à des tâches administratives définies. Il s'agit donc bien d'ordres et non de classes : ces deux ordres (sénatorial et équestre) se caractérisent par leurs fonctions dans l'État et par le rang social (la *dignitas*) qui en résulte, et ils se recrutent, au moins en partie, dans le même milieu aristocratique. Ils constituent, ou pour certains chevaliers, ils aspirent à constituer la *nobilitas*.

Au sens juridique, l'ordre sénatorial (*ordo senatorius*) n'existe qu'à partir d'Auguste avec l'institution, entre 18 et 13 av. J.-C., d'un cens sénatorial de 1 000 000 de sesterces et le droit donné aux fils de sénateurs de porter le laticlave. Mais dès avant, sous la République, l'ordre sénatorial existe déjà en quelque sorte de fait, depuis que, sur le plan financier, la possession d'un capital au moins égal au cens équestre (400 000 sesterces) est exigée pour accéder à la questure, donc au sénat et depuis que, dans l'exercice des fonctions (magistratures et sénat) l'hérédité assure en fait le recrutement du corps sénatorial. Disons donc qu'il existe alors – au IIe s. – un groupe social comprenant les sénateurs et leurs descendants, dont certains sont membres de l'ordre équestre et le resteront. Et qu'il existe un ordre sénatorial qui ne rassemble, lui, que l'ensemble des sénateurs pris collectivement ; il ne comprend alors ni les proches, ni

---

1. Chap. précédent et B. Cohen, *les Ordres romains sous la République*, Tel-Aviv, 1972. Voir *Des ordres à Rome* (sous la direction de C. Nicolet), Paris, 1984.

les enfants des sénateurs, à la différence de ce qui se passera après les réformes d'Auguste et de Caligula. Ici l'hérédité ne joue pas.

L'important est qu'au point de vue politique, l'ordre sénatorial détient le monopole des hautes fonctions dirigeantes : il est le sénat, devenu une assemblée d'anciens magistrats, environ 300 membres, choisis à la discrétion des censeurs, qui désignent les sénateurs dans l'ordre hiérarchique des *censorii* (anciens censeurs), des *consulares* (anciens consuls), des *praetorii* (anciens préteurs), *aedilicii* (anciens édiles), *tribunicii* (anciens tribuns), et *quaestorii* (anciens questeurs). Ils nomment en outre le prince du sénat (*princeps senatus*), qui ne préside pas l'assemblée, mais qui est le premier à prendre la parole, et c'est souvent déterminant. Or il faut bien voir que l'autorité de ce sénat est sortie singulièrement renforcée de la deuxième guerre punique, on l'a dit déjà, et qu'en fait il contrôle tout. Certes, il ne gouverne pas, du moins pas directement, mais il le fait par l'intermédiaire des magistrats (censeurs, consuls, préteurs, édiles, tribuns et questeurs), issus du même corps social. Ce qu'il faut bien voir aussi, c'est que l'ordre sénatorial est loin d'être homogène. Des groupes sociaux s'y détachent, les patriciens par exemple, et surtout les *nobiles*, qui forment cette *nobilitas* que les orateurs et les historiens, Salluste en particulier, accuseront d'exercer une manière de contrôle occulte sur l'État. Ces *nobiles*, ce sont les descendants des magistrats qui ont atteint les magistratures curules et même, en fait, à la fin du IIe s., les descendants de consuls. C'est-à-dire quelques familles, quelques dizaines au maximum. Et ce groupe exclusif, qui considérait le consulat comme « son privilège et sa forteresse », n'était pas lui-même homogène : selon qu'on était patricien ou plébéien, *nobilis* depuis plusieurs générations ou de fraîche date, de famille consulaire ou seulement prétorienne, on manifestait morgue ou jalousie. Quitte à faire front face aux nouveaux sénateurs et aux ambitions des chevaliers[1]. La situation se trouvait donc largement bloquée par en haut. Ce fut une cause grave de difficultés dans la République finissante, une des raisons du discrédit de la classe politique dirigeante. Entre 178 et 115 – des études statistiques, très prudentes le montrent – l'ordre sénatorial, sans doute devant la montée des forces sociales nouvelles, s'est particulièrement fermé ; il s'est produit alors une sorte de « réaction sénatoriale et nobiliaire », comme on en verra en d'autres temps.

Dans le même temps se produisait une forte concentration des fortunes. Déjà le cens de 400 000 sesterces était élevé : il représentait environ dix fois le cens minimal exigé de la première classe censitaire et trois cent trente-trois fois le salaire annuel d'un travailleur manuel. En fait, des fortunes énormes se constituent aux IIe et Ier s. av. J.-C., on l'a vu. Et c'est sans doute une des raisons qui ont poussé Auguste à fixer un cens sénatorial de 1 000 000 de sesterces, différent de celui de l'ordre équestre, 400 000 sesterces ne représentant plus alors qu'une fortune médiocre. Les sénateurs et certains chevaliers ont alors des fortunes colossales : Q. Caecilius, un usurier, oncle d'Atticus, lui laissa en héritage 10 000 000 de sesterces. Quant aux fameux *piscinarii*, les possesseurs de viviers, comme les appelle Cicéron, ce sont d'authentiques magnats : la seule fortune foncière de Crassus était estimée à 200 000 000 de sesterces, à quoi s'ajoutent les immeubles de rapport qu'il possédait à Rome, où il disposait des troupes organisées qui rachetaient les maisons touchées par les incendies (fréquents), en détruisaient les restes et

---

1. Sur l'accaparement des magistratures et donc sur la mainmise de quelques grandes *gentes* sur le sénat, voir T.R.S. Broughton, *The Magistrates of the Roman Republic*, New York, 1951-1960, où il apparaît qu'en un siècle, entre 233 et 133, sur 200 consuls, 159 appartenaient à 26 familles nobles ; parmi celles-ci, 10 familles ont accaparé 99 consulats, pour la plupart des familles patriciennes. Entre 218 et 167, il n'y eut que 4 *senatores novi* dont Caton.

reconstruisaient des immeubles neufs... un promoteur entreprenant en somme, qui se vantait, dit-on, de pouvoir « entretenir à ses frais une légion » ! Il existe ainsi, à la fin de la République, un petit groupe oligarchique, qui s'est formé dans le cours du IIe et du Ier s., qui au pouvoir et à l'influence politiques joint la richesse, dans une cité où règne une énorme disparité des fortunes et des revenus. C'est une situation à ne pas perdre de vue dans l'histoire de la République romaine finissante.

Les tribulations du petit peuple

Bien entendu, le petit peuple – sans parler ici des esclaves, dont il a été question plus haut ; il s'agit ici du petit peuple libre – n'est pas resté à l'écart des effets sociaux des guerres, conquêtes et transformations économiques qui ont suivi. Il en a bénéficié, et il en a été victime.

Il en a bénéficié dans la mesure où s'est développé un artisanat à la fois rural et citadin, qui a connu à partir des IIIe-IIe s. un essor très remarquable, on l'a vu. Artisanat libre, fonctionnant soit sous forme individuelle, soit dans des ateliers (*officinae*), avec une tendance à l'organisation des métiers, de plus en plus nombreux et diversifiés, en collèges (ou associations professionnelles) de potiers, de foulons, d'orfèvres, etc.

Parallèlement à l'artisanat, le petit commerce a lui aussi bénéficié de l'extension des échanges à l'intérieur de l'Italie autant que des échanges avec l'étranger, de l'accroissement des populations citadines autant que de la spécialisation des productions agricoles et des besoins croissants de la consommation quotidienne et de luxe. Tous les commerçants ne sont évidemment pas à mettre sur le même plan. On a évoqué déjà le cas des *negotiatores*, grands hommes d'affaires autant que grands commerçants. À un échelon inférieur, il y a le groupe des marchands moyens (les *mercatores*) et des petits armateurs, qui possèdent un ou deux bateaux, qui hantent les ports et qui courent bien des risques[1], confiants surtout dans leur citoyenneté romaine. C'est à eux que pense Cicéron, quand dans la deuxième Verrine (V, 167), il lance aux juges en contrepoint à l'activité infâme de Verrès :

> Des hommes modestes, issus de famille obscure, traversent les mers ; ils abordent des lieux qu'ils n'ont jamais vus, où ils ne connaissent personne ; pleins de confiance dans leur titre de citoyen, ils croient être en sûreté.

Plus bas encore, se trouve la masse des petits boutiquiers (les *tabernarii*) qui pour beaucoup ont été plutôt, quant à eux, victimes des mutations économiques et sociales des IIe-Ier s. Beaucoup, en effet, ne tiennent boutique que faute de mieux. Soit qu'exclus de leurs petites propriétés rurales, ils appartiennent au troupeau des émigrés de la terre italienne vers les villes et surtout vers Rome, où ils constituent un prolétariat libre, mais sans ressources. Soit qu'ayant fait faillite dans une petite entreprise artisanale, ils se trouvent ne plus rien posséder. Cette *infima plebs*, comme on l'appelle, n'a d'autre moyen de survivre que de recourir aux largesses privées ou publiques ou de louer une boutique en empruntant l'argent nécessaire au roulement des affaires. Inutile de dire que ces commerçants, moyens et petits, vivent dans le mépris. Comme dit Cicéron (*De officiis*, I, 151) :

> Le commerce est méprisable s'il se fait en petit. En revanche, s'il se fait en grand, avec de grandes quantités, important de partout beaucoup de choses, approvisionnant sans fraude beaucoup de gens, il n'est pas à blâmer absolument. Et même si ce commerce, rassasié ou plutôt satisfait de gains, s'est transféré, comme souvent, de la haute mer au port, du

---

[1]. Sur ces *mercatores*, comme sur les *negotiatores* et sur tout ce qui concerne l'organisation du commerce, voir J. Rougé, *Recherches sur l'organisation du commerce maritime en Méditerranée sous l'Empire romain*, Paris, 1966.

port lui-même en des possessions de terres, il semble qu'on peut à juste titre le louer.

Il y a plus misérables encore. C'est ce que certains appellent le *Lumpenproletariat* et que, pour d'autres temps surtout, on a qualifié de classe dangereuse. C'est parmi ces sans-travail, chômeurs professionnels ou victimes de la concurrence de la main-d'œuvre servile, que vont se recruter, lors des troubles de la fin de la République, certaines armées de l'émeute. Voleurs à la tire (*raptores*), coupeurs de gorge (*sicarii*) cambrioleurs (*effractores*), receleurs (*receptatores*), favorisés dans leurs occupations par l'absence de police organisée et d'éclairage dans les rues de Rome, font de celle-ci une ville fort peu sûre. C'est ainsi qu'à l'époque de Sylla, Roscius d'Amérie, rentrant de dîner en ville, trouvera la mort. De quoi vit ce prolétariat urbain ? De distributions gratuites ou à bas prix de subsistances. Déjà, sous la censure de Caton l'Ancien, c'est-à-dire au début du IIe s., l'annone se préoccupait de nourrir ainsi 200 000 personnes, et au temps de Clodius en 58, 320 000 pauvres recevaient gratuitement du blé. À cela s'ajoutent les distributions d'huile (les congiaires), et bientôt de sel, de vin, de viandes, de vêtements et d'argent. Le plus ancien exemple en est fourni, en 213, par Scipion, le futur Africain. Et en 189, nous voyons un candidat à la censure, M. Acilius Glabrio, chercher à s'attirer la faveur populaire par d'abondants congiaires. Ces questions de distributions de subsistances vont prendre, nous le verrons bientôt, une singulière importance au temps des Gracques.

À côté de la plèbe urbaine, composée de citoyens de plein droit, qui constitue donc le corps civique, il y a ceux qu'on appelle les pérégrins, c'est-à-dire les étrangers domiciliés dans les villes, particulièrement nombreux à Rome. Leur nombre ne peut être précisé. Ils sont tout à fait en dehors de la cité. Mais depuis 241 existe une *juridictio peregrina* : un magistrat spécial, le préteur pérégrin, est « chargé de dire le droit entre les citoyens romains et les pérégrins ».

Quant à la plèbe rurale, composée des petits propriétaires qui résistent à la concentration des domaines, et des travailleurs libres sans terre, métayers ou fermiers, salariés à plein temps et journaliers qui ne sont occupés qu'aux moments de grande activité rurale (vendanges, moissons, etc.), ils travaillent ou louent leurs bras soit individuellement, soit organisés en groupes par des entrepreneurs de main-d'œuvre. Leur condition n'est pas brillante, proche souvent de celle des esclaves ruraux. Eux aussi sont des victimes des mutations économiques et sociales du temps.

En ce qui concerne le statut et la vie du petit peuple, les deux derniers siècles de la République ont été marqués par deux phénomènes sociaux de première importance : le développement de l'affranchissement et l'apparition d'une nouvelle clientèle.

On naît ingénu. On naît ou on devient esclave. « On ne naît pas affranchi, on le devient[1]. » En principe, tout esclave a, s'il se conduit bien, espoir et chance d'être un jour affranchi. Ce qu'exprime Cicéron (*Rab. Perd.*, 15-16) : « Les esclaves, s'ils n'avaient pas devant eux l'espoir de la liberté, ne supporteraient pas leur sort. »

Plus fréquent en ville qu'à la campagne, l'affranchissement (la *manumissio*) peut s'obtenir de trois façons officiellement et juridiquement reconnues, semble-t-il dès la fin du IVe s. : *censu* (par le cens), le maître permet à l'esclave de se faire inscrire devant les censeurs sur les registres du recensement ; *vindicta* (par vindicte), devant un préteur à Rome, ou hors de Rome devant le gouverneur provincial et un duumvir municipal, un troisième homme, l'*adsertor libertatis*, « revendique en liberté » l'esclave, en présence du maître qui accepte ; *testamento* (par testament), le maître porte dans son testament le nom de l'esclave ou la liste des esclaves qu'il veut libérer, la décision ne prenant

---

1. Voir en dernier lieu G. Fabre, *Libertus. Recherches sur les rapports patrons-affranchis à la fin de la République romaine*, Paris-Rome, 1981.

effet qu'à la mort du maître, après l'ouverture du testament. C'est, semble-t-il, la procédure la plus fréquente. À partir du début du IIe s. av. J.-C. s'est développée une autre forme d'affranchissement, toujours liée à une volonté testamentaire, mais en application d'un *fideicommis*, c'est-à-dire d'une recommandation faite par le testateur à son héritier ou à son légataire.

On notera que l'État peut intervenir pour libérer non seulement des esclaves publics, mais même des esclaves privés. Ainsi, en 197, une conspiration d'esclaves ayant été dénoncée par trois personnes, dont deux esclaves, ces derniers reçurent la liberté, plus 25 000 as ; c'est Tite-Live qui le rapporte (XXXII, 26). Et entre 168 et 145, un esclave nommé Alexandre fut affranchi pour avoir servi d'interprète à une commission sénatoriale, sans doute après la défaite de Persée ou peu après la prise de Corinthe.

Enfin se pratiquent de plus en plus aux IIe-Ier s. av. J.-C. des affranchissements informels accomplis par des citoyens romains. Ce n'est pas dans ce cas une libération de pleine valeur juridique, mais une simple reconnaissance à caractère privé, qui peut d'ailleurs être suivie plus tard d'une reconnaissance officielle : ce fut le cas de Tiro, affranchi par Cicéron en 54-53. Le nombre des esclaves ainsi libérés devait être considérable ; sinon P. Clodius n'aurait pas tenté, pour se les concilier, de les faire admettre aux distributions alimentaires publiques, comme les affranchis réguliers, et de leur accorder même la pleine citoyenneté.

C'est que les affranchis, s'ils recevaient dès leur affranchissement tous les droits civils des citoyens (le droit de faire du commerce et le droit de mariage : *jus commercii* et *jus connubii*), ne devenaient pas pour autant citoyens de plein droit civique. Électeurs, ils étaient répartis dans les quatre tribus urbaines, ce qui limitait les effets de leur vote, face aux électeurs des trente et une tribus rurales. Ce n'est que plus tard, au cours du IIe s., que certains tentèrent de leur permettre de s'inscrire dans la tribu de leur patron, une tribu rurale pour la plupart des sénateurs et des chevaliers ; ce qui ne manquait pas d'intérêt pour les élections !

Eux-mêmes, on l'a vu, n'étaient pas éligibles. Mais leurs fils pouvaient le devenir.

Force politique de réserve, les affranchis jouent, à partir du IIe s., un rôle de plus en plus important dans la vie économique romaine. Les nombreuses inscriptions qui les concernent montrent que le premier effet de l'affranchissement était d'opérer un changement radical dans leur nomenclature. Ainsi l'Alexandre dont il a été question plus haut, une fois affranchi, s'est appelé C. Publicius Alexander ; c'est-à-dire que s'il a gardé comme surnom (rappel de sa servitude) son nom antérieur, il a pris le prénom et le nom gentilice de celui qui est devenu son patron. C'était un moyen d'exprimer sa dépendance à l'égard de son patron. S'il n'entrait pas vraiment dans sa *gens* ni dans sa tribu, au moins lui restait-il attaché par de nombreux liens, dont on a déjà parlé. En règle générale, le *libertus* reste dans l'orbite économico-sociale de son *patronus*, qui contrôle ses activités. Autant dire qu'il reste souvent au service de son ancien maître, devenu son patron. Là aussi les inscriptions fournissent de nombreux exemples en particulier dans l'artisanat et le petit commerce, où maints *tabernarii* étaient des affranchis. Mais là non plus il ne faut pas généraliser. S'il y a des cas d'attachement fidèle au patron comme celui de l'affranchi de Pompée, Philippus qui, après l'assassinat du général, lui rendit les derniers devoirs, recueillit son cadavre, le lava et l'incinéra, il y a aussi des cas de détachement total et arrogant. Ainsi celui de L. Lutatius Paccius, un affranchi aisé – il avait un emplacement funéraire sur la vie Appia, non loin du tombeau des Scipions, et là son épitaphe proclamait, avec plus d'indépendance d'esprit que de culture latine : *Ego sum L. Lutatius Paccius de familia rege Mitredatis*.

Dans l'ensemble, on peut dire que les rapports entre patrons et affranchis étaient à beaucoup d'égards proches de ceux qu'entretenaient patrons et clients. Si bien que, vu la place de plus en plus importante occupée, à Rome notamment, par les affranchis, non seulement comme artisans et commerçants, mais comme employés, appariteurs, scribes des magistrats en exercice, l'ampleur du mouvement d'affranchissement rejoint en intérêt historique la constitution des clientèles. Celle-ci, il est vrai, dépassait souvent le cadre géographique de Rome et de l'Italie.

Le IIe s. av. J.-C. voit naître une nouvelle clientèle. Ou plus exactement de nouvelles clientèles, puisqu'en dehors des clientèles personnelles se créent des clientèles collectives. Leur influence va devenir déterminante en politique intérieure et en politique étrangère.

La clientèle personnelle est fondée d'une part sur la *fides*, c'est-à-dire l'engagement de foi, du patron sous la protection de qui se place son client, d'autre part sur la *pietas* (l'attachement au sens le plus large) du client pour son patron ; ces liens se trouvent entre chefs militaires-patrons et soldats-clients encore renforcés par le serment de fidélité (*sacramentum*). La clientèle collective établit des relations non moins étroites entre le *populus romanus*, plus tard les *imperatores* d'une part, et des collectivités publiques, voire des États d'autre part. On peut distinguer plusieurs types de ces clientèles.

Les plus anciennes, qui vont ensuite resurgir au Ier s. sous une forme renouvelée, sont les clientèles militaires. Liées à la colonisation militaire, elles posent des problèmes complexes, sur lesquels les opinions s'affrontent. On dit souvent que c'est la réforme militaire de Marius qui a entraîné le développement des assignations militaires. En fait, comme l'a montré E. Gabba[1], elles ont commencé bien avant, quand ont changé les conditions des guerres : augmentation de la durée des campagnes, éloignement des théâtres d'opérations, institution de la solde rendue nécessaire par la prolétarisation de l'armée, etc. C'est-à-dire chronologiquement, après la deuxième guerre punique, dans les années 201-199, date des assignations de lots dans

---

1. E. Gabba, *Esercito e società nella tarda Repubblica romana*, Firenze, 1973, rééd. d'articles parus antérieurement dans la revue *Athenaeum* notamment.

les campagnes du Samnium et d'Apulie au bénéfice des vétérans des armées d'Espagne et d'Afrique, décidées par Scipion. Dans le courant du IIe s., il y eut peu de guerres à la fois longues et lointaines, entraînant l'attribution de lots de terres aux soldats congédiés. En mettant à part l'Espagne, où la situation militaire rendait indispensable la présence d'une armée permanente, et où se produisit, on l'a vu, une forte émigration italienne. De là la création de nombreuses cités, qui n'étaient pas des colonies militaires, mais des établissements pour vétérans romains, italiens émigrés et indigènes, les *Hispanienses*. Ce qui est vrai, c'est que la réforme des effectifs de Marius, qui a confirmé et renforcé la professionnalisation de l'armée romaine et sa prolétarisation, a modifié, outre le recrutement, la mentalité du soldat. On y reviendra. Mais il faut dès maintenant souligner que le soldat désormais n'est plus un citoyen qui remplit un devoir (la *militia*), mais un homme qui recherche des satisfactions et des avantages matériels : la solde, éventuellement un butin de guerre et, quand il quitte le service, un lot de terre. Ces nouveaux soldats sont surtout des Italiens désœuvrés, ou ruinés, ou des aventuriers. C'est donc surtout au Ier s., avec Sylla, Pompée et César, puis avec Antoine et Octave, que se sont multipliées les colonies militaires. Et avec les fondations coloniales s'est du même coup développée la clientèle militaire. Autant que la réforme marienne, ce sont les changements intervenus dans les conditions de la vie militaire qui ont contribué au resserrement des liens entre les soldats et leurs généraux. D'origine sociale humble, éloigné de sa famille, mobilisé pour de longues années, le soldat ne se considère plus comme soldat du sénat et du peuple romain, mais soldat de Sylla, de Pompée ou de César. L'armée est de moins en moins républicaine, de plus en plus privée. Ce qui devait avoir de grandes conséquences.

Les clientèles civiles, romaines et italiennes, ne sont pas moins importantes. Dès le IIIe s., mais surtout au IIe s. on voit se constituer à Rome et en Italie d'énormes clientèles. Non seulement avec les affranchis qui par leur *manumissio* deviennent les clients de leurs anciens maîtres, maintenant leurs patrons. Mais aussi avec les *humiles*, les petites gens, qui se placent *in fide alicujus*, dans la mouvance d'un plus puissant. Les liens ainsi créés devenaient héréditaires, et ils étaient étroits : par un échange de bienfaits (*beneficia*) et de devoirs (*officia*), le patron devait à son client non seulement des largesses matérielles, mais une protection pour l'obtention de privilèges ou d'exemptions (à l'armée, dans l'administration notamment) et surtout – ce qui comptait beaucoup dans la vie d'un Romain – il lui devait l'assistance judiciaire. Le patron était l'avocat-né de son client. De même qu'il l'aide de ses interventions auprès des autorités romaines ou provinciales dans les affaires qu'il a pu engager. En échange de quoi, le client apporte à son *patronus* son *obsequium*, notion riche et complexe qui comporte fidélité, respect, amitié et qui va de la salutation (quotidienne ?) à la présence au cortège, présence importante dans une « civilisation ostentatoire où le fait d'être entouré d'hommes est essentiel » et surtout au dévouement politique : le client vote et fait campagne pour son patron. On comprend l'importance du nombre. Les Scipions avaient ainsi une énorme clientèle à Rome et en Campanie. Caius Gracchus venait au Forum, accompagné de trois mille amis, c'est-à-dire clients, qui lui faisaient cortège. Outre sa clientèle militaire, Marius avait une clientèle de plébéiens et de *socii* (alliés italiens), qu'il n'utilisa d'ailleurs pas à des fins politiques personnelles. Marius n'était pas un homme politique, mais un militaire qu'intéressait bien davantage un commandement extérieur. Quant à Sylla, qui commença sa carrière par la boucherie des proscriptions, il sut se constituer une clientèle avec les profiteurs des proscriptions, regroupant ainsi aussi bien des *nobiles* anti-marianistes que des *humiles* exécrant les riches chevaliers, parmi eux les sénateurs P. Licinius Crassus et M. Aemilius Lepidus, ainsi que des agents des proscriptions, comme L. Sergius Catilina et l'affranchi L. Cornelius Chrysogonus, tous à la tête de fortunes colossales, en partie fruit du sang.

Mais leur influence, c'est surtout sur Pompée et sur César, plus tard sur Octave, que les clientèles vont l'exercer de manière déterminante. Au point que, comme il a été écrit très justement, « à la fin de la République, l'État semble devoir un moment éclater entre les clientèles de quelques maisons princières quasiment autonomes, chacune avec sa physionomie, ses attaches géographiques particulières[1] ».

Face aux tentatives d'instauration du pouvoir personnel de ces *imperatores* vainqueurs, qui durent, pour une part, leur puissance à leurs clientèles romaines et italiennes – on a parlé de « clientèles triomphales[2] » – on mesurera l'échec politique de Cicéron qui, bien que vieux routier de la politique, ne put rien réussir, faute de parti cicéronien, par manque d'alliances familiales et de clientèles permettant d'assurer une position de force.

L'idéal était d'ailleurs de disposer aussi de clientèles provinciales et étrangères dans un monde qui n'était plus à l'échelle d'une cité, mais d'un empire. Comme l'a montré L. Harmand en 1957[3], en vertu du droit de conquête sur une ville ou sur un pays (la formule de la soumission, *se in fidem dedere*, rappelle celle de la mise en mouvance personnelle), ou bien par l'exercice d'une magistrature provinciale, ou encore par l'accomplissement d'une mission aboutissant à l'octroi de la citoyenneté, ou enfin par des déductions coloniales, se sont constituées d'imposantes clientèles : celles des Fabii chez les Allobroges, des Domitii en Narbonnaise du Sud, des Scipions en Espagne ne sont que des exemples. Les clientèles pouvaient même s'étendre au-delà des limites des provinces, dans les pays étrangers. Dans ces pays, jusqu'en 70, c'est le sénat qui se les créait. Tandis qu'après 70, et surtout

---

1. C. Nicolet, ouv. cit., p. 233.
2. Voir J. Gagé, « Les clientèles triomphales de la République romaine », *Revue historique*, 1957, p. 1-31.
3. *Le Patronat sur les collectivités publiques des origines au Bas-Empire*, Paris, 1957.

avec Pompée[1], ce sont les *imperatores* qui sont devenus les patrons des cités et des États. Nous verrons combien ces immenses clientèles vont peser sur la vie et l'avenir de Rome. Comment la politique va cesser peu à peu d'avoir pour fin le salut et la prospérité du peuple romain et conduire l'opinion publique à confondre le salut de l'État avec le salut de ses sauveurs. Le pouvoir personnel d'Auguste est au terme de l'évolution.

On a dit que les maux sociaux dont souffrait Rome à la fin de la République venaient principalement de l'afflux des Italiens, pauvres ou ruinés dans une trop grande ville, où ils ont constitué un prolétariat remuant, et d'autre part du snobisme des classes dirigeantes[2]. Ce n'est pas entièrement faux. Mais l'explication est incomplète et insuffisante. En réalité, toutes les catégories sociales ont été affectées, toutes ont connu de profondes transformations. Non seulement dans leurs conditions de vie matérielle, mais aussi dans leur style de vie et souvent dans leur conception de la vie.

---

1. Comme l'a montré E. Badian, *Foreign Clientelae, 264-70 BC*, Oxford, 1958.
2. Voir J.P.V.D. Balsdon, *Romans and Aliens*, 1979, chap. 2 : *Snobbery begins at Rome*.

4

LES TRANSFORMATIONS CULTURELLES ET MORALES
UNE « RÉVOLUTION SPIRITUELLE »
L'HELLÉNISATION DE ROME ET DE L'ITALIE

Rome, une cité hellénistique ? Est-ce vraiment ce qu'elle devient au IIe s. av. J.-C., le siècle des Scipions ? Détachée de ses traditions italiques ? Ou creuset culturel permettant de comprendre le miracle romain, c'est-à-dire comment « trois générations de poètes et de penseurs suffirent à conduire l'élite romaine au point où quatre siècles, peut-être davantage, avaient mené l'hellénisme[1] » ?

Ce sont les questions qui se posent dès qu'on a observé que les derniers siècles de la République sont marqués par deux phénomènes apparemment étrangers l'un à l'autre, mais dont la conjonction va se révéler de grande portée pour l'histoire de Rome et pour l'histoire de la culture occidentale. D'une part la ruine définitive en Italie de la plupart des moyens et petits propriétaires ruraux représentant la tradition, et parallèlement l'affirmation progressive à Rome de classes dirigeantes, elles-mêmes dominées par un petit groupe restreint de familles, une

---

1. P. Grimal, *le Siècle des Scipions. Rome et l'hellénisme au temps des guerres puniques*, Paris, 1975, 2e éd., p. 11-12. À ce livre fondamental ce chapitre doit beaucoup.

oligarchie que sa richesse et sa puissance, fondées sur la propriété terrienne en Italie, sur de grandes affaires financières et mercantiles dans l'empire, sur d'imposantes clientèles romaines, italiennes, provinciales et étrangères, ouvraient par nature et par intérêt sur le monde méditerranéen. D'autre part la rupture d'une culture romano-italique, auparavant unitaire, sinon uniforme, au profit d'une culture nouvelle importée. À partir de la seconde moitié du IIIe s. et surtout au IIe s. on assiste à une hellénisation puissante de la littérature, de l'art et de la religion en faveur dans les classes dirigeantes. On a dit que l'hellénisme « n'avait plus rien de populaire » ; c'est vrai. Et qu'il n'était plus que « le snobisme d'une élite[1] » ; c'est moins vrai. En réalité il devient pour les classes dirigeantes un instrument de puissance idéologique. Tandis que Marius gagne les applaudissements de la plèbe en affirmant qu'il ignore le grec, Cicéron, représentant de la *nobilitas*, étale une culture essentiellement grecque. Et César n'est nullement le Romain type qu'on a parfois voulu montrer, mais un Romain profondément hellénisé, conforme au style de l'aristocrate cultivé du temps[2]. Au moment de son assassinat, son petit-neveu, Octave, est en Grèce.

En attendant, essayons de voir comment s'est engagé dans la seconde moitié du IIIe s. le « dialogue avec l'hellénisme », qui s'est développé ensuite au IIe s. pour s'amplifier surtout après Pydna et donner naissance à ce que P. Grimal a appelé « la génération de 160 », amoureuse de Thèbes, de Delphes et d'Athènes, sans oublier pour autant le culte d'Honos et de Virtus.

Au vrai, les premiers contacts de Rome et du monde grec datent de beaucoup plus loin dans le temps. Sans remonter au séjour du Troyen Énée dans le Latium et à sa rencontre avec le roi arcadien Évandre sur le site de la

---

1. J. Bayet, *la Littérature latine*, Paris, 1945, p. 107.
2. Voir M. Rambaud, *César*, Paris, coll. « Que sais-je ? ».

future Rome[1], l'archéologie révèle des contacts économiques avec les cités grecques au moins à partir du VIIe s. av. J.-C. : la céramique découverte dans le sol du Forum et du Palatin en est le témoignage irrécusable. Un peu plus tard, par l'intermédiaire des Étrusques maîtres de Rome, eux-mêmes très pénétrés d'hellénisme, des contacts culturels se sont établis : l'Apollon de Véies porte la marque grecque et, quand Véies tombe aux mains de Camille, c'est au sanctuaire d'Apollon de Delphes que Rome consacre la dîme du butin. Ce n'étaient pourtant là que relations épisodiques. Les contacts permanents s'amorcent par la Grande-Grèce et dans plusieurs domaines à la fois.

La Grande-Grèce, la Grèce et l'Orient grec à Rome

C'est par les spoliations et pillages d'œuvres d'art grecques et par la littérature que l'hellénisme pénétra à Rome.

Déjà en 275 M. Curius Dentatus avait exhibé dans son cortège triomphal qui célébrait sa victoire sur Pyrrhus et les Samnites des *deliciae Tarentinae* qui comprenaient des tableaux anciens. Mais c'est avec la prise de Syracuse en 212 et le pillage qui s'ensuivit que commença à Rome l'engouement pour la sculpture et la peinture grecques. Tite-Live (XXV, 40,1-2), rapporte que le général envoya *signa tabulasque*, « des statues et des tableaux » destinés à orner le temple d'Honos et de Virtus, au sortir de la porte Capène. Ce qui aurait donné aux Romains le goût des chefs-d'œuvre et du pillage des pays conquis. Quant à Plutarque (*Marcellus*, 33), il signale que le chef romain partit

> emportant avec lui la plus grande partie des plus beaux tableaux, peintures, statues et autres tels ornements qui se

---

[1]. Une légende, rapportée par Denys d'Halicarnasse (I, 72,2) qui écrit son *Histoire primitive de Rome* sous le règne d'Auguste, voulait qu'Énée, arrivé en Italie dans la suite d'Ulysse, ait été le fondateur de Rome. Voir J. Perret, *la Légende troyenne des origines de Rome*, Paris, 1942.

trouvaient à Syracuse, avec l'intention d'en embellir son triomphe, et puis après d'en parer et orner la ville de Rome, laquelle auparavant n'avait ni ne connaissait rien d'exquis ni de singulier en tels ouvrages ; car cette polissure et cette grâce et gentillesse d'ornements de peinture et de sculpture n'y étaient point encore entrées[1].

De fait, à partir de là, les rapines vont s'accélérer. En 209, on voit Q. Fabius Maximus enlever de Tarente l'Hercule de Lysippe et en 167, L. Aemilius Paulus déménager à Rome les palais du roi Persée et décorer le temple de Fortuna d'une Athéna de Phidias. Lors du sac de Corinthe, en 146, L. Mummius fit transférer dans l'*Urbs* un groupe en bronze de Lysippe représentant Alexandre et les cavaliers de sa garde au passage du Granique. Et Pline parle (*N.H.*, XXXV, 24), d'un tableau d'Aristide, représentant Dionysos, qui faisait partie du butin ; le roi de Pergame Attale II en aurait offert 600 000 sesterces : 150 000 deniers (600 000 francs Poincaré[2]) ; il fut déposé dans le temple de Cérès. Tite-Live précise que l'Italie entière bénéficia du pillage de Corinthe[3]. Tableaux et sculptures, on le voit, aboutissent souvent dans les temples et les lieux publics. Mais de nombreux détournements se font aussi vers les demeures des particuliers, généraux, administrateurs, publicains, hommes d'affaires. Et ainsi naît le goût des collections privées[4]. Déjà au début du IIe s. Caton s'était élevé contre la rapacité de certains

---

1. Traduction de J. Amyot.
2. 40 000 dollars, quelque 240 000 F actuels.
3. Il est difficile de savoir si l'épave coulée vers 100 av. J.-C. au large de Mahdia, sur la côte orientale de la Tunisie, contenait des objets pillés ou achetés. Ce qui est sûr, c'est qu'elle contenait des statues de marbre et de bronze, des reliefs grecs du IVe-IIIe s., d'origine probablement attique, des cratères néo-attiques, un candélabre de marbre et des éléments d'architecture, le tout présenté actuellement au musée du Bardo (Tunisie) : voir en dernier lieu W. Fuchs, *Der Schiffsfund von Mahdia*. Tübingen, 1963.
4. Voir M. Pape, *Griechische Kunstwerke aus Kriegsbeute und ihre Aufstellung in Rom (von der Eroberung von Syracus bis in Augusteische Zeit)*, Diss. Hamburg, 1975.

généraux. Mais c'est surtout au 1er s. que se sont multipliées les réactions hostiles au pillage systématique. Réactions inspirées par le philhellénisme, par l'idée qu'il fallait respecter les liens noués avec les pays amis, ou soumis, par la réprobation du luxe privé et, notion nouvelle, par l'idée que les trésors culturels doivent profiter à tous. C'est ainsi que Lucullus, à son retour d'Orient en 66, et retiré de la vie publique, ouvre sa bibliothèque à tous les lettrés – c'est Plutarque qui l'affirme (*Lucullus*, 42,1). Et Cicéron, après s'être élevé contre les rapines de Verrès, a, dans les *Tusculanes* écrites en 45, critiqué l'accumulation des chefs-d'œuvre dans les collections particulières (V, 102). L'idée fit son chemin. De nombreux tableaux furent exposés sous les portiques du théâtre de Pompée, sur le Champ de Mars, ainsi que sous les portiques du temple de Vénus Genitrix sur le Forum de César. Mais il faut attendre le temps d'Octave pour qu'Agrippe définisse et lance une grande politique de la culture en mettant les chefs-d'œuvre de la littérature à la disposition de tous par la création de bibliothèques publiques, et de même les grandes œuvres d'art par l'installation de musées dans les nouvelles constructions du Champ de Mars.

Avec les œuvres d'art, arrivaient aussi à Rome les artistes. Ainsi le peintre athénien Métrodore, que L. Aemilius Paulus chargea de décorer son triomphe, ou le peintre alexandrin Démétrios, que le roi d'Égypte Ptolémée Philomètor est étonné de rencontrer à Rome en 164, ou encore les sculpteurs Dionysos et Polyclès, à qui Metellus, vers 146, confie la statue de Jupiter pour le temple en voie d'achèvement sur le Champ de Mars.

Tandis que naissait chez les Romains l'engouement pour les œuvres d'art grecques, les premiers contacts s'établissaient aussi avec la littérature. Chose curieuse, c'est une littérature de langue latine qui s'élabora avec les premiers auteurs, tous venus du sud de l'Italie : Livius Andronicus, un affranchi au surnom grec, était de Tarente et peut-être grec d'origine ; Naevius était Campanien, probablement de Capoue ; à la génération suivante, Ennius vient de la région de Tarente, et peu après lui Pacuvius de Brindes. Tous arrivent donc d'une région fortement hellénisée. Pourtant c'est en latin qu'ils écrivent ; avec eux apparaît « la première génération de la littérature latine[1] ». Mais on remarquera que leurs œuvres sont toutes empruntées au répertoire grec : Livius Andronicus traduit en latin l'*Odyssée* et en 240, quand il introduit à Rome le théâtre, c'est un théâtre latin, mais sur des thèmes grecs ; les fragments qui en sont conservés proviennent de la tragédie d'*Ino* et d'une pièce intitulée *le Cheval de Troie* ; d'autres s'appellent *Hermione*, *Achille au fouet*, *Egisthe*, *Danaé* et *Andromède*. Il s'agit bien d'un théâtre « à la grecque ». Le cadet de Livius, Naevius, use de la même veine : ses tragédies appartiennent au cycle troyen, et ses comédies ont des sujets grecs ; elles s'appellent les *Agrypnuntes (Ceux qui dorment mal)*, l'*Astiologa (la Belle Parleuse)*, *Le Colax (le Flatteur)*. Ces titres, note P. Grimal, « prouvent que la langue grecque n'était pas un mystère pour les Romains d'alors ».

Avec le retour de P. Cornelius Scipio qui, après s'être illustré en Espagne contre les troupes carthaginoises, était devenu l'Africain grâce à la victoire remportée à Zama sur Hannibal lui-même, c'est une phase nouvelle qui commence dans l'histoire des relations entre Rome et le monde grec. Naevius écrit en latin une épopée dédiée à la grandeur de Rome, le *Bellum Punicum* ; mais dans le même temps, le premier historien de Rome recourt au grec pour raconter les *Actions des Romains* (Ῥωμαίων πράξεις), que pourra lire le public du monde méditerranéen. Tandis que luisent les beaux jours de la comédie avec Plaute, dont une vingtaine de pièces sont jouées entre 212 et 186 av. J.-C. Venu d'Ombrie, de Sarsina, il écrit lui aussi des pièces à la grecque, mais en y mêlant (c'est là son originalité) la farce populaire. Qu'il s'agisse du *Truculentus*, sa comédie préférée, où il montre le danger de l'amour charnel, ou d'*Amphitryon*, où le vieux roi grec (devenu un *imperator*

---

1. P. Grimal, ouv. cit., p. 45-94.

romain) est à la fois berné par son valet et trompé par Zeus-Jupiter, elles sont toutes imprégnées à la fois d'hellénisme (dont il se moque souvent) et d'esprit romain (qu'il exalte). Nous sommes au lendemain de la deuxième guerre punique, au moment où se produit dans tous les domaines une réaction « nationaliste ».

Nous sommes aussi au moment où commencent à s'affronter deux tendances : la tendance des vieux Romains traditionalistes à la Caton, celle des philhellènes novateurs autour des Scipions. Pour Caton l'Ancien (dont beaucoup partageaient les idées à Rome et en Italie ; à Arpinum le grand-père de Cicéron ne disait-il pas : « Les hommes de chez vous sont comme les esclaves syriens que l'on achète, mieux l'un d'entre eux sait le grec et plus il est crapule. » ?) le grec et la culture grecque sont causes du déclin de l'État. Selon Plutarque (*Caton*, 28,2-3) :

> Pour détourner son fils d'apprendre cette langue, il prenait l'air d'un prophète et prédisait que les Romains perdraient l'État s'ils se gorgeaient de culture grecque... Mais cette parole de mauvais augure était vaine : ce qui le prouve, c'est que le temps où Rome atteignit au faîte de la grandeur est justement celui où elle s'appropria les sciences et la culture grecques.

Pour Plutarque – Grec, ne l'oublions pas – qui note seulement la concomitance de l'hellénisation de Rome et l'extension universelle de son empire, on peut penser[1] que l'hellénisation est au contraire l'une des causes de cette réussite. On sait d'ailleurs que Caton lui-même, sur ses vieux jours, se mit à apprendre le grec !

La cause de toute façon était perdue. L'hostilité de Caton valut certes aux Scipions (à P. Cornelius Scipio Africanus et à son frère L. Cornelius Scipio Asiaticus) maints déboires ; l'Africain dut même provisoirement s'éloigner de

---

1. Avec R. Flacelière, « Rome et les empereurs vus par Plutarque », *l'Antiquité classique*, 32, 1963, p. 32.

Rome. Et le terrible Censeur pouvait remporter des succès politiques auprès des tribus rurales et des milieux anti-impérialistes. Le destin des Scipions s'inscrivait, lui, dans la ligne du destin de Rome. Car Scipion l'Africain pensait, quant à lui, que Rome par ses victoires avait des devoirs dans le monde méditerranéen et notamment, en tant qu'héritière de la culture hellénique, celui de la diffuser. « Au conservatisme moral et politique de Caton s'oppose l'impérialisme pacificateur du philhellène Scipion[1]. » Même si Caton parut l'emporter un moment, le mouvement que représentait son rival était devenu irrésistible. Rome était déjà engagée dans son avenir impérial. D'ailleurs, par un de ces paradoxes qu'aime l'histoire, n'est-ce pas Caton qui allait réclamer la destruction de Carthage et par là lancer Rome sur la voie impérialiste où elle hésitait encore ? Et n'est-ce pas le petit-fils adoptif de l'Africain qui devait en être l'acteur privilégié ?

Autour des Scipions, c'est-à-dire de l'Africain jusqu'à sa mort en 183, un an après la censure de Caton, de ses fils et de sa fille, Cornelia (la mère des Gracques), de son petit-fils adoptif Scipion Emilien, consul en 147, commençait à se rassembler un cercle de protégés et d'amis : des poètes comme Ennius, l'historien Polybe, déporté après Pydna, qui devient le conseiller et l'ami du jeune Emilien alors âgé de dix-huit ans, l'Africain Térence, homme de théâtre, dont la première pièce, *la Jeune fille d'Andros*, jouée en 166, montre la continuité de l'inspiration grecque, même si certaines formes sont romaines. Au cœur du cercle, le jeune Scipion, fils de L. Aemilius Paulus, entré par adoption dans la *gens* Cornelia, était un esprit particulièrement ouvert, comme le souligne Polybe (XXXII, 10) :

> Étonné de ces premières paroles dans un jeune homme qui n'avait pas alors plus de dix-huit ans, je lui dis : « Au nom des dieux, Scipion, ne tiens pas ce langage, ne te mets pas

---

1. P. Grimal, ouv. cit., p. 210.

dans l'esprit de telles idées. Si j'agis ainsi avec ton frère (Scipion lui avait reproché de s'intéresser plus à son frère Fabius qu'à lui-même), ce n'est ni dédain ni mépris de ma part ; non, mais comme il est ton aîné, je crois devoir entre nous, dans nos discussions sérieuses ou dans nos conversations familières, commencer et finir par lui, et je m'appuie sur ses sentiments, convaincu que tu les partages tous. Toutefois je vois avec plaisir que tu te reproches trop de mollesse pour un homme d'une maison telle que la tienne ; cette indignation marque une grande âme. Aussi ce serait un vif plaisir pour moi de m'attacher à ta personne et de t'enseigner par quelque endroit à tenir un langage et une conduite dignes de tes ancêtres. Pour ce qui est des lettres, auxquelles je vous vois, toi et ton frère, vous livrer avec tant d'ardeur et de zèle, vous ne manquerez pas de maîtres qui vous formeront à ces connaissances ; car, de tous les côtés, les savants de la Grèce affluent à Rome. Mais je pense que pour cette vie guerrière et active à laquelle tu as fait allusion, tu ne saurais trouver un conseiller et un guide plus sûr que moi. »

À partir de ce jour Scipion s'attacha à Polybe et ne le quitta plus. Mais surtout arrivent à Rome, et non sans liens sans doute avec le cercle des Scipions, des philosophes et des rhéteurs. Les premiers ont été, paraît-il, des épicuriens ; en tout cas ce sont deux d'entre eux, Alkios et Philiskos, qui sont expulsés en 173, accusés de prêcher une morale du plaisir susceptible de pervertir la jeunesse. Et en 161, le sénat autorise un préteur à bannir de la Ville, s'il le juge utile, les philosophes et les rhéteurs. Pourtant, à partir du milieu du IIe s., les doctrines grecques rencontrent un vrai succès. En 155, Athènes envoie à Rome trois philosophes, qui représentent l'Académie (de Platon), le Portique (de Zénon) et le Lycée (d'Aristote). Aucun épicurien : ils n'ont pas bonne réputation, les expulsions l'ont montré.

Des trois doctrines, une surtout va se diffuser pour le moment et pénétrer profondément la pensée romaine : c'est le stoïcisme, qui mieux que les autres correspondait à l'idéal de vie fondé sur l'antique *virtus*. Avec Panétius de Rhodes, ami de Scipion Emilien et maître à penser des jeunes aristocrates qui fréquentent son cercle, cette doctrine du courage dans l'action et de la sagesse dans la réflexion, fondée sur le postulat stoïcien que « seul ce qui est conforme à la Beauté morale est conforme au Bien » va s'implanter à Rome « au point de faire figure de philosophie nationale des Romains[1] ». À l'inverse de l'épicurisme qui recommandait l'*otium*, l'abstention de l'action politique, source inévitable de tracas qui éloignent de la paix intérieure, le stoïcisme prône l'action dans le respect de la justice et assortie de la connaissance (on n'oublie pas qu'en latin *sapiens* désigne à la fois celui qui sait et le sage).

Si l'on ajoute l'arrivée à Rome, notamment parmi les esclaves venus d'Italie du Sud et du monde hellénistique, d'hommes cultivés, de médecins, de pédagogues non sans influence sur les jeunes – la circulation des lettrés dans le monde romain est un des aspects nouveaux du IIe s., fruit des guerres et des conquêtes – on comprend mieux que la « génération de 160 » ait pu inspirer une action déterminante sur l'évolution culturelle et morale de l'*Urbs*. Tandis que les contacts avec l'Orient grec, les séjours des soldats comme des civils dans ses pays et, bien sûr, l'influence des artistes exerçaient une action non moins décisive sur l'évolution de la culture matérielle.

L'ÉVOLUTION DE LA CULTURE MATÉRIELLE :
LE GRANDIOSE, LE LUXE ET LE RAFFINEMENT

C'est l'architecture urbaine et italienne qui a sans doute porté les marques les plus spectaculaires de l'évolution. Rome est encore au IIIe s. av. J.-C. une ville de paysans (au sens fort du mot et non péjoratif, bien entendu). C'est une ville à l'architecture simple et traditionnelle. Les temples eux-mêmes, qui sont les édifices les plus soignés puisque consacrés aux dieux, sont construits soit en matériaux légers (dans ce cas, les archéologues ne les retrouvent pas), soit en

---

1. P. Grimal, ouv. cit., p. 305.

tuf volcanique, et leur décor est le plus souvent en terre cuite peinte, polychrome, selon la tradition étrusque. Cependant, déjà en 296, le quadrige en terre cuite du temple de Jupiter Capitolin a été remplacé par un autre en bronze, offert par les frères Ogulnii, ceux-là mêmes qui firent exécuter la célèbre louve en bronze pour le Lupercal au pied du Palatin. Et les deux mille statues de bronze prises en 264 par le consul M. Fulvius à Volsinies, sans doute arrachées au sanctuaire fédéral étrusque, le fanum Voltumnae, sont venues orner le groupe des temples jumeaux de Fortuna et de Mater Matuta (la Dame du Matin) sur le Forum boarium. Ce n'était là que du plaquage décoratif, étranger à l'architecture.

Il faut attendre la fin du IIIe s. et surtout le IIe s. pour qu'apparaissent de profonds changements, qui trouvent presque tous leur source d'inspiration dans l'hellénisme. En Italie, et comme il est normal en Italie du Sud hellénisée, le temple le plus ancien qui comporte des éléments de la tradition grecque classique, notamment une frise dorique à métopes ornées d'un personnage, est, à Paestum, le temple dit de la Paix, construit sans doute en 273, à l'occasion de la déduction d'une colonie latine dans la cité grecque. Le temple de Gabii, érigé au centre d'une vaste cour sacrée (l'*area*) entourée de colonnades doriques, date, lui, très probablement de la fin du IIIe s. Mais celui d'Apollon à Pompéi, qui se dresse, comme le temple de Gabii, dans une *area* fermée de portiques, ne date que de la fin du IIe s. Entre-temps, à partir du milieu du IIe s., est apparu en Italie centrale – où l'on a déjà parlé du mouvement d'urbanisation – une macrotectonique sacrée qui va connaître son plein épanouissement dans le dernier quart du IIe s. et au Ier s. av. J.-C. Le plus ancien de cette série de temples grandioses est, semble-t-il, celui de Frégelles, un temple d'Esculape, construit dans une *area* entourée de portiques sur trois côtés[1]. Viennent ensuite les deux temples de l'acropole de Tivoli (entre 120 et 80 av. J.-C.), l'un dédié à Tiburnus, fondateur de Tibur et à

---

1. Voir. F. Coarelli, *Fregellae*, Rome, 1982, p. 31-48.

Albunea, une nymphe des eaux, l'autre probablement à Hercules Victor ; le temple de Terracina dit de *Jupiter Anxur* (attribué maintenant plutôt à Feronia, déesse des eaux et des affranchissements), installé sur une terrasse avec portique ; et surtout le temple grandiose de la Fortuna Primigenia de Praeneste, construit dans les années 110-100, agrandi et embelli plus tard à l'époque de Sylla[1]. Avec lui triomphent et la macrotectonique et l'agressivité baroque autant dans le support architectural (une série de terrasses étagées sur une dénivellation de 90 mètres entre le centre de la ville et le faîte du sanctuaire, occupé par une *cavea* de théâtre, sommée d'une tholos abritant la statue de culte) que dans le rapport scénographique avec le paysage (le sanctuaire, accroché à flanc de colline sur cinq niveaux accessibles par des rampes à arcades, domine toute la vallée). Bref, une architecture de spectacle et de prestige qui a beaucoup emprunté à l'école de Pergame, mais sans renier une tradition italique représentée par le vaste complexe de sanctuaire à terrasses de Teano (Teanum Sidicinum) en Campanie du Nord, et par le complexe sacré temple-théâtre de Pietrabbondante, dans le Samnium. L'extraordinaire synthèse culturelle exécutée à Praeneste est particulièrement révélatrice du goût nouveau pour la symétrie axiale, pour les portiques et les exèdres, surtout pour le grandiose et l'audace de constructions énormes, rendues possibles par l'adoption de techniques nouvelles, notamment celle du béton romain (l'*opus caementicium*) avec revêtements de briques, maintenant produites en grandes quantités grâce au développement de l'artisanat, parfois à une échelle quasi industrielle.

On a parlé d'architecture de prestige ; à partir de Sylla, il faut ajouter : au service d'une idéologie. Une idéologie que servait bien la nature de la déesse Fortuna, nous le verrons.

---

1. Voir F. Fasolo et G. Gullini, *Il santuario della Fortuna Primigenia a Palestrina*, 1953. Sur la déesse vénérée dans ce sanctuaire : J. Champeaux, *Fortune. Le culte de la Fortune à Rome et dans le monde romain*, Rome-Paris, I, 1982 ; II, 1988.

À Rome, les temples des IIIe-IIe s. n'atteignent pas la grandeur et la splendeur des temples d'Italie centrale. Ils s'en rapprochent en revanche par leurs emprunts à l'hellénisme. On pense aux quatre temples qui occupent l'*area* sacrée du Largo Argentina, sur le Champ de Mars antique[1] : le plus ancien remonte à 241, le plus récent date du milieu du Ier s. av. J.-C. Après la floraison de constructions sacrées née de l'inquiétude religieuse pendant la deuxième guerre punique, on pense aux quelque quinze temples construits en vingt-cinq ans, entre 200 et 175, et à la nouvelle série érigée entre 146 et 121, qui pour la première fois comporte le recours au marbre grec du Pentélique pour les temples de Jupiter Stator et de Juno Regina au sud du Champ de Mars, entourés d'un quadruple portique à la mode grecque. Leur architecte était un Chypriote, Hermodore de Salamine. Ce temple de Jupiter, avec téménos grec – le premier introduit à Rome – sera pris par Vitruve comme modèle pour illustrer dans son traité d'architecture la définition du temple périptère ionique.

Mais à Rome apparaît en outre au IIe s. un type d'édifice, doté en quelque sorte d'une valeur symbolique, c'est la basilique. Le nom est grec. Mieux, il évoque l'architecture des rois (les *basileis*). Il est bien possible, en effet, que la basilique romaine, construction rectangulaire couverte d'un toit porté par des colonnes, ait été empruntée aux salles d'audience et de justice des palais royaux hellénistiques. Mais il est piquant que la première basilique édifiée à Rome l'ait été pendant la censure de Caton, dont elle porte le nom ; malheureusement cette basilica Porcia n'a pas laissé de traces sur le Forum. La deuxième basilique, construite en 179 (basilica Aemilia) est mieux connue ; elle borde toujours le côté nord-est du Forum. Dix ans plus tard, fut bâtie la basilica Sempronia, symétrique de la précédente. Le Forum prenait ainsi l'aspect monumental qu'il ne devait plus perdre, qui devait même s'amplifier au point de rendre

---

1. AA.VV., *L'Area sacra di Largo Argentina*, Roma, 1981.

fort encombrée la place publique de l'*Urbs*. Si encombrée que César la dédoublera par le Forum qui porte son nom.

C'est d'ailleurs Rome dans son ensemble qui, par des constructions utiles et grandioses, prenait un air de capitale : en 192, le pont Fabricius a été jeté sur le Tibre ; en 184, Caton a refait tout le système des égouts : de nouveaux aqueducs ont été construits, l'aqua Marcia en 144-140, l'aqua Tepula en 125. Notons qu'au IIe s. pénètre en Italie l'ordre corinthien, jugé plus décoratif, notamment le chapiteau corinthien, qui va connaître un tel succès qu'il éliminera peu à peu les modèles antérieurs, dorique, ionique et toscan. À Rome, à la fin du siècle, on importe des chapiteaux grecs corinthiens pour le temple rond du Forum boarium, puis pour le temple rond du Largo Argentina[1].

À côté des édifices publics, les demeures privées ont subi des transformations qui ne sont ni moins importantes, ni moins représentatives de l'évolution des mœurs. La maison traditionnelle était centrée sur l'atrium fermé derrière une façade austère. On y ajoute maintenant, ainsi dans la célèbre maison du Faune, à Pompéi (qui date, dans sa première phase, du milieu du IIe s.), un deuxième atrium à quatre colonnes encadrant un bassin, qui ressemble beaucoup au péristyle des maisons de Délos. Et surtout on le fait suivre d'un salon, l'*oecus* (simple transcription du grec οἶκος) qui le sépare d'un ou de deux péristyles-jardins, hérités des grands périboles sacrés de l'Orient grec, où les « paradis » royaux ont pu faire germer l'idée de ces jardins romains qui vont si profondément modifier le style de vie[2]. À Rome même, les péristyles des *domus* ne vont évidemment pas atteindre la même ampleur. Il n'empêche. Leur présence incline à l'*otium* (au loisir), à l'étude et à la réflexion. La grande *domus* romaine

---

1. Sur toutes ces questions, voir en dernier lieu *l'Art décoratif à Rome à la fin de la République et au début du principat* (Actes de la table ronde organisée à l'École française de Rome en mai 1979), Paris-Rome, 1981.
2. Pour tout ce qui touche à la maison et aux jardins, voir P. Grimal, *les Jardins romains*, Paris 1984, 3e éd.

(on dirait volontiers l'hôtel particulier), qui n'est plus seulement habitation privée, mais en outre le centre d'accueil des clients et amis, devient une demeure de luxe, décorée de colonnes de marbre, à partir de la fin du IIe s., et qui sert de présentoir aux collections particulières d'œuvres d'art de son propriétaire. Les pièces de réception reçoivent même parfois un nom emprunté au chef-d'œuvre qui y est exposé : Lucullus appelait déjà une de ces pièces son Apollon, comme fera Mme Verdurin non sans feinte modestie.

Dans les grandes *villae* de campagne – on l'a vu – les portiques-jardins trouvaient mieux encore l'espace où se développer et se multiplier. Un véritable programme décoratif commençait à y être appliqué. Avec des intentions philosophiques parfois, comme dans sa villa de Tusculum, où Cicéron fait aménager un gymnase avec une promenade qu'il baptise l'Académie. Ou avec des arrière-pensées érudites à prétention mythologique, comme dans sa villa d'Arpinum, où une grotte artificielle, son Amaltheum, entend évoquer la nymphe... ou la chèvre qui allaita Zeus enfant.

Il convient donc de renoncer à l'idée, encore souvent admise, qu'à Rome le marbre ne fut pas utilisé avant 100 et que l'influence grecque ne se manifesta dans l'architecture qu'avec l'époque syllanienne. En réalité, dans une Rome de tuf, de terre cuite et de bois, ces nouvelles constructions ou reconstructions en matériaux nobles, voire en marbre ont frappé les yeux et les esprits parce qu'elles étaient spectaculaires et exceptionnelles. L'élan donné n'a fait que s'amplifier avec les grandes constructions des *imperatores* du Ier s. av. J.-C., puis des empereurs.

Au luxe des édifices publics et des demeures privées, décors de la vie quotidienne, correspondent à partir du IIe s. av. J.-C. de très importants changements dans les ornements, les vêtements et la cuisine. Quelques exemples suffiront à les révéler. Il est vrai que, dès 275, le consul Cornelius Rufinus avait été exclu du sénat parce qu'il avait un service de table en argent ; c'est surtout la preuve que l'argenterie était rare à l'époque. Mais le temps n'est plus loin où ciseleurs et orfèvres vont fabriquer à l'intention des riches maisons des vases et des ornements de lits et de coffres en bronze, voire en métaux précieux. En attendant que Cicéron achète une table pour 1 000 000 de sesterces, soit plus du quart de la valeur totale de sa somptueuse maison du Palatin (Pline, *H.N.*, XIII, 29-30).

Pour les vêtements, même évolution. Les anciens Romains portaient des tuniques en laine plus ou moins grossière. La mode est maintenant aux tuniques et aux toges de lin, importé d'Égypte. Bientôt on utilisera la soie venue d'Extrême-Orient. Lucullus, pour sa part, avait, dit-on, deux cents manteaux de pourpre.

Quant à la cuisine, si simple et même sommaire, du vieux Romain frugal, elle fait de plus en plus l'objet des attentions de cuisiniers qui font venir de loin des paons, des grives, des pintades (d'Afrique), des faisans (de Colchide). Jadis esclaves du dernier rang, ces cuisiniers se disputent maintenant à prix d'or, et leur métier devient un art. Lucullus, toujours lui, se vanta d'avoir payé 40 000 sesterces à ses cuisiniers pour un banquet. Il se targuait aussi, il est vrai, d'avoir percé une montagne pour amener l'eau de mer jusqu'à ses viviers.

C'est tout un train de vie qui est en train de changer. Comme Polybe le mentionne à propos d'Aemilia, la veuve de Scipion l'Africain (XXXI, 26) :

> Elle étalait, écrit-il, un grand luxe dans les processions où figuraient les femmes, comme il convenait à une personne qui avait partagé l'existence et le sort d'un Scipion. Sans parler de ses bijoux et de son char magnifiquement orné, elle faisait porter devant elle, dans ces cérémonies solennelles, des corbeilles, des vases d'or et d'argent et une foule d'autres ustensiles précieux dont on se sert dans les sacrifices ; enfin le nombre de ses esclaves et des suivantes qui l'escortaient était en proportion.

Bien sûr, tous les Romains n'étaient pas Lucullus ni toutes les Romaines Aemilia Tertia. Mais on peut penser que tous les citoyens ont vu leur train de vie changer. Et avec lui, pour certains du moins, la conception même de la vie.

Une révolution intellectuelle, spirituelle et morale

On a vu comment avec l'arrivée à Rome d'esclaves cultivés et d'affranchis hommes de lettres, venus pour beaucoup d'Italie du Sud – on pense à Livius Andronicus de Tarente et aux autres *Graeculi*, comme on les appelait parfois non sans mépris – est née à Rome, à partir de thèmes grecs, une littérature écrite nationale. Comment les Italiques hellénisés, dont le grec était la langue de culture, ont fait du latin une langue littéraire. La première génération de la littérature latine, qui correspond à la seconde moitié du IIIe s., est dominée par la personnalité de ce Livius Andronicus qui, à partir de l'*Odyssée*, réussit à doter Rome d'une épopée nationale en présentant Ulysse comme un héros italique, médiateur entre la Grèce et l'Italie. Livius eut un autre mérite, on l'a vu aussi, celui de créer le théâtre latin en donnant, sur des légendes grecques, des pièces très différentes des pièces grecques qui étaient, comme chacun sait, caractérisées par l'intervention du chœur qui participait à l'action. Les tragédies de Livius ne comportent pas de chœur. Ses comédies – là encore, c'est lui qui a écrit les premières en latin – nous sont inconnues. Même les titres ne sont pas parvenus jusqu'à nous. Celles de Naevius sont mieux connues : vivantes, populaires, elles inaugurent le théâtre à thèse, notamment avec la *Tarentilla (la Jeune Fille de Tarente)* où se trouve pour la première fois une allusion à la censure qui à Rome pèse sur le théâtre, alors qu'à Tarente régnait une liberté totale. Ces comédies mettent en scène des épisodes de la vie quotidienne où s'opposent des pères tyranniques, des jeunes gens plus attachés aux plaisirs qu'à l'étude, des jeunes filles complaisantes, des marchands d'esclaves cupides et des esclaves fripons, gloutons et voleurs.

Avec Naevius triomphe déjà la deuxième génération, celle des années 215-160, qui voit apparaître la deuxième épopée nationale de Rome, cette fois consacrée au récit de la guerre contre Carthage. L'histoire, on l'a vu, naît avec Fabius Pictor. Tandis que les comédies de Plaute accentuent le caractère romain et italique d'un théâtre, où les situations sont encore empruntées au répertoire grec, mais où tout le reste (les costumes, les noms, la langue bien sûr, et surtout l'ambiance morale) est romain et italien (les jeux de mots, notamment les plaisanteries licencieuses, la truculence, parfois la grossièreté). Et même, car Plaute ironise volontiers sur les situations « à la grecque », on peut dire, avec P. Grimal, que son théâtre devient parfois « l'expression d'un véritable anti-hellénisme moral ». À la même génération appartient Ennius, le premier vrai poète national, amené à Rome par Caton. C'est en effet dans un esprit nouveau d'exaltation de la gloire de Rome qu'il écrit les 30 000 vers de son historiographie intitulée *Annales*, et en même temps de fidélité à l'alexandrinisme qu'il compose des pièces légères célébrant par exemple la raie de Mytilène ou la muge de Brindisi.

Ennius assure la transition avec la génération de 160, animée par le cercle des Scipions, où se rencontrent Polybe, Térence, Laelius qu'on appelle *Sapiens* (le Sage, c'est-à-dire le philosophe), Pacuvius, le premier poète à s'être consacré uniquement à la tragédie (comme Ennius, il s'inspirait surtout d'Euripide), Accius, le plus grand des tragiques romains selon J. Bayet[1] (il s'inspirait lui aussi d'Euripide, mais également de Sophocle et d'Eschyle), enfin Lucilius, *poeta doctus* comme les autres, qui a composé trente livres de *Satires*, dont restent 1 378 vers[2]. On peut dire qu'il est le créateur de la satire latine classique, qu'illustreront aux siècles suivants Horace, Perse et Juvénal, un genre poétique qui visait à attaquer et à ridiculiser les vices des contemporains dans des poèmes médisants, des *carmina maledica*, comme on les appelait.

Une grande époque – on le voit – qui en un siècle et demi a vu naître les principales composantes de la littéra-

---

1. *Littérature latine*, Paris, 1945 ; plusieurs rééditions depuis ; voir p. 157.
2. A. Ernout, *Recueil de textes latins archaïques*, Paris, 1938, p. 223-253.

ture latine. Tout le monde n'appréciait peut-être pas tout, le théâtre notamment. S'il ne relevait pas le sens moral du petit peuple, du moins l'amusait-il. Mais il est juste de noter que parfois aussi il servait à diffuser des idées qui aux yeux de certains passaient pour subversives. Ainsi ce passage du *Telamo* d'Ennius :

> Qu'il y ait une race des dieux, je l'ai toujours dit et je le dirai, mais que ces dieux s'occupent des actes de la race humaine, je ne le pense pas, car s'ils s'en occupaient, aux bons ils donneraient le bien et le mal aux méchants, ce qui n'est pas[1].

Il nous montre que du théâtre on pouvait glisser aisément – ce que ne manque pas de faire Ennius – vers la religion et la philosophie.

Après la deuxième guerre punique, qui avait entraîné un mouvement vers les religions étrangères et un certain élan mystique, une affaire, un scandale dit des Bacchanales, qui éclata en 186 av. J.-C., fut l'occasion d'une réaction « nationale » et pontificale contre les concessions faites à l'esprit nouveau. Au départ, un fait divers banal, que rapporte Tite-Live (XXXIX, 8-19) : une courtisane affranchie, une certaine Hispala, se croit délaissée par son jeune amant, Aebutius, orphelin d'un père chevalier. Il lui a déclaré que par exigence religieuse impérative (*religionis causa*) il devait se séparer d'elle pour quelques nuits, en fait dix jours d'abstinence sexuelle. Il lui a avoué qu'il devait s'y plier avant de se faire initier aux mystères bachiques. Au courant des méchants bruits qui circulent sur ces mystères, dont les cérémonies nocturnes, comme toutes les cérémonies nocturnes de l'Antiquité, passent pour comporter de furtives unions, Hispala, qui redoute l'entrée en scène d'une rivale, lui dépeint les mystères bachiques, auxquels elle prétend avoir été initiée elle-même naguère, sous les pires couleurs :

---

1. D'après A. Grenier, *le Génie romain dans la religion, la pensée et l'art*, Paris, 1936, p. 50, livre toujours utile à lire.

il y risque, dit-elle, les pires outrages. Affolé, Aebutius annonce alors à sa mère et à son beau-père qu'il renonce à l'initiation. Ses parents le chassent avec quatre esclaves. Il se réfugie chez sa tante Aebutia, qui l'envoie raconter son histoire au consul, lequel mande Hipala et l'interroge. Celle-ci, après avoir hésité à dévoiler des mystères secrets et à encourir la colère des initiés qui la déchireraient de leurs mains comme dénonciatrice (Tite-Live, XXXIX, 13, 1-5), finit par céder et elle révèle tout ce qu'elle sait[1].

Sur ces révélations, le consul Postumius fit rapport au sénat, qui prit des mesures extrêmement sévères. Le sénatus-consulte *de Bacchanalibus* dont le texte a été retrouvé au XVIIe s., en 1640 près de Tiriolo en Calabre, gravé sur une table de bronze, nous fait connaître ces mesures. Le culte de Dionysos-Bacchus n'est pas interdit – la religion romaine est tolérante, et le dieu est puissant – mais ses pratiques sont réglementées. Il reste que la répression fut particulièrement dure : plus de 7 000 personnes, hommes et femmes, furent impliquées dans les poursuites et plus de 6 000 incarcérées ou condamnées à mort, pour beaucoup en Italie du Sud et à Rome. Mais on sait maintenant que Volsinii romaine (Bolsena) ne fut pas épargnée[2]. Il est vrai que, selon Tite-Live, c'est par l'Étrurie que le dionysisme s'était diffusé (XXXIX, 14,3) :

---

1. C'est un document très précieux pour l'histoire de la religion de Bacchus et pour la connaissance qu'on peut avoir des mystères, de leurs exigences et de leurs cérémonies : voir en particulier A.J. Festugière, « Ce que Tite-Live nous apprend sur les mystères de Dionysos », *MEFRA*, 1954, p. 79-99, plus récemment J.M. Pailler, « La spirale de l'interprétation : les Bacchanales », *Annales, Econ. Soc. Civ.*, 1982, p. 929-952, et J.L. Voisin, « Tite-Live, Capoue et les Bacchanales », *MEFRA*, 96, 1984, p. 601-653. En dernier lieu J.M. Pailler, *Bacchanalia. La répression de 186 av. J.-C. à Rome et en Italie*, Rome, 1988, 868 p.

2. Voir J.M. Pailler, « Les pots cassés des Bacchanales », *MEFRA*, 95, 1983, p. 7-54 : étude du matériel céramique découvert dans la couche d'incendie d'un sanctuaire de Volsinii rapporté par l'auteur au culte dionysiaque.

Un Grec de basse extraction (*Graecus ignobilis*) vint en Étrurie tout d'abord... Le fléau corrupteur passa d'Étrurie à Rome comme une contagion.

La brutalité de la répression a frappé les anciens ; Tite-Live encore note (XXXIX, 18) :

Une grande terreur se répandit à Rome et en Italie... Plusieurs initiés, hommes et femmes, se donnèrent la mort. Les arrestations furent innombrables. Tous les initiés coupables furent décapités, les autres retenus en prison et le nombre des condamnés à mort dépassa celui des prisonniers. Les femmes furent remises aux mains de leurs parents ou de ceux en puissance de qui elles se trouvaient pour qu'ils les fissent exécuter...

Cette férocité ne peut s'expliquer que par l'ampleur de la contagion dionysiaque, elle-même révélatrice du pressant appel mystique qui a secoué les âmes romaines et italiennes dans la seconde moitié du IIIe et au début du IIe s.[1].

Cet accès de mysticisme a pris d'autres formes que le dionysisme : l'orphisme et le pythagorisme. Courant de pensée plutôt que doctrine théologique ou religion, l'orphisme s'exprimait par des recueils de vers sacrés ou d'oracles attribués à Orphée, ainsi que par des formules de prières inscrites sur des tablettes dites orphiques (lamelles d'or exhumées dans des tombeaux), dont plusieurs ont été retrouvées en Grande-Grèce, à Thurii, la dernière en 1974. C'étaient, comme on l'a dit, des « passeports pour l'au-delà », distribués au nom du héros mythique qui par amour avait ramené son Eurydice des Enfers.

---

[1]. Des historiens modernes lui ont cherché des explications plus politiques (luttes de clans à Rome, mouvement de protestation italique contre Rome, etc.), ou psycho-sociologiques (à la manière de S. Reinach, qui évoque les mesures contre les Templiers et les Juifs), ou plus sociales (lutte contre une subversion interne menée par des marginaux) : voir l'article de J.M. Pailler, *Annales, Econ. Soc. Civil.*, cité p. 171, n. 1.

Au même courant mystique et sotériologique (qui ne manquait pas d'invoquer les déesses salvatrices d'Éleusis, Déméter et sa fille Perséphone arrachée à Pluton, ni Dionysos, lui aussi descendu aux Enfers pour en ramener sa mère Sémélè), se rattache le pythagorisme. En honneur à Tarente, où Pythagore passait pour avoir séjourné, le pythagorisme s'était répandu en Italie du Sud, où il était au IIIe s. la philosophie prévalente[1]. À Rome, des conventicules s'étaient formés très tôt. Ennius par exemple pythagorisait. Et selon Cicéron (*De senectute*, XI, 38), Caton le Censeur lui-même se convertit au soir de sa vie à cette doctrine de pureté et à ses pratiques ascétiques, exigeant entre autres l'examen de conscience quotidien. Or, cinq ans seulement après l'affaire des Bacchanales, en 181, on découvrit « par hasard » au pied du Janicule « la tombe du roi Numa » et en même temps un coffret de pierre contenant, outre des livres latins de droit pontifical, d'autres livres, en grec, de philosophie pythagoricienne. Comme le pythagorisme n'était pas sans liens avec le dionysisme, le préteur urbain Q. Petilius demanda au sénat et obtint que ces écrits, considérés comme « dangereux pour la religion » de l'État, fussent brûlés en public. Cette décision répressive s'inscrit certes dans la politique de réaction « nationale » du temps ; elle fut sans doute inspirée aussi par la prise de conscience officielle d'une forte « poussée orphico-pythagoricienne » à Rome même, où d'ailleurs elle continua de se développer au dernier siècle de la République et au début de l'Empire.

On a vu déjà que le stoïcisme de son côté connaissait lui aussi au IIe s. un grand succès, notamment dans les milieux aristocratiques, avec Panétius de Rhodes, en particulier, dont l'éclectisme tempérait la rigueur de la philosophie originelle de l'école qu'il représentait à Rome. Contre l'avi-

---

1. Sur l'histoire du pythagorisme et du néo-pythagorisme, on consultera toujours J. Carcopino, *la Basilique pythagoricienne de la Porte Majeure*, Paris, 1944, en part. p. 161-206.

lissement des mœurs, le stoïcisme préconisait la pratique de la vertu, ou plutôt des quatre vertus cardinales : la connaissance, la justice, la maîtrise de soi et le courage. À la hiérarchisation sociale et politique par la fortune, il opposait l'égalité des hommes par la raison, la seule distinction réelle devant être assurée par l'adoption d'une « conduite convenable » et sage, c'est-à-dire inspirée par la morale rationnelle et la connaissance philosophique. En politique, il réclamait plus d'égalité et de solidarité, chaque homme devant être « au service d'autrui », mais il attribuait aux plus sages, aux plus déterminés à accomplir leurs devoirs d'homme, le droit et même le devoir d'aspirer à la primauté et de se faire les guides (*duces*) de la Cité.

L'épicurisme pour sa part, après les difficultés rencontrées à Rome dans les années 175, est en sommeil ; il ne réapparaît dans la pensée romaine qu'à la fin du IIe et au début du Ier s. av. J.-C., peut-être parce qu'alors sa doctrine correspondait mieux à l'évolution morale.

Le changement apporté dans les mœurs au cours des deux derniers siècles de la République est peut-être ce qui a le plus frappé les auteurs anciens : Polybe déjà, puis plus tard Salluste, Sénèque, Diodore de Sicile, sans parler de Caton bien entendu, qui n'ont pas hésité à voir dans le développement de l'appétit de jouissance une des causes majeures du déclin de la Rome républicaine. Relisons Diodore (*Fragments*, liv. XXXVII) :

> Les Romains, dont les lois et les mœurs étaient anciennement très bonnes, parvinrent en peu de temps à un tel degré de puissance qu'ils eurent le plus célèbre et le plus grand des empires dont l'histoire fasse mention. Mais à une époque plus récente, la soumission de tant de peuples et une longue paix firent changer, pour la perte de Rome, les anciennes mœurs. Pour se délasser du métier des armes, les jeunes gens se livraient à la mollesse et à l'intempérance, car les richesses satisfaisaient à leurs désirs. Dans la Ville on préférait le luxe à la frugalité, l'oisiveté aux exercices militaires ; enfin l'on regardait comme heureux non pas celui qui était doué de vertus, mais celui qui passait tout le

temps de sa vie dans les plus grandes réjouissances. Des repas somptueux, des parfums recherchés, des tapis brodés, des *triclinia* (salles à manger) richement ornés, des meubles en ivoire, en argent et en d'autres matières précieuses artistement travaillées, devinrent de plus en plus à la mode ; on dédaignait les vins qui ne flattaient que médiocrement le goût : il leur fallait du Falerne, du Chio et tout autre vin semblable qui flatte le palais ; on dépensait des sommes énormes pour les plats de poisson et d'autres mets recherchés. Les jeunes gens portaient sur le Forum les étoffes les plus molles, transparentes et fines comme celles que portent les femmes. Tous ces objets de luxe, propres à engendrer une mollesse pernicieuse, s'élèvent bientôt à des prix incroyables : une amphore de vin se vendait 100 drachmes, un pot de salaison du Pont 400 drachmes. Les cuisiniers qui excellaient dans leur art étaient payés 4 talents ; et les concubines, distinguées par leur beauté, se payaient un grand nombre de talents. Pendant que ce luxe effréné faisait des progrès, quelques magistrats essayèrent dans les provinces de ramener les anciennes mœurs et proposèrent, en raison de leur autorité, leur propre vie comme le meilleur modèle à suivre... Marcus Caton, homme sage et distingué par la pureté de ses mœurs, se prononça au sénat contre le luxe qui envahissait Rome ; « Dans cette seule Ville, s'écriait-il, un pot de salaison du Pont se vend plus cher qu'une paire de bœufs, et un mignon plus qu'un esclave. »

De fait Caton avait, pendant sa censure, pris des mesures contre le luxe[1], en particulier contre le luxe des femmes qui, disait-il, grandissait au fur et à mesure que la situation de Rome devenait plus florissante. Il avait frappé de

---

1. Sur l'idéal de la *disciplina* qui, pendant toute sa carrière, a inspiré à Caton son souci de servir la *res publica* (l'expression *pro re publica* revient constamment dans ses discours), ses campagnes contre le luxe, l'*avaritia* (c'est-à-dire l'avidité), les abus de pouvoir et les malversations des magistrats, son hostilité envers les Grecs, voir A.E. Astin, *Cato the Censor*, Oxford, 1978, et D. Kienast, *Cato der Zensor. Seine Persönlichkeit und seine Zeit*, Darmstadt, 1979.

surtaxe certains objets, dont l'usage lui paraissait inutile. Si bien que, lorsqu'il quitta sa magistrature, on lui dressa une statue « pour avoir relevé la République que l'altération des mœurs menaçait de détruire ». Le luxe de la table provoquait surtout l'irritation du Censeur ; on a vu plus haut à quelles dépenses se livraient les riches Romains, qui voulaient imiter plus ou moins les rois et les grands de l'Orient grec. Une loi, en 161, avait interdit d'engraisser les poulardes ; elle avait été tournée en dérision !

Dans le déclin des mœurs a été mis en cause le développement de l'homosexualité[1]. Universellement pratiquée, universellement réprouvée dans l'Antiquité[2], l'homosexualité, selon Cicéron, ne serait peut-être pas née spontanément à Rome ; elle serait venue de Grèce. En tout cas, Polybe, Cicéron lui-même, Tite-Live et d'autres citent le cas d'un édile qui, en 226 av. J.-C., fut condamné pour avoir fait des avances inavouables au fils d'un autre édile, le grand Marcellus. Et Caton, on l'a vu, fulminait contre ceux qui dépensaient des fortunes aussi bien pour acheter un jeune et bel esclave que du poisson fumé.

On s'est demandé à partir de quand l'apparition du luxe avait entraîné le déclin moral à Rome. Pour Tite-Live (XXXIX, 6, 7-8),

> L'apparition du luxe étranger à Rome a commencé avec le retour de l'armée d'Asie. C'est elle la première qui introduisit les lits à pieds de bronze, les tapis précieux, les couvertures et autres étoffes... À cette date remontent les joueuses de cithare et de sambuque, les histrions chargés d'égayer les festins.

Pour d'autres, et notamment pour le stoïcien Posidonius d'Apamée, successeur de Panétius de Rhodes à la tête de

---

1. Voir J.P.V.D. Balsdon, *Romans and Aliens*, 1979, p. 225, et suiv.
2. À la différence de la pédérastie, considérée en Grèce comme une méthode d'éducation : voir H.I. Marrou, *Histoire de l'éducation dans l'Antiquité*.

l'école stoïcienne à la fin du IIe s., c'est la chute de Carthage en 146 qui a marqué le grand tournant, c'est la disparition du dernier rival de Rome et, par là, de toute crainte salutaire, qui a précipité son déclin moral, puis politique. Cette idée a d'ailleurs été recueillie successivement par Diodore et par Plutarque, mais progressivement déformée[1].

En historien teinté, il est vrai, de rigueur moralisatrice, Salluste, préoccupé par les raisons morales du déclin de la République, est cependant allé plus loin que n'ira un peu plus tard Diodore. Il écrit dans son histoire de la *Conjuration de Catilina* (10) :

> Quand par son travail et sa justice la République se fut agrandie, quand les plus puissants rois furent domptés, les peuplades barbares et les grandes nations soumises par la force, Carthage, la rivale de l'empire romain, détruite jusqu'à la racine, lorsque mers et terres s'ouvraient toutes aux vainqueurs, la Fortune se mit à sévir et à tout bouleverser. Ces hommes qui avaient aisément enduré fatigues, dangers, situations difficiles ou même critiques, ne trouvèrent dans le repos et la richesse, biens par ailleurs désirables, que fardeaux et misères. D'abord la soif de l'argent s'accrut, puis celle du pouvoir ; ce fut là pour ainsi dire l'aliment de tous les maux. L'avidité détruisit la loyauté, la probité et toutes les autres vertus ; à leur place ce fut l'orgueil, la cruauté, le mépris des dieux, la vénalité qu'elle enseigna. L'ambition amena bien des gens à se parer de faux dehors, à penser secrètement d'une façon, à s'exprimer ouvertement d'une autre, à régler leurs amitiés et leurs inimitiés non sur le mérite, mais sur leur intérêt, à se faire un visage plutôt qu'une âme honnête. Le progrès de ces vices fut d'abord insensible, parfois même ils étaient punis ; puis, lorsque la contagion se fut répandue comme une épidémie, la cité changea d'aspect ; le plus juste et le meilleur des gouvernements se transforma en un empire cruel et intolérable.

---

1. Voir U. Hackl, « Poseidonios und das Jahr 146 v. Chr. als Epochendatum in der antiken Historiographie », Gymnasium, 87, 1980, p. 151-166.

Comme on le voit, Salluste ne met pas seulement en cause le développement de l'appétit de jouissance, mais aussi l'ambition démesurée du pouvoir, le « mépris des dieux » et la corruption des hommes au pouvoir. Contemporain de César, il a vécu les expériences politiques de Sylla et de Pompée avec les atroces guerres civiles qui les ont accompagnées. Il a vécu les moments cruciaux de la crise qui en un siècle, entre 133 et 31 av. J.-C., va emporter la République romaine. Pour en bien comprendre tous les aspects, il était indispensable d'analyser d'abord les grands et profonds changements introduits au IIe s. dans la vie des Romains et en particulier le bouleversement des valeurs qui a commencé alors, avant d'apparaître au grand jour au dernier siècle avant notre ère. Un bouleversement des valeurs qui ne peut se comparer qu'à celui qui a marqué la Renaissance française.

Troisième partie

La « décadence » de la République

Comme il arrive quelquefois en histoire, par exemple dans les années qui ont précédé 1789, l'activité réformatrice d'hommes de (bonne) volonté annonce la décadence et la mort des institutions, voire des civilisations qu'elle voulait préserver. Ce fut le cas avec Tiberius Gracchus, dont le tribunat, suivi de celui de son frère Caius, se situe à l'orée de la crise mortelle de la République romaine.

En 133, Tiberius proclame qu'il n'agit que « pour la protection du peuple romain » et au service de la grandeur d'une Rome incarnée par le *Senatus Populusque Romanus*. En 31, Octave devient par la victoire d'Actium et la mort de Marc Antoine seul maître du monde romain et inaugure pour cinq siècles un régime monarchique. Un siècle d'une crise ouverte de façon violente douze ans après la destruction de Carthage et de Corinthe, qui a marqué un moment décisif dans le développement de l'impérialisme de Rome. Période tourmentée, violente et cruelle pour beaucoup. Période d'enrichissement et de fulgurante ascension sociale pour d'autres. Moment de l'histoire romaine où il fut dangereux de vivre et qui a trouvé son point culminant aux ides de mars 44 avec l'assassinat de César.

Peut-on parler de décadence ? Oui à certains égards, on va le voir, du moins par rapport à ce que d'aucuns considéraient comme l'idéal républicain de la *libertas*, exprimé par certaines institutions du passé. Non, si l'on insiste surtout sur certains acquis culturels et même politiques et sociaux. Plutôt que de décadence, terme vague, trop flou et globalisant, on parlera donc de crise de la République et même, si l'on veut, de crise de civilisation. En fait, il s'agit du passage d'un monde à un autre, d'un ordre ancien à un ordre nouveau.

Il est sans doute assez vain de se demander si c'est la crise qui a entraîné les mutations profondes des institutions, de la société et des valeurs en général, ou si ce sont ces mutations qui ont provoqué la crise. Encore que chronologiquement, il apparaisse assez clairement que les changements intervenus au IIe s. av. J.-C. ont précédé la crise des années 133-30. En revanche, il est légitime de chercher à expliquer cette crise. On n'a pas manqué de le faire. Déjà Polybe incriminait les conquêtes, c'est-à-dire l'impérialisme romain, dont on a vu quels bouleversements profonds elles ont entraînés dans l'économie et la société, comme dans les valeurs culturelles et morales. Bouleversements n'étant évidemment pas synonymes de décadence, ou de cause de décadence ; dans ces bouleversements, les aspects positifs ne manquent pas : l'hellénisme est à l'origine de la nouvelle culture dont Rome capitale d'empire peut s'enorgueillir comme d'une renaissance après les années sombres de la deuxième guerre punique.

Cicéron, pour sa part, a engagé la responsabilité des *patres*, dont l'égoïsme a freiné, voire empêché l'évolution nécessaire que le sénat, dominé par l'élément conservateur, s'est refusé à entreprendre. C'est là une vue un peu rapide. Car en fait, en 133 av. J.-C., au moment où s'ouvre la crise, trois camps se partageaient la scène politique et, notons-le, la science du droit. Tant il est vrai qu'à Rome un lien étroit unit toujours droit privé et politique, droit public et philosophie[1]. Il y a, d'une part, ceux qu'en lan-

---

1. Selon O. Behrends, « Tib. Gracchus und die Juristen seiner Zeit, die Römische Jurisprudenz gegenüber der Staatskrise des J. 133 v. Chr. », *Das Profil des Juristen in der Europäischen Tradition ; Symposium aus Anlass des 70. Geburtstages von F. Wieacker*, Edelsbach, 1980, p. 25-121.

gage moderne on appellerait des libéraux-conservateurs, du type Scipion Émilien : très influencés par le stoïcisme (ou du moins par un courant du stoïcisme), ils sont favorables à une attitude plutôt individualiste dans la Cité comme dans le monde extérieur ; en politique intérieure ils sont prêts à faire des concessions raisonnables, celles par exemple qu'aurait apportées au régime agraire la *rogatio Laelia agraria* du consul de 140, C. Laelius, un proche de Scipion, et qu'il dut retirer devant l'opposition déterminée des *patres*.

Il y a, d'autre part, le groupe des réformateurs, comme le censeur de 136, Appius Claudius Pulcher, en 133 prince du sénat, le prestigieux Q. Caecilius Metellus Macedonicus, le riche P. Licinius Crassus, un éminent jurisconsulte P. Mucius Scaevola, consul en 133, et Tiberius Gracchus, tous influencés par un autre courant stoïcien. Chez eux, sur l'individualisme l'emporte la conscience des devoirs de solidarité envers la communauté des citoyens. Ils mettent l'accent sur l'*officium*, c'est-à-dire sur les devoirs qui incombent au détenteur du pouvoir et notamment aux tribuns qui sont, eux, au service de la plèbe. Cette théorie, proclamée par Tiberius – et qui ne manquait pas d'inquiéter certains de ses amis – d'un tribunat soumis au peuple et qui peut aller jusqu'à la déposition du tribun par le peuple souverain, ne va rien de moins que bouleverser le cadre institutionnel romain.

Il y a, enfin, les conservateurs, tels P. Scipion Nasica, cousin d'Émilien, grand pontife depuis 141, et L. Furius Philus, consul en 136. Sous l'influence de l'Académie platonicienne, animée alors par Carnéade le Sceptique, ils privilégient non seulement le salut de l'État (la *salus publica*), mais éventuellement la force sous les apparences du respect de la légalité, comme le montrera la mise à mort de Tiberius Gracchus. Leur conception politique concède une puissance souveraine au titulaire du pouvoir et n'affecte aucune fin morale au droit.

Cicéron n'a cependant pas tout à fait tort. Car même s'il y a chez les *patres* des réformateurs et des libéraux conservateurs, qui en 133 représentent au sénat un courant assez fort pour faire croire à Tiberius que les circonstances lui sont favorables, nous les verrons se regrouper rapidement contre les réformes proposées dès l'instant qu'ils les jugeront contraires au salut de l'État. C'est le réformateur Metellus le Macédonique qui s'éleva avec le plus de violence contre l'insolence de Tiberius.

Cicéron n'envisage d'ailleurs pas que la responsabilité des *patres* ; il incrimine tout autant la politisation des masses urbaines par les Gracques. Pour lui, la racine de tout le mal se trouve dans les années du tribunat de Tiberius, celles de Caius n'ayant fait que l'aggraver. Plutarque et Appien partagent cet avis. La *plebs urbana* une fois mobilisée politiquement par les deux frères, les ambitieux aspirant au pouvoir personnel et les *homines seditiosi* désireux de déstabiliser l'État vont désormais s'appuyer sur elle. Tandis que l'action des *populares* vise à affaiblir, sinon à faire éclater, en milieu urbain surtout, les contraintes inhérentes au système des clientèles qui attachent trop de petites gens au sort et à l'influence des grands[1]. Une simple anecdote, d'ailleurs célèbre, selon laquelle Caius avait recruté, disait-on, un esclave joueur de flûte pour donner à sa voix le ton qui convenait, révèle tout l'intérêt qu'il portait à séduire cette plèbe romaine. On a aussi observé qu'il y avait un rapport étroit entre le comportement politique du *popularis* et l'*eloquentia popularis* : on a en effet vu naître alors, en cette fin de la République, un type d'éloquence propre lui aussi à séduire les foules, une éloquence du pathétique, faite de véhémence et d'agressivité oratoire, mais qui sait également, quand il est opportun, faire appel à l'émotion populaire[2].

---

1. Voir. L. Perelli, *Il movimento popolare nell'ultimo secolo della Repubblica*, Historica, Politica, Philosophica, 11, Turin, 1982.
2. Voir J. Martin, *Die Popularen in der Geschichte der Späten Republik*, Diss. Fribourg, 1965, et récemment J. M. David, « *Eloquentia popularis* et conduites symboliques des orateurs de la fin de la République : problèmes d'efficacité », *Quaderni di storia*, 12, 1980, p. 171-210.

Séduire le *populus* est alors d'autant plus important que, depuis quelques années, l'assemblée des citoyens groupés par tribus – les comices tributes – qui, sous la présidence d'un tribun de la plèbe, vote les plébiscites (qui ont la validité des lois), exerce des fonctions judiciaires (pour les crimes d'État passibles d'une amende) et élit des magistrats (édiles, tribuns et questeurs), bénéficie d'une nouvelle procédure pour ses votes. Depuis 139 pour les élections, depuis 137 pour les jugements, une grande innovation a été introduite par les lois tabellaires, lois d'inspiration populaire, votées malgré l'opposition des classes supérieures : au vote oral, évidemment soumis à toutes sortes de pressions, elles substituaient le vote par bulletin écrit (*tabella*). Le bulletin, dira Cicéron (*De lege agr.*, II, 4), est « le garant d'une liberté muette ». Ces lois tabellaires sont des mesures révolutionnaires et démocratiques, selon L. Ross Taylor qui a consacré aux *Roman Voting Assemblies*[1] un livre fondamental, et même pour elle plus importantes que les lois gracquiennes. Mais, notons-le, le vote tabellaire n'est pas encore admis pour les lois ; il le sera seulement en 129. En 133, c'est une revendication. De toute façon, la machinerie reste compliquée, et toute idée de suffrage universel (*one man, one vote*) en exclue. De même qu'est absente toute idée d'une représentation égale des classes et des tribus.

Au fond, en simplifiant un peu les données, dans ces années 135-133, s'opposent et vont continuer de s'opposer de plus en plus durement ceux qui veulent mettre en position primordiale la *salus populi* et ceux qui entendent maintenir et assurer avant tout la *salus rei publicae*. On ne peut dire quand est apparue pour la première fois la formule fameuse « que le salut du peuple soit la loi suprême » (*salus populi suprema lex esto*). Ce qui est sûr, c'est que le tribunat de Tiberius Gracchus en offre l'une des plus anciennes manifestations ; la *salus populi* était son objectif ultime. Comme le montre bien l'épisode du tribun

---

1. Ann Arbor, 1966.

M. Octavius que Tiberius fit déposer par l'assemblée populaire au nom de l'intérêt du peuple. Cette idéologie du salut du peuple lui avait été, selon Plutarque (*Tib. Gr.*, 8) inspirée par le rhéteur Diophane de Mytilène et surtout par le philosophe Blossius de Cumes[1], lui-même en relations étroites avec Antipater de Tarse, chef de file d'un courant stoïcien plus généreux que l'autre courant, plus proche de Scipion Émilien. On cite souvent la réponse significative faite par Blossius aux consuls qui l'interrogeaient après le meurtre de Tiberius (Plut., 20, 4).

> Comme Nasica lui demandait : « Et si Tiberius t'avait ordonné de brûler le Capitole ? » Il répondit d'abord que jamais Tiberius ne lui eût donné un pareil ordre ; et la même question lui étant posée à plusieurs reprises et par plusieurs personnes, il finit par répondre : « Eh bien ! s'il me l'avait ordonné, il eût été beau pour moi d'obéir ; car Tiberius ne pouvait me le prescrire que *dans l'intérêt du peuple.* »

L'hellénisme n'est donc pas étranger à cette idéologie populaire.

À la primauté du peuple, proclamée par le tribunat révolutionnaire, répond chez les *optimates* du sénat la volonté de défendre avant tout la *salus rei publicae*. À l'idéologie démocratique s'oppose l'idéologie traditionnelle de la *res publica*, c'est-à-dire de l'État plutôt que de la République. Elle ressemble beaucoup à ce que nous appelons la raison d'État. À condition de comprendre dans le mot *res publica* la communauté civique, les institutions qui la régissent et même les fins généreuses qu'elle se propose quand, bien entendu, elles ne nuisent en rien à l'intérêt commun. Mais les événements vont montrer que, tout autant que la *salus*

---

1. Sur Blossius, stoïcien intégriste, pour qui l'intérêt individuel s'identifie avec celui de la collectivité : D.R. Dudley, « Blossius of Cumae », *JRS*, 31, 1941, p. 94 et suiv. – J. B. Becker, « The Influence of Roman Stoïcism upon the Grachan Economic land Reforms », *Parola del Passato*, 19, 1964, p. 125 et suiv.

populi, la *salus rei publicae* justifie des mesures de caractère exceptionnel, telles qu'on peut aussi bien les tenir pour révolutionnaires. C'est précisément en l'invoquant que Scipion Nasica, au printemps de 133, devant l'attitude passive du consul Scaevola, appela les hommes de bonne volonté à le suivre pour s'opposer par tous les moyens aux entreprises de Tiberius : « Que ceux qui veulent sauver l'État me suivent » (*qui rem publicam salvam esse volunt sequentur*, Valère Maxime, III, 2, 17). « Ce serait à peine forcer les choses que de dire que les Gracques cherchaient le salut du peuple et le sénat, conservateur, celui des institutions[1]. » Cette idéologie sénatoriale est, quant à elle, tout à fait traditionnelle, conforme à la tradition la plus romaine. Cicéron, on le verra, s'y référera souvent.

Faut-il, dans cette opposition entre deux idéologies, celle des *populares* et celle des *optimates*, voir un conflit de classes en luttes[2] ? Certainement pas. Car non seulement on trouve chez les *populares*, défenseurs de la primauté des droits du peuple, des membres de la classe dominante, à commencer par Tiberius et Caius Gracchus, petits-fils de Scipion l'Africain, cousins et, pour Tiberius, beau-frère de Scipion Émilien, ou comme P. Clodius, le tribun trublion de 58 av. J.-C. qui de patricien se fit plébéien pour assumer le tribunat, ou même comme le grand patricien C. Julius Caesar, tandis qu'on rencontre chez les *optimates* des hommes aussi différents socialement que les patriciens de haute et vénérable lignée et des *homines novi* comme Cicéron d'Arpinum. Mais on sait bien que les oppositions politiques à Rome se forment, non d'après l'appartenance à une classe

---

1. J. Gaudemet, « Tradition romaine et idéologie grecque dans la conception de la *res publica* au dernier siècle de la République », *La filosofia greca e il diritto romano, Colloqui Accademia dei Lincei* 1973, Roma, 1976, p. 97-110, repris dans *Études de droit romain*, II, p. 96-110.
2. Selon F. de Martino par exemple, *Diritto e società nell'antica Roma*, Rome, 1979 (*Bibl. di Storia antica*, 6) : réédition d'articles antérieurs.

sociale, mais plutôt selon l'appartenance à telle *factio*, à tel groupe politique (pour ne pas employer le mot parti), qui se constitue et se dissout non sur un programme mais à propos de décisions précises à prendre. Il est vrai que Tite-Live (IX, 46, 13) signale en 312, lors de la censure d'Appius Claudius Pulcher, la naissance de deux partis (*partes*), l'un respectueux de la noblesse, l'autre agité, turbulent, formant une « faction du Forum ». Pour sa part, Cicéron, suivi par Appien, la date de la mort de Tiberius Gracchus. Mais – comme l'a très justement noté C. Nicolet[1] – le mot *partes* désigne alors et continuera de désigner plutôt les partisans des *imperatores* et des séditieux aspirant à jouer un grand rôle politique national.

Il y a encore une raison qui conduit à révoquer en doute sérieux l'explication par la lutte des classes. C'est une raison historique : l'existence de la catégorie sociale ou mieux de l'ordre des chevaliers, dont les uns, fils, cousins de sénateurs, ne figurent pas systématiquement dans le groupe socio-politique des *optimates*, tandis que les autres, issus des municipalités ou des milieux de l'administration, ne se retrouvent pas toujours parmi les *populares*. Comme quoi ni les nomenclatures ni les classifications modernisantes ne peuvent s'appliquer à tout prix aux réalités complexes de la vie politique et sociale de l'Antiquité.

Cela dit, toutes ces questions se posent. Il convient de les garder en mémoire en analysant les différents aspects de la grande crise du dernier siècle de la République ou plutôt des crises qui ont mené la République à sa perte : crise agraire, crise politique, crise des valeurs traditionnelles.

---

1. Sur les notions de faction, de parti, voir ses excellentes remarques, ouv. cit., p. 432 et suiv.

1

LA CRISE AGRAIRE

Pour la raison qu'une crise « ne dure pas plusieurs siècles[1] », on préfère maintenant parler de question agraire. Il est bien vrai que cette question remonte très haut dans l'histoire de Rome, dans le dernier quart du Ve s. av. J.-C. Toutefois on peut dire que c'est avec les Gracques ou dans les années qui ont précédé le tribunat de Tiberius Gracchus que la question agraire s'est transformée en crise agraire.

Tout le monde connaît les deux passages de Plutarque évoquant la traversée de l'Étrurie par Tiberius, qui aurait déclenché sa décision d'agir (*Tib.*, 8 et 9) :

> Passant par la Toscane pour aller à Numance, Tiberius, à la vue du pays désert, sans laboureurs ni pâtres en dehors des esclaves importés et des Barbares, conçut la première idée de la politique qui fut, pour les deux frères, la source de mille malheurs. Mais c'est surtout le peuple lui-même qui enflamma le zèle et l'ambition de Tiberius en l'excitant, par des inscriptions tracées sur les portiques, les murs et les monuments, à faire recouvrer aux pauvres le territoire public.

---

1. Voir C. Nicolet, ouv. cit., p. 117-142 : le meilleur exposé de la question ; aussi *les Gracques. Crise agraire et révolution à Rome*, Paris, 1967. Voir aussi P. A. Brunt, *Conflits sociaux en République romaine*, Paris, 1979, p. 97 et suiv.

> Les bêtes, disait-il, qui paissent en Italie ont une tanière, et il y a pour chacune d'elles un gîte et un asile ; mais ceux qui combattent et meurent pour l'Italie n'ont que leur part d'air et de lumière, pas autre chose. Sans domicile, sans résidence fixe, ils errent partout avec leurs enfants et leurs femmes ; et les généraux mentent en engageant leurs soldats à défendre, dans les combats, leurs tombeaux et leurs temples contre les ennemis ; car il est tant de Romains dont aucun ne possède d'autel de famille, ni de tombeaux d'ancêtres ! C'est pour le luxe et la richesse d'autrui qu'ils font la guerre et meurent ; et l'on a beau les appeler maîtres du monde, ils n'ont même pas une motte de terre à eux !

En fait, la question agraire se trouve posée depuis les conquêtes des territoires italiens par Rome, depuis qu'a été constitué en Italie un territoire romain (*ager romanus*) et dans cet *ager romanus* un domaine public du peuple romain (*ager publicus*). Et la crise agraire, qui n'est pas une crise de l'agriculture, a éclaté quand ont été réunies plusieurs conditions favorables dans la décennie qui a précédé le tribunat de 133. C'est Appien qui a le mieux, le plus complètement, exposé la situation dans son histoire des *Guerres civiles*, qui, pour lui, commencent donc avec les Gracques (*B.C.*, I, 7-8) :

> En subjuguant progressivement l'Italie par la force des armes, les Romains étaient dans l'usage ou de s'approprier une partie du territoire du peuple vaincu pour y bâtir une ville, ou de fonder, dans les villes déjà existantes, une colonie composée de citoyens romains. Ils imaginèrent de substituer cette méthode à celle des garnisons. La portion de territoire dont le droit de conquête les avait rendus propriétaires, ils la distribuaient sur-le-champ, si elle était en valeur, à ceux qui venaient s'y établir ; sinon ils la vendaient ou la donnaient à ferme ; si, au contraire, elle avait été ravagée par la guerre, ce qui arrivait assez souvent, sans remettre à un autre temps de la distribuer par la voie du sort, ils la mettaient à l'enchère telle qu'elle était, et se chargeait de l'exploiter qui voulait, moyennant une redevance annuelle en fruits ; savoir, du dixième pour les terres qui étaient susceptibles d'être ensemencées, et du cinquième pour les terres à plantations. Celles qui n'étaient bonnes que pour le pâturage, ils en reti-

raient un tribut de gros et menu bétail. Leur vue en cela était de multiplier la population des peuples de l'Italie, qui leur paraissait la plus propre à supporter des travaux pénibles, afin d'avoir pour leurs armées des auxiliaires. Mais le contraire leur arriva. Les citoyens riches accaparèrent la plus grande partie de ces terres incultes, et, à la longue, ils s'en regardèrent comme les propriétaires inamovibles. Ils acquirent par la persuasion, ou ils envahirent par la violence les petites propriétés des pauvres citoyens qui les avoisinaient. De vastes domaines succédèrent à de minces héritages. Les terres et les troupeaux furent mis entre les mains d'agriculteurs et de pasteurs de condition servile, afin d'éviter l'inconvénient que la conscription militaire eût fait redouter envers des hommes de condition libre. Cette ruse des propriétaires produisit l'avantage d'accroître considérablement la population des esclaves qui, n'étant pas appelés à porter les armes, se multipliaient à leur aise. Il résulta de toutes ces circonstances que les grands devinrent très riches, et que la population des esclaves fit dans les campagnes beaucoup de progrès, tandis que celle des hommes de condition libre diminuait, par l'effet du malaise, des contributions et du service militaire qui les accablaient ; et lors même qu'ils jouissaient, à ce dernier égard, de quelque relâche, ils ne pouvaient que perdre leur temps dans l'inertie, parce que, d'un côté, les terres n'étaient qu'entre les mains des riches, et que, de l'autre, ceux-ci employaient pour les cultiver des esclaves de préférence à des hommes libres.

Cet état de choses excitait le mécontentement du peuple romain. Car il voyait que les auxiliaires pour le service militaire allaient lui manquer, et que le maintien de sa puissance serait compromis au milieu d'une si grande multitude d'esclaves. On n'imaginait pas néanmoins de remède à ce mal parce qu'il n'était ni facile, ni absolument juste de dépouiller de leurs possessions, de leurs propriétés agrandies, améliorées, enrichies de bâtiments, tant de citoyens qui en jouissaient depuis de si longues années. Les tribuns du peuple avaient en effet anciennement éprouvé de grandes difficultés pour faire passer une loi, qui portait que nul citoyen ne pourrait posséder de ces terres au-delà de cinq cents arpents, ni avoir en troupeaux au-dessus de cent têtes de gros et de cinquante têtes de menu bétail. La même loi avait enjoint aux propriétaires de prendre à leur service un nombre déterminé d'hommes libres, pour être les surveillants et les inspecteurs de leurs propriétés. Ces dispositions de la loi furent consacrées par la religion du serment. Une amende fut établie contre ceux qui refuseraient de s'y conformer ; et les portions de terres récupérées en conséquence, l'on devait en disposer sur-le-champ en faveur des citoyens pauvres et les leur aliéner à vil prix. Mais ni la loi ni les serments ne furent respectés. Quelques citoyens, afin de sauver les apparences, firent, par des transactions frauduleuses, passer leur excédent de propriété sur la tête de leurs parents ; le plus grand nombre brava la loi complètement.

Cette présentation de la question agraire par Appien en révèle clairement tous les aspects : juridique, économique, démographique et militaire.

Dans le territoire romain (*ager romanus*) couvert par les 31 tribus rurales, qui, outre Rome et sa banlieue, s'étend en gros de la Campanie (à partir de Pouzzoles) jusqu'au sud de l'Étrurie et au-delà de l'Apennin occupe une bande littorale d'Hadria jusqu'à Modène et Parme en Cisalpine, soit en tout un tiers de l'Italie péninsulaire, territoire qui forme une masse à la fois compacte et discontinue, car elle comporte des enclaves de cités alliées et des portions disséminées d'*ager publicus*, par exemple sur le territoire de Tarente, la situation n'est pas partout la même. Appien montre qu'au point de vue juridique le statut est loin d'être uniforme. Dans l'*ager romanus* (proprement dit) l'appropriation privée est possible. Tandis que dans l'*ager publicus*, patrimoine du peuple qui doit lui assurer des revenus, la vente de parcelles est exceptionnelle (en 205 et en 199 une partie de l'*ager campanus*, la partie la plus fertile, a été vendue), la terre est assignée (*ager datus adsignatus*) soit à titre gratuit, en échange de services, en remboursement de créance publique, en attribution à des colons ou à des citoyens à titre individuel, soit contre une redevance. Et ici Appien souligne nettement la différence entre la *proprietas*, propriété pleine et entière dans le cas d'appropriation privée, et la *possessio* ou jouissance, dans toutes les aliénations d'*ager publicus*, où l'État reste propriétaire éminent : avec semble-t-il, une distinction entre les colons et les assignés d'une part qui jouissent de leurs lots en quasi pleine propriété, sans redevance, et d'autre part les particuliers qui s'installent sur les terres non cultivées (forêts, marais, pâturages) moyennant une redevance. Le problème le plus délicat était celui des terres en friche, comme Appien l'a bien vu. Sur ces terres « ravagées par la guerre » ou laissées à l'abandon depuis longtemps, l'État laisse s'installer des gens qui n'ont, bien sûr, aucun titre de propriété, qui n'ont qu'un droit d'*occupatio*, c'est-à-dire qui bénéficient d'une concession de terrains. Terrains qu'ils n'occupent que dans la mesure où il les mettent en valeur. Et terrains qui ne sont même pas cadastrés. Ce qui explique la facilité avec laquelle peuvent se faire et se font effectivement les usurpations. On voit la complexité de la situation et toutes les occasions de conflits.

Appien a bien vu aussi les aspects économiques de la question agraire. Ils sont doubles. D'une part, dit-il,

> les citoyens riches accaparèrent la plus grande partie de ces terres incultes, et à la longue ils s'en regardèrent comme les propriétaires inamovibles. Ils acquirent par la persuasion ou ils envahirent par la violence les petites propriétés des pauvres citoyens qui les avoisinaient.

Ce que Salluste avait déjà noté (*Jug.*, 41) :

> Pendant ce temps (le temps des guerres) les parents ou les petits-enfants des soldats, s'ils étaient voisins d'un puissant, étaient chassés de leurs terres.

Et Plutarque, de son côté, précise dans sa vie de *Tib. Gracchus* (8) :

> Plus tard leurs voisins riches se firent transférer les locations grâce à des prête-noms et comme, à la fin, ils occupaient ouvertement pour eux-mêmes la plupart de ces biens, les pauvres se trouvèrent refoulés.

D'autre part, ayant acquis soit par la persuasion, soit par la force les petites parcelles voisines des leurs, les riches (les puissants) constituèrent de vastes domaines : on a vu des exemples de ces immenses propriétés, sur lesquelles ceux qui s'en considéraient comme propriétaires inamovibles n'étaient parfois juridiquement que *possessores* à titre précaire et donc révocable. Leur conviction se trouvait renforcée par le fait que depuis longtemps parfois ils ne payaient plus la redevance légale. « Le jour où l'État prétendit récupérer des terres dont il avait depuis longtemps abandonné le contrôle, et que leurs possesseurs, tout en étant incapables de fournir un titre de propriété ou de concession valable, considéraient, avec une partie de l'opinion, comme privées[1] », ils s'estimèrent lésés.

Autre aspect de la question parfaitement mis en valeur par Appien, qui avec raison le met en relation avec la formation des grandes propriétés : la préférence donnée à la main-d'œuvre servile sur les travailleurs libres. Si bien qu'au point de vue démographique, on assiste à la diminution de la population rurale libre et à l'augmentation du nombre des esclaves. Appien précise lui-même un peu plus loin (*B.C.*, I, 40) :

> Les pauvres disaient que de leur ancienne aisance ils étaient tombés dans la plus extrême misère, que cette détresse les empêchait d'élever des enfants, faute d'avoir de quoi les nourrir.

Quant à l'accroissement de la population servile, c'est un argument qui paraît d'autant plus important aux yeux de l'opinion que les années 135-134 sont marquées par la révolte et la guerre servile en Sicile, où l'insurrection partie d'Henna a gagné l'ouest de l'île et menacé la péninsule.

Danger d'autant plus fortement ressenti que le recensement de 136, avec seulement 317 933 citoyens romains, révélait un déficit de 10 000 citoyens en cinq ans. Avec toutes les incidences militaires qu'Appien n'a pas manqué de souligner. Tandis que, dit-il, la politique agraire de l'État

---

1. C. Nicolet, ouv. cit., p. 124.

visait à augmenter la population de l'Italie pour pouvoir disposer, du côté des non-citoyens, de recrues pour les troupes auxiliaires, et du côté des citoyens, de recrues pour les légions, c'est le contraire qui se produisit. La réduction de la population libre et son appauvrissement – les plus pauvres des citoyens n'étaient pas mobilisables – provoquèrent une disette de soldats. Disette telle que Scipion Émilien partant pour l'Espagne, où les Numantins avaient infligé aux légions de lourdes pertes, dut lever 500 cavaliers dans sa clientèle (la fameuse aile des amis, l'*ala amicorum*), à qui se joignirent 3 500 fantassins volontaires venus des villes italiennes et des royaumes alliés. C'est cette menace pesant sur le recrutement des armées qui fut une des causes d'inquiétude de Tiberius et l'un de ses motifs d'intervention.

Certes, la situation n'était pas la même dans toute l'Italie ; il y avait des régions, telles que le territoire de Capoue ou la Cisalpine, où les terres avaient été entièrement confisquées, d'autres moins touchées. Il reste que partout se posait avec plus ou moins d'acuité la question agraire, question qui débouche dans la décennie 145-133 sur une crise qui naît, somme toute, comme l'a excellemment défini C. Nicolet, de la rencontre d'un « double mouvement : des paysans sans terre, mais qui en réclament, et de l'autre côté des terres sans paysans ». On ajouterait volontiers : d'un côté un État préoccupé de récupérer des biens fonciers laissés incontrôlés au profit d'une classe paysanne romaine libre reconstituée et bientôt assez aisée pour fournir des soldats ; de l'autre des propriétaires intéressés et parfois convaincus de leur bon droit, toujours peu disposés à se laisser dépouiller.

Ainsi s'expliquent et les mobiles de Tiberius et les difficultés de son action.

Avant 133, plusieurs tentatives de réformes avaient été faites, depuis la lex Cassia de 486 jusqu'à la rogatio Laelia de 145 déjà évoquée : toutes avaient tourné court. Et les années qui ont suivi 145 ont même connu une certaine « réaction nobiliaire », qui n'a fait qu'aggraver la situation des petits propriétaires.

Tiberius Gracchus

Estimant les circonstances favorables, Tiberius, noble descendant de Scipion l'Africain, fils de Cornelia et du censeur Tib. Sempronius Gracchus ami des Scipions, allié aux Claudii (il a épousé la fille d'Appius Claudius, le prince du sénat), jeune aristocrate attaché à l'idéal de la grandeur romaine, désireux de servir et ambitieux de gloire, gagné à la cause du peuple par le philosophe de Cumes et par le rhéteur de Mytilène, se fait élire tribun de la plèbe en 134 et, le 10 décembre, prend possession de sa magistrature [1]. Pour Salluste, porte-parole de la tradition populaire, c'est un moment crucial de l'histoire romaine. Ce qu'il va entreprendre n'est rien de moins qu'une révolution politique. Il va la mener sur trois fronts et sans tarder.

À commencer par la question agraire, à laquelle il s'attaque en déposant un projet de loi, la rogatio Sempronia qui d'ailleurs sur plusieurs points ne faisait que reprendre la législation existante. Voici comment Appien, qui la qualifie d'excellente, présente la loi (*B.C.*, I, 37) :

> Tel était l'état des choses lorsque Tiberius Sempronius Gracchus, citoyen noble, animé de la plus noble ambition, singulièrement distingué par son éloquence et, à tous ces titres, le plus renommé de tous les Romains, étant arrivé au tribunat, fit un discours solennel touchant la situation des peuples de l'Italie. Il représenta que c'étaient eux qui rendaient le plus de services dans les armées ; qu'ils tenaient aux habitants de Rome par les liens du sang ; que néanmoins ils étaient sur le point de périr de misère et d'être anéantis par la dépopulation, sans que leur sort parût avoir nulle amélioration à attendre. D'un autre côté, il jeta des regards d'animadversion sur les esclaves ; il parla de leur inutilité militaire, de leur perpétuelle infidélité envers leurs

---

1. Voir en dernier lieu D. C. Earl, *Tiberius Gracchus. A Study in Politics* (coll. Latomus, 66), Bruxelles, 1963, qui a entrepris de démystifier l'image de Tiberius. Dans un compte rendu, publié par la *Rev. Et. Anc.*, 67, 1965, p. 142-158, C. Nicolet a défendu la thèse traditionnelle.

maîtres : il exposa ce que venaient d'éprouver tout récemment, en Sicile, les propriétaires de cette contrée de la part de leurs esclaves, dont le nombre s'était grandement accru à l'ombre des travaux rustiques ; il rappela que la guerre que les Romains avaient été obligés de porter dans cette île contre ces rebelles n'avait été ni facile, ni expéditive, mais qu'elle avait traîné en longueur, et même que les succès y avaient été mêlés de beaucoup de revers. À la faveur de ce discours, il proposa le renouvellement de la loi qui réglait que nul citoyen ne pourrait posséder au-delà de cinq cents arpents de terre. Il ajouta à ses anciennes dispositions que les enfants des propriétaires pourraient posséder la moitié de cette mesure, et que trois citoyens, alternant chaque année, seraient nommés pour distribuer aux citoyens pauvres les terres dont la récupération serait opérée par la loi.

Ce texte indique à la fois les principales dispositions de la loi et leur finalité : a) Une limite est fixée à la possession individuelle de l'*ager publicus* : 500 jugères, soit 125 hectares (chiffre qui figurait déjà dans une loi antérieure non abrogée), plus 250 jugères, soit 62 ha 50 ares, par enfant (avec peut-être, selon Tite-Live, un maximum de 1 000 jugères, soit 250 ha par famille). C'était une prime à la natalité et un moyen de reconstituer une classe paysanne libre. Appien précise plus loin (I, 46) que sur ces terres « la loi assurait à titre gratuit » (donc sans redevance) la « propriété imprescriptible » : c'est-à-dire que ces 500/750/1 000 jugères devenaient *ager privatus* ; b) Un collège de trois membres, les *triumviri agris judicandis adsignandis*, élus par le peuple, était chargé d'appliquer la loi. Il semble qu'ils aient dû être en fonctions à tour de rôle un an sur trois, ce qui leur permettait de poursuivre leur carrière. Leurs pouvoirs étaient considérables : récupérer les terres occupées illégalement, donc juger de la légitimité des occupations, et attribuer les terres devenues disponibles. Cette disposition de la *rogatio* était importante, car jusque-là c'est le sénat qui seul gérait l'*ager publicus* ; elle fut ressentie comme une atteinte aux pouvoirs de la haute assemblée ; c) Les terres récupérées devaient être distribuées aux « citoyens pauvres », à raison de 30 jugères (7 ha 50 ares) par personne, et elles étaient inaliénables, ce qui était une innovation, une *res nova* toujours regardée plus ou moins comme une « révolution » dans une Rome si attachée au respect des traditions. Cela parut au sénat d'autant plus insupportable que beaucoup des terres en cause étaient occupées par des familles sénatoriales. Comme le dit Appien (I, 38) :

> Ce fut ce dernier article de la loi qui excita principalement le mécontentement et l'animosité des riches. Ils ne pouvaient plus espérer tourner la loi comme auparavant, puisque l'exécution en était confiée à trois commissaires, et que d'un autre côté, il leur était défendu d'acquérir ; car Gracchus y avait pourvu par la prohibition de toute espèce de vente. Aussi les voyait-on de toutes parts se réunir en particulier, se répand en doléances, représenter aux citoyens pauvres qu'ils avaient arrosé leurs propriétés de leurs propres sueurs ; qu'ils en avaient planté les arbres, construit les édifices ; qu'ils avaient payé à quelques-uns de leurs voisins des prix d'acquisition qu'on leur allait enlever avec la terre achetée. Les uns disaient que leurs pères étaient inhumés dans leurs domaines ; les autres, que leurs propriétés toutes patrimoniales n'étaient qu'un lot de succession entre leurs mains. Ceux-ci alléguaient que leurs fonds de terre avaient été payés avec les dots de leurs femmes, et que l'hypothèque dotale de leurs enfants reposait dessus. Ceux-là montraient les dettes qu'ils avaient contractées en devenant propriétaires. De tous les côtés, on n'entendait que plaintes de cette nature, que clameurs mêlées d'indignation.

Il eût fallu pour faire triompher ce projet de loi et, une fois la loi votée, l'appliquer ensuite, beaucoup de doigté et de temps. Intransigeant, Tiberius voulut aller vite. Il est vrai que l'opposition l'y contraignit. Et c'est sur le front « parlementaire » qu'il allait devoir se battre.

Au printemps de 133, la rogatio Sempronia fut, comme il est de règle, présentée à l'assemblée du peuple après un discours introductif de Tiberius. Coup de théâtre : un tribun de la plèbe, M. Octavius, sans préavis, « intercéda » en interdisant au greffier de poursuivre la lecture du projet de loi. Or l'opposition d'un seul tribun prévaut sur le consentement des neuf autres membres du collège. Invectives de Tiberius contre son collègue, manifestement simple instrument aux mains des sénateurs conservateurs. La séance fut ajournée au lendemain. Nouvelle séance passionnée : Tiberius proposa au peuple d'abroger les pouvoirs d'Octavius et, par deux fois, adjura celui-ci de retirer son veto. Sur son refus, l'assemblée vota alors la déposition du tribun, puis le texte de la loi, qui eut désormais force de plébiscite.

Tout cela était d'une extrême gravité. D'abord parce que jusqu'ici on ne connaît aucun exemple de déposition d'un tribun. On connaît des abrogations consulaires, on ne connaît pas d'abrogation tribunicienne. C'était donc encore une innovation, et cette fois plus grave que la précédente *res nova*, parce qu'elle touchait à une institution. D'autre part, la décision prise tend à confier à l'assemblée populaire la souveraineté ; jusqu'ici c'était le sénat qui arbitrait en cas de conflit ; maintenant c'est l'assemblée populaire qui demande compte et qui destitue un magistrat. Autrement dit, Tiberius s'affichait contre les lois, contre le régime ; il devenait un révolutionnaire. Ce qui explique non seulement l'opposition des *patres*, mais aussi celle de ses amis et même celle des tribuns, bref de tous ceux qui redoutaient une évolution vers la démesure, voire la tyrannie.

Se sentant isolé, Tiberius, décidé à faire immédiatement appliquer la loi, commit une imprudence en faisant élire par le peuple comme triumvirs : lui-même, son beau-père Appius Claudius Pulcher, et son frère Caius. Les *patres* y virent une provocation et certains un pas sur la voie du despotisme.

Une nouvelle décision de Tiberius allait l'obliger à combattre sur un nouveau front : celui des institutions. Devant l'opposition croissante au sénat, il demanda aux élections plébéiennes de juillet un deuxième tribunat. De sociale qu'elle était au début, déjà politisée par la destitution d'Octavius, la question agraire devenait une affaire politique, sur fond de conflit institutionnel. Au vrai, l'itération du tribunat de la plèbe n'était interdite par aucune loi ; elle n'était pas autorisée non plus. En tout cas, il n'y avait aucun précédent. Et l'on sait combien en l'absence de constitution écrite, la coutume est forte, plus forte même que la loi écrite. La décision de Tiberius fit donc l'effet d'un coup d'État ; elle était en effet d'une tout autre gravité que l'affaire d'Octavius. D'abord elle était sans rapport avec la loi elle-même. Ensuite elle ne pouvait pas être présentée comme une mesure de salut pour lui-même : comme triumvir, il était à l'abri de ses ennemis. Enfin et surtout ces deux innovations constituaient une menace pour la République : maître de faire révoquer ses collègues par le peuple, maître de se faire renouveler et perpétuer dans ses fonctions, Tiberius transformait un pouvoir annuel, temporaire, en un pouvoir personnel définitif. En principe, la souveraineté paraissait aller à la plèbe (ce qui pour les *patres* était déjà intolérable). En fait, tout le pouvoir allait à lui-même. Forçant à peine les choses, J. Carcopino a pu écrire : « Un siècle avant Actium, Tiberius découvrait le secret qui permettra à Auguste d'insérer sa monarchie dans le cadre des institutions républicaines : une puissance tribunicienne à la fois supérieure et perpétuelle [1]. »

Cette initiative venait trop tôt. Elle provoqua l'échec de l'aîné des Gracques. Abandonné par la plèbe (la plupart des citoyens pauvres étaient maintenant peu pressés de quitter Rome pour aller travailler la terre), par les tribuns (inquiets de la tournure politique prise par les événements), par les *patres* (opposés à la réforme pour des raisons tant économiques que politiques), il crut pouvoir recourir à la force et occuper avec ses partisans le Capitole où devait avoir lieu l'élection des tribuns.

Ce fut le signal de la violence, déchaînée par le grand pontife en personne, P. Cornelius Scipion Nasica. Appien en a laissé une description dramatique (*B.C.*, I, 16) :

---

1. J. Carcopino, *la République romaine de 133 à 44 av. J.-C. :* I. *Des Gracques à Sylla*, Paris, 1935, p. 203.

Après avoir arrêté ce qu'ils jugèrent convenable, les sénateurs prirent le chemin du Capitole. Ils avaient à leur tête Cornelius Scipion Nasica, le grand pontife, qui criait : « Suivez-moi, citoyens, qui voulez sauver la patrie. » Il avait relevé sur sa tête l'extrémité de sa robe sacerdotale, soit afin que l'étrange nouveauté de la chose attirât plus de monde à sa suite, soit afin de dérober aux regards des dieux ce qu'il allait faire, soit afin que ce fût aux yeux des Romains comme une espèce de signal de ralliement et de bataille[1]. En entrant dans le Capitole, Scipion Nasica se jeta sur les partisans de Gracchus, qui ne firent aucune résistance, à cause de la vénération qu'inspirait un si grand personnage, et en même temps à cause que le sénat était avec lui. Ceux des citoyens qui s'étaient rangés sous l'étendard du grand pontife leur arrachèrent leurs bâtons, les débris des sièges dont ils s'étaient armés, et toutes les autres espèces d'armes qu'ils avaient apportées avec eux à l'assemblée. Ils assommèrent les partisans de Gracchus ; ils poursuivirent les fuyards et les jetèrent du haut en bas des précipices qui environnaient le Capitole. Plusieurs de ces malheureux périrent dans cette bataille. Gracchus lui-même, atteint dans l'enceinte sacrée, fut égorgé près de la porte, à côté de la statue des rois. La nuit suivante, tous les cadavres furent jetés dans le Tibre. C'est ainsi que Tiberius Sempronius Gracchus, fils de Gracchus, qui avait été deux fois consul, et de Cornélie, fille de celui des Scipions qui avait anéanti l'empire de Carthage, fut immolé dans le Capitole, pendant qu'il était encore tribun ; et cela pour avoir employé la violence dans l'émission d'une excellente loi.

Ce fut, note Plutarque (*Tib. Gr.*, 20) la première sédition qui, à Rome, depuis l'abolition de la royauté, fut entre les citoyens étouffée dans le sang et par le meurtre.

Avec sagesse et pour éviter des troubles, le sénat décida d'appliquer la lex Sempronia. Dans le triumvirat qui en était chargé, P. Licinius Crassus fut élu par les comices pour remplacer Tiberius. Appliquée complètement, la loi aurait

---

1. C'était en effet un rite guerrier, le *cinctus gabinus*.

changé le paysage rural de l'Italie. En effet, le domaine romain y représentait, d'après les calculs qui ont pu être faits, quelque 55 000 km², dont 37 000 au sud du Rubicon, c'est-à-dire dans cette portion de la péninsule au moins un quart du territoire italien (qui est d'environ 130 000 km²). Les citoyens bénéficiaires de la loi gracquienne devaient être environ 65 000, à qui devaient être affectés quelque 1 980 000 jugères de terres publiques, soit 500 000 ha (5 000 km²), c'est-à-dire un septième des terres domaniales situées au sud du Rubicon. C'est dire l'importance économique et sociale de la loi, et, ces terres devant être enlevées aux grands propriétaires, l'ampleur des transferts qui devaient se produire.

Comment fut-elle appliquée réellement ? C'est assez difficile à apprécier. Appien s'est fait l'écho de grandes difficultés juridiques et sociales (*B.C.*, I, 77) :

> De tout cela résultait un remuement universel, un chaos de mutations et de transferts respectifs de propriétés.

Il semble que les triumvirs aient au début procédé avec diplomatie, limitant les reprises et les lotissements aux régions comme le Picenum, l'Apulie et la Lucanie, où les *patres* n'avaient pas d'intérêts majeurs ; on a d'ailleurs retrouvé des cippes de délimitation de l'époque 133-130 qui prouvent que dans ces régions du centre et du sud de l'Italie ont été effectuées centuriation et assignations. En 130, à la mort de Licinius Crassus et d'Appius Claudius, deux autres commissaires les remplacèrent : M. Fulvius Flaccus et C. Papirius Carbo qui, semble-t-il, mirent plus de hâte à régler les conflits. C'est à cela que fait allusion Appien. L'entrée sur la scène politique de Caius Gracchus allait changer bien des choses.

Peu après la mort de Tiberius, les esprits avaient été occupés ailleurs : la nouvelle de l'héritage du royaume de Pergame, légué par Attale III au peuple romain, puis l'annonce de la fin de la guerre servile en Sicile avaient rétabli l'euphorie et rendu le sénat à ses divisions. Nasica fut envoyé en Asie pour s'occuper de la succession royale. Les consuls en exercice prirent des mesures d'apaisement à l'égard de la plèbe. Et de 129 à 126, la réforme agraire fut quelque peu mise en sommeil.

Caius Gracchus

En 125, la question resurgit avec le consulat de Flaccus et la réapparition de Caius. Comme dit Appien (*B.C.*, I, 21) :

> Après s'être tenu longtemps à l'écart depuis la catastrophe de son frère Tiberius, Caius, le plus jeune frère de l'auteur de la loi agraire, l'un des triumvirs chargés de son exécution, se mit sur les rangs pour le tribunat.

Il fut élu en juillet 124 pour prendre ses fonctions le 10 décembre, dix ans après son frère. Élu « contre le sénat, de la manière la plus brillante, signale Appien (I, 21), et Plutarque précise (*C.Gr.*, 32) par « une foule immense que le Champ de Mars ne peut contenir », « une multitude de citoyens étant venus de l'Italie entière pour prendre part à son élection ». Manifestement Caius se trouvait porté à la fois par l'attachement à son nom et par l'espoir en sa fonction.

C'est que le tribunat de la plèbe n'est pas – on l'a souvent écrit – une magistrature comme les autres. Elle consiste plutôt en un faisceau de pouvoirs, M. Grant[1] préfère une « réserve d'atouts ». Jusqu'au IIe siècle, les tribuns avaient en général conçu leur rôle et conduit leurs luttes en défenseurs des droits de la plèbe. C'est d'ailleurs bien à cette fin que le tribunat avait été créée au début du Ve siècle, au moment du conflit entre les patriciens et les plébéiens. Le rôle des tribuns se définissait par trois mots : *auxilium*, le

---

1. M. Grant, *From Imperium to Auctoritas*, Cambridge, 1946. Sur le tribunat de la plèbe, voir G. Niccolini, *Il tribunato della plèbe*, Milan, 1932, et plus récemment, M. A. Levi, *Il tribunato della plebe e altri scritti su istituzioni pubbliche romane*, Milano, 1978.

droit de porter secours à tout citoyen menacé ; *intercessio* (ou *prohibitio*), droit d'arrêter l'action des autres magistrats, si elle mettait en cause les droits de la plèbe ; *rogatio*, droit de proposer des projets de loi. Seulement l'*intercessio* jouait aussi à l'intérieur du collège des dix tribuns : un tribun pouvait mettre son veto suspensif au projet d'un autre tribun ; autrement dit, un accord unanime était requis pour toute intervention et toute initiative. Points communs avec les autres magistratures : le tribunat est, selon la coutume, annuel et il est électif : c'est le peuple, réuni en comices tributes au mois de juillet généralement, qui élit les dix tribuns. Représentants de la souveraineté populaire, ils sont *sacri*, c'est-à-dire tabous, et ils disposent – on le voit – de pouvoirs considérables, que ne limitent au fond que l'exigence de l'unanimité à l'intérieur du collège... et la tradition. Mais il est certain qu'entre les mains d'un ambitieux, les différents atouts que contenait le tribunat pouvaient se tourner contre la République. C'est si vrai qu'on considère souvent, à la suite de J. Carcopino[1], que les germes d'une « monarchie tribunicienne » existent à Rome à partir du moment où Caius Gracchus a entrepris de fonder sa tentative de « monocratie » sur le pouvoir tribunicien.

Caius était un personnage assez différent de son frère aîné. Plutarque le dit « énergique, vigoureux... passionné », tribun « persuasif et brillant, le premier des Romains à se promener sur la plate-forme de la tribune et à faire glisser sa toge de l'épaule en parlant, comme, dit-on, Cléon d'Athènes arrachait son vêtement et se frappait la cuisse, ce qui était une nouveauté chez un homme d'État » (*Tib. et C.Gr.*, 2). On a pu se demander s'il « rêvait d'être le Périclès romain, guidant la République de son autorité et reconduit d'année en année à la magistrature », ou si, comme le laissent à penser certaines anecdotes, il eut très vite conscience de l'inéluctabilité de son destin et si, dans ces conditions, il ne visa qu'à « laisser derrière lui le grand nom d'un

---

1. *Autour des Gracques*, 1967, 2ᵉ éd.

homme qui avait accompli de nombreuses et utiles réformes et créé une structure politique plus équilibrée[1] ». Il est bien difficile de saisir les objectifs de Caius, d'autant que la chronologie des mesures qu'il fit adopter est discutée. De ces mesures on peut du moins conclure qu'il avait l'esprit plus politique que son frère et que ses desseins étaient d'une autre ampleur.

Il semble même avoir eu un programme de réforme : frapper la *nobilitas* et étendre les compétences de l'assemblée populaire ; ainsi rénover la République. Ses mesures prirent donc immédiatement un aspect révolutionnaire.

Un des premiers projets qu'il fit adopter fut, bien sûr, une nouvelle loi agraire. Selon Tite-Live, elle reprenait pour l'essentiel celle de son frère. Aux triumvirs elle rendait les pouvoirs juridictionnels dont ils avaient été privés en 129. Et sur deux points importants, elle l'amendait. D'abord en portant de 30 à 200 jugères les assignations dites « aux pauvres », de manière à élever la condition sociale des assignataires et à les rapprocher du cens équestre. Ensuite, en exceptant des récupérations de terres certaines parties du domaine romain qui intéressaient particulièrement les *patres* : le Latium, le territoire de Tarente et de Capoue par exemple. Il espérait ainsi éviter une opposition systématique au sénat. Enfin, il donnait à sa politique agraire une nouvelle orientation, en fondant des colonies : deux en Italie, Scolacium-Minervia dans le Bruttium, et Tarentum-Neptunia sur le territoire de Tarente ; et une au-delà des mers, à Carthage (sur proposition de son ami C. Rubrius).

Avec un réel sens politique, Caius fit adopter plusieurs lois qui furent bien accueillies par les sénateurs tout en lui valant la faveur populaire. Parmi celles qui le mirent au pinacle de sa popularité, deux lois méritent une particulière attention : une loi frumentaire et sa réélection au tribunat.

---

1. P. A. Brunt, *Conflits sociaux en République romaine*, 1979, p. 108.

Sur la *lex Sempronia frumentaria*, Appien nous dit (*B.C.*, I, 21) :

> Il fit décréter que chaque plébéien de la classe des pauvres recevrait par mois, aux frais du Trésor public, une mesure de froment, genre de libéralité jusqu'alors sans exemple ; cet acte de son administration, dans lequel il fut secondé par Fulvius Flaccus, échauffa en sa faveur l'affection du peuple.

Désormais, chaque citoyen résidant à Rome recevra régulièrement, tous les mois, un boisseau de blé (5 *modii* = 40 litres) d'abord à prix réduit, grâce à une subvention de l'État ; c'est seulement en 58 av. J.-C. que ce blé sera distribué gratuitement. Mesure sociale, elle venait en aide au prolétariat de Rome. Mesure réaliste, elle contribuait à remédier aux désordres de la production.

Selon Appien, elle eut un contrecoup politique immédiat (I, 21) :

> En conséquence, il fut élu tribun un seconde fois ; car on avait déjà fait une loi portant que, si l'un des tribuns avait besoin d'être réélu pour accomplir ce qu'il avait promis d'exécuter, dans l'intérêt de la plèbe, le peuple pourrait lui donner la préférence sur tous les autres concurrents.

De fait, en 125, Papirius Carbo, sur l'inspiration de Caius, avait fait voter par les comices tributes une telle loi qu'elles avaient refusée six ans plus tôt. Dans l'été 123, Caius fut donc réélu tribun, en même temps que son ami Flaccus. Cette itération du tribunat, sans précédent, allait peser lourd sur son destin. La question agraire débouchait maintenant sur des questions politiques et institutionnelles. Une loi judiciaire qu'il réussit à faire approuver par le Sénat dévoilait pourtant l'ampleur de ses vues. Alors que jusqu'ici, comme dit Plutarque (*C. Gr.*, 26),

> seuls les sénateurs jugeaient les procès et, par là, ils étaient redoutables au peuple et aux chevaliers, la loi nouvelle

ajoutait trois cents chevaliers à un nombre égal de sénateurs et attribuait sans distinction aux six cents juges la décision de tous les procès.

Selon Appien, « l'on prétend qu'immédiatement après que la loi eut été sanctionnée par le peuple, Gracchus dit : — Je viens d'enterrer tout à fait le Sénat. » Et Appien ajoute :

> L'expérience prouva par la suite la vérité de la réflexion de Gracchus. Par la juridiction universelle que les chevaliers acquirent sur tous les citoyens romains, soit de la Ville, soit du dehors, et sur les sénateurs eux-mêmes, pour toute somme quelconque en argent, pour tous les cas d'infamie et d'exil, ils devinrent en quelque façon les arbitres suprêmes de la République ; et les sénateurs se trouvèrent descendus, envers eux, au rang de subordonnés. Dès lors, les chevaliers firent cause commune avec les tribuns dans les élections.

Il faut préciser que ces 600 « juges » étaient en réalité une liste de jurés, parmi lesquels seront recrutés les juges. Et que sur cette liste, les chevaliers seront à égalité avec les sénateurs ; Appien force donc un peu les réalités. Il reste que l'on assiste là à un transfert du pouvoir judiciaire, qui affaiblit sensiblement l'autorité du sénat et qui favorise l'ordre équestre en lui donnant un pouvoir judiciaire important au moment où les chevaliers jouent un rôle croissant dans la vie économique à Rome, en Italie et dans les provinces. Dans le passé, Polybe l'a noté, les chevaliers avaient souvent dû s'incliner devant la volonté du sénat parce que les sénateurs étaient leurs juges dans les affaires civiles et criminelles. En obtenant de figurer parmi les juges, donc de participer à tous les tribunaux, ils acquièrent leur indépendance. Quant à l'incidence politique que signale Appien : leur entente avec les tribuns de la plèbe, qui ne voit la menace qu'elle va faire peser sur l'équilibre politique, même si cette entente n'est pas permanente ? Comme Appien l'a fort bien vu (I, 22), « cette révolution dans l'ordre judiciaire prépara de longs et nouveaux sujets de sédition non moindres que les précédents ».

D'autres mesures d'ailleurs témoignaient de la volonté de Caius de s'attirer la faveur des chevaliers : des mesures financières, notamment, instituant en faveur des publicains une déduction compensatrice des pertes subies par exemple à l'occasion des guerres, déduction imputable sur le montant de leurs prestations prévues par contrat. Mieux, par une *lex de Asia*, c'est toute l'exploitation de cette richissime province qui leur était livrée. Enfin, dans une ville où compte tant la *dignitas*, une *lex theatralis* leur réserve désormais des sièges à part, séparés de ceux des sénateurs. L'ordre équestre se trouve, grâce à Caius, installé au pouvoir aux côtés des sénateurs. Il faudra à l'avenir compter avec lui.

Et, pour commencer, c'est Caius en personne qui dut compter avec lui. Sur deux questions, la question italienne – le tribun se proposant de conférer la citoyenneté romaine aux Latins et le droit latin aux autres Italiens – puis la question de Carthage – où malgré l'interdiction sacrée de 146, il voulait fonder une colonie romaine – il se trouva en conflit à la fois avec ses amis, avec le sénat et avec les chevaliers. Quand, dans l'été de 122, il se présenta une nouvelle fois aux élections tribuniciennes, il ne fut pas réélu. Et en 121, un décret fut voté pour mettre fin à la colonisation de Carthage. Caius commit alors la faute de faire appel à la force pour résister. Ce fut sa perte. Pour réprimer les désordres provoqués par ses partisans, le sénat émit l'avis que « les magistrats devaient tout faire pour empêcher qu'il arrivât malheur à la République ». C'est la première fois qu'il recourait au *senatusconsultum ultimum* ; on le verra désormais réapparaître à chaque crise révolutionnaire. Sénateurs et chevaliers, avec leurs serviteurs, prirent les armes. L. Opimius avait, lui, mission d'arrêter Fulvius Flaccus et C. Gracchus. Retournons encore une fois vers Appien (*B.C.*, I, 120) :

Le consul Opimius qui ne regardait plus le fils de Flaccus comme un « parlementaire » (les révoltés l'avaient envoyé pour négocier), après ce que le sénat lui avait notifié à lui-même, le fit arrêter ; et en même temps, il donna ordre aux troupes qu'il commandait de marcher contre Gracchus. Celui-ci s'échappa par le pont de bois au-delà du Tibre, accompagné d'un seul esclave auquel, lorsqu'il fut parvenu dans un bois sacré, se voyant sur le point d'être arrêté, il présenta la gorge avec ordre de lui donner la mort. Fulvius se réfugia dans la boutique de quelqu'un de sa connaissance. Ceux qui eurent ordre de le poursuivre ne sachant point distinguer la maison où il s'était caché, menacèrent de mettre le feu à tout le quartier. Celui qui lui avait donné asile se fit scrupule de le déceler, mais il chargea quelqu'un de le déceler à sa place. Fulvius fut donc saisi et égorgé. Les deux têtes de Gracchus et de Fulvius furent portées au consul, qui en fit donner le poids en or à ceux qui les présentèrent. Leurs maisons furent saccagées par le peuple. Opimius fit arrêter, jeter en prison et étrangler leurs complices. Quant à Quintus, le fils de Fulvius, le choix du supplice lui fut laissé. Rome fut ensuite solennellement purifiée de cette effusion de sang, et le sénat fit élever, sur le Forum, un temple en l'honneur de la Concorde.

Ainsi s'acheva la sédition du second des Gracques. Il est clair que toutes les mesures votées à l'instigation de Caius Gracchus avaient pour but de détruire, ou du moins de réduire les pouvoirs de la *nobilitas*. Ce qui explique, autant que les désordres à Rome, les pouvoirs exceptionnels donnés au consul Opimius.

Naturellement on se demandera ce qu'est devenue la législation agraire gracquienne après la mort de Caius. C'est toujours Appien qui nous renseigne (I, 121-124) :

Peu de temps après fut approuvée une loi qui permettait aux assignataires de vendre leur propre lot, inaliénabilité sur laquelle on discutait, et qui avait été décidée par le premier des Gracques. Et sur-le-champ, les riches se mirent à acquérir les lots des pauvres ou, sous divers prétextes, les en privèrent par la violence. La condition des pauvres s'aggrava encore, jusqu'à ce que Spurius Thorius, tribun de la plèbe, propose une loi, selon laquelle l'*ager publicus* ne serait plus distribué, mais deviendrait propriété de ceux qui le possédaient, et une redevance serait payée en contrepartie, dont le produit serait distribué au peuple. Cela représentait une certaine consolation pour les pauvres à cause des distributions, mais n'était utile en rien à l'accroissement de la population. Ainsi fut annulée une fois pour toutes la loi de Gracchus, qui aurait été excellente et très utile si elle avait pu être appliquée. Et peu de temps après, un autre tribun abolit aussi la redevance, de telle sorte que le peuple perdit tout. En conséquence, les citoyens se trouvèrent plus encore qu'auparavant privés de soldats, du revenu de l'*ager publicus*, des distributions et de lois. Cela se produisit dans les quinze années qui suivirent la législation de Caius Gracchus.

Ainsi se trouva modifiée, plutôt qu'abolie, en plusieurs étapes, la législation agraire gracquienne. En bref, la plus grande partie de ce qui restait d'*ager publicus* occupé fut déclarée propriété privée, d'abord avec redevance (une lex Thoria de 111), puis sans redevance (*vectigal*). Seuls restaient publics les terrains libres, mais une loi qui y créait le droit de vaine pâture pour les petits troupeaux interdisait de ce fait toute éventuelle récupération. Il y aura par la suite d'autres lois agraires ; elles auront un tout autre caractère. Il s'agira d'assignations en faveur soit d'individus – on les dit alors viritanes – soit de collectivités – coloniales – mais toujours d'anciens soldats. Politique agraire et politique coloniale sont désormais confondues au profit de vétérans qui ont servi des généraux, d'autant plus généreux, on va le voir, qu'ils sont plus soucieux de se constituer des clientèles susceptibles d'appuyer leurs ambitions politiques personnelles.

La question agraire a été l'occasion des premiers affrontements violents entre citoyens. Elle marque ainsi le premier épisode des terribles guerres civiles, qui vont ensanglanter le dernier siècle de la République, de manière discontinue, certes, mais avec de lourdes conséquences. Pour Salluste et pour Varron, Caius est à l'origine des guerres civiles et par là du déclin de la République romaine.

2

LA CRISE POLITIQUE

La question agraire n'a pas conduit à la révolution. Pour la résoudre, les Gracques ont fait voter des lois qui, par leur nouveauté et dans les conditions où elles ont été adoptées, peuvent être qualifiées de révolutionnaires ; mais elles n'ont pas entraîné de bouleversements politiques et sociaux tels qu'on puisse parler de révolution. En revanche, la crise politique qu'elles ont amorcée et qui va se développer jusqu'en 31 av. J.-C., avec les épisodes sanglants de la guerre sociale en Italie et des guerres civiles à Rome, va appeler la décadence de la République, conduire à son effondrement et aboutir à la « révolution romaine », si l'on entend par là la substitution de la monarchie augustéenne au régime républicain aristocratique et l'avènement d'un ordre nouveau dans l'*orbis romanus*.

Dans cette perspective, l'année 119 marque une date importante : autant que les tribunats des Gracques, le début d'une longue aventure. Les années 121-120 ont été celles de la victoire des conservateurs, ceux qu'on appelait volontiers les bons, les *boni* : accusé d'avoir causé la mort de citoyens romains, L. Opimius a été acquitté triomphalement. Triomphe de courte durée. En 119, ce sont les libéraux qui saisissent la barre. Q. Caecilius Metellus devient censeur ; c'est le début d'une décennie dominée par la puissance du clan des Caecilii Metelli, protecteurs des intérêts des capitalistes, sénateurs ou chevaliers. La même année, C. Carbo, un ancien gracquien rallié aux conservateurs, persécuté à sa sortie de charge consulaire par un jeune homme de vingt et un ans qui va devenir célèbre, L. Licinius Crassus, du clan libéral, est acculé au suicide, tandis que P. Decius, un ennemi d'Opimius, est lavé d'une accusation de concussion : manifestement les juges – ces fameux *Gracchani judices*, comme on les appelle – prennent position contre l'oligarchie sénatoriale et se mettent au service des progressistes et des hommes nouveaux. Cette alliance de la judicature et d'un clan politique va avoir de grandes conséquences. La même année, un jeune *homo novus* d'Arpinum, C. Marius, qui doit son tribunat aux Caecilii Metelli, entre au sénat et accède ainsi à la scène politique, où il ne va pas tarder à s'opposer à ses « patrons ». Le combat politique, plus complexe que jamais, devient aussi de plus en plus âpre.

Les années troublées 103-100

Il atteint un point fort dans les années 103-100 avec les coups de force de deux tribuns factieux : Saturninus et Glaucia. Deux personnages fort différents : L. Appuleius Saturninus était un noble devenu ennemi des *patres* ; C. Servilius Glaucia, d'origine plus humble, avait toujours été contre eux ; en 108, pendant son tribunat, il avait fait passer une loi, le lex Servilia, qui, achevant l'évolution commencée en 123 par la loi judiciaire de Caius Gracchus, livrait les jurys des *quaestiones*, c'est-à-dire des tribunaux, aux seuls chevaliers. Cicéron le qualifiera sans aménité de « fumier de la curie » (*stercus Curiae : De orat.*, III, 41, 164).

Unissant leurs efforts et leurs haines, ils semèrent la violence pendant quatre ans, pendant et entre les deux tribunats de Saturninus en 103 et 100. L'occasion leur fut fournie par les visées militaires de Marius.

Une succession difficile dans le royaume ami de Numidie avait amené un jeune et brillant aguellid, Jugurtha, à prendre les armes après des contacts compliqués avec tous les milieux influents de Rome. Le siège et la prise de Cirta, l'actuelle Constantine, où plusieurs centaines de *negotiatores* italiens, citoyens romains, trouvèrent la mort, avait déclenché le *bellum jugurthinum*, que Salluste a raconté. Élu consul pour mener la guerre, Q. Caecilius Metellus, malgré ses éminentes qualités et ses victoires, ne parvenait toujours pas à capturer le Numide. C. Marius, son protégé, qu'il avait emmené dans son état-major, et avec qui il s'était rapidement brouillé, ne rêvait que de le supplanter et de cueillir en Afrique les lauriers de sa jeune gloire. Rentré à Rome en 108 malgré l'opposition de Metellus, il fut élu consul pour 107 sur sa promesse de ramener « en peu de jours » Jugurtha mort ou vivant, et chargé pour cela d'un *imperium* de durée illimitée. Saturninus et Glaucia n'y avaient pas peu contribué. Marius parti pour l'Afrique, puis occupé à combattre les envahisseurs Cimbres et Teutons, Rome se trouva livrée aux mains des deux trublions devenus ses amis.

Trois mesures prises coup sur coup aboutirent à de sinistres violences, que l'*Urbs* n'avait plus connues depuis vingt ans. Ce fut d'abord une loi agraire votée par les comices en 103 pour permettre à Marius d'allouer à ses vétérans des lots de 100 jugères (25 ha) sur les terres non encore distribuées de l'*ager publicus* africain. Ce qu'il fit effectivement ; plusieurs colonies se vanteront plus tard d'être « mariennes ». Ce fut ensuite une loi frumentaire, abaissant le prix du blé distribué aux citoyens pauvres. Enfin une loi dite de majesté, qui prévoyait la peine capitale contre quiconque, à quelque titre que ce fût, aurait entamé « la majesté du peuple romain », risquait d'autant plus de livrer Rome, sinon à la terreur, du moins à la vindicte qu'en même temps les crimes de trahison étaient confiés à un tribunal permanent composé seulement de chevaliers. Ces mesures, autant que les procès pour trahison, montrent que le peuple, guidé par les *populares*, entendait bien assurer un contrôle souverain sur l'État. La *lex de majestate* produisit immédiatement ses effets : deux consulaires, que les Cimbres avaient vaincus à Orange, furent exilés par le peuple. Et bientôt Q. Metellus lui-même dut prendre le chemin de l'exil. Un vent de terreur souffla dans la Ville. Il ne cessa qu'au mois de décembre 100, quand Marius, rentré de ses campagnes et attaqué à son tour par les factieux, rompit avec eux. Le sénat, revigoré, enjoignit aux consuls par un *senatusconsultum ultimum* – le deuxième après celui de 121 – de rétablir l'ordre. Marius alors consul les arrêta. Et la foule, qui quelques jours plus tôt les acclamait, les lyncha, « revêtus des signes extérieurs de leurs fonctions » ; il ne reste vraiment plus, poursuit Appien (*B.C.*, J. 4,30), « aucun respect pour les lois, aucune crainte des tribunaux, toute pudeur est anéantie ».

L'ordre rétabli ne dura pas longtemps. Neuf ans plus tard éclata une nouvelle crise encore plus grave, car elle enflamma l'Italie. Ce fut la cruelle guerre sociale, qu'il vaut mieux appeler, pour éviter toute méprise, la guerre des Alliés.

Commencée par une crise institutionnelle nouée autour de la puissance tribunicienne et à l'occasion de la question agraire, la crise politique du 1er s. av. J.-C. continue par une guerre italienne qui s'engage à propos de la citoyenneté romaine, avant de se déchaîner dans d'atroces guerres civiles qui vont ensanglanter Rome autant que la péninsule. La violence est désormais partout.

La guerre des Alliés

Pendant trois ans, de septembre 91 jusqu'en 88, elle secoue toute la péninsule : la « grande guerre », comme l'appelle Diodore (38,1), voit « toute l'Italie se lever contre Rome » (*Vell. Pat.*, 2, 15). Pour une raison qui, de prime abord, peut paraître surprenante : le refus par Rome d'accorder la citoyenneté romaine qu'elle désire.

Cette question se pose depuis la soumission des peuples d'Italie dans les années 270-266. Il y a depuis lors, sur toute l'étendue de la péninsule, mis à part les esclaves et les étrangers (Grecs et Orientaux surtout, nombreux dans les ports), trois sortes de gens jouissant de statuts divers sur des territoires différents. Les Latins, sorte de demi-citoyens, ont un statut intermédiaire entre celui de citoyen et celui de pérégrin. Habitants des cités et colonies latines, alliées de Rome et à qui cette alliance avec Rome a valu un statut considéré comme privilégié, ils participent au droit civil des citoyens romains : ils peuvent acheter et vendre (ils ont le *jus commercii*) et contracter mariage légal (*jus connubii*) avec une citoyenne romaine ; ils participent à certaines charges militaires (ils servent dans les troupes auxiliaires) et fiscales. Mais ces « alliés de nom latin » (*nomen latinum*) – c'est leur nom officiel – ne participent qu'à une partie seulement des droits politiques et à certaines conditions, en fait très restrictives : pour voter, il faut être présent à Rome et voter dans une tribu. Certes, en vertu du *jus migrationis* qui leur est reconnu, ils peuvent venir à Rome. Et une fois installés à Rome, ils ont accès au corps civique : bien que n'étant inscrits dans aucune tribu, ils peuvent voter dans une tribu, préalablement tirée au sort à chaque occasion de scrutin. Petit accès au corps civique ! Il suffit à expliquer que les Latins aient tendance à se considérer comme des citoyens. Et comme ceux qui viennent s'installer à Rome sont surtout l'élite des cités latines, celles-ci ont pu craindre de perdre leurs meilleurs éléments, d'où les doléances et diverses mesures prises dans les années 186, 177 et 173. Entre 194 et 104, des traités furent même conclus entre certains peuples alliés et Rome, interdisant à celle-ci de donner la citoyenneté romaine à leurs individus. Pour les Latins, leur statut apparaît comme « l'antichambre du droit de cité ». Mais ils s'y sentent enfermés ; il y a là une question pressante.

Voisinant avec l'*ager romanus* et le territoire de *nomen latinum*, le territoire des autres alliés (des *socii*) représente le reste des cités italiennes, liées à Rome par un traité, un *foedus*, qui fixe leurs relations avec l'*Urbs*. Certaines de ces cités, comme Capoue, Tarente, ont naguère pactisé avec l'ennemi pendant la deuxième guerre punique ; elles ont été sévèrement punies, leurs territoires ont été confisqués. La plupart des *socii*, eux, sont restés fidèles. Or, non seulement Rome ne les a pas récompensés, mais elle a resserré son contrôle sur tous les alliés et, depuis 177, les a même exclus de la possession des terres qu'ils avaient contribué à rendre ou à gagner aux Romains. Leur ressentiment contre Rome était d'autant plus vif qu'ils continuaient, après la victoire sur Carthage, à fournir aux armées romaines, et à leurs propres frais, un contingent que le sénat et les consuls fixaient arbitrairement chaque année. Contingent important qui dépassait en nombre – des travaux récents l'ont montré – celui des citoyens. Et ces mêmes travaux ont montré aussi que les pertes des alliés dans les guerres du IIe s. avaient été plus lourdes que celles des citoyens. En revanche, dans la répartition du butin, dans les distributions d'argent, leurs parts étaient plus réduites. Bref, sur le plan militaire, les *cives romani* n'avaient aucun intérêt à voir évoluer la situation des *socii*, qui, eux, enviaient le statut des premiers.

Un autre aspect du comportement romain en territoire allié contribuait encore à aggraver le ressentiment de ses habitants. C'est Polybe qui le dévoile (VI, 13,4) en affirmant que le sénat a

> à connaître de tous les délits commis en Italie qui appellent l'ouverture d'une information publique, tels que trahisons, conjurations, empoisonnements, meurtres. Et si, en Italie, un particulier ou une cité réclament un arbitrage ou doivent être réprimandés, s'il faut envoyer quelque part du secours ou une garnison, cela encore regarde le sénat.

Ainsi donc le sénat pouvait intervenir dans les affaires intérieures des cités alliées et donner des instructions à leurs magistrats. Et il ne s'en faisait pas faute : lors du scandale des Bacchanales, par exemple, et des révoltes serviles, certainement en maints autres cas. Le comportement abusif des magistrats romains a dû à la fois heurter l'amour-propre des alliés et leur révéler du même coup les avantages de la citoyenneté romaine.

C'est que la citoyenneté romaine représente pour celui qui la détient non seulement une garantie civile et judiciaire, mais aussi et surtout, assorti des devoirs afférents, le droit, on peut dire le privilège d'appartenir au corps civique.

Garantie civile et judiciaire : rien ne la fait mieux valoir que l'exemple de saint Paul. Tout le monde connaît les passages des *Actes des Apôtres* qui relatent les rapports tumultueux de saint Paul avec les autorités municipales des villes d'Orient et la réaction de l'apôtre quand, à Philippes de Macédoine d'abord (16,37), puis à Jérusalem (22, 26-29), on voulut l'interroger au fouet :

> Quand on l'eut attaché avec des courroies, Paul dit au centurion de service : « Un citoyen, et qui n'a pas encore été jugé, vous est-il permis de lui donner le fouet ? » À ces mots, le centurion va trouver le tribun pour le prévenir : « Que vas-tu faire ? Cet homme est citoyen romain. » Le tribun vint donc demander à Paul : « Dis-moi, tu es citoyen romain ? – Oui », répondit-il. Le tribun reprit : « Moi, il m'a fallu une forte somme pour acheter ce droit de cité. – Et moi, dit Paul, je le suis de naissance. » Aussitôt donc, ceux qui allaient le mettre à la question s'écartèrent de lui, et le tribun lui-même eut peur, sachant que c'était un citoyen romain qu'il avait chargé de chaînes.

Ensuite à Césarée, enfin devant le procurateur de Judée (25, 10-12), saint Paul, excipant de sa qualité de citoyen romain, échappa de nouveau à la flagellation et même à la justice locale pour bénéficier du droit d'appel au tribunal de César.

Membre du corps civique, le citoyen appartient à une cité qui est à la fois une *societas* à la grecque (*koinonia*), une société fondée sur un contrat implicite qui fait du citoyen « celui qui participe aux fonctions judiciaires et aux charges[1] », et une *familia* à la romaine, où le père forme, avec les autres *patres*, l'assemblée dirigeante, tandis que les fils constituent le *populus* qui contribue à la vie et à l'activité de la *res publica*, dans un esprit d'entraide et pour le bien public. Comme membre de cette

---

1. Aristote, *Politique*, 1275 à 22.

société et de cette famille, le citoyen peut se contenter d'en faire partie sans y jouer aucun rôle particulier et, comme dans toute démocratie, n'être qu'un citoyen passif. Mais il peut aussi, c'est son droit, être un citoyen actif. Ce qui, à l'époque républicaine, n'est pas une sinécure. C'est un métier très prenant qu'a magnifiquement présenté et analysé Claude Nicolet en 1976[1]. Il a calculé par exemple que participer aux élections – six ou sept par an –, assister aux assemblées judiciaires, participer aux assemblées politiques, prend sur le temps trois mois au moins par an. Appartenir au « peuple des seigneurs » comporte des droits certes, mais aussi des devoirs. D'autant que, comme membre du corps civique, le citoyen peut aspirer à jouer un rôle encore plus grand, en s'élevant jusqu'à la classe dirigeante, soit à l'échelon municipal dans les colonies d'Italie ou des provinces, soit à Rome même. La citoyenneté romaine est pour cela, bien entendu, une condition nécessaire et indispensable. Par ses mérites, tout citoyen romain peut, par étapes successives, y accéder lui-même ou ses enfants. Or un magistrat à Rome – et c'est une grande différence avec l'époque contemporaine – n'est pas élu pour représenter des électeurs ou des catégories sociales, mais pour servir la *res publica*. On conçoit, dans ces conditions, que la citoyenneté romaine ne puisse être conférée à tout le monde !

Pour les Latins et les alliés elle constituait – on le comprend – un attrait, mieux une convoitise d'autant plus recherchée à la fin du IIe s. que depuis 167 (après Pydna et tous les trésors déversés à Rome au cours des guerres et des conquêtes), le citoyen se trouvait libéré de l'obligation de payer le *tributum*, c'est-à-dire l'impôt direct. Et que l'évolution des conditions de recrutement de l'armée fait – on le verra – que les citoyens s'exemptent eux-mêmes et de plus en plus de la *militia*, c'est-à-dire

---

1. *Le Métier de citoyen dans la Rome républicaine*, Paris, 1976.

des obligations militaires. En revanche, les avantages liés à la citoyenneté deviennent de plus en plus patents, par exemple, lors des répartitions des fruits des conquêtes et, depuis les Gracques, avec les assignations agraires et les distributions frumentaires. Tant de privilèges pour le citoyen romain au moment où Latins et alliés voient leur échapper les terres attribuées aux *cives romani* et s'accroître leurs charges militaires, et donc financières, à la mesure des grandes campagnes lointaines. Le fossé qui existait depuis le IIIe s. devient un abîme infranchissable et insupportable au début du Ier s.

Déjà des incidents s'étaient produits ici ou là. Et en 123, dans un discours fameux, Caius Gracchus a évoqué une proposition de loi, qu'il présenta l'année suivante, tendant à donner la citoyenneté aux Latins et le droit latin aux alliés. Son projet fut repoussé après l'intervention du consul C. Fannius, qui en appela à la plèbe urbaine :

> Si vous donnez la cité aux Latins, pensez-vous que vous aurez alors autant de place que vous en avez maintenant dans ces réunions publiques ou aux jeux, ou pour vos fêtes ? Ne croyez-vous pas qu'ils occuperont tout ?

De surcroît, le sénat décida d'expulser de Rome les Latins et les alliés, c'est-à-dire ceux qui n'avaient pas le droit de vote. Les rancœurs s'accumulaient.

L'affaire italienne rebondit dans les années 95-91 pour plusieurs raisons et sur de nouvelles bases. En 125-123, tous les alliés ne souhaitaient pas, semble-t-il, se faire concéder la citoyenneté romaine : la proposition de M. Fulvius Flaccus contenait en effet une alternative : la citoyenneté romaine pour ceux qui la désiraient, le *jus provocationis*, c'est-à-dire le droit de faire appel au peuple (donc d'échapper aux tribunaux réguliers) dans les affaires importantes pour ceux qui ne la souhaitaient pas. Ce qui paraît bien indiquer que, si les élites aspiraient à la citoyenneté romaine, d'autres préféraient conserver les avantages de la condition d'alliés, avec l'appel au peuple en sus. Trente ans plus tard, c'est la citoyenneté romaine qu'ils réclament sans distinction, et avec elle la participation à la vie de l'État et de l'Empire[1].

C'est qu'entre-temps bien des choses ont changé. En particulier est apparue au grand jour une conséquence des conquêtes et de l'expansion romaine : une rupture, un divorce entre la mentalité des dirigeants sénatoriaux et celle des chevaliers. Les premiers, dans leur majorité, attachés au fond, même quand ils affichent des vues libérales, et pour les grandes affaires à des vues purement politiques, dominées par des conceptions traditionnelles. Les seconds tournés, du fait de leurs préoccupations économiques et de leurs intérêts commerciaux, vers des conceptions plus modernes et plus impérialistes. En 118, quand fut décidée la déduction d'une colonie à Narbonne, on vit s'opposer les *populares*, alliés aux commerçants, aux oligarques traditionalistes. Dans l'affaire de Numidie et le conflit entre les Caecilii Metelli et C. Marius, on croit percevoir à travers quelques indices une certaine collusion entre l'activité antioligarchique des *populares*, les initiatives de Marius et des intérêts économiques privés. Enfin, dans les affaires d'Asie, où le roi du Pont Mithridate commence à s'agiter, on voit alors, dans la première décennie du Ier s. av J.-C. se nouer une relation entre les *populares*, C. Marius encore et les intérêts de la classe des grands commerçants (l'élite des cités alliées) et des capitalistes (parmi lesquels ne manquent

---

1. Sur un lien entre le courant *popularis* alors favorable à la cause des alliés et un mouvement de « nationalisme » culturel, en réaction contre l'entrée de l'alexandrinisme à Rome dans le monde cultivé influencé par ce qu'on a appelé le « cercle de Lutatius Catulus », voir E. Gabba, « Politica e cultura agli inizi del I° secolo a.C. », *Athenaeum*, 21, 1953, repris dans *Esercito e società nella tarda Republica romana*, Florence, 1973, p. 175, 191. Du même auteur, « Le origini della guerra sociale e la vita politica romana dopo l'89 a.C. », *Athenaeum*, 1954, repris dans *Esercito e società...*, p. 193-345.

pas les chevaliers)[1] . Manifestement pour espérer jouer un rôle actif dans la vie politique romaine, il faut d'abord pour les Italiens devenir citoyens romains.

C'est à un moment et dans un contexte où interfèrent les aspirations politiques des uns, les intérêts économiques des autres et les ambitions personnelles, qu'on ne peut négliger, et où domine encore l'égoïsme des *patres* qu'en 95 les deux consuls, L. Licinius et Q. Mucius Scaevola prirent des mesures pour lutter contre les infiltrations de Latins et d'alliés italiens dans la cité romaine. D'abord des contrôles multipliés. Ensuite une loi, immédiatement votée, la lex Licinia Mucia, qui frappa d'expulsion plusieurs milliers d'Italiens ou, en tout cas – le texte transmis n'est pas clair – les excluait des listes des *cives* sur lesquelles ils s'étaient abusivement introduits... on les accusait, il est vrai, de collusion avec Marius, chef des *populares*. Ce fut là, pour Diodore, une cause décisive de la guerre sociale.

Les propositions d'un des tribuns de l'année 91, M. Livius Drusus, en provoquèrent le déclenchement. Curieux personnage que ce M. Livius Drusus, fils de l'homme d'État qui, en qualité de tribun de la plèbe, avait en 122 contrecarré l'action de Caius Gracchus et pris parti pour le sénat. Descendant des Scipions par sa mère, Cornélie, noble puissamment riche, passionné et violent, épileptique (comme plus tard Jules César), Livius Drusus, par conviction dévoué à la *nobilitas*

---

1. Cette union est considérée par Mommsen comme responsable du dérèglement des mœurs politiques de la fin de la République. Comme l'a écrit C. Nicolet dans la remarquable préface donnée à la réédition récente de l'*Histoire romaine* : « C'est Mommsen qui a fixé notre conception canonique de l'histoire romaine républicaine : une république aristocratique dont les mœurs se dérèglent avec la conquête et l'apparition d'un "capitalisme financier", une "révolution" qui prend place à la fin du IIe s. et qui est marquée par les tentatives extrémistes d'un "parti" populaire où parfois se noue l'alliance des "capitalistes" et des "prolétaires". On sait que pour sir Ronald Syme, la vraie "révolution romaine", marquée par la constitution d'une nouvelle classe dirigeante, n'a été accomplie que sous Auguste. »

sénatoriale, mais démagogue par nature, fit d'abord voter une nouvelle loi frumentaire qui, inspirée de l'exemple de Saturninus, abaissait le prix du blé distribué aux citoyens pauvres – on revint ainsi au tarif que le sénat avait refusé en 100 et qu'il accepta neuf ans plus tard. Après quoi, il présenta une double *rogatio*. D'une part, une nouvelle loi agraire qui prévoyait la fondation de colonies en Sicile et en Italie, où l'on empiétait sur les terres publiques accordées aux alliés. En compensation, une loi donnait la citoyenneté aux Italiens. Si la *rogatio* était votée, le grand pas serait franchi.

La *rogatio* déposée, un vent d'espoir souffla dans la péninsule, en particulier chez les Marses, où il était attisé par leur chef, Q. Pompaedius Silo, un ami personnel de Livius Drusus. On prétendit plus tard – c'est Diodore qui le rapporte (37, 11-15), mais ce n'est peut-être qu'un produit de la propagande des ennemis de Drusus – qu'un pacte avait été conclu entre eux avec serment. L'oligarchie sénatoriale se déchaîna aussitôt. Ce qui eut pour résultat l'envoi d'un commando de 10 000 Marses sur Rome, décidés à mettre la Ville à sac, si on ne leur accordait pas la citoyenneté romaine. On réussit à les persuader de rebrousser chemin. Malgré l'intervention apaisante de Licinius Crassus (qui mourut quelques jours après) le sénat suivit le consul Philippus qui lui dicta un décret qui non seulement rejetait en bloc la rogatio Livia sur l'extension du droit de cité, mais qui cassait toutes les lois déjà votées à l'instigation du tribun. La nuit suivante, au début d'octobre 91, Drusus fut assassiné dans sa maison[1].

Cette affaire eut un double effet immédiat. D'une part, les chevaliers affolés, comme beaucoup à Rome, par la menace des Marses, se rallièrent sur le moment aux vues sénatoriales. D'autre part, éclata en pays marse d'abord, puis chez les Samnites de Campanie et bientôt dans toute l'Italie centrale et méridionale, une révolte qui devint rapidement une guerre inexpiable. On l'appela d'abord le *bellum marsicum* du nom

---

1. Il laissait un fils adoptif, qui sera le père de l'impératrice Livie.

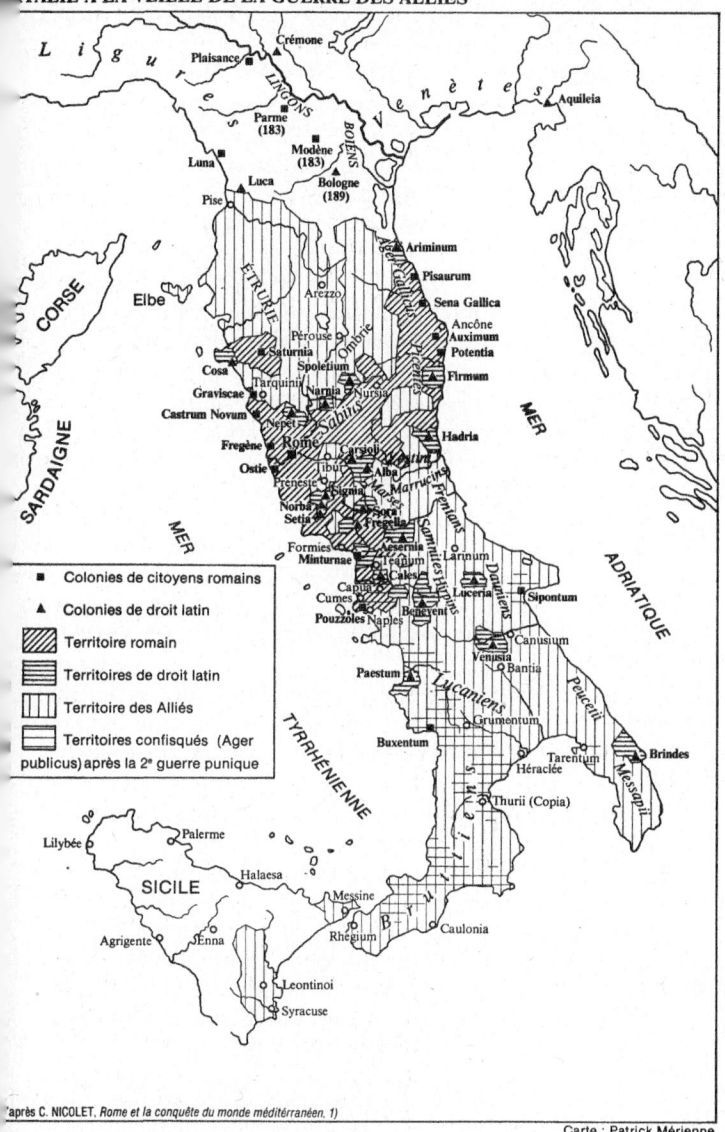

ITALIE A LA VEILLE DE LA GUERRE DES ALLIÉS

D'après C. NICOLET, *Rome et la conquête du monde méditérranéen, 1)*

Carte : Patrick Mérienne

du peuple qui avait lancé le signal, puis la guerre italique (*bellum italicum*), enfin guerre des Alliés (*bellum sociale*).

Elle eut au début un caractère sinon aristocratique, du moins non populaire, ce qu'avait déjà noté P. Mérimée en 1869 dans ses *Études sur l'histoire romaine*. C'est seulement dans sa seconde phase que l'insurrection prit un caractère populaire à la suite d'une ardente propagande qui mit l'accent sur les motifs régionaux et les revendications sociales et indépendantistes... on était un peu loin du problème central de la citoyenneté romaine. Même alors la rébellion resta dirigée par des chefs issus des élites urbaines.

La guerre fut longue et terrible ; elle prit une allure de guerre civile. Sans insister sur les faits, rappelons, à titre d'exemples, les déchaînements de haine à Asculum (Ascoli), dans le Picenum, où les femmes romaines furent scalpées avant d'être mises à mort, en Lucanie, à Grumentum, où la petite garnison romaine fut passée au fil de l'épée et la population civile massacrée. On l'a comparée parfois à la guerre de Sécession américaine[1]. Et de fait, les Marses et les Samnites commencèrent à créer deux États avec une monnaie, signe de souveraineté – elle portait chez les Marses la légende *Italia*, chez les Samnites, en osque, *Vitelia* –, avec des institutions propres et une capitale, Corfinium, rebaptisée Italica. Les alliés purent réunir, selon Appien (*B.C.*, I, 39, 177), un contingent fédéral de quelque 100 000 hommes. Le danger devenait menaçant pour Rome.

Si menaçant que, leurs différends dominés, toutes les factions des classes dirigeantes et même populaires firent l'union autour du sénat. Dès le début de 90, un tribun de la plèbe, Q. Varius, déposa une *rogatio* votée par le peuple et aggravée par le sénat ; elle devint donc la lex Varia, loi de répression terrible : création d'un tribunal d'exception fonctionnant au nom des *patres* et se substituant à tous les autres tribunaux pour la durée des hostilités ; inculpations

---

1. G. Bloch et J. Carcopino, *la République romaine de 133 à 44 av J.-C.* I. *Des Gracques à Sylla*, Paris, 1935, p. 368-369.

de tous ceux qui avaient appuyé les mesures de Drusus en faveur des Italiens ; beaucoup s'exilèrent pour éviter la peine de mort. En même temps s'organisait la répression armée, sous la direction des consuls, disposant de quatorze légions. L'ancien consul C. Marius fut appelé à servir, ainsi que l'ancien préteur L. Cornelius Sylla, déjà glorieux depuis l'action menée pour la capture de Jugurtha. Il y eut beaucoup de combats acharnés, mais aussi, comme il arrive dans les guerres d'Italie, des épisodes de... grandiloquente et touchante fraternisation. Celui de la rencontre des armées de Marius et de Pompaedius Silo est célèbre, raconté de manière un peu différente par Plutarque et par Diodore. Selon Plutarque (*Mar.*, 33, 4), les deux armées s'observant sans s'aborder, Silo porta un défi :

« Marius, dit-il, si tu es un grand chef, viens donc me combattre. – Et toi, Silo, répondit Marius, si tu es un si grand chef, force-moi donc à te combattre malgré moi. » Silo préféra entrer en pourparlers. Cependant que les soldats fraternisèrent.

Selon Diodore, qui donne un récit plus circonstancié (37, 13) :

Marius conduisit son armée dans la plaine des Samnites et vint camper en face des ennemis. Pompaedius, investi du commandement en chef des Marses, fit aussi avancer ses troupes. Les deux armées s'étant rapprochées l'une de l'autre, leur attitude guerrière se changea en une humeur pacifique. Arrivés à portée de vue, les soldats de l'un et de l'autre parti reconnurent un grand nombre de leurs hôtes, de leurs parents, de leurs compagnons d'armes, enfin beaucoup de ceux avec lesquels ils étaient liés par des alliances de famille. Une sympathie naturelle les força donc à échanger des paroles bienveillantes ; ils s'appelaient réciproquement par leurs noms, et s'exhortaient à ne pas se souiller du meurtre de leurs parents ; déposant leur appareil guerrier, ils se tendaient la main droite et s'embrassaient cordialement. Marius, témoin de ce mouvement, sortit aussi des rangs ; Pompaedius fit de même, et les deux chefs s'entretinrent amicalement. Pendant que ces chefs causaient longuement sur la paix et le droit de cité tant désiré, les deux camps se remplirent de joie et d'espérances, et, au lieu d'une bataille, il y eut une fête. Par des discours appropriés, les généraux invitèrent les combattants à un accommodement, et tous s'abstinrent avec joie d'une lutte sanglante.

Peu après le vote de la lex Varia, le sénat se jugea assez fort pour faire preuve de générosité en accordant aux Italiens l'essentiel de leurs revendications. Et la majeure partie des Alliés accueillit de bon gré la reconnaissance, même tardive, de leurs exigences. « Ils luttaient non pas pour nous arracher le droit de cité romaine, mais pour y être accueillis », c'est la phrase par laquelle, selon Cicéron (*Philippiques*, XII, 11, 27), un témoin condensait une conversation entre un chef insurgé et un général romain. En vérité, ils luttaient aussi pour obtenir une citoyenneté qui leur permettrait de bénéficier de la loi agraire et non plus d'en souffrir. Par trois lois, la citoyenneté romaine leur fut concédée : la lex Julia de 90 proposée par le consul L. Julius Caesar donna la *civitas romana* à tous les Latins et aux Alliés qui n'avaient pas pris les armes ainsi qu'à ceux qui les déposeraient alors. Deux autres lois, la lex Plautia Papiria, présentée par deux tribuns en 89, et la lex Calpurnia de 89 (ou de 88) complétèrent la première et réglèrent des questions de détail.

En décembre 89, la guerre parut finir ; elle se prolongea cependant en quelques endroits jusqu'en 80. Les insurgés avaient apparemment obtenu gain de cause. Restait à résoudre un problème capital : comment intégrer les *novi cives*, les nouveaux citoyens, au corps civique romain et très concrètement comment les répartir dans les tribus ? Les répartir dans les 35 tribus, c'était courir le risque de les voir par la force du nombre renverser les situations à l'occasion d'un vote. Le sénat vit le danger. Comme dit Appien (*B.C.*, I, 214), il s'agissait de faire en sorte que « supérieurs en nombre aux anciens, ils ne leur fussent pas supérieurs pour le vote ». De là l'idée de fixer un nombre restreint de tribus où seraient inscrits les *novi cives*, comme on faisait pour les affranchis inscrits dans les quatre tribus urbaines. À cet effet furent créées huit nouvelles tribus... pour peu de temps !

S'engagea en effet, sans retard, une ultime phase du combat pour l'égalité complète des citoyens romains. Dès 88, le tribun P. Sulpicius Rufus proposa de répartir les *novi cives* dans les 35 tribus. Cette tentative se trouva liée intimement à la proposition de confier à Marius (contre Sylla) le commandement de la guerre contre Mithridate. Liaison qui révéla la collusion des milieux commerçants et financiers d'Asie et d'Italie et de la faction marianiste de Rome. Ce fut un tollé. Sulpicius entra en sédition, mais la guerre entre marianistes et syllaniens repoussa la conclusion de l'affaire. Cinna tenta de la faire resurgir en 87, sans succès. Finalement en 84, un sénatus-consulte concéda l'inscription dans les 35 tribus : le sénat renouvelé par la *lectio senatus* de 86, en période de gouvernement démocrate, avait accueilli des éléments de la tendance *popularis* ; et Sylla rentrant en Italie avait intérêt à se concilier les nouveaux citoyens. Pourtant, il faut attendre les années 70-69 pour que, les opérations de recensement et d'enregistrement enfin menées à bien, sous la pression des *populares* et grâce à Pompée et à Crassus (le fils), alors consuls, les lois de 90-88 aboutissent réellement à une application concrète. Cette année-là, nous dit Cicéron (*I Verr.*, 54) les foules italiennes vinrent à Rome en foule. Le recensement donne le chiffre de 910 000 citoyens, soit environ le double de ce qu'il était avant la guerre sociale.

La guerre sociale et son aboutissement constituent par leurs conséquences l'un des faits majeurs de l'histoire de l'Italie romaine. D'abord parce que l'accès des Italiens à la citoyenneté romaine entraîna la diffusion du droit romain [1] et accéléra du même coup le processus de romanisation

---

1. Voir les remarques de F. De Visscher, « L'expansion de la cité romaine et la diffusion du droit romain », *Bulletin de l'Académie royale de Belgique, Cl. des Lettres*, 41, 1955, p. 29-46, dont une partie de la démonstration est maintenant controuvée par la découverte de la *tabula Banasitana* pour les IIe-IIIe s. après J.-C.

dans toute la partie de la péninsule située au sud du Rubicon. Au nord, la Cisalpine, dont les habitants n'ont que le droit latin, reste une province, administrée comme telle. L'unité italienne n'est donc pas faite ; il faut attendre César. D'autre part, en Italie, la guerre a vu se constituer ou plutôt se renforcer, du fait des enrôlements militaires, des clientèles régionales, parfois considérables : on pense par exemple à celle de Cn. Pompeius Strabo dans le Picenum où il possédait d'immenses domaines (c'est le père de Pompée le Grand). À Rome, où pendant la guerre ont afflué des fugitifs venus de toutes les zones de guerre, ce qui accroît singulièrement un prolétariat urbain que les ambitieux n'hésiteront pas à manipuler, le sénat, qui a, non sans mal, résolu une question difficile, peut se croire maître de la situation. Ce n'est qu'une illusion ! En fait, le danger italien une fois passé, il se trouve, à partir de 88, de nouveau livré aux divisions des clans que commencent à attiser les rivalités des généraux vainqueurs et avides de nouveaux commandements. Parmi les sujets qui divisent les *patres*, il en est un, particulièrement grave, qui se présente avec une acuité accrue : après avoir accueilli, plutôt sous la contrainte, les Italiens dans la cité romaine, Rome doit-elle poursuivre cette politique d'ouverture ? Ou au contraire se replier sur elle-même et sur l'Italie ? La romanité doit-elle s'étendre à l'empire ? Ou les provinces sont-elles destinées seulement à l'exploitation coloniale ? Ces questions s'offrent à la réflexion des esprits les plus perspicaces, tandis que, parmi les *patres*, beaucoup ne pensent qu'à la défense de leurs intérêts de classe.

Pour la génération à venir, une conséquence de poids mérite d'être soulignée dès maintenant : c'est l'entrée dans les classes dirigeantes de citoyens issus des colonies et des municipes italiens qui, de plus en plus nombreux, vont au sénat et dans les magistratures relayer les vieilles familles romaines. Particulièrement actifs dans l'entourage des triumvirs, ils préparent l'avènement d'une nouvelle société. Une nouvelle société qui va tirer parti du dérèglement des institutions républicaines traditionnelles et surtout des guerres civiles.

Le dérèglement des institutions républicaines

La vie politique à Rome repose sur des « institutions établies par les ancêtres ». Ce qu'on appelle le *mos majorum*. Si bien que les réformes apportées par les uns et par les autres ne touchent en général que des points de détail. Et que même ces réformes-là sont, pour les éléments conservateurs et le plus souvent aussi pour les libéraux, ressenties comme de dangereuses innovations. Pendant plusieurs siècles, tout le monde a admis des règles fondamentales non écrites, et d'autant plus irréfragables qu'elles n'étaient pas écrites, complétées bien entendu par des lois qui progressivement ont fixé des règles institutionnelles de fonctionnement.

À savoir que le *populus romanus* est souverain. En ce sens que dans ses assemblées centuriates et tributes, il élit des magistrats dont les fonctions sont toujours collégiales et les pouvoirs annuels. Qu'il vote les lois et s'érige en tribunal. Que les pouvoirs des uns et des autres ne doivent être exercés que *pro salute publica* ou *rei publicae*, c'est-à-dire pour le bien de tous et de l'État. D'un État qui appartient à tous les citoyens, qui ne doit donc être accaparé ni par quelques-uns, ni surtout par un seul, d'où la collégialité et l'annalité des magistratures. À savoir aussi que dans le *populus*, la plèbe a acquis le droit particulier d'être protégée par un collège spécial, le collège des dix tribuns, dont on a vu les pouvoirs particuliers… et leurs limites. À savoir enfin que tout citoyen peut faire appel au peuple en cas de condamnation à une peine capitale, c'est le *jus provocationis* qui est, a-t-on dit, « la garantie essentielle de la *libertas* ».

Si l'État ne doit pas être remis entre les mains de quelques-uns, en revanche il est guidé par un sénat constitué par les anciens (les *patres*), expérimentés par leurs fonctions passées et dotés d'une sagesse que leur ont conférée leur *educatio* et leur expérience. Ce sénat, à Rome, joue un rôle plus important que dans beaucoup d'autres cités, au point qu'on a pu parler de république sénatoriale (en tout cas aristocratique). Comme l'a dit Cicéron (*Pro Sestio*, 137),

> Nos ancêtres firent du sénat le défenseur, le tuteur, le protecteur de l'État ; ils ont voulu que les magistrats soient en quelque sorte les ministres de ce Conseil imposant.

Et dans le *De legibus*, III, 27 :

> Le sénat est maître de la politique générale... ; le peuple doit avoir le pouvoir, le sénat l'autorité.

De là la célèbre devise romaine : *Senatus Populusque Romanus*, abrégée en SPQR, encore en usage dans la Rome contemporaine. Les pouvoirs de la haute assemblée sont considérables en politique intérieure comme en politique extérieure où elle exerce une quasi-souveraineté : elle contrôle l'administration et la justice en Italie et dans les provinces, où la représentent des promagistrats, c'est-à-dire des magistrats sortis de charge, qu'elle nomme elle-même. Le sénat est le maître des finances en contrôlant les recettes et les dépenses, ce qui est bien entendu essentiel hier comme aujourd'hui dans la vie de l'État. Par là il tient en main l'activité des magistrats. Enfin, il vote des sénatus-consultes et notamment le *senatusconsultum ultimum* en cas de menace sur l'État. Notons encore qu'il a le pouvoir de mettre hors la loi, en le déclarant ennemi public (*hostis publicus*), un citoyen qui attenterait à la *libertas*. Il est par là le garant de cette liberté républicaine.

Tout ceci explique que, dans cette « constitution mixte », vantée autrefois par Polybe, si des conflits de compétence peuvent éclater entre le sénat et le peuple, ils risquent d'avoir une gravité particulière entre le sénat et les magistrats, ses mandants, élus par le peuple, mais contrôlés par lui.

Les risques étaient sans doute moins grands quand tous les citoyens, conscients de l'essence divine des hommes, de la protection particulière des dieux sur la cité romaine et donc de la suprématie du sacré sur le profane, respectaient l'équilibre entre leurs devoirs et leurs droits dans la vie de la cité[1]. Lorsque cet équilibre a commencé de se rompre et surtout quand, sous l'influence de certaines idées philosophiques répandues par les écoles issues de l'Orient grec, la religion civique a décliné, au 1er s. av. J.-C., les risques de conflit ont augmenté. Non qu'il y ait eu, comme on le verra plus loin, recul de la religion traditionnelle en général. En revanche il y eut certainement recul de la religion civique. Et c'est ce qui, à mon avis, explique l'insistance de Cicéron à en souligner l'importance dans la vie de la cité. « Vous, *quirites*, s'écrie-t-il dans le *Pro Rabir. Perd.*, 5, dont la puissance est la première *après* celle des dieux immortels... » Son insistance aussi à vouloir sauver « les cérémonies religieuses et le culte des dieux que, selon moi – écrit-il dans le *De legibus*, I, 15 – il faut maintenir, non par crainte, mais à cause de l'union qui existe entre l'homme et Dieu ». Ou encore, dans le même traité (I, 23), son admirable exaltation de l'homme de bien (*vir bonus*), du citoyen qui « sent d'abord qu'il a en lui-même quelque chose de divin » :

> Quand, en effet, après avoir connu les vertus et en avoir perçu la beauté, l'âme aura renoncé à ses molles complaisances pour le corps, qu'elle aura étouffé le plaisir qui est pour sa beauté un danger, qu'elle aura banni toute crainte de la mort et de la douleur, formé avec ses proches une société où régnera l'amour, regardant comme des proches tous ceux que la nature a faits ses semblables ; quand enfin elle aura embrassé un culte des dieux et une religion purifiés, et qu'elle aura aiguisé l'esprit de telle façon qu'il perçoive le beau, s'y attache et s'écarte de ce qui s'y oppose, vertu que, du mot *providere* (prévoir) on a nommée *prudentia* (connaissance de ce qui sert à bien vivre), que pourra-t-on alors concevoir qui mérite plus que l'homme d'être qualifié d'heureux ? Et quand il aura porté ses regards au ciel, sur la terre, sur les mers, sur toute la nature ; quand il saura d'où viennent toutes choses, où elles retourneront, quand et

---

[1]. Sur les droits et devoirs des citoyens, voir C. Nicolet, *le Métier de citoyen dans la Rome républicaine*, Paris, 1976.

comment elles périront, ce qu'il y a en elles de mortel et de caduc, et aussi ce qu'il y a de divin et d'éternel ; quand il aura presque saisi celui qui les dirige et les gouverne, lorsqu'il aura reconnu qu'il n'était pas enfermé dans les murailles d'une ville, mais que, citoyen du monde, il l'avait tout entier pour patrie, alors, devant cette magnificence, à cette vue, dans cette connaissance de la nature, dieux immortels ! comme il se connaîtra aussi lui-même, selon le précepte d'Apollon Pythien ! Quel mépris, quel dédain il aura pour les grandeurs prétendues qu'estime le vulgaire !

Pour en revenir à la constitution de Rome et aux risques de conflits que courait la cité au début du Ier s., il me semble que rien ne les présente mieux que les quatre conseils donnés en 56 par les haruspices qu'avaient consultés les sénateurs inquiets d'une série de présages au moment où se tenait la conférence de Lucques entre Pompée, César et Crassus : « Éviter par-dessus tout la discorde, qui risquait de mettre l'État entre les mains d'un seul homme, veiller à ce que des projets secrets ne soient pas formés contre la république, que des magistratures ne soient pas données à de mauvais citoyens et surtout que la constitution reste inchangée[1]. »

« Que la constitution reste inchangée », là est l'essentiel. Si les composantes de l'État viennent à cesser de fonctionner harmonieusement, alors s'annonce le déclin de Rome. C'est la pensée de T. Mommsen, pour qui la décadence romaine est due avant tout à son déclin institutionnel. En fait le dérèglement des institutions républicaines remonte au moins au IIe s. av. J.-C. ; mais il s'est accentué de manière très sensible au Ier s., au point d'aboutir, on le verra, à une situation sans issue.

C'est dans la gestion des magistratures qu'il s'est manifesté le plus anciennement. Les magistrats, dont on a dit qu'ils étaient élus pour un an et qu'ils fonctionnaient traditionnellement par collèges (les censeurs sont 2, de même

---

1. P. Grimal, *Cicéron*, Paris, 1986, p. 221.

les consuls ; les préteurs sont 2, puis 4 à partir de 227, 6 en 197, 8 en 80, 10, 14 et même 16 sous César ; les édiles sont 2, puis 4 et 6 sous César ; les questeurs sont également 2, puis 4 et 20 en 80 av. J.-C.), pouvaient de ce fait se trouver dans des situations inextricables, en tout cas difficiles. Pour y faire face, la « constitution » a prévu un recours. Le recours à la dictature qui, elle, n'est pas collégiale. Mais le dictateur, magistrat unique – il est seulement assisté d'un maître de la cavalerie pour le commandement militaire –, n'est désigné par les consuls, à la demande du sénat, que pour le temps nécessaire au rétablissement de la situation et en aucun cas pour une durée supérieure à six mois. Pendant ce temps, tous les magistrats en place s'effacent devant son pouvoir, sans pour autant disparaître. Recours très rare au IIIe s. – sauf pendant la deuxième guerre punique – la dictature a disparu pendant cent trente-quatre ans, de 216 à 82. Et quand elle renaît, en décembre 82, en faveur de Sylla, c'est sous une forme nouvelle, très différente de l'ancienne. D'abord c'est le peuple (et non pas le sénat) qui, en l'absence des consuls, décerne à Sylla la dictature : ce qui est déjà une procédure révolutionnaire. Ensuite, elle lui est donnée pour une durée illimitée, en tout cas non spécifiée : deuxième innovation. Enfin, elle lui assigne une mission précise, qu'Appien analyse avec précision (*B.C.*, I, 456-464) : établir une nouvelle constitution. Pour cela, il reçoit tous les pouvoirs : législatif, judiciaire (ce qui lui permet de condamner à mort sans appel et de disposer des biens des condamnés) et, bien entendu, exécutif (il pourra donc pourvoir à toutes les magistratures sans élection) et religieux (notamment la libre disposition des auspices). Plus de *jus provocationis*, plus d'*intercessio* tribunicienne qui tiennent ! Sylla dictateur est souverain maître de Rome sans limite de temps.

D'autres dérogations à la tradition républicaine avaient déjà eu lieu. Ainsi Scipion Emilien reçut son premier consulat en 147 alors qu'il n'avait que trente-huit ans ; il avait fallu pour cela déroger aux lois qui interdisaient de briguer le consulat avant quarante-trois ans. Pour les

Gracques, on a vu comment Tiberius, pour la première fois, avait fait déposer son collègue Octavius qui s'opposait à sa loi agraire, puis comment il avait tenté, illégalement, de se faire réélire d'une année sur l'autre. Comment son frère Caius s'était fait élire tribun deux années de suite, en se fondant, il est vrai, cette fois, sur une loi votée entre 125 et 123. On vit même en 122, pour la seule et unique fois, un ancien consul, Fulvius Flaccus, se faire élire tribun. Preuve que, comme le dit fort bien C. Nicolet[1], le tribunat est alors devenu « le véritable centre du pouvoir ». Ce qui n'est pas conforme à la tradition républicaine.

Le dernier siècle de la République a vécu de nombreux exemples de pouvoirs exceptionnels attribués à des particuliers en violation, ou plus exactement en dérogation – car ils furent le plus souvent soit sanctionnés par des lois ou des sénatus-consultes, soit légitimés en quelque sorte par la nomination ou l'élection – des principes qui régissaient le fonctionnement des magistratures républicaines. On assiste ainsi à une série de coups de force ratifiés tantôt par le peuple, tantôt par le sénat. C'est ainsi que, contre toutes les règles établies, Marius fut consul sept fois, en 107, puis de manière continue de 104 à 100, puis de nouveau en 86, alors que les lois prévoyaient un intervalle de dix ans entre deux consulats et que même un deuxième consulat était exceptionnel. C'est ainsi que, comme on l'a vu, Sylla devint en 82 dictateur *legibus scribundis et rei publicae constituendae* sans limite de temps et sans limite d'attributions, alors que jusque-là la dictature n'était conférée que pour une fin précise et une durée limitée ; la loi qui lui donna ces pouvoirs avait été proposée au peuple « intimidé ». À partir de ce moment se multiplient les dérogations. Les pouvoirs proconsulaires sont donnés à Pompée en 67-66 pour un temps très long et même illimité, et de la même façon à César en 59 et en 55 ; jusque-là ils n'étaient généralement attribués que pour un an dans le

---

1. *Rome et la conquête du monde méditerranéen*, I, p. 409.

gouvernement des provinces sénatoriales du plus haut rang. Déjà en 70, lors des élections consulaires, le sénat avait autorisé Pompée et Crassus à être candidats alors qu'ils ne réunissaient pas les conditions légales d'éligibilité ; mais le souvenir des coups de force passés lui avait interdit de s'opposer à l'ambition de chefs d'armées qui, avec leurs légions, disposaient de la force réelle. Mieux : en 52, il autorise Pompée à exercer le consulat seul, sans collègue et, deuxième nouveauté, il lui confie à la fois les pouvoirs consulaires et proconsulaires. Ainsi Pompée ne sort pas de la légalité : il n'usurpe pas ses pouvoirs ; ceux-ci lui sont légalement conférés. Mais il s'agit là quand même d'une décision révolutionnaire qui à la fois démontre l'incapacité des institutions républicaines à faire face aux situations difficiles et annonce la perte prochaine de l'État romain. S'il en fallait une nouvelle démonstration, César l'apporterait. Ne pouvant obtenir quelques années plus tard les pouvoirs exceptionnels qu'avait reçus Pompée, il se lance dans une guerre civile et obtient du peuple, puis du sénat la dictature, qui lui est donnée d'abord pour dix ans en 46, puis à vie en 44. Et l'année suivante, en 43, quand les assemblées accordent au jeune Octave, âgé de vingt ans, le droit de commander des troupes sans avoir l'âge requis et sans avoir gravi les échelons normalement exigés pour accéder à de telles missions, c'est Cicéron, l'ardent défenseur de la légalité républicaine, qui le leur conseille [1], parfaitement conscient alors de la « perte de la République » (*res publica amissa*)[2].

Il est vrai qu'au dernier siècle de la République, la gestion des magistratures n'est pas seule en cause. L'atmosphère politique est empoisonnée par la propagande, la corruption et les manipulations électorales. Là encore le mal est

---

1. Voir J. Béranger, « L'accession d'Auguste et l'idéologie du *privatus* », Palaeologica, 1958, p. 1-11 – « Cicéron précurseur politique », *Hermes*, 1959, p. 103-117.
2. C'est le titre du livre de C. Meier, consacré à la crise des institutions républicaines : *Res publica amissa*, Wiesbaden, 1966.

ancien : depuis 432 av. J.-C., plusieurs lois avaient tenté de codifier et de réprimer l'*ambitus*, c'est-à-dire la brigue électorale. Au IIe s., deux lois seulement sont connues, qui envisageaient l'exil comme peine. En revanche, on en compte douze entre 81 et 18 av. J.-C., preuve et de leur inefficacité et de l'accentuation du mal. Candidat à la préture, Marius ne répugna pas à distribuer de l'argent aux électeurs, si l'on en croit Plutarque (*Mar.*, 5, dans la bonne vieille traduction d'Amyot) :

> À la fin, ayant été élu tout le dernier, il fut accusé d'avoir corrompu et acheté les voix du peuple par argent, de quoi donnait grande présomption, entre autres arguments, ce que l'on avait vu un valet de Cassius Sabacon, au-dedans du pourpris où se fait l'élection, allant et venant parmi ceux qui donnaient leurs voix, parce que ce Sabacon était grand ami de Marius ; si en fut appelé devant les juges, qui l'interrogèrent sur ce fait ; à quoi il répondit que, pour la grande chaleur qu'il faisait, il avait eu soif, et avait demandé de l'eau fraîche à boire, et que ce valet lui en avait apporté dans un pot jusque-là où il était, mais qu'il en était sorti tout aussitôt comme il eut bu. Ce Sabacon fut depuis ôté du sénat par les prochains censeurs, et estimat-on qu'il avait bien mérité cette note d'infamie, ou pour s'être parjuré en jugement, ou pour avoir été si sujet à son plaisir.

Pendant leur consulat, Pompée et Crassus n'hésitèrent pas à user du même procédé pour empêcher l'austère et honnête Caton (Caton le Jeune, dit d'Utique) d'être élu préteur. C'est encore Plutarque qui le rapporte (*Cat. Min.*, 55) :

> Mais eux craignant que la préture, par la réputation de Caton, ne vînt à être en autorité et puissance égale au consulat, firent premièrement assembler à la hâte le sénat, sans que la plupart des sénateurs en sût rien, et en cette assemblée firent arrêter par décret du sénat que ceux qui seraient élus préteurs entreraient incontinent en possession et exercice de leurs offices, sans attendre le temps préfixé et ordonné par les lois, durant lequel on pouvait

mettre en justice ceux qui auraient acheté à deniers comptants les voix du peuple ; puis ayant, par ce décret, forgé une impunité et licence de malfaire à ceux qui y prétendaient par tels moyens, ils mirent en avant à cette brigue quelques-uns de leurs ministres, donnant eux-mêmes l'argent pour corrompre le peuple, et présidant eux-mêmes à l'élection.

Caton étant quand même en bonne posture pour être élu,

ce que voyant, Pompée rompit aussitôt l'assemblée de l'élection, feignant trop déhontement qu'il avait ouï tonner, parce que les Romains ont accoutumé de détester cela et ne jamais ratifier rien quand il survient quelque signe tel et prodige céleste ; mais depuis ils baillèrent encore plus d'argent que devant, et avec cela chassèrent les plus gens de bien hors du Champ de Mars, et firent tant à la fin par leurs pratiques qu'un Vatinius fut élu et déclaré préteur au lieu de Caton.

Il arrivait aussi qu'avec de faux bulletins les urnes fussent bourrées. Un ami de Pompée étant candidat à l'édilité, Caton devenu préteur l'année qui suivit son échec

s'avisa que les tables où s'écrivaient les voix étaient toutes écrites (ce sont les *tabellae*, dont on a parlé plus haut) d'une main et, par ce moyen, ayant convaincu la fausseté, il en appela devant les tribuns du peuple et fit tant que l'élection fut déclarée nulle.

Il arrivait encore qu'un vote fût empêché par la violence. Toutes ces pratiques sont évoquées dans une lettre célèbre adressée en juillet 65 par Cicéron à son frère Quintus, lettre qu'on appelle le *Commentariolum petitionis*, ou « Petit manuel de campagne électorale ». Elle nous donne une bonne image de ce qu'était la vie politique en ce dernier siècle de la République, sans nous prouver, au contraire, que l'orateur recourait lui-même à la corruption. En revanche, son ennemi Verrès était un spécialiste, qui, comme beaucoup, utilisait les services des *divisores*, c'est-à-dire des distributeurs de fonds, « courtiers de la corruption[1] », non seulement pour ses propres candidatures, mais aussi pour empêcher l'élection de Cicéron à l'édilité. Comme le proclame celui-ci (*I Verr.*, 23) :

> Je tenais d'hommes sûrs le fait que voici : plusieurs sacs d'argent contenant l'argent de Sicile avaient été transportés de la maison d'un sénateur chez un chevalier romain. De ces sacs, dix environ avaient été laissés chez ce sénateur pour servir aux comices de mon élection. Les distributeurs de fonds avaient été convoqués de toutes les tribus, de nuit, chez Verrès. Un de ces distributeurs, qui se croyait obligé de tout faire pour moi, vint cette même nuit me trouver. Il m'expose en quels termes Verrès s'est adressé à eux... : Il leur a rappelé avec quelle libéralité il les avait traités quand il sollicitait la préture, et depuis, aux dernières élections consulaires et prétoriennes ; enfin il leur a promis tout l'argent qu'ils voudraient, dès qu'ils m'auraient écarté de l'édilité. Les uns avaient dit qu'ils n'osaient s'en charger, d'autres avaient répondu qu'ils ne croyaient pas la chose possible ; on avait cependant trouvé un ami courageux, un parent, un Q. Verrès, de la tribu Romilia, un des distributeurs les plus habiles, élève et ami du père de l'accusé ; il avait, moyennant 500 000 sesterces déposés à l'avance, promis de mener à bonne fin l'entreprise, et quelques-uns s'étaient engagés à le seconder. Voilà ce dont m'avertissait cet ami, en me conseillant, et certes c'était une preuve de bienveillance, de prendre toutes mes précautions.

Pourquoi tant d'acharnement pour empêcher l'élection de Cicéron à l'édilité ? C'est que, dans la carrière des honneurs, l'édilité est un poste déterminant au cours

---

1. Sur ces manœuvres électorales, voir C. Nicolet, *le Métier de citoyen*..., p. 412-416. Sur les excès de la propagande et sur la corruption électorale, avec présentation d'exemples précis, voir E. Deniaux, « Le passage des citoyennetés locales à la citoyenneté romaine et la constitution de clientèles », *l'Urbs, espace urbain et histoire*, 1987, p. 279-304, et S. Demougin, « Élections et électeurs à la fin de la République et au début de l'Empire », *ibid.*, p. 305-317.

duquel les édiles doivent organiser les trois grands jeux de l'année, les jeux de Cérès, de Liber et Libera en avril, ceux de Flore au début de mai, et les jeux romains au début de septembre. Toute mesquinerie était exclue si l'on voulait poursuivre sa carrière. Il fallait faire preuve de magnificence. Le peuple s'en souviendrait quand, quelques années plus tard, il aurait à élire les consuls de l'année. Une élection consulaire se prépare dès l'édilité. Même honnêtes, les élections coûtent cher.

Il faut donc se refaire. C'est généralement ce qui se passe dans les promagistratures, qui consistent soit en gouvernement de province, soit en commandement militaire. Un gouverneur, qui part pour sa province avec sa maison, c'est-à-dire ses amis et son personnel particulier[1], ce qui représente à la fois un cabinet administratif, un bureau politique et un groupe d'affaires privé, retrouve là fortune et considération. Du butin, s'il est amené à diriger des campagnes. Des prélèvements sur les impôts levés sur les provinciaux. Des pots-de-vin sur les affaires commerciales, financières des publicains et leurs grandes entreprises de travaux publics. De la considération, si pour avoir pacifié une zone dangereuse de leur province, il revendique et obtient le titre d'*imperator*. Même Cicéron, qui pourtant n'était guère attiré par les commandements militaires, rapporta ce titre de son proconsulat de Cilicie. Il n'en rapporta en revanche aucun de ces trésors qui firent la réputation de Verrès.

Il reste que l'institution des promagistratures à la fin de la République explique à la fois les abus du colonialisme romain et les intrigues qui entouraient à Rome la répartition des provinces et des commandements. En principe, c'est le sénat qui procède au tirage au sort des provinces parmi les magistrats sortants. En réalité, si tel ou tel ne

---

1. Cicéron a laissé une utile description de la maison de son frère Quintus, gouverneur de la province d'Asie, dans sa lettre *Ad Q. fratrem*, I, 1.

s'estime pas satisfait, il fait intervenir un tribun qui porte l'affaire devant l'assemblée populaire qui casse la décision. C'est ce qui arriva quand César, furieux d'avoir été joué par le sénat qui lui avait attribué, après son consulat, la peu glorieuse surveillance des chemins de transhumance en Italie du Sud (!), fit déposer par un tribun ami une *rogatio* qui lui valut le gouvernement de la Gaule cisalpine et de l'Illyricum. À quoi le sénat, pour faire bonne mesure et reprendre l'initiative, ajouta la Gaule transalpine... ce qui couvrait, outre la Narbonnaise conquise depuis le IIe s., le reste du pays à conquérir. César y gagna gloire et richesse. La Gaule y gagna paix, mise en valeur et culture gréco-romaine.

Les pratiques, presque toujours enrichissantes, parfois scandaleuses des promagistrats soulignent bien le dérèglement des institutions à la fin de la République. Là où naguère on avait en vue le salut de la cité, on pense plutôt maintenant aux moyens de refaire une fortune et de gagner de la gloire personnelle. Ce qui prime, ce sont les intérêts des individus, c'est l'ambition qu'en maintes occasions Cicéron condamne comme contraire à l'*humanitas*, un des thèmes les plus fréquents de ses discours et de ses traités. Nous touchons là à l'une des causes du déclin de la République : la crise des valeurs dont on parlera plus tard.

Il est une autre cause, ou manifestation du dérèglement des institutions, c'est l'attitude et le comportement des *novi cives* au sénat. Déjà la *lectio senatus* de 86, en période de gouvernement démocrate, a amené au sénat certains des nouveaux éléments de la classe politique. Et Sylla, qui avait besoin de leur appui, dut à son tour tenir compte de la nouvelle situation créée par les lois de 90-88. Dans le sénat syllanien, on trouve des Campaniens, des Picéniens, des Siciliens et en particulier des représentants du milieu du grand commerce. Ces nouveaux introduits dans la classe dirigeante supérieure furent vite assimilés, comme le prouve leur active participation aux menées des factions. Pour atténuer les frictions entre la classe sénatoriale et les chevaliers, Sylla introduisit au sénat un bon nombre de ces derniers et même des gens qui étaient issus des notabilités municipales. Comme il arrive souvent dans de pareilles circonstances – ne dit-on pas que les néophytes deviennent volontiers fanatiques ? –, les nouveaux sénateurs devinrent pour beaucoup d'ardents conservateurs de l'ordre dans lequel ils venaient d'entrer. Les études prosopographiques qui ont été effectuées sur ce milieu montrent que cette arrivée des éléments italiens dans la vie de l'État eut des conséquences importantes pour l'histoire de la République finissante. D'abord parce que la *nobilitas*, qui, il est vrai, n'avait pas toujours formé un bloc uni, s'en trouva un peu plus divisée, la fraction la plus aristocratique ne manquant pas une occasion de manifester son mépris pour les Italiens. Cicéron d'Arpinum eut à en souffrir : il s'entendit traiter de nouveau locataire à Rome et de roi étranger. À Marc Antoine qui ne lui ménageait pas ses sarcasmes, il put répondre (*Philipp.*, III, 15) :

> Voyez comme on nous méprise ; nous sommes tous des gens des municipes, nous tous absolument, car combien y en a-t-il parmi nous qui n'aient une telle origine ?

Ce n'était là après tout que snobisme ! Il y a plus grave. C'est l'adhésion fréquente de ces *senatores novi* à la cause de l'ordre équestre lors de ses conflits avec l'ordre sénatorial. Ce fut incontestablement un élément d'instabilité. Pour obtenir et fêter à la manière d'un triomphe le retour d'exil de Cicéron en 57, Pompée, à ce moment ami de l'orateur, réussit à mobiliser tous ces Italiens, sénateurs et chevaliers. Quelle déception quand il les verra rejoindre César avant Pharsale en 48 ! Il y a plus important encore pour l'histoire de la seconde moitié du Ier s. av. J.-C. : c'est, sous la poussée des nouvelles familles sénatoriales, le déclin et bientôt l'écroulement de l'ancienne *nobilitas*. En 44, la majorité des sénateurs est d'origine italienne. Comme le sont les cadres influents de l'entourage des *imperatores*. En 32, peu avant la bataille décisive d'Actium qui va donner la victoire et la maîtrise du monde romain à Octave, celui-ci reçoit le serment de fidélité des villes d'Italie, à l'instigation, sans nul doute, de ces « nouveaux aristocrates », c'est la *conjuratio totius Italiae* sur laquelle il peut fonder sa légitimité. Ainsi le phénomène politico-social qu'incarne Cicéron l'Arpinate, toujours attaché à sa « petite patrie », prépare l'avènement de l'Italie augustéenne. On a même pu y voir la naissance d'un véritable patriotisme italien.

Dans le dérèglement des institutions républicaines entre au Ier s. un autre élément non négligeable, puisqu'il touche le *populus romanus*, chez qui apparaissent les conséquences de la rupture d'équilibre intervenue entre les droits et les devoirs du citoyen. Depuis 167, on l'a vu, le citoyen romain n'est plus astreint au *tributum*. Il déserte de plus en plus son devoir militaire, depuis que la réforme amorcée par Marius a fait de l'armée romaine une armée de volontaires et presque une armée de professionnels. En revanche, il bénéficie des fruits des conquêtes et il a droit aux distributions frumentaires et à tous les plaisirs que lui dispensent à l'envi ceux qui se disputent ses faveurs. Du même coup, le citoyen devient de plus en plus exigeant. Et d'autant plus exigeant qu'il est plus défavorisé. Il est alors prêt à se mettre au service des factieux. Or, en ce dernier siècle de la République, la violence n'est plus seulement aux portes de Rome. Elle est dans Rome.

Elle est dans Rome, où depuis les Gracques, la Cité se trouve divisée en groupes hostiles. On n'ose pas dire en partis. Car qui dit parti suppose un programme et un minimum d'organisation. Ce qui n'est pas le cas ; les groupements de citoyens se font et se défont selon les affaires en cause. Tout de même on peut parler de tendances qui opposent souvent les amis du peuple ou *populares*, aux amis de l'aristocratie ou *optimates*. Une division qui n'est pas des historiens modernes, mais de

Cicéron[1]. Souvent aussi, on l'a vu, s'opposent par intérêts sénateurs et chevaliers, qui, pourtant, se trouvent réunis et font front face aux mouvements populaires ou séditieux qui mettent en cause la *libertas*, sauf, bien sûr, quand ceux-ci ont l'habileté de se rallier les uns ou les autres par des mesures appropriées. Plutôt que de partis, on parlera donc de factions, en donnant à ce mot le sens de groupes actifs politiquement[2]. Et sans jamais perdre de vue que partis ou factions sont à Rome souvent perturbés dans leur activité par les clientèles, au point que, dans son livre sur la perte de la République[3], C. Meier pense que celles-ci n'ont jamais laissé un parti jouer un rôle politique effectif dans la cité. Il est vrai qu'au Ier s., à l'influence délétère des clientèles vient s'ajouter celle des *sodalicia* (ou compagnonnages), des *collegia* (associations professionnelles), groupements de plébéiens qui interviennent de plus en plus volontiers dans la vie politique, surtout dans l'entourage des trublions. *Sodalicia* et *collegia* se retrouvent et même se forment à l'occasion des fêtes religieuses, très populaires, qui s'organisent en l'honneur des lares des carrefours. Ce culte comporte des jeux (les *ludi compitalicii* ou jeux des carrefours) très en honneur dans le petit peuple de Rome, qui y trouve l'occasion de célébrer les *lares compitales* tout en s'amusant autour des mâts de cocagne et des courses. Ce qui fournit aux agitateurs

---

1. Pour une définition précise de ces termes, voir J. Hellegouarc'h, *le Vocabulaire latin des relations et des partis politiques sous la République*, Paris, 1963, p. 500, 518 – C. Nicolet, *Rome et la conquête du bassin méditerranéen*, I, p. 432 et suiv. On trouve une vue différente des choses dans A. Weische, *Studien zur Politischen Sprache der Römischen Republik (Oriens Antiquus*, Heft 24), Münster, 1966, qui insiste sur l'opposition entre riches possédants et pauvres, *optimates* et *populares*, chaque parti ayant son système de vocabulaire.
2. Hellegouarc'h, ouv. cit., p. 108 – L. Ross Taylor, *la Politique et les partis à Rome au temps de César*, trad. française, Paris, 1977.
3. Ouv. cit., p. 11, 180, 197.

l'opportunité de manœuvrer ces clientèles d'un type particulier. Ils y recrutent leurs troupes. Ce que ne manque pas de faire P. Clodius en 58. Et c'est bien pourquoi L. Julius Caesar, le consul de l'année précédente, demanda au sénat d'interdire ces fêtes factieuses... qui n'en continuèrent pas moins. Il y a là un des facteurs de dégradation des institutions républicaines.

D'autant que la violence devient une pratique de plus en plus courante de la vie politique, signe de l'exaspération des oppositions et d'une nouvelle conception des rapports sociaux[1]. L'assassinat des Gracques en avait constitué les premières manifestations. À partir de 88, elles se multiplièrent. En cette même année, on vit le préteur urbain A. Sempronius Asellio assailli sur le Forum dans l'exercice de ses fonctions par une grêle de projectiles, puis poignardé près du temple de Vesta, où il tentait de se réfugier. Quelques mois plus tard, les bâtons volent à l'occasion des comices centuriates réunis pour l'élection des consuls ; le gendre de Sylla est assommé, et Sylla lui-même ne sauve sa tête qu'en se réfugiant chez son ennemi Marius. Ce qui le décide à entrer dans Rome avec son armée : coup d'État suivi des excès dont on parlera plus loin. La guerre civile est commencée.

En fait, les événements le montrent bien, le mal profond qui ronge la *res publica*, c'est l'inadaptation des institutions d'un État-Cité à diriger un État-Empire[2]. L'Italie et les provinces ne pouvaient pas être gouvernées comme l'était une ville avec son petit territoire. À la suite des conquêtes, les réalités politiques, sociales, économiques, spirituelles ont changé. La meilleure preuve de ces changements, c'est que

---

1. A. Lintott, *Violence in Republican Rome*, Oxford, 1968 et P. Jal, *la Guerre civile à Rome*, Paris, 1963.
2. Voir E. Betty, *La crisi della Repubblica e la genesi del Principeto in Roma (Pontificium Institutum Utriusque Juris, Studia et Documenta*, 5), dissert. di laurea de 1913, publiée par les soins de G. Crifò, avec une présentation d'E. Gabba, Rome, 1982, 591 p.

Cicéron, dans les réflexions théoriques qu'il présente dans le *De republica* et le *De legibus* sur le statut idéal, l'*optimus status* de la *res publica*, en revient constamment à la tradition qu'il faut maintenir ou rétablir : ce statut idéal, c'est « de loin celui que nous ont laissé les anciens » (*De rep.*, I, 21, 34, 22, 35). Quitte à ajouter que les conditions nouvelles imposent de recourir à un *privatus*, autant que possible un consulaire sage et expérimenté, chargé d'une mission spéciale et temporaire avec les pouvoirs afférents, un *tutor rei publicae*. Il en vint même à penser que Pompée d'abord, puis pendant un temps César, et enfin le jeune Octave pouvaient être des sauveurs de l'État, pourvu qu'ils fussent bien conseillés par lui-même ! Mais pour en arriver là, il fallut le déchaînement des guerres civiles et des ambitions personnelles.

3

LES GUERRES CIVILES
ET LES AMBITIONS PERSONNELLES

Amorcées avec les Gracques, recommencées après la guerre des Alliés lors des conflits entre marianistes et syllaniens, les guerres civiles rythment de leurs violences l'histoire du dernier siècle de la République et expriment dans le sang, l'exil et les confiscations de biens le choc des ambitions. Salluste, qui a beaucoup réfléchi sur les causes de la crise, aboutit à un jugement désabusé sur les mobiles des hommes politiques du temps (*Catilina*, 38) :

> Pour dire brièvement la vérité, tous ceux qui ont jeté le trouble dans l'État sous de beaux prétextes, les uns se posant en défenseurs des droits du peuple, les autres pour donner toute sa force à l'autorité du sénat, tous ne pensaient, en alléguant le bien public, qu'à satisfaire leur ambition.

Salluste ne pense là qu'à la période 70-44. Son jugement peut, aussi bien, s'appliquer à la période précédente. Il permet de renvoyer dos à dos, en tenant compte des sources anciennes plus que des appréciations contradictoires des historiens modernes, Marius et Sylla.

Il ne peut être question d'examiner dans le détail les événements politiques et militaires de cette période troublée et complexe. Il existe pour cela d'excellents manuels. Plus que les faits, on soulignera donc leurs incidences sur la crise de la République.

L'équilibre harmonieux et la force invincible que les auteurs anciens vantaient dans la première phase de l'histoire de la République romaine reposaient avant tout sur trois colonnes : un État, une société et une armée organisés en vertu du système censitaire de la constitution servienne. Tant que Rome resta une cité-État au territoire limité, le système politique fonctionna normalement, l'organisation sociale survécut en dépit d'une évolution au rythme parfois heurté, l'armée conserva son homogénéité et son esprit. Les conquêtes et la possession d'un empire ont – on l'a vu – entraîné des changements dont les moindres ne sont pas ceux qui, dans l'État et la société, ont affecté les rapports entre politique et richesse et qui ont conduit à la constitution d'une nouvelle armée. Amorcés dès les IIIe-IIe s., ces changements sont pour une part responsables des guerres civiles, qui elles-mêmes ont eu pour résultat de les aggraver et de leur donner une dimension telle que la République n'y put survivre.

Il apparaît en effet que les guerres civiles du Ier s. av. J.-C. sont issues de la conjonction du dérèglement des institutions, du heurt des ambitions personnelles et de la formation d'une nouvelle armée romaine. Comme l'a parfaitement vu C. Nicolet[1], « c'est pour elle ou à cause d'elle que furent tentées, à la fin du IIe s., d'importantes réformes foncières, sociales et politiques. C'est par elle que passèrent, à partir de 88 av. J.-C., les luttes pour le pouvoir, et c'est dans le choc fratricide des guerres civiles que disparut, entre 49 et 43 av. J.-C., la République ».

Une nouvelle armée romaine...

L'armée républicaine de la haute époque était, note-t-il encore, « nationale, censitaire et non permanente ». Toute

---

1. Ouv. cit., p. 301.

l'organisation militaire était fondée sur la constitution dite servienne, qui conduisait les citoyens inscrits dans les cinq premières classes à servir dans les légions : cette *militia* était pour eux à la fois un devoir et un droit. Ceux qui n'avaient pas le cens requis pour être inscrits dans la cinquième classe et qu'on appelait les *proletarii* (parce qu'ils n'avaient pour tout bien que leur descendance, leur *proles*) étaient normalement exclus du service militaire, appelés seulement dans les circonstances exceptionnelles, en cas de péril grave, et enrôlés alors dans des formations irrégulières, extérieures à la légion. De dix-sept à quarante-cinq ans (comme *juniores*), puis de quarante-six à soixante ans (comme *seniores*), les citoyens devaient donc répondre à la levée, au *dilectus*, pour 16 à 20 campagnes dans l'infanterie, 10 campagnes dans la cavalerie (en fait, tout dépendait des circonstances) et, le cas échéant, à la levée extraordinaire (le *tumultus*). En 133, lors de la guerre de Numance, neuf légions étaient sous les armes, soit environ 45 000 hommes (14 % du corps civique), ce qui est énorme. Aussi, quand Scipion était parti pour l'Espagne, avait-il dû, pour éviter de rendre le poids militaire insupportable, former une armée de volontaires, dans laquelle étaient entrés nombre de ses clients.

Il faut ajouter que depuis le IIIe s., et surtout après la deuxième guerre punique, l'état d'esprit a beaucoup changé : l'éloignement des théâtres d'opérations, la longueur des campagnes, la régression démographique, l'appauvrissement des classes inférieures ont entraîné une réduction du nombre des mobilisables. Si bien qu'il a fallu réduire le cens minimum de la cinquième classe des citoyens de 11 000 à 4 000 as, ce qui a permis d'y faire entrer des *proletarii* et d'augmenter du même coup le nombre des astreints au service (les *adsidui*).

À quoi s'ajoute une réticence croissante à accomplir sa *militia*, les tribuns de la plèbe n'hésitant pas à intervenir eux-mêmes pour obtenir des exemptions. De là l'appel au volontariat, en dépit d'une prolétarisation progressive de l'armée. En 123, sous Caius Gracchus, il fallut encore réduire le cens minimum de la cinquième classe de

1 500 as, et il fut décidé que l'État désormais fournirait aux soldats leur équipement sans retenue sur leur solde.

On conçoit que dans ces conditions l'idéal militaire ait évolué. Dans l'idéal du vieux soldat romain, la *virtus* – il faut bien trois mots français pour traduire tout son contenu : bravoure, courage, valeur – occupait de loin la première place. Aucun texte ne l'exprime mieux que le célèbre passage de Tite-Live (XLII, 33-36) où celui-ci rapporte l'adresse au peuple d'un centurion retraité prenant la défense des intérêts de ses camarades... et de lui-même au moment d'une levée de troupes appelées à combattre le roi Persée. Nous sommes en 171 av. J.-C. :

> Je m'appelle Sp. Ligustinus, de la tribu Crustumina, et je suis d'origine sabine, *quirites*. Mon père m'a laissé un terrain d'un arpent et une petite cabane où je suis né, où j'ai été élevé et où j'habite aujourd'hui. Dès que j'en eus l'âge, mon père m'a donné pour femme la fille de son frère ; en fait de dot, elle ne m'apporta que sa naissance libre et sa chasteté et, en outre, une fécondité qui aurait pu suffire même à une famille de riches. Nous avons six fils et deux filles, l'une et l'autre déjà mariées. Quatre de mes fils portent la toge virile, deux la prétexte. J'ai commencé mon service militaire sous le consulat de P. Sulpicius et de C. Aurelius (200 av. J.-C.). J'ai servi deux ans comme simple soldat dans l'armée qu'on fit passer en Macédoine pour y faire la guerre contre le roi Philippe ; la troisième année, à cause de ma valeur (*virtutis causa*), T. Quinctius Flamininus (le vainqueur de la Macédoine) me donna le commandement du 10e manipule des hastats (la formation la plus avancée de l'armée en bataille, composée des soldats les moins expérimentés : c'est donc le commandement le moins élevé de la légion). Après la défaite de Philippe et des Macédoniens, nous fûmes ramenés en Italie et licenciés ; aussitôt je me rengageai et partis pour l'Espagne sous la direction du consul M. Porcius (Caton l'Ancien, en 195). Parmi tous les généraux vivants, il n'y eut pas de meilleur observateur et de meilleur juge de la bravoure (*virtutis spectatorem ac judicem*) – ils le savent bien, ceux qui ont servi longtemps à la fois sous ses ordres et sous ceux d'autres chefs ! C'est ce général qui me jugea digne de

recevoir le commandement de la première centurie des hastats. En troisième lieu, je fus encore une fois volontaire dans l'armée envoyée contre les Étoliens et le roi Antiochos (191 av. J.-C.). Je me vis assigner par M. Acilius Glabrio (consul en 191, vainqueur des Thermopyles en mai de cette année) le grade de premier *princeps* de la 1ʳᵉ centurie (premier centurion des *principes*, qui constituent la deuxième ligne de l'armée en bataille). Quand on eut chassé le roi Antiochos et soumis les Étoliens, on nous ramena en Italie ; et ensuite j'ai servi à deux reprises pendant un an, temps de service qui était celui des légions ; j'ai fait deux fois ensuite campagne en Espagne, la première fois sous le commandement du préteur Q. Fulvius Flaccus (en 181), la seconde sous celui du préteur T. Sempronius Gracchus (en 180). Je fus du nombre de ceux que Flaccus ramena de sa province, en considération de leur bravoure (*virtutis causa*) pour lui faire escorte dans son cortège de triomphe ; à la demande de T. Sempronius Gracchus, je le suivis dans sa province (l'Espagne). Quatre fois en quelques années, je fus primipile ; trente-quatre fois des généraux m'ont accordé des récompenses, en raison de ma bravoure (*virtutis causa*) ; six fois j'ai reçu une couronne civique ; j'ai fait vingt-deux ans de service dans l'armée et j'ai dépassé cinquante ans. Même si je n'avais pas fait tout mon temps et si je n'avais pas l'âge d'être libéré, cependant, pouvant vous fournir quatre soldats pour me remplacer, P. Licinius, je mériterais d'obtenir mon congé. Mais ces paroles, je voudrais que vous considériez qu'elles ont été dites pour la défense de ma cause ; en ce qui me concerne personnellement, tant que l'officier chargé du recrutement me jugera bon pour le service, je ne chercherai jamais d'excuse. Quel grade les tribuns militaires me jugent digne d'avoir, ce sont eux qui ont pouvoir d'en décider ; je veillerai à ce qu'à l'armée personne ne me surpasse en bravoure (*virtute*) ; que j'ai toujours agi ainsi, mes généraux et ceux qui ont servi avec moi en sont témoins. Vous aussi, mes compagnons d'armes, même si, en faisant appel, ce sont vos droits que vous faites valoir, de même que, dans votre jeunesse, vous n'avez jamais agi contre l'autorité des magistrats et du sénat, il est juste qu'aujourd'hui encore, vous vous soumettiez à l'autorité des consuls et du sénat et que vous considériez comme honorable tout poste où vous pourrez défendre l'État.

Les tribuns lui conférèrent, *virtutis causa*, le grade de primipile dans la 1re légion. Et tous les autres centurions, renonçant à faire appel, acceptèrent leur enrôlement sans récriminer. Il n'y a pas de raison de croire qu'en quelques décennies les légionnaires romains et leurs officiers aient perdu le sens de la *virtus*. Disons seulement qu'elle n'était plus leur seule préoccupation, leur idéal premier. Ils combattaient toujours pour Rome et sa grandeur, mais aussi par attrait des rapines, des saccages et du butin qui, à leur retour en Italie, leur permettraient soit de mettre en valeur le lot de terre qui leur serait attribué dans la péninsule ou sur le sol provincial, soit de mener en ville une vie de retraité aisé et honorable, entendons prêt à accepter des honneurs municipaux.

C'est pour tenir compte de ces évolutions que Marius en 107 adopta un nouveau mode d'enrôlement, en faisant entrer dans la légion les *proletarii* volontaires, qui toucheront une solde, auront droit au butin et participeront aux distributions de lots de terres à la fin de leur service. Comme l'a bien montré E. Gabba dans son livre fondamental sur l'armée marienne[1], cet appel au volontariat toucha surtout les citoyens des classes inférieures, ceux qu'on appelait les *capite censi* et en particulier le monde rural ; c'est lui qui désormais va fournir l'essentiel des recrues. À une armée de citoyens non prolétaires, s'est ainsi substituée une armée de volontaires de rang prolétarien, qui tend à se professionnaliser, qui attend tout de son chef (la solde, le butin, les distributions de cadeaux lors des triomphes et de terres lors des assignations coloniales), qui nourrit de ce fait un esprit de corps que n'avait pas l'ancienne armée. Le soldat se considère maintenant non plus comme le soldat de Rome, mais bien plutôt comme le soldat de Marius, le soldat de Pompée et surtout le soldat de César, car c'est alors que l'armée a

---

1. E. Gabba, *Esercito e società nella tarda Repubblica romana*, Florence, 1973, 625 p. Voir aussi J. Harmand, *l'Armée et le soldat à Rome de 107 à 50 avant notre ère*, Paris, 1967.

vraiment cessé d'être l'armée de la République pour devenir une armée privée.

D'après Salluste, cette réforme militaire de Marius, d'une importance capitale – la nouvelle armée va devenir l'un des éléments essentiels des luttes politiques – aurait été inspirée *per ambitionem consulis*. Marius aurait pensé fonder un pouvoir personnel sur l'armée rénovée. S'il est vrai que, comme on l'a vu, Marius cumula les consulats de manière inusitée, ce fut toujours – il faut le rappeler – à la suite d'élections régulières et que ce qu'il rechercha, ce fut plutôt les commandements militaires que les pouvoirs civils. Salluste, on ne peut l'oublier, était antimarianiste. S'il y eut *ambitio*, on peut comprendre qu'il s'agit de la volonté de Marius de mettre à profit le volontariat et les avantages matériels afférents pour ne pas éloigner de lui la plèbe urbaine opposée à la *militia* ; de fait, les volontaires, on l'a vu, se sont recrutés surtout dans la plèbe rurale. Ce qui, notons-le au passage, n'a pas arrangé la situation des campagnes italiennes, privées de main-d'œuvre.

... AU SERVICE DE SYLLA

En fin de compte, c'est P. Cornelius Sylla qui fut le premier à avoir voulu se servir de la nouvelle armée professionnelle pour conduire une œuvre personnelle de réforme, selon les uns, pour fonder une « monarchie absolue », selon les autres[1].

Aristocrate de vieille famille patricienne, aimant les plaisirs – Plutarque a-t-il forcé la réalité quand il le montre dans sa jeunesse entouré de « farceurs, bouffons et bateleurs, enclin à ivrogner et gourmander en toute dissolution », dans

---

1. Depuis Mommsen, la bibliographie syllanienne est considérable ; on en prendra une idée dans le livre récent de F. Hinard, *Sylla*, Paris, 1985, p. 295-307. Le livre, récent aussi, de A. Keaveney, *Sulla, the Last Republican*, Londres, 1982, a fait l'objet d'une sévère critique de J. Briscoe, dans le *JRS*, 75, 1985, p. 238-239.

son âge mûr « se laissant facilement aller aux voluptés et à l'amour, si bien que quand il fut vieux encore ne s'en pouvait-il garder » (*Sylla*, 2) ? – cultivé et même érudit, auteur de comédies, charmeur et homme à succès (il se maria quatre fois), généreux – ce qui le fit aduler par ses soldats et par le peuple de Rome – Sylla se montra à la fois remarquable diplomate (c'est lui qui réussit à persuader Bocchus de Maurétanie de livrer Jugurtha) et chef militaire exceptionnel (ses campagnes contre les alliés, puis contre Mithridate devaient le révéler aussi valeureux qu'heureux protégé des dieux grâce à l'intercession de Vénus, la Vénus de sa chance qui lui assurait la victoire[1]). Il avait commencé sa carrière politique assez tard. Questeur à trente ans, en 108, il avait servi en Afrique sous Marius et s'y était fait remarquer par sa compétence et sa bravoure mêlée d'audace. La capture de Jugurtha lui avait valu beaucoup de gloire à Rome (dit Plutarque, *Sylla*, 4) et autant de rancune de la part de Marius. C'est ce dernier qui reçut les honneurs du triomphe, très normalement d'ailleurs, puisqu'il était le commandant en chef. Mais c'est Sylla que Bocchus honora sur le Capitole d'un monument commémoratif de la remise du roi numide.

Préteur en 97, il se fit remarquer par sa magnificence dans l'organisation des jeux du culte d'Apollon, les *ludi apollinares* du mois de juillet : pour la première fois, les Romains, qui en furent frappés, virent combattre en liberté cent lions qu'avait envoyés son ami Bocchus[2]. Chargé de

---

1. Il se disait et laissait dire qu'il était *felix*, béni des dieux, ce que les Grecs traduisaient *Epaphroditos*, le protégé d'Aphrodite – Vénus. Voir J.P.V.D. Balsdon, « Sulla felix », *JRS*, 41, 1951, p. 1-10 – R. Schilling, *la Religion romaine de Vénus*, Paris, 1954, p. 272 et suiv. – G. C. Picard, *les Trophées romains. Contribution à l'histoire de la religion et de l'art triomphal de Rome*, Paris, 1957, p. 170-180.
2. Sur les *ludi apollinares*, voir J. Gagé, *Apollon romain*, Paris, 1955, p. 280 et suiv., 434. Sur la *venatio* donnée par Sylla en 97 (et non en 93, comme il est indiqué par erreur), voir G. Ville, *la Gladiature en Occident des origines à la mort de Domitien*, Paris, 1981, p. 88, 95.

mission l'année suivante en Asie Mineure (avec le titre de proconsul de Cilicie), il y trouva deux dossiers brûlants : l'ambition du roi du Pont Mithridate Eupator, impatient de constituer aux dépens des Parthes et des Romains un grand empire oriental, et d'autre part la question parthe posée par la présence au-delà de l'Euphrate de l'empire du Roi des Rois, la superpuissance de l'Orient, en contact avec l'Inde et la Chine à l'est, avec Rome à l'ouest par l'Arménie interposée, une Arménie pour le moment vassale du Parthe, mais où Rome intervient aussi pour protéger ses États-clients et amis d'Asie Mineure. Ce sera une éternelle pomme de discorde. Sylla conclut avec l'ambassadeur parthe un pacte d'amitié. C'était la brillante confirmation de ses qualités de diplomate, l'occasion d'apparaître comme un bon spécialiste des problèmes orientaux et l'annonce d'un grand destin. Plutarque rapporte en effet (*Sylla*, 8) qu'un devin chaldéen, « après avoir soigneusement contemplé le visage de Sylla et observé diligemment tous les mouvements tant de son esprit que de son corps », déclara : « Infailliblement, cet homme deviendra très grand et je m'étonne que maintenant même il puisse supporter de n'être pas le premier de tous. »

Ce qu'il ne supporta pas, ce fut en 88 de se voir préférer Marius pour prendre la direction des opérations militaires contre Mithridate. Entre-temps la situation s'était sérieusement dégradée à la fois à Rome, en Italie et en Asie. À Rome, en 91, avec la tentative d'un brillant et riche membre de la *nobilitas*, le tribun de la plèbe M. Livius Drusus, de résoudre à la fois tous les problèmes pendants de l'heure, problème agraire, distributions frumentaires, composition des tribunaux, relations avec les alliés. Il réussit surtout à exaspérer tout le monde, et Rome se trouva plongée dans la violence. Drusus fut assassiné. Tandis qu'en Italie, dans le Picenum, un préteur et son légat étaient lapidés à Asculum, puis tous les citoyens romains de la ville égorgés. Ainsi commençait la guerre des *socii*, et au cours de laquelle Marius vieillissant dut abandonner son commandement, alors même que Sylla s'illustrait contre les redoutables Marses, puis contre les Samnites. Cependant qu'en Asie, Mithridate se lançait dans la réalisation de son rêve, occupait la Cappadoce, puis l'Asie dont il capturait, ridiculisait et tuait le légat du proconsul provincial, avant de massacrer et de laisser massacrer quelque 80 000 Romains et Italiens. La situation prenait partout un tour dramatique.

À Rome... on intriguait, on se disputait et même on s'entretuait. Un préteur urbain était poignardé sur le Forum pour avoir tenté de régler la question des dettes privées. Pour sa part, élu consul pour 88, Sylla, après avoir écrasé les Samnites, était rentré dans la Ville pour épouser Caecilia Metella, entrant ainsi dans le puissant clan sénatorial des Metelli ; et il se préparait, avec l'aval du sénat, à partir pour l'Asie avec six légions massées à Capoue. Il était sur le point de partir, après avoir présidé les élections consulaires pour 87, quand un tribun de la plèbe, P. Sulpicius Rufus, qui posait en héritier de Drusus, en accord secret avec Marius désireux malgré son âge d'évincer son ancien lieutenant pour mener la guerre en Asie, se lança dans des manœuvres dilatoires destinées à aboutir à une loi dessaisissant Sylla de son commandement. La violence se déchaîna de nouveau : Q. Pompeius, collègue de Pompée au consulat, dut s'enfuir. Son fils, qui tentait de résister, fut égorgé. Et Sylla dut se réfugier dans la maison de Marius !

Le désordre lui permit de quitter Rome et d'aller rejoindre son armée en Campanie. En cours de route, il apprit que Rufus avait fait voter par l'assemblée populaire la loi qui abrogeait son commandement et nommait Marius à sa place. Il réunit ses troupes, les harangua et avec ses six légions, soit environ 35 000 hommes, marcha sur Rome avec Q. Pompeius qui l'avait rejoint. Après un très bref siège, la Ville fut emportée. Pour la première fois, des légionnaires s'opposaient par la force aux lois de la République. Et pour la première fois, un général romain en armes foulait le sol sacré de l'*Urbs*. L'exemple de Livius Drusus lui avait prouvé qu'il était impossible de rénover l'État avec le seul appui des forces politiques traditionnelles, divisées, affaiblies et incertaines. Sylla mettait en œuvre l'armée, montrant la voie à suivre à César et à Octave Auguste. Son coup d'État marque l'avènement du pouvoir militaire et inaugure la guerre civile dans la violence sanglante des proscriptions.

Marius put s'enfuir piteusement... à Ostie, puis de là par bateau à Minturnes où, affaibli par le mal de mer, il se cacha dans les marais avant de gagner l'Afrique avec son fils. Sulpicius Rufus, trahi par l'un de ses esclaves, eut la tête tranchée. Tous les opposants qui avaient pu quitter Rome furent par le sénat déclarés ennemis publics. Après quoi Sylla et Pompeius Rufus annoncèrent une série de lois destinées à empêcher le retour des troubles, à rétablir l'ordre et à assurer la sécurité des personnes et des biens. Puis, bien que les élections consulaires pour 87 aient désigné d'une part un « démocrate » soutenu par les partisans de Marius, L. Cornelius Cinna, et d'autre part un incapable notoire, Cn. Octavius, appuyé par Sylla, ce dernier partit pour la Campanie où il fit ses préparatifs de campagne orientale.

À peine avait-il quitté Rome (en mars 87) que le désordre s'y installa une nouvelle fois. Dès son entrée en charge, Cinna n'eut rien de plus pressé que de regrouper les victimes du coup de force, de rappeler les bannis et par un tribun de faire intenter un procès à Sylla pour avoir ordonné la mort de citoyens sans appel au peuple. Son collègue Octavius répondit par la destitution de Cinna, son bannissement et l'élection à sa place du flamine de Jupiter L. Cornelius Merula, « une pieuse nullité[1] ». Le plus grand désordre régnait à Rome et en Italie, où commençaient de s'opposer marianistes et syllaniens, quand Marius, de retour d'Afrique, débarqua en Étrurie et, à son tour, avec quelque dix légions, recrutées parmi les démocrates et même, dit-on, des esclaves, marcha sur Rome, défendue par les troupes

---

1. Selon l'expression de J. Carcopino, *Histoire romaine. Des Gracques à Sylla*, Paris, 1935, p. 399.

sénatoriales. Après un siège effroyable, dans la chaleur torride de l'été 87, menacée d'une épidémie de peste qui ravageait déjà les deux armées (il y aurait eu 11 000 morts dans l'armée marianiste et 6 000 dans l'armée du sénat, victimes à la fois des opérations militaires et de la peste), Rome tomba aux mains de Marius et de Cinna, qui se désignèrent eux-mêmes comme consuls pour 86, le premier pour la cinquième fois. La violence se déchaîna contre les syllaniens cette fois. Pour la troisième fois en un an, Rome vécut dans le sang. Alors que Marius songeait à partir pour l'Asie pour y combattre et Mithridate et Sylla, il mourut d'une pleurésie le 13 janvier 86.

Cinna exerça avec des collègues qu'il désigna lui-même, sans recourir aux comices, une véritable tyrannie, en ce sens que le pouvoir qu'il assumait était illégal : en 85 et en 84 il se proclama de nouveau lui-même consul pour la troisième, puis pour la quatrième fois. Il eut du moins le mérite de faire cesser la terreur et même de réussir à gouverner dans un calme relatif avec un sénat apeuré et tremblant, jusqu'à sa mort au printemps de 84, au moment précis où Sylla, vainqueur en Grèce des Grecs alliés de Mithridate, des troupes pontiques et d'une armée marianiste, puis en Asie Mineure du roi du Pont lui-même, annonçait son retour, heureux d'avoir rendu à Rome sa province d'Asie.

Quittant la Grèce, où il avait passé l'hiver 84-83, Sylla débarqua à Brindes au printemps avec 1 600 navires et quelque 40 000 hommes. Il trouva à son tour en face de lui une armée que le sénat avait confiée aux nouveaux consuls, dans la crainte de la vengeance syllanienne : le sénatus-consulte suprême que les *patres* avaient voté à l'instigation de Cinna restait en vigueur. Après des combats acharnés qui occupèrent l'été 83, le printemps et l'été 82, le 1er novembre, Sylla se rendait de nouveau maître de la Ville : selon les auteurs, on parle tantôt de 50 000, tantôt de 70 000 morts pour les deux armées. À quoi il faut ajouter 12 000 prisonniers que Sylla regroupa sur le Champ de Mars ; 3 000 d'entre eux furent exécutés. Rome se trouva plongée dans la terreur.

La proscription de 82 et la dictature de Sylla

Le 2 novembre, il réunit le sénat pour obtenir la ratification de ses actes accomplis en qualité de proconsul, mais il ne put obtenir des *patres* les moyens légaux de pratiquer une épuration. Le lendemain 3 novembre, il réunit les comices et lança de terribles menaces contre ses ennemis. Puis il afficha la proscription de 80 sénateurs et de 440 chevaliers. Faute d'avoir reçu du sénat le droit légal d'éliminer ses adversaires, Sylla inventait « un moyen nouveau d'épuration », la proscription, à ses yeux « purge contrôlée » pour éviter peut-être de plus importants massacres.

On a beaucoup écrit sur la proscription de Sylla, en mêlant dans la même réprobation les proscriptions – celle-ci et celle de 43 où périt Cicéron –, en insistant sur son caractère systématique et son ampleur (d'ailleurs souvent exagérée) et en la traitant abusivement comme le prototype et le modèle de toutes les épurations sanglantes de l'histoire, jusqu'à ce que récemment François Hinard[1] lui rende sa véritable signification, sa dimension numérique, ses modalités d'exécution et son influence sur les événements qui l'ont suivie, notamment sur la seconde grande proscription voulue par Marc Antoine et acceptée par Octave après la conclusion du second triumvirat.

Affiché dans tous les lieux habituels d'affichage – *proscribere* signifie à la fois afficher et proscrire – un édit du proconsul commençait par justifier les mesures prises, avant de les énumérer : à savoir l'interdiction d'asile et d'aide aux individus visés, la menace de mort pour quiconque contreviendrait à cette disposition, et la récompense de 40 000 sesterces (12 000 deniers) au dénonciateur et au meurtrier d'un proscrit, l'affranchissement pour les esclaves ; enfin venait une liste de 80 noms de personnages de rang sénatorial, tous magistrats ou anciens magistrats marianistes. Une

---

1. *Les Proscriptions de la Rome républicaine*, Paris, Rome, 1985, 601.

deuxième liste parut le surlendemain 5 novembre ; elle contenait cette fois 220 noms de sénateurs et de chevaliers. Et le lendemain, une troisième et dernière avec 220 noms encore. Déjà avait commencé la chasse aux proscrits, attisée par l'esprit de vengeance et l'attrait des récompenses. Du moins les listes étaient-elles fermées ; établies par Sylla lui-même, elles ne pouvaient pas être modifiées ni par ajout ni par suppression de noms. Mais les traitements réservés aux proscrits diffèrent dans le détail : décapitation pour tous, avec pour les uns exposition des têtes sur le Forum, pour les autres mutilations avant d'être jetés dans le Tibre, et interdiction de sépulture. Naturellement leur mémoire était condamnée et leurs biens se trouvaient confisqués.

Pour certains personnages importants, par exemple pour M. Marius Gratidianus, neveu de C. Marius, ancien préteur en 85, exceptionnellement réélu en 82, fut appliqué un traitement particulièrement odieux et quasi rituel. Nu, chargé de chaînes, il fut traîné par une corde au cou dans les rues de Rome, couvert de crachats et d'excréments, conduit sur le Janicule et là mutilé dans tous ses membres, pour être finalement égorgé sur la tombe de Q. Lutatius Catulus, qu'il avait quelques années plus tôt contraint au suicide en l'accusant de haute trahison[1].

Quant aux citoyens marianistes qui n'appartenaient ni à l'ordre sénatorial, ni à l'ordre équestre, des poursuites judiciaires furent engagées contre eux. Des villes d'Italie qui avaient résisté à Sylla en 83-82 subirent de terribles représailles : ce fut le cas de Praeneste, l'actuelle Palestrina dans le Latium (où plus tard il fit agrandir et embellir le temple de Fortuna), ce fut aussi le cas de Norba en Calabre. Enfin une lex Cornelia vint reprendre les listes déjà publiées, préciser les conditions de confiscation et de vente des biens des proscrits ainsi que les traitements réservés à leurs

---

1. Le poète Lucain a donné de ses supplices une description particulièrement réaliste : II, 173 et suiv. Voir F. Hinard, ouv. cit., p. 377 et suiv. et son *Sylla*, p. 198.

descendants : interdiction de séjour et perte des droits civiques. Une amnistie partielle décidée en 70 leur permit de rentrer à Rome, mais avec un statut inférieur.

Telle fut cette fameuse proscription de 82, qui ne toucha, si l'on ose dire, que 520 personnes – chiffre très inférieur à ceux qu'indiquent certaines sources anciennes antisyllaniennes et surtout à ceux que retiennent la plupart des auteurs modernes – mais qui eut sur le moment et sur les générations suivantes des effets considérables. Ce que F. Hinard appelle justement « la légalité ostentatoire de la vengeance » syllanienne autant que les exécutions massives et les scènes d'horreur qui les accompagnèrent marquèrent profondément le peuple romain déjà excédé par les violences. En Italie, les confiscations des biens des proscrits et leur mise en vente provoquèrent naturellement bien des controverses, des ruines et des enrichissements scandaleux. D'autant qu'elles furent aggravées dans les années suivantes par d'autres confiscations destinées à installer sur de bonnes terres les vétérans de l'armée de Sylla. À terme, les troubles qui marquèrent la décennie 80-70, notamment la révolte de M. Aemilius Lepidus, après l'abdication du dictateur, et l'aventure espagnole de Sertorius, sont incontestablement une suite directe de l'épuration. Enfin, les marianistes n'ayant pas partout désarmé, on peut dire que la proscription de 82, par ses séquelles, a gravement empoisonné l'atmosphère politique jusqu'à la fin de la République, ne serait-ce qu'avec l'affaire des descendants de proscrits qui devint un enjeu de luttes parfois très vives.

Pour le moment – nous sommes à la fin de 82 – les consuls de l'année étant proscrits, mais non destitués, il importait de remédier à la vacance du pouvoir : Sylla se fit donner la dictature sans limite de temps. Jusqu'à son abdication en 79, il va donc gouverner souverainement, souvent au profit de l'oligarchie sénatoriale, dont il rétablit des pouvoirs perdus. De là les positions divergentes, voire contradictoires, des historiens modernes à son égard. Face à la vieille théorie mommsénienne qui voyait en Sylla le défenseur de l'oligarchie et le restaurateur d'une tradition dépassée, s'est dressée, forgée par J. Carcopino[1], l'image du chef charismatique tendant à l'absolutisme monarchique, rêvant de fonder une monarchie dictatoriale, parfois contre l'oligarchie, si bien qu'à terme Auguste peut être considéré comme « un Sylla qui n'aurait pas abdiqué ». Une troisième position, celle d'E. Gabba, voit plutôt en lui le réalisateur des programmes de l'oligarchie modérée, un réformiste de l'État qui, son but atteint, sut renoncer spontanément à la dictature, en somme « le dernier républicain ».

Il est vrai que les mesures qu'il fut amené à prendre vont dans les deux sens, sénatorial et personnel, et qu'on a parfois l'impression d'une certaine incohérence. Sylla eut-il vraiment un programme déterminé ? Ou fut-il amené à prendre ses mesures réformistes au jour le jour ? Ce qui est certain, c'est que d'une part il rendit au sénat certains pouvoirs perdus et même renforça son autorité, par exemple en soumettant à son approbation préalable les propositions de lois des tribuns et en réduisant leur pouvoir d'*intercessio* ; comme dira Cicéron dans les *Verrines* – il n'était pourtant pas spécialement prosyllanien –, il priva les tribuns du pouvoir de « faire du mal, il leur restera celui de porter secours » ; la loi leur laissait en effet le pouvoir de protéger les citoyens à titre individuel. Mais il est juste de dire que, s'il renforçait les pouvoirs du sénat, c'était après l'avoir domestiqué en le peuplant de ses créatures, après l'avoir épuré par la proscription et après avoir porté le nombre de ses membres à 600. De même il augmenta le nombre des magistrats. Cependant qu'il réduisait sérieusement le pouvoir de l'ordre équestre : en réformant l'appareil judiciaire de l'État, notamment en enlevant aux chevaliers les jurys des tribunaux pour les rendre tout entiers aux sénateurs.

---

1. *Sylla ou la monarchie manquée*, Paris, 1942, 2ᵉ éd.

Mais d'autre part il est évident que la lex Valeria donnait à Sylla les pleins pouvoirs, que, s'il soumettait ses lois aux votes des comices ou du sénat, c'est parce qu'il le jugeait bon. Que, s'il entreprit de vastes opérations de lotissement et de colonisation en Etrurie, en Ombrie, dans le Latium, en Campanie et même en Corse, à Aleria[1], ce n'est pas seulement pour insérer socialement les quelque 120 000 hommes qui avaient servi sous ses ordres depuis ses débuts, ce fut aussi pour se créer des clientèles fidèles et dévouées. Qu'il s'entoura d'un appareil fastueux, on a dit « royal », de 24 licteurs (les consuls n'en avaient que 12) et qu'une propagande bien orchestrée, notamment par les émissions monétaires, le présentait comme un chef béni des dieux, sauveur et éternel vainqueur, nouveau fondateur de Rome, seul capable de faire bénéficier Rome d'un nouvel âge d'or : son triomphe, qui dura deux jours pleins, les 29 et 30 janvier 81, voté et financé par le sénat, fut le plus fastueux qu'ait connu l'*Urbs* jusque-là. Le premier jour, on exhiba les tableaux, inscriptions et objets qui représentaient le récit des campagnes grecques et asiatiques, ainsi que les pièces du butin parmi lesquelles 15 000 livres d'or et 115 000 livres d'argent. Le second jour se déroula le cortège qui précédait le quadrige de Sylla, entouré de tous les grands personnages de l'État qui lui devaient leur retour à Rome.

Ainsi, en peu de temps, selon l'expression de sir Ronald Syme[2], il avait « rétabli l'ordre à Rome dans la violence et le sang, décimé les chevaliers, muselé le tribunat et abaissé les consuls ». Estima-t-il qu'il avait accompli sa tâche ? Ou face à une opposition qui n'avait pas complètement baissé les bras, voulut-il ne pas devoir recourir à de nouvelles violences ? Toujours est-il qu'à une date précise inconnue – en 79 selon l'opinion courante, dès la fin de 81 selon d'autres – il abdiqua, partageant désormais son temps entre Rome et

---

1. Voir R.T. Salmon, *Roman Colonization under the Republic*, 1969 – E. Gabba, *Esercito e società...*, 1973.
2. *La Révolution romaine*, p. 30.

sa ville de Campanie et écrivant ses mémoires. Il mourut en 78 dans sa soixantième année. Mais comme écrit encore R. Syme, il « ne put abolir son propre exemple et empêcher qu'un autre n'établît sa domination à la place de la sienne ».

Il est clair qu'aux yeux des démocrates d'abord Sylla est apparu comme le tyran par excellence. Point de vue qui ensuite a été adopté par la *nobilitas*, développé par la propagande césarienne (qui a voulu opposer l'attitude de César à celle de Sylla) et qui finalement s'est imposé à toute la tradition littéraire de la fin de la République et de l'époque impériale[1]. De Salluste à saint Augustin, toute la littérature grecque et latine est antisyllanienne. Tous les témoignages favorables ont, par hasard ou par volonté, disparu. Tandis qu'à l'envi on a souligné son immorale et monstrueuse *crudelitas*.

Seul, peut-être, Plutarque (*Sylla*, 34) apporte une brève note discordante et humaine, quand il écrit :

> Il avait tellement plus de confiance en sa chance (sa *fortuna*) qu'en son action qu'après avoir fait périr tant de gens, introduit de telles nouveautés et opéré un si grand nombre de changements dans l'État, il déposa le pouvoir, rendit au peuple le droit de choisir ses consuls et n'intervint pas dans les élections, mais il circulait sur le Forum en simple particulier, exposant sa personne à tous ceux qui voudraient lui demander des comptes.

En fait il faut recourir à l'archéologie et à l'épigraphie pour qu'apparaissent au grand jour l'œuvre de rénovation urbaine et les grands travaux de reconstruction et d'embellissement des villes d'Italie. À Rome, en décidant d'étendre le *pomoerium*, c'est-à-dire les limites sacrées de la Ville – Sylla fut le premier à procéder à cette extension, depuis celle, mythique, du roi Servius Tullius – il lui donna

---

1. Il faut lire le brillant article d'U. Laffi, « Il mito di Silla », *Athenaeum*, 45, 1967, p. 172-213.

ainsi qu'à ses monuments une échelle nouvelle. Il procéda, comme l'a bien vu P. Gros, à une « dilatation de l'espace urbain[1] ». S'il n'eut pas le temps de meubler cet espace, ses successeurs, eux, pourront l'utiliser. Mais c'est à Sylla qu'on doit au fond les débuts d'une grande architecture urbaine. Et il en fut de même en Italie où maintes cités rénovées doivent à cette époque leur ordonnance monumentale. On ne citera, à titre d'exemples, en Campanie que Capoue, Calès et surtout Pompéi, devenue à la suite d'une déduction coloniale en 80 colonia Cornelia (c'est, rappelons-le, le nom gentilice de Sylla) Veneria (et Vénus sa divinité favorite) Pompeianorum ; en pays samnite Alba Fucens, dont le centre monumental fut remanié après 89 ; dans le Latium Ostie, Tibur et Terracine, sans oublier Praeneste dont le grand temple de la Fortune doit à Sylla son impressionnante architecture.

La domination de Pompée

Comme il y a un mythe de Sylla, tyran cruel et sanguinaire, dont l'image a servi de repoussoir à la dictature de César et plus encore au principat augustéen, il y a un mythe de Pompée, qui en a fait le républicain traditionnel, aristocratique, manifestant une vive répugnance pour le pouvoir militaire non tempéré par le pouvoir civil. Telle est la légende que s'est efforcé d'accréditer Auguste, « ce pour quoi on voulait penser qu'il avait lutté et qu'il était mort[2] ».

---

1. *Architecture et société à Rome et en Italie centro-méridionale aux deux derniers siècles de la République* (coll. Latomus, vol. 156), Bruxelles, 1978, p. 60 et suiv.
2. Comme dit justement P. Grimal, *Sénèque ou la conscience de l'Empire*, Paris, 1978, p. 51 et suiv., où il évoque le « pompéianisme » instinctif des *Annaei*, qui trouve son expression dans le poème de Lucain, neveu de Sénèque, sur la guerre civile, qui transfigure le vaincu de Pharsale – voir aussi F. Hinard, ouv. cit., p. 261 et suiv., chap. intitulé « Mort et transfiguration »... de Sylla ! Sur la propagande propompéienne d'Auguste, R. Syme, ouv. cit., p. 301 et suiv.

Et pourtant, dans la série des tentatives d'instauration d'un pouvoir personnel qui scandent l'histoire du dernier siècle de la République[1], l'action de Pompée se détache comme celle qui, au détriment de l'équilibre républicain des pouvoirs, a le plus contribué à désorganiser l'exécutif, à exalter l'armée et à mettre en péril l'organisation sociale. C'est que ce brillant général aux qualités éminentes de chef d'état-major n'était pas un homme d'État. De l'homme d'État il n'avait que l'ambition, et pour l'assouvir, il mit sa politique au service des puissances d'argent. Avec Livius Drusus, Sulpicius Rufus et Cinna, c'est le jeu politique qui s'était trouvé faussé. Avec Marius, la situation s'était aggravée : sa réforme de l'armée avait mis celle-ci au service des ambitions, et ses huit consulats avaient montré la dégradation des règles institutionnelles. Sylla laissait de lui-même et de son régime une image peu rassurante. Comme il était prévisible, une vive réaction antisyllanienne se produisit après 78. Et la violence s'imposa de nouveau.

L'un des deux consuls de 78, M. Aemilius Lepidus, membre de la *nobilitas*, mais « une franche canaille » qui, après avoir été marianiste, s'était mis au service de Sylla, entreprit d'abord de faire voter une loi frumentaire qui, pour la première fois, prévoyait des distributions gratuites et étendues à tous les citoyens, puis d'attaquer violemment les lois syllaniennes et de s'appuyer sur leurs victimes pour s'assurer le pouvoir personnel. Inquiétés en outre par les mauvaises nouvelles reçues d'Asie Mineure, où Mithridate avait repris ses agressions, et d'Espagne où un ancien gouverneur marianiste d'Espagne citérieure, Q. Sertorius, s'était soulevé et depuis deux ans allait de succès en succès avec l'appui des immigrés italiens, les *patres* lancèrent contre Lepidus, déclaré ennemi public, l'autre consul, Q. Lutatius Catulus, aidé d'un jeune *imperator* déjà célèbre, Pompée. La guerre civile reprenait. Lépide, en Etrurie,

---

[1]. C'est une idée maîtresse de J. Carcopino dans tous ses livres sur la République.

soulevait la population contre les vétérans de Sylla installés dans la région. Pour étouffer rapidement cette « folle équipée », Pompée entreprit de le tourner en occupant la Gaule cisalpine, tandis que Catulus, venant de Rome, l'attaquait par le sud. Lépide abandonna la partie en s'enfuyant en Sardaigne, où il mourut à la fin de 77[1].

L'aventure de Lépide, qui avait rallumé la guerre civile, allait profiter surtout au renom de son principal vainqueur, Pompée, que déjà on appelait le Grand comme Alexandre, son modèle.

Fils de Cn. Pompeius Strabo, le maître du Picenum, un homme abominable, « haï du ciel et de la noblesse » (selon Cicéron, cité par Asconius, 70), Pompée, né en 105, avait donc vingt-trois ans quand Sylla avait débarqué à Brindisi. Il avait immédiatement rallié celui-ci, lui apportant l'appui de ses troupes, recrutées à la hâte dans son Picenum natal, et « sans attendre que personne lui donnât autorité de les commander, il la prit de lui-même » (Plutarque, *Pompée*, 10). Il salua Sylla du titre d'*imperator*, et celui-ci le salua de même, malgré son âge. Après avoir participé à la guerre civile aux côtés du dictateur, ce dernier l'envoya en Afrique lutter contre les marianistes, commandés par Cn. Domitius Ahenobarbus qu'il réussit à éliminer. C'est alors, en mars 80, que ses soldats le saluèrent du titre de *Magnus* à son retour à Utique après six mois de brillantes campagnes qui avaient rendu l'Afrique à Rome. Redoutant sa popularité, Sylla l'avait alors tenu un peu à l'écart en l'évinçant du commandement de la guerre contre Sertorius, du consulat qu'il revendiquait pour 79 (alors qu'il n'était pas sénateur – sa famille était d'origine équestre – et qu'il n'avait pas l'âge requis) et même du triomphe qu'il réclamait après ses succès

---

1. Sur Lépide, voir N. Criniti, *M. Aimilius Q.f. M.n. Lepidus, ut ignis in stipula*, Milan, 1969, 141 p. (critique très dure de R. Andreau, dans *Latomus*, 31, 1972, p. 576-580). Voir aussi L. Hayne, « M. Lepidus (cos. 78) : a Re-Appraisal », *Historia*, 21, 1972, p. 661-668. Il est le père de Lépide, le triumvir du second triumvirat.

africains. C'est pourquoi, au début de 79, il fit alliance avec les « nobles » contre Sylla, puis se prononça pour Lepidus et encouragea même ses projets subversifs, avant de prendre avec le consul Catulus la direction des troupes sénatoriales contre lui.

En mars 79, Pompée, malgré Sylla et grâce au sénat, avait pu célébrer son triomphe : il n'avait que vingt-six ans. Sauveur du gouvernement en 78-77, il jouit alors, en dépit de sa versatilité, d'une grande réputation due surtout à ses qualités de soldat. Son ambition et son génie de l'ostentation, autant que les difficultés du moment, en Espagne, en Italie et en Orient, vont le mettre, jusqu'à son échec de Pharsale et sa mort en 48, au premier plan de la vie politique[1].

Trente années pendant lesquelles ce personnage hors pair, dont Plutarque loue (*Pompée*, 2)

> la tempérance en sa vie, l'adresse aux armes, l'éloquence en son parler, la foi en sa parole, la bonne grâce en son entregent, et l'aimable accueil à qui avait affaire à lui, de sorte qu'il n'y avait homme ni qui demandât plus envie que lui, ni qui fît plus volontiers plaisir quand on l'en requérait, car il donnait sans arrogance et prenait avec dignité,

ce brillant général, qui montrait « en ses façons de faire une vénérable hautesse de majesté royale », va mener une carrière extraordinaire, légale puisque ses pouvoirs lui sont légalement donnés, mais tout de même toujours en marge de la légalité républicaine traditionnelle. Après avoir exclu Lépide, il va d'abord, doté d'un *imperium infinitum majus*, c'est-à-dire d'un pouvoir proconsulaire indéfini et supérieur,

---

[1]. Il y a sur Pompée une ample bibliographie. Parmi les ouvrages récents, on peut retenir M. Gelzer, *Pompeius*, 1949, moins détaillé, mais supérieur à J. Van Ooteghem, *Pompée le Grand, bâtisseur d'empire*, Bruxelles, 1954, 666 p. qui est une biographie apologétique, J. Leach, *Pompey the Great*, 1978, rééd. 1986, 265 p. et P.A.L. Greenhalgh, *Pompey the Great*, 1979. Mais on lira toujours avec profit R. Syme, *la Révolution romaine*, chap. III : « L'hégémonie de Pompée », p. 39-45.

anéantir Sertorius et son rêve de restauration d'un État démocratique à partir de l'Espagne[1]. Puis, de retour à Rome après six ans d'absence, il conclut avec Crassus, qui de son côté vient d'éliminer Spartacus et ses troupes d'esclaves, un accord qui contraint le sénat à leur accorder une candidature commune au consulat de 70. Candidature à laquelle ils n'ont droit ni l'un ni l'autre : Crassus parce qu'il venait tout juste de déposer la préture, Pompée parce que, toujours chevalier, il n'avait exercé aucune des fonctions antérieures.

Forts de ce coup d'État pacifique, mais qui n'en portait pas moins un rude coup aux institutions, ils vont ensemble, pendant ce consulat de 70, démolir successivement toutes les lois sylaniennes. Les tribuns retrouvent leurs pouvoirs, ainsi que les censeurs qui s'empressent de procéder à une *lectio senatus* en radiant 64 *patres* prévaricateurs, et d'inscrire sur la liste des citoyens romains 100 000 nouveaux citoyens accourus d'Italie. Tandis que les chevaliers retrouvent leur place dans les jurys des tribunaux, juste au moment (à l'automne 70) de juger et de condamner le fameux Verrès, ancien propréteur de Sicile, que Cicéron présente – on le sait – comme le type même du gouverneur corrompu, jouisseur, avide et cruel.

Les lois de Sylla détruites, le sénat mis au pas, au profit des *populares* renforcés par les nouveaux citoyens et des chevaliers qui, grâce à la réforme judiciaire et à l'appui des consuls en exercice, voient renaître leurs espoirs de fructueux profits dans les provinces, leur alliance d'intérêts va relancer l'impérialisme conquérant et servir l'ambition effré-

---

[1]. L'aventure de Sertorius a été appréciée de manière très différente dès l'Antiquité : Salluste fait de Sertorius un héros, son héros, tandis que Tite-Live, philopompéien, le condamne. L'historiographie moderne est tout autant divisée. Sur ces diverses positions, voir P. Treves, « Sertorio », *Athenaeum*, 10, 1932, p. 127 et suiv. Pour E. Gabba, ouv. cit., l'action de Sertorius s'inscrit comme la continuation et la conclusion de la guerre des Alliés.

née de Pompée. Pour lutter contre les pirates qui infestent la Méditerranée et gênent le commerce maritime, le peuple, par une loi tribunicienne, la lex Gabinia, commence par lui conférer pour trois ans un commandement sur toutes les mers et toutes les côtes jusqu'à 50 milles (70 km) à l'intérieur des terres, du Bosphore jusqu'aux colonnes d'Hercule, c'est-à-dire jusqu'au détroit de Gibraltar, avec une armée de 20 légions, une flotte de 500 navires et le droit de choisir lui-même ses 20 légats. Ratifiée par le sénat, non sans difficultés, mais avec l'appui d'un jeune sénateur nommé C. Julius Caesar, cette loi livrait en fait le monde romain à un chef militaire. Sir R. Syme écrit : « Pas une province de l'Empire n'échappait à son contrôle. Quatre ans plus tôt, Pompée n'était pas même sénateur. La décadence de la République, le mouvement qui poussait à l'avènement d'un *imperator* unique, étaient d'une évidence impressionnante[1]. » En une campagne foudroyante de trois mois, de mars à mai 67, Pompée détruisit la piraterie en Méditerranée orientale ; Pline (*H.N.*, VII, 93 et 98), Appien (*Mithr.*, 96) et Plutarque (*Pomp.*, 28,2) ont consigné les chiffres officiels : 846 bateaux capturés, 120 bourgades occupées, 10 000 pirates tués, 20 000 faits prisonniers.

À peine cette affaire était-elle réglée qu'il se vit confier la conduite de la guerre contre Mithridate, avec des pouvoirs énormes. La loi proposée par le tribun C. Manilius Crispus (lex Manilia) confirmait Pompée dans son *imperium* pour une durée illimitée, lui donnait le commandement de la guerre contre Mithridate et son gendre Tigrane, roi d'Arménie, avec le gouvernement des provinces de Cilicie, d'Asie et de Bithynie-Pont et le droit de conclure alliances et traités. Un continent lui était livré. Comme l'a noté Plutarque (*Pomp.*, 30, 4) ; « ce n'était rien de moins qu'assujettir à un seul homme tout l'Empire romain ». Mommsen lui fait écho : « Jamais depuis la fondation de Rome une telle puissance n'avait été concentrée dans la même main. »

---

1. Ouv. cit., p. 40.

De nouveau César et Cicéron lui-même avaient appuyé la proposition de loi. Pour ce dernier, c'était son premier grand discours politique, le célèbre *De imperio Cn. Pompei*, où il fit un étonnant éloge des qualités et du « bonheur » de Pompée (*De imp.*, 27 ; 47-48) ; le texte est révélateur de l'évolution des mentalités au regard des institutions traditionnelles :

> Puisque Pompée est le seul qui, par son mérite (*virtute*), surpasse non seulement la gloire de ses contemporains mais la renommée des chefs d'autrefois, quelle raison pourrait, dans cette affaire, prolonger encore votre indécision ? À mon avis, en effet, un grand général doit réunir en lui ces quatre qualités : la science militaire, le mérite personnel (*virtutem*), le prestige (*auctoritatem*) et le bonheur (*felicitatem*). Or, qui jamais, mieux que Pompée, posséda ou dut posséder les connaissances militaires, lui qui... Il y a plus : quel éloge pourrait égaler la valeur de Pompée ? Que peut-on dire encore qui soit digne de lui, qui soit nouveau pour vous ou qui soit inconnu à personne ? Car il est d'autres qualités pour un général que celles qu'on admet généralement : application aux affaires, courage dans les dangers, activité dans les entreprises, promptitude dans l'exécution, sagesse dans les prévisions. Toutes ces qualités, certes, il les réunit à un degré auquel n'atteignit jamais aucun de tous les généraux que nous avons vus ou que nous connaissons par leur renommée... S'il est vrai que le prestige du chef a un grand rôle dans la conduite de la guerre et dans l'exercice du commandement militaire, personne assurément ne doute que ce général n'ait la primauté sur ce point...
>
> Il me reste à parler du bonheur qui le favorise, avantage dont nul ne saurait répondre pour soi-même, mais que nous pouvons mentionner et célébrer chez un autre. Comme il convient à l'homme lorsqu'il s'agit de la puissance divine, nous n'en parlerons qu'avec réserve et en peu de mots. Quant à moi, je suis persuadé que si l'on confia si souvent à Fabius Maximus, à Marcellus, à Scipion, à Marius et à d'autres grands généraux des commandements et des armées, ce n'est pas seulement à cause de leur mérite, mais aussi à cause de leur bonheur. Car il y a eu, sans nul doute, certains hommes supérieurs qui, en quel-

que mesure, ont été redevables de leur grandeur et de leur gloire, de leurs réussites dans les grandes entreprises, à la faveur divine et à l'assistance de la Fortune. En vous retraçant le bonheur du grand homme dont il est question, j'observerai dans mes paroles cette modération que je me suis prescrite et je ne dirai pas qu'il tient la Fortune en son pouvoir, mais je montrerai que c'est en nous souvenant du passé que nous fondons des espérances sur l'avenir. Ainsi mes paroles ne risqueront pas de déplaire aux dieux ni d'être taxées d'ingratitude. Je ne vanterai donc pas ses grandes actions accomplies dans la paix et dans la guerre, sur terre et sur mer, avec tant de bonheur que ses volontés ont toujours été non seulement approuvées par ses concitoyens, sanctionnées par les alliés, obéies par les ennemis, mais même secondées par les vents et par le beau temps. Mais je dirai seulement en très peu de mots que jamais personne ne fut assez téméraire pour oser demander en secret aux dieux immortels des succès aussi nombreux et aussi éclatants qu'ils en ont spontanément accordé à Pompée. Puisse-t-il posséder en propre et conserver toujours ce privilège, citoyens ; voilà ce que pour le salut de tous les citoyens et de l'empire, ainsi que pour l'intérêt de Pompée lui-même, vous devez, comme vous le faites, désirer et demander aux dieux.

Cette fois, les opérations furent plus difficiles. Il lui fallut plus de deux ans pour venir à bout de Mithridate qui finalement, abandonné de tous, de ses soldats comme de ses sujets, s'empoisonna dans l'été de 63. Entre-temps, Pompée était allé jusqu'à la mer Caspienne – peut-être pour frapper les imaginations, pour imiter Alexandre le Grand, peut-être aussi pour se renseigner sur la route commerciale menant vers l'Inde –, il avait conquis la Syrie, pris Jérusalem et tenu à Amisos une véritable cour de roi, réorganisant en somme tout l'Orient. Rome y trouva son profit : le butin recueilli, les tributs des nouveaux rois vassaux, les redevances des villes soumises permirent au budget de passer de 200 à 340 000 000 de sesterces. Les publicains développèrent leurs affaires, et tout l'ordre équestre en profita. L'empire s'enfla de nouvelles provinces. Pompée, de retour à Rome, y jouit d'un prestige incomparable. Aucun *imperator* avant lui n'avait amassé autant de richesses et de gloire ni gagné à l'empire autant de territoires. Il aurait pu, sans aucun doute, se rendre maître du pouvoir civil.

Pressentant qu'il risquait de rallumer la guerre civile, il préféra licencier son armée et il se contenta de réclamer les honneurs du triomphe. Il fut célébré pendant deux jours, les 28 et 29 septembre 61. Battant le record du triomphe de Sylla, ce fut le plus fastueux jamais vu à Rome. Le premier jour, on commémora les victoires remportées sur quatorze nations. Le deuxième jour, qui était le quarante-cinquième anniversaire de Pompée, défilèrent les hommes : les délégations de ses troupes victorieuses, les vaincus ensuite, enfin l'*imperator* vêtu d'une chlamyde trouvée dans la garde-robe de Mithridate et qui avait été tissée jadis pour Alexandre. Pour perpétuer la mémoire de ce triomphe, on entreprit sur le Champ de Mars la construction d'un énorme complexe architectural comprenant un théâtre (le premier construit en dur à Rome) et un portique, dits désormais de Pompée. Ce portique entourait un jardin, le tout orné des statues des quatorze *nationes devictae* et de la statue de Pompée lui-même, figuré nu, héroïsé et tenant dans la main le globe, symbole du *kosmos* et donc emblème du *Kosmokratôr* ; cette statue-portrait était installée dans la curie du portique. L'ensemble était couronné par un temple dédié à Vénus Victrix, la déesse favorite de l'*imperator* à qui elle donnait la *felicitas* dans la victoire[1].

Pompée était alors incontestablement le premier des Romains. S'il n'alla pas plus loin dans la conquête de l'hégémonie politique, c'est probablement pour éviter la guerre civile dans une Rome encore agitée à la fois par les séquelles de la conjuration de Catilina, réprimée grâce à l'énergie de Cicéron, consul en 63, par le retour de Crassus disparu de la

---

1. Voir G. Sauron, « Le complexe pompéien du Champ-de-Mars : nouveauté urbanistique à finalité idéologique », dans l'*Urbs, espace urbain et histoire*, Rome, 1987, p. 457-473.

Ville depuis neuf mois et par les intrigues de César et de ses amis. D'ailleurs, on l'a dit, ce grand chef militaire manquait de sens politique. Il accumula les erreurs.

Malgré ces erreurs, il gardait son *auctoritas*, et de ce prestige il fallut bien tenir compte quand César, son consulat de 59 achevé, et voulant conserver son influence politique, conclut avec lui et avec Crassus (et sa richesse) un pacte qui, mis en forme lors des accords de Lucques en 56, a pris dans l'histoire le nom de Premier triumvirat.

Cette coalition d'intérêts gouverna presque dix ans, avec des tensions internes et des conflits de personnes. Elle permit à César de conquérir la Gaule, à Crassus de se lancer dans une campagne contre les Parthes où il laissa son armée et sa vie dans le désastre de Carrhae en 53, et à Pompée d'affirmer son hégémonie. En 53-52, Rome est une fois de plus plongée dans les violences et l'anarchie : les pouvoirs publics fonctionnent vaille que vaille ou pas du tout ; au moment de la mort de Crassus, il n'y a même pas de consuls en exercice. Des bandes armées parcourent les rues et tiennent le Forum : Milon, homme du sénat, « brutal et perdu de vices », tue Clodius le *popularis*, ce qui provoque une véritable émeute de la plèbe. La curie, siège le plus habituel du sénat, est en feu. Pour calmer les esprits, les *patres* décrétèrent l'état d'urgence en proclamant le sénatus-consulte suprême et en chargeant Pompée de son exécution. Pour cela, il fut nommé seul consul, sans collègue, avec pouvoir de lever des troupes en Italie.

Cette « monarchie » de Pompée était un coup grave porté à la république. Décidément, pour garantir le salut de l'État, il n'y avait plus qu'un moyen, le pouvoir personnel. C'était aux yeux de beaucoup une évidence. Avec une troupe armée, Pompée rétablit l'ordre. Il fit voter deux lois, une sur la violence (*de vi*), une autre sur la brigue (*de ambitu*), qui lui permirent, avec l'accord de César et malgré la mauvaise humeur des sénateurs, de faire condamner Milon (défendu par Cicéron). Le 1er août, il déposa sa dictature et partagea le consulat avec Metellus Scipio, son client. Les institutions restèrent à la dévotion d'un seul homme. Mais manifestement, il ne voulait pas transformer son hégémonie de fait en pouvoir permanent et de droit. César n'eut pas les mêmes scrupules.

Aussi longtemps qu'il fut en position de force, du moins Pompée eut-il le mérite d'éviter à Rome une nouvelle guerre civile. Il faut l'en créditer. Après l'élimination de Lépide qu'il opéra sur l'ordre du sénat, il eut à cœur de tout faire, même en sacrifiant son ambition, pour que les Romains qui avaient de plus en plus en horreur les conflits sanglants entre citoyens n'eussent plus à en souffrir. Aurait-il subi l'influence de Cicéron, vibrant défenseur de la *concordia ordinum*, son idéal politique d'accord entre tous les responsables de l'État, sénateurs, chevaliers et notables ? C'est peu probable. Au fond ils représentaient deux conceptions différentes de l'action politique, même quand Pompée, par ses alliances matrimoniales, se fut rapproché de l'aristocratie sénatoriale. Et ils n'éprouvaient pas l'un pour l'autre de réelle sympathie. Si Cicéron lui a plus d'une fois décerné des éloges, il s'est toujours un peu méfié de ce général trop victorieux. Et quand, conscient de la nécessité de recourir à lui pour sauver l'État de l'anarchie, il lui a proposé ses services pour tenir à ses côtés le rôle de conseiller politique, Pompée l'a récusé avec une hauteur qui l'a blessé. Ce qui a eu pour effet de rejeter Cicéron, le consulaire fier de son « grand consulat », du côté de César, qu'il appela « le meilleur et le plus puissant des hommes », et dont il déclara l'amitié « tout à fait délicieuse » (*suavissima*), dans une lettre adressée à son ami Atticus. Les circonstances... et l'ambition du dictateur l'amenèrent à changer d'avis plusieurs fois : palinodie pour les ennemis de l'orateur, souplesse et habileté pour ses défenseurs !

La dictature de César

Il est vrai qu'en face de lui se dressait un redoutable personnage, puissant génie de l'intrigue, remarquable orateur, dont Cicéron lui-même admirait « l'éloquence élégante, pleine d'éclat et même de magnificence, avec un certain air de noblesse native[1] », un homme qui, depuis sa dix-septième année (où il se fit désigner flamine de Jupiter), menait la carrière exemplaire de l'ambitieux sans scrupule qui a foi en son étoile. Sylla, qui s'y connaissait, aurait dit un jour en parlant de César : « Ne voyez-vous pas qu'il y a en lui plusieurs Marius ? » (Plutarque, *César*, 1 et Suétone, *Divus Julius*, 1).

Né le 13 juillet 101, C. Julius Caesar appartenait à une vieille famille patricienne alliée à Marius – qu'avait épousé sa tante paternelle Julia – tandis que lui-même se mariait à dix-sept ans avec Cornelia, la fille de Cinna. C'est dire que très tôt s'étaient noués des liens avec les *populares* et leurs chefs. On a souvent souligné la précocité de son ambition. C'est vrai, si l'on en croit Suétone, qu'ayant appris la mort de Sylla – il avait alors vingt-trois ans et se trouvait en Cilicie – il revint en hâte à Rome, mais ne fit rien et rejeta même les offres de Lépide « parce qu'il se défiait de sa capacité ». Il est vrai aussi que, pendant son tribunat militaire, « première magistrature qu'il dut aux suffrages du peuple » (rappelle Suétone, 5), il intervint en faveur de Cinna et des amis de Lépide qui avaient dû fuir au moment des troubles civils. Et que, durant sa questure, ayant à prononcer l'éloge funèbre de sa tante Julia, il en profita pour faire l'éloge non seulement de sa parente, mais de la *gens Julia* en déclarant (Suét. 6) :

> Du côté de sa mère, ma tante Julie descend des rois, du côté de son père, elle se rattache aux dieux immortels. C'est en effet d'Ancus Marcius que sont sortis les Marcius Rex, et tel fut le nom de sa mère ; c'est de Vénus que descendent les Julii[2], et nous sommes une branche de cette famille. Elle unit donc au caractère sacré des rois, qui sont les

---

1. *Brutus*, 261, repris par Suétone, *Div. Jul.*, 55.
2. Selon la légende, Vénus aurait aimé un humain, Anchise, et de leurs amours serait né Énée le troyen, père de Iule, ancêtre mythique des *Julii* : voir R. Schilling, *la Religion romaine de Vénus*, Paris, 1954, p. 301 et suiv. D'où le culte favori de César pour Vénus Genitrix.

maîtres des hommes, la sainteté des dieux, de qui relèvent même les rois.

Faut-il croire pour autant, avec T. Mommsen et J. Carcopino, que César, doté d'une intelligence exceptionnelle, d'une rare capacité de prévision et d'un réel génie politique, convaincu dès sa jeunesse de la « fatalité de la monarchie », s'était fixé dès lors un plan de carrière et un programme d'action ? Ou, avec R. Syme, qu'une « telle conception est trop simple pour être conforme à l'histoire », que César n'a nullement songé à fonder ni « véritablement mis en place une institution jusque-là inconnue à Rome et alors inconcevable : un gouvernement monarchique, despotique et absolu, fondé sur le culte du souverain », autrement dit une néomonarchie hellénistique, mais que, « réaliste et opportuniste », « plus conservateur et plus romain que beaucoup ne l'ont imaginé », il fut par les circonstances et par son ambition poussé à l'autocratie, au fond le dernier et le type achevé des *imperatores* de la République finissante[1] ? On en discutera encore longtemps.

Il semble, en tout cas, que de son consulat en 58 à sa dictature à vie et son assassinat aux ides de mars 44, son comportement politique ait évolué au gré des événements. Bien que *nobilis*, il agit d'abord jusqu'en 49 dans la légalité,

---

1. Th. Mommsen, *Histoire romaine*, éd. française de 1985, avec préface de C. Nicolet, p. VII-XXII – J. Carcopino, *César*, Paris, 1936. Sur la « royauté » de César, à propos de J. Carcopino, *les Étapes de l'impérialisme romain*, 1961, voir les importantes remarques de J. Béranger, *Rev. ét. lat.*, 39, 1961, p. 384-386. Dans l'énorme bibliographie césarienne (voir « Bilan des études césariennes », par M. Rambaud, *Autour de César*, Lyon, 1987, p. 11-65), retenons M. Gelzer, *Julius Caesar, der Politiker und Staatsmann*, München, 1921, 6e éd. 1960 – E. Meyer, *Caesars Monarchie und das Prinzipat des Pompeius*, 1922 et M. Rambaud, *César*, coll. « Que sais-je ? », 1963. Sur la position de R. Syme, *la Révolution romaine*, p. 54-81, chap. sur « Le dictateur César » et « Le parti césarien ». Voir récemment C. Meier, *Caesar*, Berlin, 1982 ; trad. française 1989, 481 p.

puis jusqu'en 46 dans la guerre civile comme le chef des « démocrates » en opposition fréquente sinon constante avec l'oligarchie sénatoriale, mais avec l'appui des publicains. À partir de 46, il exécute toujours le programme des *populares*, mais en l'adaptant à son profit personnel après avoir maîtrisé les partis. De là le sursaut des républicains qui décideront d'abattre le tyran.

Jusqu'en 49, son grand souci fut d'éviter le retour de la guerre civile tout en assurant son crédit auprès du peuple. Ainsi s'explique son union avec Pompée (et son énorme clientèle militaire) et avec Crassus (et ses millions), lui-même apportant dans le pacte du triumvirat l'appui populaire. Ainsi s'expliquent aussi ses lois judiciaires et agraires, ses mesures sur l'abolition des dettes. Cependant que, laissant à Pompée la primauté à Rome, il acquiert, quant à lui, dans la conquête des Gaules, à la fois la gloire et l'indépendance financière. Ayant obtenu l'une et l'autre dans son proconsulat, il continue de chercher les moyens d'agir dans le respect de la légalité. Jusqu'à ce que l'opposition conjuguée de Pompée et du sénat l'obligent, pour sauver « son rang, son prestige et son honneur, ce que résume le mot *dignitas* » à franchir le Rubicon : pour lui, écrira-t-il (*B.C.*, 1,9,2, etc., confirmé par Cicéron, *Ad Att.*, 7, 11, 1,), « la dignité avait toujours été plus chère que la vie même ».

En franchissant le Rubicon, frontière entre la Cisalpine et l'Italie proprement dite, César rompt le triumvirat déjà bien lézardé depuis deux ans au moins, donne à la force de son armée la priorité sur le droit et prend la responsabilité d'une nouvelle guerre civile. À l'annonce du coup de force, le sénat pompéien quitte Rome pour le sud de l'Italie sous la protection des légions de Pompée. En moins de deux mois, César devient maître de Rome, tandis que Pompée et le parti sénatorial abandonnent l'Italie avec le projet de gagner l'Asie, réservoir d'hommes et de richesses, et peut-être l'arrière-pensée d'y attirer son rival loin de la capitale, centre du pouvoir politique, et des Gaules, autre réservoir d'hommes. Coincé entre les légions pompéiennes d'Espagne et l'armée d'Orient, César ne pourrait tenir et, comme Sylla, il reviendrait lui-même à Rome en vainqueur pour y reprendre le pouvoir.

Pompée a compté sans l'esprit de décision et la rapidité d'exécution de son rival qui, en huit jours passés à Rome, s'impose aux sénateurs restés dans la capitale, promet à la plèbe une distribution d'argent (75 deniers par tête) et procède à une distribution de blé, puis fait voter la lex Roscia qui donne la citoyenneté romaine à la population libre de Cisalpine. Tout en faisant franchir à l'unité italienne le pas ultime, en créant l'Italie romaine des Alpes au détroit de Messine, il s'attire par là la reconnaissance à la fois des *populares* qui revendiquaient cette réforme depuis vingt ans et des Cisalpins dont il se fait une clientèle et une source de recrutement légionnaire. Sûr de lui, il se lance alors sur l'Espagne, en laissant à Rome le préteur M. Aemilius Lepidus comme son préfet (c'est le futur triumvir que nous connaissons surtout sous le nom de Lépide). Vainqueur, non sans mécomptes, des troupes pompéiennes d'Espagne, il fait en décembre un deuxième et bref séjour à Rome et de là, vers la mi-décembre, il s'élance à la poursuite de Pompée. En son absence, le peuple lui avait conféré la dictature. Avant de partir pour l'Orient, il dépose cette magistrature temporaire et, élu consul pour 48, il quitte Rome comme magistrat légal luttant désormais contre la rébellion pompéienne.

Il lui fallut un peu plus de deux ans pour venir à bout de Pompée à Pharsale en Thessalie en août 48, puis des pompéiens Metellus Scipio et Caton d'Utique appuyés par Juba Ier de Numidie, à Thapsus en Afrique du Nord en août 46. Entre-temps, Pompée, réfugié à Alexandrie, y a été assassiné le 28 septembre 48 par des sbires à la solde des conseillers du roi d'Égypte ; l'Égypte est passée sous le protectorat de Rome et le royaume de Numidie est après Thapsus entré dans l'empire romain.

Auréolé du prestige de ses victoires, César rentre à Rome le 25 juillet 46. Dans l'allégresse des masses il célèbre pendant les deux mois d'août et septembre ses quatre triomphes sur la Gaule, l'Afrique, l'Égypte et le Pont, où en août 47 il est allé écraser à Zela le roi Pharnace en une campagne éclair (*Veni, vidi, vici*). Un nouveau raid sur l'Espagne lui permet de vaincre les derniers Pompéiens à Munda en mars 45 et, de retour à Rome, de célébrer en octobre son cinquième triomphe, où cette fois on fit mention de Pompée et de Caton.

Un pas décisif a été franchi. César est alors à l'apogée de sa gloire. Grâce à ses victoires militaires, à son prestige personnel et à l'appui populaire, il est maître de Rome. Depuis 49 déjà, les premiers trophées étaient apparus sur les monnaies, malgré sa réticence à l'égard de la théologie de la Victoire acquise par la *félicitas*, par le bonheur – trop de souvenirs syllaniens y étaient attachés – mais la guerre civile avait fait tomber sa réticence initiale. Peu à peu même, pour faire pièce à la doctrine pompéienne (héritière sur ce point de celle de Sylla), puis après Pharsale pour s'approprier un courant de pensée dont il avait jaugé l'importance dans l'opinion, il encouragea le culte de Vénus Genitrix, mère des *Julii* et du peuple romain et se laissa appeler « fils d'Aphrodite en Orient », tandis qu'à Rome on multipliait les monuments dédiés à ses victoires.

César a-t-il eu alors la claire vision d'une monarchie universelle, théocratique – on n'oublie pas qu'il était grand pontife depuis 63 – et royale, sur le modèle hellénistique ? Certains le croient. D'autres le récusent. À l'examen de ses titres d'une part et du climat qui a régné à Rome pendant ces années 46-44, on voit bien que, face à un sénat qui devait se contenter de voter sans délibérer, mais qui bien entendu restait pour le moins réservé et prêt à devenir hostile, face aussi à des ennemis qui ne désarmaient pas, soit parce qu'ils gardaient leur fidélité au pompéianisme, soit parce que leur stoïcisme les éloignait du régime césarien, soit parce que leurs intérêts se trouvaient lésés par sa politique de réformes (on songe aux chevaliers, dont les privilèges financiers ont été supprimés en Asie), César ne pouvait faire autrement que maintenir et renforcer ses pouvoirs, toujours sous peine de perdre sa *dignitas*. Engagé dans la voie du pouvoir personnel, investi de la mission de remettre l'État en ordre (*rei publicae constituendae*), il ne pouvait en sortir qu'en abdiquant. Or sur ce point il était formel, si l'on en croit Suétone (*Div. Jul.*, 77) :

> La République, aurait-il dit, n'est qu'un vain mot, sans consistance ni réalité. Sylla se conduisit en apprenti, quand il abdiqua le pouvoir suprême.

En 46, ses pouvoirs de dictateur furent prolongés pour dix ans. Et en février 44, un sénatus-consulte le proclama dictateur à vie. Peu de chose le séparait de la monarchie royale. D'autant que, depuis ses triomphes, il vivait dans un appareil quasi royal. Son vêtement et son monnayage en témoignent : il portait des chaussures hautes de couleur pourpre, comme les rois d'Albe, une toge pourpre, vêtement typiquement royal, une couronne de laurier, voire sur ses monnaies une couronne d'or, signe distinctif des rois étrusques de Rome. Le serment de fidélité était prêté sur son nom, privilège réservé jusque-là à Jupiter[1]. Sa statue était placée à côté de celles des sept rois de Rome sur le Capitole. Mieux : il s'était arrogé le droit de battre monnaie à son effigie, droit régalien par excellence. Et en recevant le titre de *Parens patriae*, il se présentait comme nouveau Romulus, fondateur de l'*Urbs*. Pour être roi, il ne manquait vraiment que peu de chose, le diadème des rois hellénistiques.

Impressionné, Cicéron lui-même se mit à aduler César et à le considérer comme un sauveur dont le salut (entendons la conservation) était indispensable au salut de l'État. Il faillit même devenir son propagandiste : une lettre à Atticus (XIII, 26, 2) annonce la rédaction d'un opuscule ! Et en décembre 45, il reçut le dictateur chez lui dans son Puteolanum. Disposant d'un prestige incontestable, ayant assuré

---

1. W. Burkert, « Caesar und Romulus-Quirinus », *Historia*, 11, 1962, p. 356-376 – A. Alföldi, *Caesar in 44 v. Chr.*, Bonn, 1975.

la paix sociale, César aurait sans doute pu poursuivre son action rénovatrice, et son œuvre eût été durable, s'il n'avait pas nourri un double projet : celui d'une campagne contre les Parthes, celui d'une guerre contre les Daces de Burébistas, et s'il n'avait pas manifesté une prétention, insupportable pour ses contemporains, à la royauté.

À la vérité, ces dernières intentions n'apparaissent pas clairement dans les sources anciennes. Et selon R. Syme[1] ce problème « n'a pas à être posé. César fut tué pour ce qu'il était, non pour ce qu'il aurait pu devenir. En revêtant la dictature à vie, il semblait écarter et tourner en dérision tout espoir de retour à un gouvernement normal et constitutionnel. Son gouvernement était bien pire que la domination de Pompée fondée sur la violence et l'illégalité. Le présent était insupportable, l'avenir bouché ». Il reste qu'on peut se demander comment on a pu concevoir l'idée de son meurtre, au moment même de son apogée. En 44, César a cinquante-sept ans ; il est en pleine possession de ses moyens politiques, militaires et intellectuels. Il jouit d'une réputation d'invincibilité depuis la conquête des Gaules jusqu'à Munda en 45. Il semble invulnérable : il dispose de 16 légions rassemblées en Épire et en Macédoine, en prévision, dit-on, d'une campagne contre les Parthes, qui devrait être suivie d'une autre contre les Daces. Il paraît bénéficier d'une sorte d'inviolabilité morale : non parce que déjà on lui rend des honneurs quasi divins, mais parce qu'il a résolu tant de problèmes, qu'il a avec lui la plèbe de Rome, l'Italie qui profite de ses faveurs, notamment la Cisalpine, et les provinces à qui il a donné la justice contre les publicains et les gouverneurs rapaces.

Et pourtant l'idée de se débarrasser de lui, au besoin par le meurtre, est née dans le deuxième semestre 45 et a pris corps au début de 44. Pour deux raisons majeures, semble-t-il. D'abord chez les césariens eux-mêmes, beaucoup sont

---

1. Ouv. cit., p. 63.

inquiets à l'idée d'une campagne parthique qui doit durer, dit-on, trois ans. Comme plus tard les maréchaux de Napoléon, ils sont las de combattre et se rappellent le désastre de Crassus à Carrhae ; certains même redoutent la victoire de César. Car, après elle, César deviendrait certainement roi. Ne court-il pas – c'est Plutarque qui la rapporte (*César*, 75 et 78) – une rumeur selon laquelle l'Empire parthe ne serait vaincu que par un roi :

> Il avait proposé et faisait déjà ses préparatifs pour aller guerroyer les Parthes, et après les avoir subjugués passer par l'Hyrcanie, et en environnant la mer Caspienne et le mont Causase, revenir gagner le royaume du Pont, puis pour entrer en la Scythie ; et ayant couru tout le pays et toutes les nations et provinces voisines de la grande Germanie, et la Germanie même, s'en retourner à la fin par la Gaule en Italie, et étendre ainsi l'empire romain à la ronde, de sorte qu'il fût de toutes parts borné de la grande mer Océane... Mais ce qui lui engendra une plus manifeste haine et plus mortelle, fut la convoitise de se faire nommer et déclarer roi, laquelle donna au commun populaire la cause première de lui vouloir mal, et à ceux qui de longue main lui gardaient une mauvaise volonté couverte, en donna la plus honnête occasion qu'ils eussent pu désirer. Toutefois, ceux qui lui procuraient cet honneur semèrent un bruit parmi le peuple, qu'il était porté par les livres prophétiques de la Sibylle que les Romains déferaient alors la puissance des Parthes, quand ils leur feraient la guerre sous la conduite d'un roi, mais autrement qu'ils n'y adviendraient jamais...

Il est bien difficile de faire la part de la réalité et de la rumeur. Ce qui paraît sûr, c'est que César était allé plus loin que Marius, que Sylla et Pompée, et que, s'il n'a pas voulu lui-même la royauté – comme semble l'indiquer la réponse qu'il fit, le 26 janvier, lorsque, ayant été accueilli par des cris de « Vive le roi » il s'écria : « Je ne m'appelle pas Rex, mais César » – certains dans son entourage l'ont voulue pour lui et qu'en tout cas on a cru à Rome (ou feint de croire) qu'il la voulait.

Le 14 février eut lieu la remise solennelle de la copie du sénatus-consulte qui lui conférait la dictature perpétuelle. À ce titre non seulement il commanderait à toutes les légions, mais il commanderait désormais et à vie à tous les magistrats et promagistrats, puisqu'il disposerait seul des auspices majeurs ; il commanderait même aux tribuns de la plèbe puisqu'il échapperait à leur *intercessio*. Et le sénat ne serait plus qu'une chambre d'enregistrement. La cérémonie au cours de laquelle les sénateurs lui apportèrent l'hommage de leurs décrets ne fut, à leurs yeux, pas moins révélatrice : il les reçut au pied de sa propre statue, assis sur un siège d'or, devant le temple de son ancêtre, Vénus Genitrix qui dominait son propre Forum. Enfin, pour montrer qu'il était le maître souverain, il prit trois mesures, elles aussi très révélatrices de l'état d'esprit : en promulguant une amnistie générale, en licenciant la garde personnelle dont il s'était doté et en confiant sa sécurité à la foi des serments, il montrait par ces mesures royales, qu'il était au fond roi sans le titre. Voulut-il le titre ?

Le 15 février se déroula la scène célèbre, maintes fois racontée. César assistait à la procession des lupercales annuelles du haut des Rostres entourés d'une foule massée sur le Forum ; il était assis entre Lépide, son *magister equitum*, et le préteur C. Cassius, mais sur un siège d'or et vêtu de pourpre. Montant sur l'estrade, un assistant déposa à ses pieds une couronne de laurier (ce qui n'avait rien d'anormal), mais accompagnée de la bandelette du diadème (insigne des rois hellénistiques). Au milieu des clameurs, il voulut la poser sur la tête du dictateur. Nouvelles clameurs. Cassius, se levant, ôta le diadème et le plaça sur ses genoux. César ayant repoussé le diadème, la foule applaudit. Arrive Antoine qui, comme membre du collège des luperques, participait à la procession ; ramassant le diadème, il le met de nouveau sur la tête de César. Cette fois, la foule reste silencieuse. César prend le diadème et le lance dans la foule, qui se divise. Antoine s'en saisit et le replace sur la tête de César, au milieu des cris « Salut au roi ! » Pour la deuxième fois César l'enlève et le fait porter à Jupiter. Mais les assistants s'en emparent et vont couronner la statue du dictateur qui flanquait les Rostres[1].

Jusqu'à ce jour, l'opposition ne s'était manifestée que dans des lettres, par des propos de table, ou sur des placards affichés. Cicéron écrivait à Atticus : « J'aime mieux le voir parèdre de Quirinus (devenu dieu parce que mort) que parèdre de la déesse Salus. » Maintenant elle prend corps. D'autant que circule le bruit qu'à la prochaine séance du sénat, avant le départ pour l'expédition parthique, César se ferait donner par les *patres* le titre royal. Le départ est, dit-on, fixé au 18 mars. C'est alors que commencent les conciliabules entre les conjurés, conduits par M. Junius Brutus, un doctrinaire puritain (qui passait, à tort ou à raison, pour le fils de César, sa mère Servilia ayant figuré au tableau de chasse du maître ; Atticus avait composé pour lui un arbre généalogique remontant à Junius Brutus, fondateur de la république). Cassius, préteur en charge, qui devra à ce titre assister à la séance du sénat fixée au 15 mars, s'y rallie avec une dizaine d'autres. Cicéron, mis au courant, préfère s'éloigner de Rome. Et la date du 15 est arrêtée, juste avant la réunion sénatoriale qui doit se tenir dans la curie du théâtre de Pompée, sur le Champ de Mars, la curie du Forum étant en réfection.

---

[1]. Sur la signification symbolique du diadème : H.W. Ritter, *Diadem und Königs-herrschaft. Untersuchungen zu Zeremonien und Rechtsgrundlagen des Herrschafts-antritts bei den Persern, bei Alexander dem Grossen und im Hellenismus* (Vestigia Bd. 7), Bonn, 1965. Voir K.W. Welwei, « Das Angebot des Diadems an Caesar und das Luperkalienproblem », *Historia*, 16, 1967, p. 44-69 – K. Kraft, *Der Goldene Kranz Caesars und der Kampf um die Entklarung des Tyrannen*, Darmstadt, 1969, 2ᵉ éd., pour qui la couronne que porte César sur les monnaies est une couronne d'orfèvrerie de type étrusque. Quant à l'attribution du diadème et du titre de *rex*, elle serait une manœuvre des ennemis de César, désireux de démasquer sa tyrannie en la rendant odieuse, le titre royal évoquant chez les Romains la tyrannie des derniers rois de Rome, rois étrusques, donc étrangers. Voir aussi R. Étienne, *les Ides de mars*, Paris, 1973.

C'est là, au pied de la statue de Pompée, que César, à peine assis, est poignardé par Brutus, puis par les autres conjurés. On est frappé par la sauvagerie du meurtre : 25 coups de couteaux, 35 selon l'historien Nicolas de Damas auraient été portés, les assassins se blessant eux-mêmes dans la confusion, dans une curie pleine de sang, si l'on en croit Florus.

Les sénateurs se sont éclipsés. Trois esclaves rapportent le corps à la Regia sur le Forum. Le consul en exercice Marc Antoine n'a pas eu une conduite très brillante ; ayant rejeté sa toge consulaire, il a fui lui aussi. Quant aux conjurés, devant les grondements de la foule, ils se réfugient au Capitole, en criant : « Vive la liberté ! » Cicéron, pour sa part, envoie à l'un des conjurés un court billet haletant et qui exulte : « Je te félicite, et moi je me réjouis. Je t'aime, je veille sur ce qui te concerne. Je veux que tu m'aimes et que tu me dises ce que tu fais et ce que l'on fait. »

Le sang appelant le sang, les Ides de mars vont replonger Rome dans la guerre civile pendant treize ans.

Rome se trouve alors au moment le plus critique de la crise politique qui secoue la République depuis les Gracques. Une crise d'autant plus grave qu'elle se double depuis le début du siècle d'une crise des valeurs, qui n'est pas nouvelle. Nous en avons saisi certains aspects au cours du IIe s. Depuis lors, elle s'est singulièrement aggravée et a pris parfois de nouvelles formes.

4

LA CRISE DES VALEURS RÉPUBLICAINES TRADITIONNELLES

De cette crise, qui a affecté très profondément « l'homme romain[1] » au dernier siècle de la République, les auteurs anciens ont été plus ou moins conscients, dénonçant tel ou tel de ses aspects. C'est sans doute Salluste qui en a perçu le mieux l'ampleur et la gravité. Avec son expérience d'homme politique et du fait de son adhésion au programme de César, il a naturellement insisté surtout sur la responsabilité des partis et des factions et notamment sur la responsabilité de la *nobilitas*, à ses yeux dégénérée. Mais il a aussi à l'occasion stigmatisé les autres aspects de la crise[2]. C'est en effet alors l'ensemble des comportements

---

1. Voir l'excellent livre de M. Meslin, *l'Homme romain. Des origines au Ier s. de notre ère. Essai d'anthropologie*, Paris, 1978.
2. Sur la crise de la République vue par Salluste (dont Quintilien, dans son *Institution oratoire*, X, 1,32, oppose « la célèbre brièveté » (*illa Sallustiana brevitas*) à « l'abondance laiteuse » (*lactea ubertas*) de Tite-Live), voir A. La Penna, « Le Historiae di Sallustio e l'interpretazione della crisi repubblicana », *Athenaeum*, 41, 1963, p. 201-274 ; *Sallustio e la rivoluzione romana (I fatti e le idee. Saggi e Biografie*, 181), Milan, 1969, 2ᵉ éd. 501 p., et, à propos de ce livre, J.-C. Richard, « Salluste, témoin et juge de son temps », *Rev. et lat.*, 48, 1970, p. 48-59.

sociaux aussi bien que politiques, culturels, moraux, religieux qui se trouvent mis en cause.

On n'insistera plus ici sur les maux politiques et sociaux engendrés par les divisions des partis, les conflits entre factions, les excès et la « dénaturation », le détournement de rôle des clientèles, mises au service des menées ambitieuses de certains magistrats et généraux[1]. Tout cela est apparu dans l'analyse qu'on a tentée plus haut du dérèglement d'institutions républicaines conçues pour une cité-État et depuis les conquêtes inadaptées à la direction et à l'administration d'un empire.

Ce qui paraît tout aussi grave, c'est d'une part que dans le même temps la morale, la culture et la religion se soient trouvées atteintes dans leurs fondements et d'autre part que, dans un système fondé sur la prévalence et le salut de l'État – *res publica*, c'est-à-dire chose commune de *tous* les citoyens –, se soit affirmée de toutes les manières et sous toutes les formes, pour s'imposer finalement, l'exaltation de l'homme « seul ». De la *salus publica*, finalité républicaine de toute action civique et de toute prière aux dieux, on est passé peu à peu à la *salus unius*. Mentalement, le principat est né sous la République, avant de surgir militairement de la victoire d'Actium.

La maturation d'une nouvelle culture

Au IIe s. avant J.-C., on l'a vu, est née, au contact de l'hellénisme, une culture « nationale » qui s'est, dans certains domaines au moins, assez vite détachée de ses racines grecques sans pour autant perdre le contact, pour constituer une *koinè*, une communauté italo-gréco-romaine.

En littérature, « l'âge cicéronien », pour reprendre l'expression de Jean Bayet, se définit comme une « période de maturation littéraire d'une puissance et d'une saveur

---

1. H. Benner, *Die Politik des P. Clodius Pulcher. Untersuchungen zur Denaturierung des Clientelwesens in der Ausgehenden Römischen Republik*, 1987, 189 p.

particulières[1] », où les poètes, Catulle en tête, ont eu « plus d'audace » novatrice que jamais, où l'éloquence a gagné, avec Cicéron, Hortensius et César, des sommets qu'elle n'atteindra plus, où la curiosité encyclopédique a triomphé avec Varron et l'histoire avec Salluste, César lui-même[2] et d'autres dont les œuvres sont perdues, tandis que la philosophie brillait avec Lucrèce et influençait tous les esprits cultivés du temps, attirés par les diverses écoles. L'éclectisme de Cicéron n'est que le reflet le plus éclairant d'un attrait général pour les doctrines de ces écoles. « Sans lui, écrit P. Grimal, sans son œuvre philosophique (que les simplifications des modernes qualifient de vulgarisation, alors que c'est un effort immense pour repenser, en une lumière nouvelle, ce que les philosophes d'école avaient élaboré et continuaient de répéter inlassablement, avec de temps en temps quelque variante) sans cette œuvre philosophique, le monde de la politique romaine n'aurait pas accepté une telle intrusion de la pensée venue d'Orient dans son univers mental. Cicéron continue et élargit cette ouverture qui avait commencé avec Scipion, Emilien et Panétius... Il savait (et il le dit) que l'expression, en latin, de ces doctrines et de ces notions n'entraînait pas seulement des problèmes de vocabulaire, mais qu'elle engageait toute la vision du monde impliquée par la langue de Rome. Il ne s'agissait pas uniquement de répandre des connaissances, un savoir nouveau, mais de modifier l'être même de sa patrie. »

En bref, c'est un esprit nouveau qui souffle sur la culture et le monde cultivé du Ier s. av. J.-C. Esprit nouveau dominé par l'idée de progrès et la passion d'apprendre. L'idée de progrès, qui hante à proprement parler la génération des Romains contemporains des désordres et des troubles de la

---

1. J. Bayet, *Littérature latine*, p. 163 et suiv. Compte tenu de son art de la déformation historique : voir M. Rambaud, *l'Art de la déformation historique dans les Commentaires de César*, Lyon, 1953, 410 p.
2. P. Grimal, *Cicéron*, p. 444.

fin de la République[1], trouve son reflet dans la grande fresque de la célèbre villa des Mystères de Pompéi, qui date justement du milieu du Ier s., et où, selon une interprétation récente[2], Dionysos-Bacchus apparaît, au travers des scènes de la mégalographie, non seulement comme le dieu de l'initiation aux mystères, mais aussi comme le dieu de l'éternelle jeunesse dont la légende montre qu'il a fait « progresser l'humanité », par exemple en faisant jaillir au cours de son épopée mythique des sources miraculeuses de vin, si bien que dans les rites liturgiques qui évoquent le mythe, il incite ses initiés à la « pratique des livres », la culture littéraire étant « montrée comme une étape nécessaire sur la route qui mène jusqu'à lui ». Sans qu'il y ait le moindre rapport entre Cicéron, ou Varron, et la religion dionysiaque – et cela même montre que la tendance était plutôt répandue – on rejoint là cette « soif passionnée de culture et de connaissance » qui dévorait Cicéron[3] et tout autant Varron, ce savant incomparable dont César fit le directeur de la première bibliothèque publique : il écrivit 74 ouvrages comptant environ 620 livres, depuis des traités d'histoire littéraire et de grammaire, ou des ouvrages d'agriculture jusqu'aux compilations philosophiques et archéologiques, et même une encyclopédie pour la jeunesse, sans oublier des poèmes.

Relève également de cet esprit nouveau un autre trait caractéristique des grandes œuvres littéraires de cette époque, qui presque toutes, sous une forme tantôt didactique, tantôt savante, tantôt poétique, excitent et souvent exaltent le sens national romain. Pour ne prendre que deux

---

1. Sur cette idée, chère à l'époque hellénistique et répandue chez les auteurs du Ier s. av. J.-C., voir A. Novara, *les Idées romaines sur le progrès d'après les écrivains de la République*, Paris, 1982.
2. Présentée par G. Sauron, « Nature et signification de la mégalographie dionysiaque de Pompéi », CRAI, 1984, p. 151-176.
3. P. Boyancé, *Études sur l'humanisme cicéronien* (coll. Latomus, t. 121), Bruxelles, 1970.

exemples, n'est-ce pas Cicéron qui a fondé en doctrine l'idée, plus tard consacrée par le droit, que tout Romain a deux patries (ce qui est surtout vrai depuis la guerre des Alliés) : une patrie naturelle (*patria natura*) qui est le lieu de naissance, et une patrie politique (*patria civitate*), celle qui par le droit de cité confère la qualité de membre du corps civique et qui est évidemment supérieure à l'autre ?

> Cette dernière est nécessairement l'objet d'un plus grand amour, elle est la République, la cité commune ; pour elle nous devons savoir mourir, nous devons nous donner à elle tout entiers, tout ce qui est de nous lui appartient, il faut tout lui sacrifier (*De legibus*, II, 2).

Et qui ne pense à Virgile de Mantoue qui, bien que chassé de son domaine paternel au profit de vétérans octaviens, a consacré l'essentiel de son œuvre poétique à chanter Rome, son passé légendaire, ses difficultés présentes et son attente d'un nouvel âge d'or ? De cette littérature patriotique surgit le drame profond de Cicéron, partagé entre son esprit, car il voit bien le glissement vers la monarchie – le *De republica* en témoigne – et son cœur, qui reste attaché à la vieille République et à son idéal de *libertas*. Si César le qualifiera de grand lettré, Auguste retiendra son patriotisme. De celui qui avait écrit dans le *De republica* justement qu'une cité

> doit être constituée de telle sorte qu'elle soit éternelle ; aussi n'existe-t-il pas pour une cité de mort naturelle, comme pour l'homme pris isolément chez qui la mort est non seulement inévitable mais parfois même souhaitable,

Auguste dira à son fils Marcus (à qui il fit l'honneur de le prendre pour collègue lors de son consulat) : « C'était un patriote ; il aimait sa patrie. »

Il serait sans doute excessif de parler de littérature engagée, ou même de littérature politique, sauf en ce qui concerne l'éloquence, bien entendu. Il s'agit, en tout cas, d'une littérature à thèmes, soit à thèmes contemporains, soit à thèmes anciens adaptés au monde présent. Même à Catulle dont les poèmes expriment surtout la légèreté, l'insouciante gaieté des jeunes mondains de sa société, il arrive, et pas seulement dans ses épigrammes acérées contre César ou Cicéron, de lancer des appels aux dieux et d'adopter un ton romain très sérieux en écho aux difficultés du temps.

Cette littérature thématique trouve son parallèle dans l'art décoratif qui, au Ier s. plus encore qu'au siècle précédent, s'ordonne volontiers autour d'un programme. Le meilleur exemple en est fourni par la célèbre villa des Papyrus d'Herculanum, qui donne une excellente idée des valeurs civiques, intellectuelles et spirituelles cultivées par certains aristocrates romains de la fin de la République. Qu'elle ait été la propriété de L. Calpurnius Piso, consul en 15, ou de L. Calpurnius Piso Caesoninus ou d'Appius Claudius Pulcher, consul en 38, peu importe au fond[1]. L'essentiel est qu'elle contient la bibliothèque de l'épicurien Philodème de Gadara, protégé et ami du propriétaire et que, en dehors des quelque 2 000 papyrus, en majorité en grec, de cette bibliothèque, sa fouille a livré 27 statues de bronze, 6 statues de marbre, 22 grands et 5 petits hermès de bronze et 15 de marbre, et 4 bustes de bronze inscrits, le tout provenant des deux péristyles, dont on a souligné la parenté avec le gymnase grec. Bref, une maison des Muses,

---

1. Fouillée au milieu du XVIIIe s. et publiée en 1883 par D. Comparetti et C. De Petra, *La villa ercolanese, i suoi monumenti e la sua biblioteca*, Turin, réimpr. à Naples, 1972, elle a fait l'objet ces dernières années d'une belle série d'études : voir G. Sauron, « *Templa serena*. À propos de la villa des Papyrus d'Herculanum : contribution à l'étude des comportements aristocratiques romains à la fin de la République », *Mél. Ec. fr. de Rome, Antiquité*, 92, 1980, p. 277-301 – D. Pandermalis et G. Sauron, dans *Cronache Ercolanesi*, 2e Suppl., 13, 1983 – M. Gigante, « La biblioteca di Filodemo », *Cron. Ercol.*, 15, 1985 p. 5 et suiv. – M.R. Wojcik, *La villa dei Papiri ad Ercolano : Contributo alla ricostruzione dell'ideologia della nobilitas tardorepubblicana*, Rome, 1986.

comme il a été dit, dont le décor est en étroit rapport avec la production philosophique de l'épicurien Philodème. Mais surtout une évocation terrestre à la fois des Champs Elysées, du jardin des Bienheureux et de l'Athènes d'Épicure, « l'homme au vaste génie, dont la bouche véridique a donné réponse sur toute chose », selon Lucrèce (*De rerum natura*, VI, 1-6). C'est là qu'un grand *nobilis* du Ier s. s'est efforcé de concilier les inconciliables, à savoir les valeurs anciennes, traditionnelles de Rome qui exaltent le courage civique et l'action politique, et d'autre part la quête épicurienne du bonheur dans la retraite studieuse et la méditation philosophique.

Il est d'ailleurs remarquable que, tandis que les doctrines philosophiques avaient servi l'idéologie démocratique des cités et notamment d'Athènes, elles ont subi dans les monarchies hellénistiques, puis à Rome dans le dernier tiers du IIe s. et au Ier s. plus encore, certaines inflexions favorables à l'idéologie du chef prestigieux, tout-puissant, auréolé par ses victoires (fruits de son mérite personnel et dons des dieux), mais sage et bienfaiteur. Le moyen stoïcisme, représenté depuis la mort de Panétius de Rhodes par Posidonius d'Apamée[1], qui réside à Rhodes mais qui a des antennes à Rome, notamment auprès de Pompée et de Cicéron, personnellement attaché plutôt à l'Académie platonicienne, mais qui n'est pas non plus insensible à la doctrine du Portique, ne manque pas d'exalter le droit du chef unique à commander, pourvu qu'il soit sage et vertueux. Quant aux épicuriens, nombreux et puissants à Rome au milieu du Ier s., si certains sont des anticésariens notoires, d'autres et même la plupart sont groupés autour de César. C'est que la doctrine de l'école s'accommode alors assez bien des principes politiques chers au dictateur. Parmi les papyrus d'Herculanum ont d'ailleurs été retrouvés des fragments d'un traité de Philodème *Sur le*

---

1. M. Laffranque, *Poseidonios d'Apamée. Essai de mise au point*, Paris, 1964.

bon roi selon Homère, où le philosophe-poète célèbre les vertus d'un roi conforme à l'idéal homérique et qui ressemble beaucoup à César[1].

Si bien que dans la Rome du Ier s., tandis qu'à l'instar de Caton d'Utique, de Brutus et de Cassius, la plupart des Romains influents restent viscéralement attachés à l'idéal républicain de la *libertas* et aux institutions traditionnelles, on voit se développer un courant favorable à l'idéologie du chef unique. Cicéron lui-même n'y échappe pas : dans son *De republica*, il a tracé le portrait de celui qu'il appelle tantôt du nom de *rector* ou de *moderator rei publicae*, tantôt de « prince de la cité » (*princeps civitatis*). Il est vrai qu'en lui il ne voit pas un magistrat aux pouvoirs précis et définis, mais une sorte de chef intérimaire pour période difficile à traverser, ou mieux un « modèle idéal sur lequel tous les citoyens auront les yeux fixés[2] ». Au début du traité se situe un dialogue révélateur entre Laelius et Scipion (*De rep.*, I, 35) :

> Alors LAELIUS. – Quelle est celle qui a ta préférence parmi les trois formes (de gouvernement) dont tu as parlé ?
>
> SCIPION. – Tu as raison de demander laquelle je préfère, car je n'en approuve aucune absolument ; et au-dessus de chacune d'elles prise à part, je place une combinaison des trois. Si cependant il fallait en choisir une à l'état pur, j'opterais pour la royauté.

Il trace plus loin le portrait du *princeps* idéal (II, 29, 51 ; V, 6 et 7) :

> Je vous ai montré le premier modèle du despote, et je vous ai fait observer l'origine de la tyrannie, introduits dans cet

---

1. Voir P. Grimal, « Le bon roi de Philodème et la royauté de César », *Rev. ét. Lat.*, 44, 1966, p. 254-285, repris dans *Rome, la littérature et l'histoire*, Paris-Rome, 1986, p. 1177-1206.
2. P. Grimal, « Du *De republica* au *De clementia*. Réflexions sur l'évolution de l'idée monarchique à Rome », *Rome, la littérature et l'histoire*, p. 1239-1259 – aussi J. Béranger, *Recherches sur l'aspect idéologique du principat*, Bâle, 1953.

État que Romulus avait fondé sous la protection des dieux, et non dans cette république dépeinte par l'éloquence de Platon, et conçue dans les promenades philosophiques de Socrate, afin de pouvoir opposer à Tarquin portant un coup mortel à l'autorité royale, non par l'usurpation d'une puissance nouvelle, mais par l'injuste emploi de celle qu'il avait, cet autre chef, bon, sage, éclairé sur les intérêts de l'État, jaloux de sa dignité, en un mot le vrai tuteur de la République ; car c'est ainsi que l'on doit nommer tous ceux qui savent régir et gouverner les nations. Reconnaissez l'homme dont je vous parle ; c'est celui dont la sagesse et l'active vigilance sont les garanties de la fortune publique. À peine son nom a-t-il été prononcé jusqu'ici, mais plus d'une fois dans la suite nous aurons à parler de ses fonctions et de son pouvoir...

Tout de même que le pilote a pour but une navigation heureuse, le médecin la santé, le général commandant en chef la victoire, l'homme placé à la tête de l'État se propose comme fin la félicité des citoyens ; il veut que leur vie s'appuie sur des ressources sûres ; qu'elle soit abondamment pourvue de biens matériels, se développe glorieusement, soit embellie par la vertu. Cette tâche, la plus grande des tâches humaines et la meilleure, je veux qu'il la remplisse entièrement. Où est donc celui que célèbrent vos auteurs, l'homme dirigeant les affaires de la patrie, qui, au lieu de se plier à la volonté du peuple, a souci de son intérêt véritable ?

... Les ancêtres des Romains ont fait par désir de gloire beaucoup de choses magnifiques et dignes d'admiration. Il faut que le prince de la cité se repaisse de gloire, et l'État restera debout aussi longtemps que tous honorent le prince. Alors c'est de vertu, de capacité de travail, d'activité qu'on demanderait que fût doué un homme occupant une haute situation, à moins qu'un naturel trop fier pour quelque raison que j'ignore... Cette vertu est appelée courage, elle implique la grandeur d'âme, un haut mépris de la mort et de la douleur.

Cette idéologie du chef prestigieux, qui par ses vertus s'impose à la tête de l'État, les fastueuses cérémonies des triomphes et les fêtes que multiplient à plaisir les *imperatores* du Ier s. av. J.-C. contribuent à l'entretenir. On prétend qu'une société se juge non seulement sur ses statistiques, mais tout autant sur ses fêtes, révélatrices des aspirations profondes de ses membres. Il est vrai que les manifestations collectives constituent des moments de liberté où les tensions autant que les aspirations apparaissent au grand jour, alors que la vie sociale les occulte plutôt. La fête supprime momentanément l'ordre, la forme, l'interdit ; elle est par nature dangereuse pour l'ordre établi dont elle conteste les fondements sociaux et moraux ; c'est le cas des Saturnales de décembre[1]. Il est remarquable qu'en dehors des grandes manifestations officielles qui célèbrent la grandeur de Rome, magnifient le respect des valeurs et des hiérarchies traditionnelles, les *imperatores* ont multiplié les fêtes occasionnelles et les spectacles pour en capter les énergies à leur profit, comme le feront plus tard les Césars qui, du même coup, en limiteront étroitement les possibilités d'expression. Suétone note (*Div. Jul.*, 39) que César

> offrait des spectacles de tous genres : combats de gladiateurs, représentations théâtrales données dans tous les quartiers de la Ville et, mieux encore, par des acteurs parlant toutes les langues, ainsi que des jeux du cirque, des luttes d'athlètes, et même une bataille navale.

Aux mêmes préoccupations de captation des énergies et d'exaltation des personnalités répondent la mode nouvelle des portraits qui par les bustes, les statues et les effigies monétaires enrichit alors l'art romain d'un goût absent dans le passé pour les figurations individualisées, ainsi que l'habitude, toute nouvelle également, de faire graver des inscriptions sur les monuments et les bases honorifiques des statues. Au culte naissant des images qui va se développer sans discontinuité jusqu'au VIe s. de notre ère – au cours de son édilité, en 33 av. J.-C., Agrippa fait construire à Rome un aqueduc, qu'il nomme aqua Julia en l'honneur

---

1. Voir R. Caillois, *l'Homme et le sacré*, Paris, 1950, p. 121. et suiv.

d'Octave et qu'il orne (selon Pline, *H.N.*, 36, 121) de 300 statues de bronze, et encore au VIe s. Cassiodore parle, à propos de l'*Urbs*, d'un *populus copiosissimus statuarum* (*Var.*, 7, 13, 1) – s'ajoute l'étalage de textes gravés qui vantent les noms, les carrières et les libéralités financières des commanditaires ou des personnages honorés. Monuments et statues ont maintenant une fonction idéologique[1].

Il n'est pas jusqu'aux jardins (qui apparaissent à Rome au Ier s. : le plus ancien connu est celui de Lucullus aménagé en 60 av. J.-C. sur le Pincio), à la fois évocation de la nature et expression de la domination de la nature par l'homme[2], qui par leur luxe décoratif et la magnificence de l'architecture qui les accompagne, notamment les portiques, n'attirent l'attention populaire sur leurs propriétaires, leur richesse et leur puissance, qu'ils s'appellent Lucullus, Pompée ou César. « Excitant à penser » pour Cicéron (*De orat.*, II, 19), paysage poétique ou lieu de repos et de méditation pour d'autres, source de plaisirs naturels pour les épicuriens, le jardin peut devenir – c'est le cas du portique

---

1. Voir G. Lahusen, *Untersuchungen zur Ehrenstatue in Rom. Literarische und Epigraphische Zeugnisse* (Archeologica XXXV), Rome, 1983 – O. Vessberg, *Studien zur Kunstgeschichte der Römischen Republik* (Skrifter utg. Svenska Institutet Rom, VIII), Lund, 1941 – J.-Ch. Balty, « M. Junius Brutus. Stoïcisme et révolte dans le portrait romain de la fin de la République », *Bull. Acad. royale de Belgique. Cl. Beaux-Arts*, 61, 1979, p. 194-220.

2. Voir P. Grimal, *les Jardins romains*, Paris, 1943, 2e éd. 1969. Et du même auteur, *Rome, les siècles et les jours*, Paris, 1982, où (p. 60), évoquant les jardins de Rome et les restaurants antiques à travers les *trattorie* d'aujourd'hui, P. Grimal fait appel à la « permanence de la vieille image paradisiaque offerte par l'épicurien Lucrèce, le repos sous l'ombrage, un jour de soleil et de ciel bleu, "lorsque rit la saison" et que la joie de la lumière répond à celle du cœur... On ne prétendra pas que tous les Romains aient été disciples de celui-ci (Épicure), mais on ne peut que constater la convergence entre la réalité vécue et la doctrine. Il est à Rome un épicurisme naturel qui a traversé les âges et met les Romains à l'abri des extases mystiques désincarnées. »

de Pompée sur le Champ de Mars, aménagé vers 55 en parc public, le plus ancien de Rome, dominé par le théâtre, lui-même sommé par le temple de Vénus Victrix – sinon une sorte de manifeste politique, du moins le cadre idéal permettant de transmettre un message idéologique : les statues qu'il mettait en valeur, ici celles qui ornaient la promenade sous les platanes, et en particulier celle de l'*imperator* lui-même en héros avaient bien évidemment plus qu'une valeur ornementale.

Ainsi, dans la Rome du Ier s. av. J.-C., au milieu des agitations politiques, des troubles de la rue, des épreuves sanglantes des guerres civiles, passe un courant qui, dans une république qui voudrait rester le bien commun de tous les citoyens, exalte l'individu, hisse au pinacle le chef prestigieux qui, contre une *nobilitas* affaiblie et diminuée par une série d'atteintes à la morale civique et de scandales, se présente, lui, avec l'auréole du vainqueur sur les champs de bataille de l'extérieur, et à l'intérieur en bienfaiteur du *populus romanus*.

Les atteintes à la morale civique

On a déjà évoqué les ravages moraux provoqués par l'introduction massive de l'or et des esclaves à la suite des guerres et des conquêtes. Les proscriptions avec leur cortège de ventes et de transferts de biens, autant que les guerres et les conquêtes du Ier s. av. J.-C. ont entraîné une telle accumulation de richesses dans la cité que Salluste et plus tard Horace y ont vu une des causes, pour eux la principale, des guerres civiles et du déclin de la République[1]. Reprenons Salluste (*Conj. de Catil.*, 10) :

---

1. Voir P. Grimal, « Les *Odes romaines* d'Horace et les causes de la guerre civile », *Rev. ét. Lat.*, 53, 1976, p. 135-156, repris dans *Rome, la littérature et l'histoire*, I, p. 81-101. Aussi F. Olivier, *l'Argent et la République romaine*, Lausanne, 1914, repris dans *Essais dans le domaine du monde gréco-romain antique et dans celui du Nouveau Testament*, Genève, 1963.

Au début, c'était plutôt l'ambition que l'avidité qui tourmentait les âmes, et ce défaut-là malgré tout était assez voisin de la vertu. En effet, gloire, honneurs, pouvoir, l'homme de valeur et l'incapable y aspirent également ; mais l'un s'efforce d'y parvenir par la vraie voie ; l'autre, faute de qualités, y tend par la ruse et le mensonge. L'avidité n'a d'amour que pour l'argent, que jamais sage n'a convoité ; comme s'il était imprégné de poisons maléfiques, ce vice affaiblit les corps et les âmes les plus vigoureuses ; insatiable, rien ne peut l'atténuer, ni l'abondance, ni l'indigence.

Or, quand L. Sylla eut conquis le pouvoir par les armes et qu'aux bons débuts succédèrent des années mauvaises, le vol et le pillage devinrent la loi commune ; l'un convoitait une maison, l'autre des terres, les vainqueurs ne connurent ni modération ni mesure, ils exercèrent contre des citoyens les plus honteuses violences. En outre, L. Sylla, pour s'assurer la fidélité de l'armée qu'il avait commandée en Asie, l'avait habituée, contrairement à la coutume des ancêtres, au luxe et à une discipline trop indulgente. Le charme et la volupté des lieux où ils passaient leurs loisirs avaient promptement amolli l'âme farouche des soldats. C'est là pour la première fois que l'armée du peuple romain apprit à faire l'amour, à boire, à admirer les statues, les tableaux, les vases ciselés, à les voler aux particuliers comme à l'État, à dépouiller les temples, à ne rien respecter, ni le sacré, ni le profane. De pareils soldats, une fois en possession de la victoire, ne laissèrent rien aux vaincus. La prospérité énerve jusqu'à l'âme du sage ; comment ces hommes aux mœurs corrompues auraient-ils pu se modérer dans la victoire ?

Lorsque la richesse commença à devenir un titre d'honneur, qu'elle s'accompagna de la gloire, des commandements, de la puissance politique, la vertu s'émoussa, la pauvreté devint une honte, l'intégrité de la malveillance. Ainsi, à la suite de la richesse, l'amour des plaisirs, l'avidité, accompagnés de l'orgueil, envahirent la jeunesse : et de piller, de dépenser, de mépriser son propre bien, de convoiter celui d'autrui, de confondre dans un même mépris honneur, pudeur, lois divines et humaines, sans respect ni retenue. Il est instructif, quand on a vu nos maisons et nos villas bâties à l'échelle des villes, de visiter les temples des dieux qu'ont édifiés ces modèles de piété que furent nos ancêtres. C'est qu'alors la loi n'enlevait rien aux vaincus sinon la liberté de nuire. Nos contemporains, au contraire, modèles de lâcheté, ne reculent pas devant le pire des crimes pour enlever à leurs alliés tout ce que nos héros leur avaient laissé après la victoire : comme si l'exercice du pouvoir consistait seulement dans la pratique de l'injustice...

Ne revenons pas sur les violences et les excès de la corruption électorale à la fin de la République. Pour ne rappeler parmi d'autres, et donc uniquement à titre d'exemple, que la corruption des sénateurs par les ambassadeurs numides et par Jugurtha lui-même qui n'hésita pas à « acheter à prix d'argent » les magistrats en exercice (Salluste, *Conj. de Catil.*, 29, 33-34, 39-40), sans négliger « ceux qui exerçaient alors au sénat une grande influence ». Un demi-siècle plus tard, les manœuvres du roi d'Égypte Ptolémée Aulète dépasseront encore en ampleur celles de Jugurtha[1].

Il est certain aussi que la chronique scandaleuse, bien qu'elle soit de tous les temps et qu'elle ne suffise certes pas à détruire un État, a contribué pour sa part à amoindrir l'*auctoritas* de la classe dirigeante. Elle est nourrie au Ier s. N'en retenons qu'un épisode : le scandale des Damia provoqué par le tribun P. Clodius, qui est à maints égards révélateur. Il ne s'agit pas en effet d'« un épisode mineur de la chronique galante et scandaleuse de la République romaine finissante », mais bien, comme l'a montré très récemment Ph. Moreau, d'une affaire qu'il convient de considérer « comme le révélateur du fonctionnement d'une société complexe, à un moment de crise, où les

---

1. On tenta plus d'une fois de réagir contre cette corruption ; la répétition des mesures est une preuve de leur inefficacité : en 108, *rogatio* du tribun C. Mamilius ; en 94, vote d'un sénatus-consulte ; proposition de C. Cornelius en 64, lex Gabinia en 67 : voir M. Bonnefond, « La lex Gabinia sur les ambassades », *Des ordres à Rome* (sous la direction de C. Nicolet), Paris, 1984, p. 61-99.

tensions qui vont finir par la déchirer sont déjà nettement perceptibles[1] ».

Dans la nuit du 4 au 5 décembre 62, alors que se célèbrent les Damia, fête annuelle en l'honneur de la *Bona Dea*, strictement réservée aux femmes et qui doit se dérouler dans la demeure d'un magistrat *cum imperio*, en l'occurrence dans la *domus publica* de César, grand pontife et préteur en exercice, mais naturellement absent de sa maison, éclate un scandale. Un homme s'introduit, avec la complicité d'un esclave de Pompeia, femme de César. Travesti en musicienne, il est cependant découvert et chassé : c'est P. Clodius Pulcher, questeur désigné (qui doit entrer en fonctions le lendemain !). L'affaire est retentissante : les cérémonies religieuses ont dû être interrompues ; l'*injuria* atteint César, grand pontife, dans sa propre maison et dans son honneur ; l'adultère de Pompeia devient patent ; deux des personnages les plus en vue de la société romaine et du monde politique se trouvent engagés. On attendait bien sûr la réaction de César. Sa riposte est immédiate. Il répudie Pompeia, tout en déclarant habilement qu'il la croit innocente, mais parce qu'elle est « la femme de César ». Mais, alors qu'il a à sa disposition plusieurs possibilités d'action judiciaire, il n'intente pas de procès à son insulteur.

Signe de relâchement des mœurs dans la haute société du temps ? L'adultère et le divorce y étaient – il est vrai – monnaie courante. Quatre ans plus tôt, en 66, L. Licinius Lucullus, apprenant à son retour d'Asie l'inconduite de sa femme Clodia (sœur de P. Clodius), l'avait répudiée. Pompée, trompé par Mucia (dont César était l'un des amants), avait divorcé en 62. P. Cornelius Lentulus divorce en 45 de Metella, maîtresse de P. Cornelius Dolabella, gendre de Cicéron. Et Cicéron lui-même n'hésite pas à renvoyer Terentia – non cette fois pour inconduite, mais pour son mauvais caractère et peut-être pour des raisons financières –

---

1. *Clodiana religio. Un procès politique en 61 av. J.-C.*, Paris, 1982.

pour épouser à la fin de 46 un tendron, Publilia, dont il se sépare après la mort de sa fille Tullia, décédée vers la mi-février 45.

Naturellement, l'abstention de César fit jaser et lui valut plus tard les sarcasmes de Cicéron. On en a cherché les raisons. Il semble bien, en définitive, qu'ont prévalu ses intérêts politiques. Clodius avait noué des liens étroits avec des éléments actifs et dangereux de la plèbe la plus pauvre, conduits par de jeunes *nobiles* ambitieux – Cicéron dénoncera ces *barbatuli juvenes*, vestiges du groupe de Catilina –, avec des légionnaires des armées d'Orient fraîchement démobilisés et battant le dallage des rues de Rome dans l'attente de leurs récompenses, avec certains collèges professionnels et religieux où se retrouvaient pauvres, affranchis et esclaves. Rome se trouvait ainsi quadrillée, a-t-on dit fort justement, par des groupes organisés et bien encadrés. Politique prudent, César ne voulut pas les affronter. C'est le sénat qui intervint, et après consultation du collège des pontifes, voulut instituer une juridiction d'exception. Mais le désaccord des consuls en exercice, la pression des bandes organisées de Clodius, les tergiversations des sénateurs l'amenèrent à renoncer au principe d'un tribunal d'exception, d'une *quaestio extra ordinem*, pour ne retenir finalement que la procédure ordinaire : Clodius ne risquait plus la peine de mort. Il devrait répondre du crime d'inceste devant le préteur. Il fut finalement acquitté en janvier 61.

Il est certain que de tels scandales n'ont pas contribué à grandir le prestige de la classe dirigeante, au moment où le peuple avait l'attention attirée et retenue par les exploits savamment utilisés de chefs ambitieux qui n'hésitaient pas à mettre les dieux eux-mêmes à leur service.

Déformation et manipulation de la religion

Contrairement à ce qui est souvent affirmé, la fin de la République romaine n'est pas marquée par un déclin de la religion. Il n'est pas historiquement exact d'appeler la religion à la rescousse de la thèse du déclin de la Rome républicaine. Comment comprendre l'acharnement des *imperatores* à se placer sous la protection des dieux et à prétendre tirer d'eux l'essence même de leurs victoires, leur *fortuna*, si les dieux étaient méprisés ? Comment expliquer le nombre de recherches théologiques et philosophiques du Ier s. av. J.-C. – celles de Varron et de Cicéron par exemple sur la nature des dieux (*De natura deorum*) – si le public se désintéressait des problèmes religieux ? On a souvent invoqué, à l'appui de la thèse du déclin, le mot célèbre de Caton, rapporté par Cicéron (*De divinatione*, II, 51), s'étonnant que deux haruspices puissent se regarder sans rire[1], ou le fait qu'après le suicide de L. Cornelius Merula, le flaminat de Jupiter soit resté sans titulaire pendant soixante-quinze ans.

Au vrai, s'il n'y a eu ni déclin de la religion romaine, ni recul de la *pietas* envers les dieux[2], il y a eu évolution de l'une et de l'autre. C'est encore une erreur trop répandue que de présenter la religion romaine comme un ensemble de rites et d'institutions régi par un droit sacré imperturbable et immuable dans sa fixité. En fait, les textes de Caton, puis de Varron et de Virgile (d'après ses commentateurs très versé dans l'étude des livres pontificaux), portent témoignage de déformations anciennes. L'exemple des tabous des *feriae*, c'est-à-dire des jours consacrés aux dieux (*dies festi*), est révélateur[3]. L'un de ces tabous consistait dans l'interdiction faite au prêtre se rendant au sacrifice de voir travailler. C'était un tabou ancien et puissant fondé sur la croyance

---

1. Sur ce mot qui visait, non les augures, comme on le croit généralement, mais les haruspices, d'obédience étrusque, voir entre autres R. Schilling, « Le Romain de la fin de la République et du début de l'Empire en face de la religion », *l'Ant. class.*, 41, 1972, p. 540-562.
2. Voir M. Le Glay, *la Religion romaine*, Paris, 1971 ; 2e éd. 1973, p. 46 et suiv. – J. Scheid, *Religion et piété à Rome*, Paris, 1985, p. 95 et suiv.
3. P. Braun, « Les tabous des *feriae* », *l'Année sociologique*, 1959, p. 49-125, en part. p. 107 et suiv.

qu'au temps de l'âge d'or, le travail était inutile et l'absence de travail ressentie comme une purification. Quand Rome est passée d'une économie fermée à une économie mondiale, de telles rigueurs n'étant plus en accord avec les nécessités économiques et sociales, le droit sacré est devenu moins exigeant ; il a permis des exceptions et des atténuations à l'application des règles du passé. Pour continuer de mettre les flamines à l'abri des souillures causées par la vue d'actes interdits, on décida de les faire précéder de hérauts qui annonçaient leur passage, ce qui n'entraînait qu'un arrêt momentané du travail. Les apparences étaient sauves !

Il reste que de telles rigueurs ou même leurs survivances ont provoqué une certaine désaffection non seulement à l'égard de certaines exigences rituelles, mais aussi à l'égard de certaines fonctions sacerdotales. La longue vacance du flaminat de Jupiter, sacerdoce entouré de nombreux tabous insupportables dans une société évoluée, en est la preuve. Et il est vrai que certains abus ont déconsidéré des institutions sacrées. Le cas extrême est fourni par une décision du collègue de César au consulat de 59 av. J.-C., M. Calpurnius Bibulus, qui déclara fériés tous les jours jusqu'à la fin de l'année afin de prévenir le vote de lois auxquelles il était hostile.

Comme dans toutes les religions de l'Antiquité, il importe de bien distinguer la religion officielle et la religion privée. La religion officielle est un phénomène collectif : le culte est collectif et vise la collectivité. Organisée comme religion d'État, elle s'adresse à des dieux, qui sont avant tout protecteurs de la Ville et du peuple romain ; ses prêtres sont des magistrats et son rituel est fixé par un calendrier établi par les pontifes. Tout cela reste vrai à la fin de la République. Et là, on constate qu'effectivement certaines divinités ont pâti des injures du temps et qu'elles ne sont plus que de « pâles entités à l'essence presque entièrement conceptuelle[1] », leurs racines se trouvant maintenant

---

1. J. Bayet, *Histoire politique et psychologique de la religion romaine*, Paris, 1957. Cet ouvrage, riche d'idées, reste fondamental.

coupées avec le terroir et leurs anciennes fonctions. C'est le cas du vieux Saturnus, très ancienne divinité agraire, devenue un pur thème littéraire, le dieu de l'âge d'or. C'est aussi un peu le cas de Quirinus, vieux dieu sabin qui a donné son nom au Quirinal ; on s'en souvient parce qu'on a reconnu en lui Romulus divinisé, mais au Ier s., il a perdu beaucoup de son importance. Ceux qui ont gardé toute leur consistance, ce sont ceux qui sont associés aux valeurs permanentes de la civilisation romaine, telle la triade capitoline : Jupiter, Junon et Minerve. Ce sont aussi ceux qui, malgré le choc de l'hellénisme, ont conservé leur fonction originelle et qui parfois même l'ont enrichie : c'est le cas de Cérès, restée la mère des céréales, la déesse des moissons, mais qui, au prix d'une détérioration par le mythe grec éleusinien, est devenue en outre déesse des mystères. Ce sont surtout ceux dont la nature et les fonctions ont été détournées de leur destinée à des fins politiques. Si bien que, si la religion publique, officielle, a gardé sa structure, son substrat psychologique, lui, s'est modifié.

Déjà Scipion l'Africain avait ouvert les voies en laissant croire que son destin exceptionnel était lié aux relations privilégiées qu'il entretenait avec les dieux, en particulier avec Jupiter. Polybe (*Hist. Rom.*, X, 4) prétend qu'il « avait des entretiens avec les dieux ». Et Tite-Live (*Hist. Rom.*, XXVI, 19, 3-9) rapporte que

> depuis qu'il prit la toge virile, il ne fit jamais un acte, public ou privé, sans aller d'abord au Capitole, entrer dans le temple, passer là un certain temps. Cette habitude, qu'il garda toute sa vie, fit que certains ajoutèrent foi à cette croyance – répandue soit à dessein, soit par hasard – qu'il était de souche divine, et fit renaître le bruit répandu d'abord sur Alexandre le Grand, et aussi vain que fabuleux, qu'il avait été conçu d'un serpent monstrueux, et qu'on avait vu très souvent, dans le lit de sa mère, cette apparition prodigieuse qui, s'il survenait un être humain, se déroulait soudain et échappait aux yeux.

Mais c'est à partir de Sylla et de Pompée qu'on assiste à un véritable accaparement de la religion par la politique, et surtout par certains hommes politiques. On voit alors se forger une doctrine, nouvelle pour les Romains, bien qu'en partie héritée des monarchies hellénistiques, la doctrine théologico-politique de la Fortune, du bonheur accordé comme une grâce, comme un charisme, par les dieux à ceux qui, bien entendu, le méritent par leur valeur personnelle et se révèlent par là dignes de conduire les hommes et les affaires de l'État. Jusqu'à Sylla, ce charisme appartenait au peuple romain, au sénat et aux magistrats que celui-ci désignait. Seule était en jeu la *salus publica*, garantie par ce qu'on appelait la paix des dieux (ou mieux la paix avec les dieux), la *pax deorum*. Le charisme s'exerçait sur la collectivité, la *res publica*. À partir de Sylla, il devient individuel et se manifeste par le succès, par la victoire. Le dictateur se dit heureux (*felix*) parce que favorisé par Vénus, sa protectrice, sa patronne personnelle, qui intercède pour lui auprès de Jupiter tout-puissant[1]. Comme l'écrit Plutarque (*Sylla*, 7) :

> Sylla, loin de trouver mauvais qu'on vantât son bonheur et les faveurs dont le comblait la Fortune, rapportait lui-même toutes ses belles actions à cette déesse, prétendant par là les relever et les diviniser en quelque sorte, soit qu'il le fît par vanité, soit qu'il crût réellement que les dieux le guidaient dans toutes ses entreprises. Il a même écrit dans ses *Commentaires* qu'après avoir bien délibéré sur les actions qu'il projetait de faire, c'étaient toujours celles qu'il avait hasardées contre ses combinaisons et ses mesures, en se décidant d'après les circonstances, qui lui avaient le mieux réussi. Quand il ajoute qu'il était plutôt né pour la fortune que pour la guerre, il paraît donner beaucoup plus à son bonheur qu'à sa vertu ; enfin il voulait être en tout l'ouvrage de la Fortune...

---

1. Outre R. Schilling, ouv. cit., voir L. Cerfaux et J. Tondriau, *Un concurrent du christianisme. Le culte des souverains dans la civilisation gréco-romaine*, Paris, 1957. La première partie du titre est fallacieuse ; le livre est bon.

Héritier de Sylla, Pompée réussit par son mérite personnel, par sa science militaire, comme le dit Cicéron, mais aussi par la chance, par le bonheur que lui vaut la protection de Vénus Victrix. Et César, après avoir montré une certaine défiance à l'égard de la *felicitas*, comme les *populares* dont il était le chef, reprend à partir de 49 la même notion, en allant plus loin, puisqu'il accapare le culte de Vénus, et utilise à plein la légende. Non seulement il prétend descendre d'Enée et s'affirme comme un nouveau Romulus, mais il se présente en descendant et protégé de Vénus, mère d'Enée, donc des Romains et de Iulus, ancêtre de la *gens*, de la famille des *Julii*. On l'appelle pour cela Venus Genitrix. C'est elle qui, le 9 août 48, sur le champ de bataille de Pharsale, apporte son soutien et par là la victoire à César contre son rival Pompée.

Après 44, le culte de Vénus se trouve éclipsé par la faveur que connaissent alors Apollon, protecteur personnel d'Octave, et Dionysos-Bacchus, de qui se réclame Marc Antoine. Actium marquera la victoire du premier sur le second.

Les *imperatores* ne sont pas les seuls à détourner ainsi le spirituel et le religieux à des fins politiques. Les grandes familles de la *nobilitas* en font tout autant, accaparant et utilisant pour leur sauvegarde et leurs ambitions et les dieux et les sacerdoces. Ainsi les Memmii, qui avec les Julii, entendaient se réserver la faveur de Vénus. Quant aux sacerdoces – et c'est bien la preuve que la religion n'était pas en déclin – un dénombrement récent montre que de 275 à 27 av. J.-C. tous les flamines majeurs, 87 % des pontifes et 81 % des augures ont appartenu à la *nobilitas*, et surtout que dans le même laps de temps 19 familles seulement ont occupé 122 fonctions religieuses, soit plus de 40 % des fonctions dont les titulaires sont connus. Mieux encore, on constate que, si certaines familles se réservaient de préférence certains sacerdoces, notamment les plus importants, fondant ainsi de quasi véritables dynasties d'augures, de flamines et de pontifes, il existe au Ier s., comme déjà au IIe, une parfaite correspondance entre les familles qui exercent ces prêtrises et celles qui dominent la vie politique. Rappelons que César se fit élire grand pontife dès 63, à dix-huit ans. Certes, il ne faut pas généraliser avec excès. Il y eut des hommes politiques qui ne fondèrent nullement leur autorité sur leurs sacerdoces. C'est le cas de Cicéron, qui n'était qu'augure. Et il y eut des prêtres qui ne firent pas carrière politique. Ainsi que de « pieuses nullités » comme le flamine de Jupiter L. Cornelius Merula, amené à accepter en 87 un consulat qui le conduisit à l'exil et au suicide. Toutefois, très souvent, accaparement des sacerdoces et accaparement des magistratures vont de pair, l'un épaulant l'autre. Récompenses pour les uns, tremplins pour les autres, les prêtrises traditionnelles sont, comme les dieux eux-mêmes, détournées de leur fin naturelle : elles servent les coteries, favorisent les carrières et légitiment les ambitions.

De leur côté, le sénat et les magistrats n'hésitent pas non plus à manipuler le sacré et le sentiment religieux des masses à des fins tout aussi politiques. Depuis longtemps à Rome, la religion a été exploitée à l'intérieur au profit des partis et des conflits entre factions, à l'extérieur au bénéfice de l'impérialisme. C'est Cicéron qui, dans son discours sur les réponses des haruspices (*De haruspicum responsis*, IX, 19), lançait aux *patres* :

> Nous avons beau, pères conscrits, nous flatter au gré de nos désirs, ce n'est pas néanmoins par le nombre que nous avons surpassé les Espagnols, ni par la force les Gaulois, ni par l'habileté les Carthaginois, ni par les arts les Grecs, ni enfin par ce bon sens naturel et inné propre à cette race et à cette terre les Italiens eux-mêmes et les Latins, mais c'est par la piété et la religion, et aussi par cette sagesse exceptionnelle qui nous a fait percevoir que la puissance des dieux règle et gouverne tout, que nous l'avons emporté sur tous les peuples et toutes les nations.

Aux derniers siècles de la République, la collusion se fait plus étroite et au mépris souvent des traditions établies.

Ainsi les consuls peuvent-ils, en accord avec les pontifes (ce sont souvent, on l'a vu, les mêmes personnes, en tout cas, les mêmes familles, le même milieu social), fixer les dates des fêtes mobiles ; en les plaçant pendant les jours comitiaux, c'est-à-dire les jours où peuvent se tenir les assemblées, ils peuvent empêcher des élections ou le vote de certaines lois. C'est ce que fait a contrario la lex Clodia de 58 qui décide que tous les jours fastes (non voués aux dieux) seront jours comitiaux : Clodius voulait ainsi faciliter la tenue des comices populaires. Mais la mesure fut sans effet : en 56, le consul M. Cornelius Lentulus Marcellinus supprime à nouveau les jours comitiaux pour faire de l'obstruction. On voit bien par ces exemples comment le politique et le religieux ont pu interférer, parfois s'entraider et en fin de compte, par des abus de procédure, contribuer à avilir les institutions républicaines.

Le sénat peut lui aussi paralyser la vie politique en ordonnant des cérémonies religieuses, des supplications aux dieux pendant les mêmes jours comitiaux. Ou utiliser les prodiges, toujours particulièrement nombreux en période de crise. Par leur nombre, par leur aspect sensationnel et les mesures qu'ils entraînent, ils sont révélateurs d'une inquiétude religieuse. Et c'est aux consuls et au sénat qu'il appartient en règle de prendre les décisions qui s'imposent pour que, interprétés soit par des haruspices, soit par les décemvirs (devenus quinze, les quindécemvirs, sous Sylla), ils soient propitiés. À partir de la fin du IIe s., et au Ier av. J.-C., leur exploitation devient, note R. Bloch, « un instrument aux mains des ambitieux et un instrument d'autant plus précieux que, devenu aux yeux de la foule un signe préfiguratif d'un avenir plus ou moins proche, il pouvait servir à légitimer par avance ou au contraire à ruiner les entreprises, les commandements, les pouvoirs[1] ». En 57, la foudre étant tombée sur la colonne

---

1. *Les Prodiges dans l'Antiquité classique (Grèce, Étrurie, Rome)*, Paris, 1963, p. 140 et suiv.

de Jupiter, sur le monte Albano, les ennemis de Pompée utilisent ce prodige pour l'empêcher d'intervenir en Égypte. En 56, l'année suivante, un grondement souterrain est entendu dans l'*ager latinensis*, c'est que des dangers menacent la Rome des *optimates*, ils pèsent sur la forme même du gouvernement. En 55, les malédictions d'un tribun condamnent d'avance l'expédition orientale de Crassus... qui se termine par le désastre de Carrhae. Jamais autant que sous le second triumvirat, dans la période qui sépare la mort de César en 44 et la victoire d'Octave à Actium en septembre 31, il n'y eut autant de prodiges. Ce qui, on le verra, contribua à créer un climat d'inquiétude très particulier.

Tandis que la religion officielle, toujours vivante, est malgré tout troublée par certaines détériorations des mythes et des rites, par des abus d'exploitation, notamment au profit des ambitions politiques, la religion privée évoluait, quant à elle, de manière significative vers un nouvel état d'esprit, vers une nouvelle religiosité.

Bien entendu, il convient de distinguer la religion privée du petit peuple et celle des élites cultivées. La première, plus traditionnelle et conservatrice, attachée aux divinités familiales et domestiques, au culte des lares et des pénates, au Genius pour les hommes, à la Juno individuelle pour les femmes, commence à peine à être touchée par les religions exotiques. Le culte de la déesse asiatique Cybèle est implanté sur le Palatin depuis 204 av. J.-C. au prix d'une naturalisation romaine ; avec son compagnon, le jeune Attis, elle ne connaîtra vraiment la faveur populaire qu'à partir du Ier s. ap. J.-C. Mithra, venu d'Iran par l'intermédiaire de la Cilicie, a pénétré en Italie avec les pirates vaincus par Pompée et réduits en esclavage ; il n'a encore aucune audience dans le peuple romain. Mâ, la déesse cappadocienne, introduite à Rome par Sylla, a probablement quelques fidèles parmi les vétérans des campagnes d'Orient, rien de plus. Seule Isis, la grande déesse alexandrine, connaît déjà au milieu du Ier s. av. J.-C. un certain succès populaire. Depuis le début du siècle au moins, elle dispose d'un temple sur le Capitole, à l'usage d'une association de marchands d'esclaves, appelé le *collegium Capitolinorum*[1]. Sous le second triumvirat, un Iseum et sans doute déjà un Serapeum (dédié à son parèdre Sérapis) seront installés sur le Champ de Mars. La présence de Cléopâtre à Rome à l'époque de César a suscité, semble-t-il, plus de réprobation que d'adhésion ; et l'égyptomanie qui commence à se répandre relève plutôt du snobisme aristocratique. C'est seulement sous les empereurs julio-claudiens que les religions orientales vont réellement pénétrer dans les milieux populaires.

En revanche, la religiosité des milieux cultivés romains, en ce dernier siècle de la République, est déjà très affectée par les divers courants philosophico-religieux venus de Grèce et d'Orient. Depuis le IIe s., à partir des grands foyers d'hellénisme que sont Alexandrie, Pergame, Rhodes et Athènes, des philosophes répandent des doctrines qui commencent à bouleverser l'ordre spirituel établi. Depuis Scipion, une véritable hellénomanie s'est emparée d'une partie de plus en plus importante de la haute société. Trois courants principaux se sont manifestés : l'épicurisme, le néo-pythagorisme et le stoïcisme.

L'école d'Épicure est sans doute celle qui rencontre à Rome, à la fin de la République, le principal succès, dans les milieux pro comme anticésariens, dans le groupe des amis de Cicéron, par exemple ; Virgile n'y est pas non plus insensible. Pour les épicuriens, le bonheur se trouve tantôt dans la satisfaction des plaisirs matériels, tantôt dans l'*otium*, l'absence de souci, tantôt dans une sagesse fondée sur l'adhésion scientifique à une idée de la Nature qui libère des caprices et de la terreur des dieux comme de la crainte de la mort. En rejetant toute idée d'une

---

1. Voir M. Le Glay, « Sur l'implantation des sanctuaires orientaux à Rome », dans *l'Urbs, espace urbain et histoire*, Rome, 1987, p. 545-562.

explication providentielle des phénomènes naturels aussi bien que psychologiques, en réfutant l'idée même de providence, en repoussant la vieille conception des dieux et du monde, ils portent évidemment atteinte à la religion traditionnelle.

Avec les pythagoriciens, c'est au contraire le courant spiritualiste qui se trouve renforcé, au moment où les mystères dionysiaques et la doctrine orphique continuent d'attirer à Rome et en Italie les âmes éprises de mysticisme et hantées par l'idée du salut. Qui ne connaît le célèbre « Songe de Scipion » qui clôt le *De republica* de Cicéron, où Scipion l'Africain promet l'immortalité astrale à son petit-fils adoptif Émilien et aux chefs d'État... qui l'auront méritée. Des sénateurs, comme Nigidius Figulus, dont on reparlera, sont, à la fin du Ier s., de fervents adeptes du néopythagorisme.

Le stoïcisme n'a pas alors la vogue qu'il aura au début du principat augustéen et ensuite sous l'Empire. Mais il attire de plus en plus d'esprits qui retrouvent dans les vertus stoïciennes celles qui ont fait la force des anciens Romains. Teinté de pythagorisme et de platonisme, le moyen stoïcisme met l'accent sur l'unité logique du monde et l'unité de Dieu, fondements d'un idéal de vie placé dans l'élaboration de la personne morale et l'élévation constante de l'âme, destinée à partager, après la mort du corps, le bonheur éternel et céleste des dieux. Caton d'Utique, Brutus et plusieurs autres conjurés des ides de mars 44 sont des stoïciens convaincus.

Pour le moment, l'affrontement des systèmes philosophiques crée surtout dans la classe cultivée un certain désarroi théologique autant que politique. L'épicurisme de Philodème de Gadara séduit des amis de César et du césarisme ; à partir de 46, Cassius, pour sa part, se convertit à la fois à l'épicurisme et à la *libertas*. Et Lucrèce, le premier à présenter la doctrine du Maître en termes de poésie, critique, certes de la manière la plus vive, la fausse notion des dieux et la vieille conception de la religion, mais il compose, au début de son poème sur la Nature, le *De rerum natura*[1], l'hymne à Vénus, qui est la plus belle et la plus émouvante des prières de l'Antiquité païenne. D'un côté, il écrit (*De rer. nat.* V, 1197 et suiv.) :

> Ce n'est en rien de la piété que de se laisser voir souvent tourné vers une pierre ornée de guirlandes, marchant vers tous les autels, se prosternant jusqu'à se coucher à terre, ouvrant les bras devant les sanctuaires des dieux ou inondant les autels du sang de mille quadrupèdes ou nouant les offrandes aux offrandes. C'est bien plutôt de pouvoir sur toutes choses porter un regard paisible.

D'un autre, il lance cette invocation à Vénus, qui commence ainsi (*De r.n.*, I, et suiv.) :

> Mère des Enéades (*Aeneadum genetrix*), plaisir des hommes et des dieux, Vénus féconde, toi par qui, sous les astres qui glissent silencieusement dans le ciel, la mer porteuse de vaisseaux, la terre fertile en moissons se peuplent de créatures, puisque c'est à toi que toute espèce vivante doit d'être conçue, et une fois sortie des entrailles obscures de la terre de voir la lumière du soleil ; devant toi, ô déesse, à ton approche s'enfuient les vents, se dissipent les nuages ; sous tes pas, la terre industrieuse parsème les plus douces fleurs, les étendues des mers te sourient, et le ciel apaisé resplendit tout inondé de lumière...

Au milieu du Ier s., ceux qui ne sont pas épicuriens pythagorisent plus ou moins sous l'influence d'Alexandre Polyhistor et de Nigidius Figulus, l'ami de Cicéron. Le stoïcisme, lui, trace une voie quasiment opposée à celle de l'épicurisme.

De l'affrontement des doctrines découlent, dans la vie spirituelle des derniers temps de la République, chez les

---

1. Voir P. Boyancé, *Lucrèce et l'épicurisme*, Paris, 1964. Sur l'hymne à Vénus, P. Grimal, « Lucrèce et l'hymne à Venus, essai d'interprétation », *Rev. ét. Lat.*, 35, 1957, p. 184-195, repris dans *Rome, la littérature et l'histoire*, I, p. 163-173. Cette invocation à Vénus, préambule du poème, dut être écrite en 52, peu avant la mort du poète.

uns un réel désarroi de la pensée et un certain détachement des choses sacrées, chez d'autres au contraire un état d'inquiétude qui les oriente plutôt vers le mysticisme. Chez la plupart, ces tendances se traduisent surtout par un effort individualiste pour briser la vieille et rigoureuse contrainte gentilice. Rome vit alors au moment où religieusement, on passe d'un phénomène collectif à un phénomène personnel ; là est l'important. Comme la religion et la poésie, la peinture pompéienne du milieu du Ier s. exprime cet effort et cette transition. Dans ces moments difficiles des sanglantes et ruineuses guerres civiles, cela se traduit par un élan à la fois vers l'irréel et vers le spirituel, que reflètent et la poésie et l'art figuré au même titre que la vie religieuse, où naît une nouvelle piété, mieux une nouvelle sensibilité.

Si la société cultivée a de moins en moins de préoccupations religieuses, dans la génération de Cicéron du moins, et si le Romain moyen vit surtout dans la terreur de l'au-delà (ce qui explique la réaction d'un Lucrèce), il y a cependant des esprits qui, sur les rapports de l'homme avec le monde divin, s'interrogent et proposent une solution. Chose curieuse, presque tous sont des poètes. Le premier a sans doute été Plaute, qui au siècle précédent dans le prologue du *Rudens*, associe étroitement la *pietas* et la *fides* à la condition de *bonus*, fixant ainsi les deux exigences des dieux et du même coup les deux vertus nécessaires du fidèle qui, s'il veut être entendu de la divinité, doit n'avoir rien à se reprocher (être *pius*) et en particulier être exempt de toute perfidie, de tout viol de la sainte foi jurée (*fides*), qui en bref doit mener une « vie pure et sans tache ». C'est la même conception que l'on retrouve développée dans l'admirable prière de Catulle, cet appel pathétique aux dieux d'un homme qui a souffert et qui veut guérir de sa passion (*Élégies*, 76) :

> Si, quand on se remémore ses bonnes actions passées, l'on éprouve du plaisir de n'avoir rien à se reprocher, de n'avoir pas violé la sainteté de la foi jurée, ni abusé, dans aucun engagement, de la Providence pour tromper les gens, tu t'es

préparé et assuré pour le restant de tes jours, ô Catulle, à cause de cet amour non partagé, des joies nombreuses... Ô dieux, si, comme on le dit, la pitié fait partie de vos attributions, ou si jamais vous avez porté secours au dernier moment, à des gens que la mort étreignait déjà, jetez un regard sur mon malheur et, si ma vie a été propre, arrachez-moi à ce funeste fléau qui, s'insinuant, tel un engourdissement, jusqu'au tréfonds de mon être, a chassé de mon cœur toute sensation de joie. Je ne demande certes plus que cette femme paye de retour ma tendresse, ni, chose impossible, qu'elle consente à être vertueuse ; c'est ma propre guérison que je souhaite et ma délivrance de cette affreuse maladie. Ô dieux, accordez-moi cette grâce en échange de ma droiture !

Que cet esthète, figure de la jeunesse dorée du temps, plus prompt à courir « les jeunes beautés au teint de lait » qu'à fréquenter les temples, ait pu avec sincérité lancer à la providence divine un tel cri de détresse prouve certes que son auteur était une âme inquiète, mais aussi que les rapports de l'homme et de la divinité sont désormais fondés d'une part sur l'idée que la qualité divine par excellence est la miséricorde, d'autre part sur la nécessité pour l'homme de mener une vie pure, c'est-à-dire droite, sans trahison, toute de loyauté, condition indispensable pour être un homme de bien (*bonus*), s'il veut être exaucé. L'orphisme a contribué à exalter cette exigence de pureté ; elle ne lui est pas propre.

Ainsi, au milieu du Ier s. av. J.-C., une nouvelle mentalité religieuse s'est formée. Cicéron s'en est fait l'écho (*De nat. deorum*, II, 71) :

> Le culte des dieux le meilleur et aussi le plus pur, le plus saint et le plus parfait que nous puissions leur rendre, c'est de les vénérer d'une conscience et d'une voix pures, intactes et sans reproche.

Et Horace, tout attiré qu'il ait été par le plaisir, ne s'en affirmait pas moins *integer vitae* avant de s'adresser aux dieux. La confiance dans la miséricorde et la providence divine, la pureté d'esprit, une conscience tranquille, telles sont les dispositions qui tendent à devenir les fondements du sentiment religieux des Romains réfléchis, à l'âme inquiète.

Dans la religion personnelle, la vie intérieure paraît donc devenir plus intense. Bien entendu, la piété – et l'exemple d'Enée le montre bien, Enée qu'on représente le plus souvent quittant Troie en flammes portant son vieux père aveugle, Anchise, sur les épaules et tenant par la main son fils Ascagne-Iule comme symbole de l'attachement aux siens – la piété consiste toujours à rendre les devoirs qui leur sont dus aux parents, aux proches, à l'État, aux dieux, à accomplir les rites avec scrupuleuse exactitude, mais – on y insiste maintenant – l'accomplissement de ces devoirs et de ces rites doit se faire dans un certain état d'esprit. Des exigences morales et spirituelles s'imposent ; il faut, pour être entendu des dieux, se présenter dans une disposition d'esprit et d'âme faite d'intégrité, d'humilité, d'abandon à leur volonté. Ce qui implique de la part de l'homme un sens aigu du devoir et une vie intérieure profonde.

De même, dans la conception de l'au-delà, une combinaison de la catabase (descente dans le monde infernal, souterrain, des morts) et de l'anabase (ascension des âmes dans l'atmosphère purifiante, vers les Champs Élysées célestes) exalte le salut réservé aux élus, aux âmes pures. Enée, au chant VI de l'*Énéide*, voit trois secteurs dans le domaine des morts : le monde de l'affliction où les âmes inapaisées promènent leurs regrets, le Tartare où souffrent les impurs et les réprouvés, les Champs Élysées enfin, « séjour bienheureux » des purs, des pieux, des élus. Ainsi de plus en plus se répand, chez les non-épicuriens du moins, l'idée que, comme dit Sénèque, « toute vie est un supplice » (*Consolatio ad Polybium*, 28) qui prépare à la mort, naissance à la vraie vie. Le christianisme n'est plus loin.

Telles sont les préoccupations des esprits les plus réfléchis du temps au moment où, sous la pression des événements tragiques, des malheurs publics, de la guerre civile subie avec une horreur croissante comme une guerre impie, contre nature et foncièrement injuste[1], du fait aussi de l'évolution des idées, grandit une génération qui commence à nourrir des aspirations nouvelles. Peut-être aussi, en partie du moins, parce qu'elle grandit dans une ville qui devient inhabitable et dangereuse, et dans un monde insatisfait.

Conclusion

Rome au Ier s. av. J.-C.

Rome au Ier s. av. J.-C. est une ville surpeuplée (probablement entre 600 et 800 000 habitants). Un fort courant d'exode rural a entraîné vers elle les paysans italiens en difficulté, au moment où les guerres de conquête y introduisaient massivement des prisonniers de guerre réduits en esclavage. L'insécurité de la guerre sociale, puis les guerres civiles ont encore renforcé le mouvement. Le surpeuplement y a naturellement de graves conséquences sociales et urbanistiques. Les *vici*, quartiers populaires[2], au centre même de la Ville, tels que Subure, sont particulièrement encombrés et les rues étroites, resserrées entre des immeubles en bois pour la plupart, sont rendues impraticables à

---

[1]. Une guerre extérieure est considérée comme *bellum justum* (conforme au droit); une guerre entre citoyens ne peut être qu'un *bellum injustum*, contraire au droit, donc intolérable. Voir P. Jal, *la Guerre civile à Rome, étude littéraire et morale*, Paris, 1963 – S. Albert, *Bellum justum. Die Theorie des Gerechten Krieges und ihre Praktische Bedeutung für die Auswärtigen Auseinandersetzungen Roms in Republikanischer Zeit*, Kallmünz, 1980.

[2]. Les *vici* de Rome sont alors l'habitat de la plèbe peu reluisante aux yeux de Cicéron (notamment des esclaves) et de Salluste (des esclaves et des artisans), agitateurs qui forment les bandes de Catilina et de Clodius. Dion Cassius et Suétone, à propos de l'organisation des *vici* augustéens, ont montré le rapport étroit existant entre les *vici* et la plèbe : voir V. Laffi, « Considerazioni sulle articolazioni del contesto urbano e del contesto rurale nell'Italia romana », *Missure umane*, Bologne, 1977, Milan, 1978, p. 37.

la circulation. Beaucoup, y compris autour du Forum, sont des coupe-gorge. Outre les voleurs à la tire, déjà nombreux, dans la Rome antique, et ceux qui manient le couteau (les *sicarii*), outre les mauvais garçons, on doit toujours craindre les objets et les immondices qu'on déverse du haut des maisons. L'éclairage nocturne à la torche est insuffisant et dangereux ; les incendies fréquents furent une des sources de la richesse de Crassus dont les représentants se précipitaient pour racheter à bas prix les maisons touchées ou simplement menacées, pour les détruire ensuite et édifier des immeubles neufs qu'il louait... cher dans une ville souffrant de la crise du logement... un habile promoteur en somme ! Les rues ne portent ni plaques indicatrices ni numéros. Si bien qu'il est plus facile de s'égarer que de trouver une adresse, voire de retrouver sa propre maison. Encore à l'époque de Néron, les convives de Trimalchion, dans le célèbre roman de Pétrone, en firent la triste expérience quand, sortis de table fort tard et passablement éméchés, ils perdirent leur chemin, faute de lanternes, et faillirent ne pas retrouver leurs logis avant le jour.

Naturellement, le ravitaillement de cette masse de population qui croît d'année en année est une source de difficultés. Surtout depuis l'adoption des lois frumentaires. Le petit peuple en exige l'application régulière. Et la moindre menace sur une distribution de blé est cause d'agitation. On imagine l'encombrement des quais portuaires et des magasins, l'activité tumultueuse des marchés où arrivent maintenant des produits de tout l'empire, mais aussi le bruit infernal des rues, de jour et tout autant de nuit, depuis qu'en 45 la lex julia *municipalis* ne les a rendues accessibles que de nuit, après la 10e heure, aux chars transporteurs.

Le gigantisme de Rome entretient donc un malaise réel. On se rend compte que cette ville n'est plus habitable sans plan d'urbanisme. Aussi comprend-on que chaque *imperator* depuis Sylla ait voulu à sa façon la remodeler. César en particulier entreprit de désengorger le centre en aménageant une nouvelle place, son Forum, qui devait du même coup assurer la circulation vers le Champ de Mars qu'il se proposait de lotir. Sa mort l'empêcha de mener à bien ce projet qu'Octave et son fidèle Agrippa vont reprendre. Cette situation déplorable de la ville au Ier s. av. J.-C. nous aide à comprendre pourquoi les riches Romains et les poètes vont chercher la tranquillité hors de Rome, à la campagne. Les premiers préfèrent leurs luxueuses villas suburbaines. Pour les seconds, le thème anti-urbain de la supériorité de la vie à la campagne compte parmi leurs sujets favoris. Cependant que l'Italie est en passe de devenir une nouvelle Italie urbaine, malgré les difficultés nées des guerres civiles.

Le monde provincial romain

Le monde provincial romain, quant à lui, souffre à la fois des abus commis par des gouverneurs souvent avides, même s'ils n'ont pas tous la rapacité de Verrès, des pressions exercées par les percepteurs d'impôts, liés par leurs intérêts aux grands hommes d'affaires (quand ils ne sont pas les mêmes hommes), à quoi viennent s'ajouter les maux causés par les campagnes militaires et le brigandage qui les accompagne. César a tenté d'y porter remède. Mais on ne peut oublier que pendant cinq ans et demi de « règne », il n'a pu séjourner à Rome qu'environ quinze mois en tout, dans les intervalles de ses sept grandes campagnes... trop peu pour mener à bien les réformes qu'il envisageait. Un bon exemple de la politique d'intégration des provinciaux qu'il entendait conduire est fourni par l'Afrique du Nord. En récompense de l'aide qu'il lui avait apportée à Thapsus en 46 dans sa lutte contre les pompéiens, un condottiere campanien, Publius Sittius, reçut du dictateur une principauté située en Numidie du Nord, autour de Cirta, l'actuelle Constantine. Là pendant deux ans, non seulement les autochtones ont reçu en masse la citoyenneté romaine – les inscriptions le révèlent au travers de la nomenclature locale, où abondent les C. Julius et les P. Sittius – mais l'épigraphie toujours nous les montre vénérant les dieux des Romains pendant que ceux-ci honorent les divinités berbères. Hélas ! dans le même temps, Salluste, qui par ailleurs stigmatisait si bien les défauts du système, s'enrichissait scandaleusement pendant son gouvernement de l'Africa nova, le reste de l'ancien royaume numide annexé après Thapsus !

Les difficultés de la vie quotidienne à Rome, les échos parvenus jusque-là des provinces mal administrées et abusivement exploitées ont dû contribuer à faire prendre conscience à la génération montante de deux dures réalités : d'une part celle de l'existence d'une crise sans alternative, d'autre part celle de la nécessité d'un profond changement. Une « crise sans alternative », selon l'heureuse formule de C. Meier[1], c'est-à-dire sans possibilité de réformes décisives – les tentatives des uns et des autres ont toutes échoué face à des conjonctions successives d'intérêts parfois opposés – et sans possibilité d'une révolution dans les rapports politico-sociaux : il n'y a pas dans la Rome antique de doctrine révolutionnaire. Quant à la nécessité d'un grand changement, les esprits avertis n'ont pas manqué de la ressentir. Salluste en était conscient. Et Cicéron également. Ce changement était-il inéluctable ? Montesquieu le pensait[2], et depuis, plus d'un historien l'a confirmé. Comme l'écrit très justement C. Meier[3] : « Si César et Pompée avaient pensé comme Caton, d'autres auraient pensé comme César et Pompée, et la République, destinée à périr, aurait été entraînée au précipice par une autre main. » Il semble bien, en effet, que la société romaine n'avait pas, en 49, d'alternative politique. Les citoyens vivent alors et agissent dans le cadre d'une République sénatoriale. Et personne n'a imaginé et n'imagine alors vraiment pour Rome

---

1. *Res publica amissa*, Wiesbaden, 1966, 2ᵉ éd. Francfort, 1980, p. 201 et suiv. Voir aussi J. von Ungern-Sternberg, « Weltreich und Krise : Äussere Bedingungen für den Niedergang der Römischen Republik », Museum Helveticum, 39, 1982, p. 254-271.
2. *Considérations sur les causes de la grandeur des Romains et de leur décadence*, 1734, chap. XI, 2.
3. C. Meier, *Caesar*, Berlin, 1982, p. 421.

une autre constitution. Cicéron, dans le *De republica*, fruit de ses réflexions pour le meilleur système susceptible de sauver l'État, exprime sa confiance dans une tradition politique nationale combinant monarchie, aristocratie et démocratie. L'adoption d'un tel système rénové eût exigé de réels changements dans les comportements politiques. Et son application n'était possible qu'avec de grands efforts de *virtus* et de désintéressement. En tout cas, il ne fut pas suivi. L'autre alternative offerte, c'était la royauté. Elle fut rejetée dans le sang aux ides de mars 44.

Dans la curie de Pompée, Brutus avait lancé le nom de Cicéron. Comme si l'alternative cicéronienne lui paraissait possible. Avec le vieux consulaire, les conjurés ont pensé que, le tyran une fois abattu, tout pouvait recommencer comme avant la dictature. Les événements les ont rapidement détrompés. Dès le 15 avril, un mois jour pour jour après la matinée sanglante des Ides de mars, Cicéron écrit : « O dieux bons, le tyran est mort, mais la tyrannie est vivante ! » Pour que s'impose une nouvelle solution, acceptable et durable, sans doute fallait-il non seulement une nouvelle guerre civile, mais surtout une nouvelle évolution des mentalités. Ce que Rome a vécu de 44 à 31 av. J.-C.

Quatrième partie

Le second triumvirat
L'agonie de la République

Pour l'histoire générale de Rome autant que pour l'histoire de la République finissante, la période 44-31 av. J.-C, encadrée par deux événements majeurs : l'assassinat de César, qui marque la fin de sa dictature, et la victoire d'Octave à Actium, qui clôt l'ère des guerres civiles et fait du petit-neveu de César le seul maître du monde romain, est une période décisive dont nous apprécions toute l'importance avec le recul du temps. Elle voit la fin d'un régime, dit de la *libertas* républicaine, en fait d'une République aristocratique, et l'avènement d'un autre régime couramment appelé l'Empire, en fait une monarchie (au sens étymologique du terme), qui va devenir le 16 janvier 27 le principat augustéen. Mieux, elle consacre la fin d'une époque et d'une civilisation, celle de la cité hellénistique, et l'avènement d'une autre époque et d'une autre civilisation, celle d'une capitale d'Empire (au double sens territorial et politique du mot), qui acquiert sa propre personnalité romaine. Après 31-27, Rome est dans Rome.

Pour l'historien préoccupé par l'idée de la décadence, elle peut être l'occasion d'une réflexion sur la signification et la valeur historique des deux aspects : déclin et création ? Ou simple mutation ? République abolie (*res publica amissa*) ? Ce que pensaient Cicéron et ses amis attachés à l'idéologie de la *libertas* ; en droit ses organes politiques (sénat, magistrats et même pour un temps assemblées) persistent après 27. Ou bien République rétablie, rendue à sa vraie nature (*res publica restituta*) ? Ce dont va se vanter Auguste dans ses *Res gestae* : « J'ai libéré la République de la tyrannie des factions » ; en fait la monarchie l'a remplacée depuis 27. Autrement dit, faut-il voir dans la période triumvirale l'aboutissement de la période précédente et Octave comme le dernier des *imperatores* républicains ? Ou bien la naissance de la période suivante et Auguste comme le fondateur de l'Empire ? Tout est peut-être dans les mots et en particulier dans la conception qu'on se fait de la *libertas* comme *political idea*[1].

Le changement de régime s'imposait-il, comme le pense C. Meier[2], parce que l'État romain reposait sur une société dont il était solidaire et donc que l'affaiblissement de celle-ci entraînait immanquablement la dislocation de celui-là ? Pour le savant allemand, la détérioration sociale ayant commencé quand l'exploitation de l'empire eut mis entre les mains des individus des moyens puissants de suprématie, quand l'intérêt particulier l'eut emporté sur le salut de l'État, ce dernier se trouvait condamné. À nos yeux, ce n'est pas faux. Mais l'histoire sociale – on l'a vu – ne conditionne pas tout et n'explique pas tout. Notamment pour cette période troublée et tumultueuse des années 44-31. Il faut aussi tenir compte des changements apportés dans ce qu'on appelle les mentalités, c'est-à-dire dans les esprits et dans l'opinion non seulement de ceux qui pensent, mais aussi de ceux qui subissent.

Avant d'aborder l'étude de cette période capitale, puisqu'elle est de transition, deux remarques préliminaires s'imposent.

---

1. C. Wirszubski, *Libertas as a Political Idea at Rome during the Late Republic and Early Principate*, Cambridge, 1950 ; tr. all. Darmstadt, 1967, 277 p.
2. *Res publica amissa*, ouv. cit.

La première concerne la conception même de son histoire. Elle se greffe sur une appréciation de sir Ronald Syme dans son livre fondamental sur *la Révolution romaine*[1]. « La période triumvirale, écrit-il, est embrouillée, chaotique et affreuse. Considérer la chose comme admise, cependant, et fixer un commencement absolu après Actium ou en 27 av. J.-C., c'est commettre un manquement envers la nature de l'histoire et fonder la cause première de mainte erreur obstinée concernant le principat d'Auguste. » Sir Ronald a mille fois raison de considérer que ni les Ides de mars, ni la victoire d'Actium, ni les séances sénatoriales de janvier 27 n'introduisent dans l'histoire de Rome une solution de continuité. Ne serait-ce que parce qu'effectivement il n'y eut « pas de rupture dans la continuité historique » : ce sont les mêmes classes et ce sont les mêmes individus qui occupent les postes clés sous César, pendant le triumvirat et sous Auguste ; ce sont surtout ceux qui ont acquis honneurs et richesses pendant les guerres civiles et la crise révolutionnaire qui deviennent les principaux tenants de l'ordre nouveau. Et même chez Octave Auguste, *triumvir*, puis *dux* et enfin *princeps*, existe au fond une certaine unité dans le caractère et la politique, seuls variant selon les circonstances les moyens et les méthodes. R. Syme rappelle justement que déjà l'empereur Julien qualifiait Auguste de caméléon ! Il ne faut jamais oublier que, s'il est juste, du point de vue de l'histoire de l'Empire, de considérer Auguste, sinon comme le fondateur, du moins comme l'organisateur du nouveau régime, il n'est pas moins exact, du point de vue de l'histoire de la République, de voir en Octave le dernier chef révolutionnaire qui, au prix du sang et du mensonge, a

---

1. P. 503, note 5. Le texte de cette première remarque et la dernière partie de cette étude, qui concerne l'évolution des mentalités, ont paru dans un recueil intitulé *le Dernier Siècle de la République romaine et l'époque augustéenne* (Journées d'études, Strasbourg 15-16 février 1978), Strasbourg, 1978, p. 63-73, sous le titre « L'évolution des mentalités collectives sous le second triumvirat ».

réussi à imposer son pouvoir personnel, comme un chef de parti qui l'a emporté sur les autres par son machiavélisme et ses forces militaires et a consolidé à la tête de l'État le pouvoir d'une oligarchie.

Toutefois sir Ronald Syme reconnaît – et il l'a montré par de nombreux exemples, en utilisant largement la méthode prosopographique – qu'un grand changement s'est produit pendant la crise révolutionnaire dans le personnel de la classe dirigeante. Tandis que le pouvoir de la vieille classe dirigeante romaine déclinait peu à peu, avant d'être brisé au moment des proscriptions, sa composition se transformait en profondeur. L'ancienne classe politique, qui s'identifiait avec l'antique et vénérable aristocratie romaine, se trouvait, surtout bien sûr depuis la fin de la guerre sociale, remplacée par une nouvelle classe politique, venue des villes et des municipes d'Italie et issue des notabilités municipales locales. S'il y a toujours une oligarchie au pouvoir, sa composition a changé. Nous y reviendrons tout à l'heure. Avec le principat augustéen – R. Syme l'a très justement souligné[1] – c'est l'Italie qui triomphe de Rome. Et ce triomphe est la dernière retombée de la guerre sociale et des guerres civiles.

La seconde remarque est d'ordre historiographique. D'une certaine façon, elle rejoint ce qui a été dit plus haut. La période triumvirale est une période mal aimée. Dans l'*Histoire générale* de G. Glotz, le *César* de J. Carcopino se ferme sur les Ides de mars. Ce terme chronologique apparaît ainsi comme une coupure que le grand historien dut ressentir comme un contresens, puisque son livre tendait à montrer en César le fondateur du régime impérial. Mais ce découpage chronologique, qui lui fut certainement imposé, a pour lui la tradition. Depuis T. Mommsen, toutes les grandes collections étrangères le respectent, à commencer par la *Cambridge Ancient History*. Il présente un double incon-

---

1. Tout récemment encore dans son dernier livre, *The Augustan Aristocracy*, Oxford, 1986.

vénient, dont J. Gagé a naguère dénoncé la gravité[1]. D'une part il conduit à traiter l'histoire de la période triumvirale comme « un simple prologue du règne d'Auguste », ou bien, si la coupure est fixée à la bataille d'Actium, comme c'est le cas de la collection « Peuples et civilisations », comme « un simple épilogue de la République ». Alors que les treize années qui séparent les ides de mars 44 de la victoire d'Actium du 2 septembre 31 comptent comme une époque d'une rare densité événementielle et d'une exceptionnelle richesse « en expériences de toute sorte, politiques et religieuses, et en développements idéologiques ».

D'autre part, comme c'est le cas des grandes collections françaises, le découpage chronologique adopté a amené leurs responsables à confier les volumes à des auteurs différents, dont les conceptions sont souvent divergentes, voire opposées. Ce qui conduit à une discontinuité fâcheuse. D'ailleurs, à cet égard, comme l'a observé J. Gagé, « le lecteur de l'*Histoire générale* G. Glotz, qui passera du *César* de J. Carcopino au *Haut-Empire* de L. Homo aura d'autant plus de peine à raccorder les deux volumes qu'une étape de la route est, en fait, presque sautée ». La période triumvirale est en effet escamotée.

Au vrai, des livres fort estimables lui ont été consacrés[2], mais ils traitent généralement des événements et des idées

---

1. « De César à Auguste. Où en est le problème des origines du principat ? », *Rev. hist.*, CLXXVII, 1936, p. 16.
2. T. Rice Holmes, *The Architect of the Roman Empire*, Oxford, 1928 – M.A. Levi, *Ottaviano capoparte*, 2 vol., Florence, 1933 – W. Kolbe, « Der Zweite Triumvirat », *Hermes*, 49, 1914, p. 273-295, repris dans *Augustus*, éd. W. Schmitthenner, Darmstadt, 1969 – F. Millar, « Triumvirate and Principate », JRS, 63, 1973, p. 50-67 – K. Christ, *Krise und Untergang der Römischen Republik*, Darmstadt, 1979, p. 424-466, chap. 9 : *Octavians Aufstieg und die Begründung des Principats*. État des questions et bibliographie dans J. Deininger, « Von der Republik zur Monarchie. Die Ursprünge der Herrschertitulatur des Prinzipats », *ANRW.*, I, 1, 1972, p. 982-997 – « Explaining the Change from Republic to Principate in Rome », *Comparative Civilization Review*, 4, 1980 p. 77-101.

d'un point de vue trop strictement augustéen. Quant au maître livre de sir Ronald Syme, il s'intéresse presque exclusivement aux classes dirigeantes, celles qui « font l'histoire » (!), et son point de vue est surtout politico-social. Une histoire totale du second triumvirat reste à écrire.

À la décharge générale, on dira que, dès l'Antiquité, la période 44-31 a été traitée à la légère. Sans doute parce que Auguste lui-même fit de son mieux pour en effacer le souvenir. Son régime, tout le monde le savait, était né de cette triste période. Et il prétendait être avant tout le restaurateur de la continuité de l'ordre ancien. Destructeur de la République, ce « prince de l'illusionnisme » (R. Syme) se faisait gloire de sa restauration.

Heureusement, des événements et des changements importants qui se produisent alors, il y a des témoins, et non des moindres. Sans vouloir analyser toutes les sources dont on dispose – épigraphiques, archéologiques, numismatiques, celles-ci particulièrement importantes car elles sont un moyen efficace de diffusion des idées ; ce sont un peu les média de l'Antiquité – rappelons seulement que Cicéron, le vieux et toujours influent consulaire (il a soixante-deux ans en 44) a beaucoup écrit avant sa mort, en décembre 43. De même son ami Atticus (il a soixante-six ans en 44 ; il meurt en 32 près de son gendre Agrippa). Salluste, retiré de la vie politique après les Ides de mars, commence alors son œuvre d'historien (il meurt en 35). Virgile, Horace, Tibulle, Properce sont de précieux témoins des événements. Varron, un des hommes les plus remarquables de sa génération, met à profit sa longue expérience (il a soixante-douze ans en 44 et meurt vers 27) pour rédiger une œuvre pour nous essentielle sur la vie de l'Italie à la fin de la République. Même si certains de ces écrivains ont été tentés parfois de glorifier l'astre montant, avec eux s'ouvre une nouvelle génération de prosateurs et de poètes qui enrichit l'art d'écrire d'apports novateurs. Si bien que la période triumvirale présente dans le domaine littéraire (et artistique, on le verra) une importance aussi notable que dans le domaine politique. Là aussi se prépare et naît un nouvel ordre qui, comme il arrive souvent, s'élabore dans un monde en crise.

1

UNE TERRIBLE CRISE DE TREIZE ANS

César mort, l'idée des conjurés était de traîner son cadavre jusqu'au Tibre, de l'y jeter, et de proclamer le retour à la liberté en déclarant nuls tous les actes du dictateur. Ils furent pris de court à la fois par la fuite éperdue des sénateurs – il n'en resta que deux dans la curie –, par la panique qui s'empara des Romains dès que se répandit le bruit de l'assassinat, et par les réactions hostiles de la foule qui les entourait. Seule autorité civile légale en exercice, le consul Marc Antoine a fui pour se cacher dans sa maison des Carènes, sur l'Esquilin. Le chef de l'armée, Lépide – il était *magister equitum*, maître de la cavalerie auprès de César – était resté sur le Forum, non loin de ses troupes massées dans l'île tibérine. Quant aux conjurés, ils se sont réfugiés sur le Capitole. La Ville se trouve livrée à elle-même. Tout y est possible.

Les lendemains de l'assassinat de César

Les conjurés tergiversent, déçus sans doute de n'avoir pu exécuter leur plan. Deux hommes se ressaisissent dans la journée du 16. Tandis que, sur le Capitole, les césaricides palabrent et hésitent sur l'attitude à adopter pour finalement, malgré l'avis de Cicéron qui les a rejoints, décider l'envoi d'une délégation au consul et au chef des troupes,

Lépide avec sa légion occupe le Forum et le Champ de Mars. Ce qui revient à assiéger les conjurés. Rassuré, Antoine réagit à son tour et habilement. De sa maison des Carènes, il gagne le Forum et se rend d'abord à la Regia, résidence du grand pontife qu'à ce titre habitait César, pour présenter ses condoléances à Calpurnia et, par la même occasion, réclamer les papiers, notamment le testament, et la fortune personnelle du défunt, puis de là au temple d'Ops où celui-ci a déposé en prévision de ses campagnes une somme importante de 800 000 sesterces. Après quoi, en accord avec Lépide, toutes les précautions militaires étant prises, et la Ville en quasi-état de siège, Antoine décide de réunir le sénat.

La réunion se tient le lendemain 17 mars sur l'Esquilin, dans le temple de Tellus, près de la maison d'Antoine qui préside la séance. Les conjurés invités à y siéger n'en profitent pas. Après plusieurs discours, dont l'un de Cicéron qu'il écoute d'un air indifférent, Antoine intervient. Non sans malignité, il enferme les sénateurs dans un dilemme : condamner la mémoire et donc les actes de César, comme le souhaite la majorité des *patres*, soit ! Mais c'est du même coup abandonner les charges qu'il leur a données. Vouloir conserver ces charges, c'est rendre impossible la condamnation de la mémoire. Dans le tumulte, la séance est suspendue. Suspension propice aux marchandages : Antoine a des mots aimables pour chacun ; Lépide gémit sur César, tandis que les conjurés lui promettent le grand pontificat... Quand la séance reprend, Antoine donne son avis : on ne peut condamner César sans provoquer une crise de l'empire, où tant de provinces ont été acquises par lui ; il convient donc de conserver ses actes ; et en ce qui concerne les conjurés de leur garantir l'impunité. Selon Appien, le sénat décide alors que « dans l'intérêt de l'État... il convient que ne soit intentée aucune action criminelle ». Les conjurés, tranquillisés, descendent sur le Forum où ils serrent les mains d'Antoine et de Lépide. Le soir, Brutus dîne chez Lépide, et Cassius chez Antoine. C'est apparemment la réconciliation générale. Pour peu de temps !

Le lendemain 18 mars, nouvelle séance du sénat. L. Calpurnius Piso, beau-père de César, parle du testament de son gendre et obtient qu'il soit lu devant le peuple, puis fait décider des funérailles nationales. Déjà le vent tourne.

Dès le 19, le testament est ouvert et lu. Suétone (*Div. Jul.*, 83) en donne une analyse précise :

> Il instituait trois héritiers, les petits-fils de ses sœurs : Caius Octavius pour les trois quarts, Lucius Pinarius et Quintus Pedius pour l'autre quart ; à la fin, il déclarait même adopter C. Octavius en lui léguant son nom ; il désignait plusieurs de ses assassins comme tuteurs du fils qui pourrait lui naître, et même Decimus Brutus parmi ses héritiers de seconde ligne. Il léguait au peuple, collectivement, ses jardins voisins du Tibre, et 300 sesterces par tête.

Cette lecture provoque l'enthousiasme populaire. Les funérailles solennelles vont achever de retourner la situation. Ici encore, il faut relire Suétone (84) :

> Quand la date des funérailles eut été annoncée, on dressa le bûcher sur le Champ de Mars, à côté du tombeau de Julie (fille de César), et l'on édifia devant la tribune aux harangues une chapelle dorée sur le modèle du temple de Vénus Genetrix ; à l'intérieur fut placé un lit d'ivoire tendu de pourpre et d'or, et à sa tête, un trophée avec les habits portés par César au moment du meurtre. Comme la journée ne paraissait pas devoir suffire au défilé des personnes portant des offrandes, on édicta que chacune d'elles, sans observer aucun ordre, les apporterait au Champ de Mars, en suivant l'itinéraire qu'il lui plairait. Au cours des jeux funèbres, on chanta des vers propres à inspirer de la pitié pour César et de la haine contre ses assassins, celui-ci par exemple, emprunté au « Jugement des armes » de Pacuvius : « Fallait-il les sauver pour qu'ils devinssent mes meurtriers ? » et d'autres, de sens analogue, tirés de l'*Électre* d'Atilius. En guise d'éloge funèbre, le consul Antoine fit lire par un crieur le sénatus-consulte qui avait décerné collectivement à César tous les honneurs divins et humains, ainsi que le serment par lequel tous les sénateurs s'étaient engagés à défendre la vie du seul César ; il n'ajouta lui-même que fort

peu de mots. Le lit funèbre fut porté au Forum devant la tribune aux harangues, par des magistrats en exercice ou sortis de charge. Les uns voulaient qu'on le brûlât dans le sanctuaire de Jupiter Capitolin, les autres dans la curie de Pompée, mais tout à coup, deux hommes ayant un glaive à la ceinture et tenant chacun deux javelots y mirent le feu avec des cierges allumés et à l'instant, la foule des spectateurs entassa autour de lui du bois sec, les banquettes et les tribunaux des juges, enfin tous les présents qu'elle pouvait trouver. Ensuite, des joueurs de flûte et des acteurs, se dépouillant des habits empruntés à l'appareil de ses triomphes, qu'ils avaient revêtus pour la circonstance, les déchirèrent et les jetèrent dans les flammes ; les vétérans de ses légions y jetèrent les armes dont ils s'étaient parés pour les funérailles ; et même un grand nombre de matrones les bijoux qu'elles portaient, avec les bulles et les (toges) prétextes de leurs enfants. Outre ces manifestations solennelles de la douleur publique, les colonies étrangères prirent le deuil séparément, chacune à sa manière, tout spécialement les Juifs qui allèrent jusqu'à se réunir plusieurs nuits de suite autour de son tombeau.

Antoine a été plus habile qu'éloquent. La foule, maintenant déchaînée de colère, se dirige menaçante vers les maisons de Brutus et de Cassius pour les piller ; en cours de route, on tue le malheureux Helvius Cinna, qu'on confond avec Cornelius Cinna, un des conjurés. Decimus Brutus, autre césaricide, songe à l'exil. Il n'est pas le seul ; certains même pensent au suicide. Il suffit à Antoine de les avoir effrayés. Maintenant, il les rassure. Il est maître de la situation et apparaît comme le successeur de César.

Qui est donc Marc Antoine[1] ?

---

1. Beaucoup de livres sur Marc Antoine. Parmi les plus importants et les plus récents : H. Bengtson, *Marcus Antonius, Triumvir und Herrscher des Orients*, Munich, 1977 – E. G. Huzard, *Mark Antony*, Minneapolis, 1978, rééd. Londres, 1986 – F. Chamoux, *Marc Antoine*, Paris, 1986 – Le seul bon portrait d'Antoine se trouve au musée de Narbonne, selon J. Charbonneaux, *Musées de France*, avril 1950, p. 68-70.

Né un 14 février d'une année incertaine – les sources font hésiter entre 86, 83 et 81, la date de 83 étant la plus probable –, il aurait donc trente-neuf ans à la mort de César. Sans appartenir à la très haute aristocratie romaine, les Antonii faisaient partie de la *nobilitas* : le grand-père de Marc Antoine, qui s'appelait aussi M. Antonius, avait été le premier consul de la famille en 99 av. J.-C. ; brillant orateur, il avait été égorgé par les marianistes en 87. Son père, chargé pendant sa préture (en 74) de la guerre contre les pirates, n'avait pas été très heureux ; battu en Crète, il fut appelé Creticus par dérision. Par sa mère, Julie, il appartenait à la célèbre famille des *Julii*, mais à une branche autre que celle de César. Âgé de quinze ans à la mort de son père (en 71), il fut élevé par sa mère, une maîtresse femme, remariée à P. Cornelius Lentulus Sura qui fut tué en 63 comme complice de Catilina. C'est très certainement l'origine de la haine d'Antoine pour Cicéron.

Après une jeunesse passablement dissipée et un séjour en Grèce, où il acquit une solide formation militaire et de brillantes qualités oratoires, il se fit apprécier pour son courage et son sens politique d'abord de Gabinius en Syrie, puis de César en Gaule. À partir de 54, il est tout au service du proconsul qui facilite sa carrière. Augure en 50, tribun de la plèbe en 49, il est aux côtés de son patron pendant la guerre civile. Après avoir joué un rôle déterminant à Pharsale, où lui a été confiée l'aile gauche comme au meilleur officier, César, proclamé dictateur, l'envoie à Rome avec le titre de *magister equitum*, donc comme son second. Malgré une brouille passagère à la suite de laquelle Lépide le remplace comme maître de la cavalerie, il est consul avec César en 44.

Brosser le portrait du personnage n'est pas facile. Homme sans scrupules, brutal, cupide, esclave de ses passions, aimant par-dessus tout le vin et les femmes, étalant sans retenue son goût du luxe, génie de l'ostentation : telle est l'image donnée par les *Philippiques* de Cicéron, son ennemi mortel. Plutarque, dans sa vie de Marc Antoine, fournit une image beaucoup moins négative et outrancière, mais elle ne rétablit que très partiellement l'équilibre. Au fond, Antoine a beaucoup pâti d'avoir vécu auprès de César et d'Octave qui, bien évidemment, a beaucoup fait pour noircir le tableau. Or, il était lui-même un personnage de premier plan. Avant tout, un grand général, à qui ses soldats autant que ses officiers étaient attachés jusqu'au dévouement. Pour le reste, une psychologie complexe : de tempérament robuste, porté aux plaisirs, ses colères étaient suivies de crises de découragement, frisant la dépression nerveuse (ainsi après Actium) ; d'une générosité sans limites, jusqu'à la prodigalité, il était d'une grande fidélité à ses amis, des amis dont la plupart le trahirent dès avant Actium quand, séduit par le mirage oriental et les charmes de Cléopâtre, il se comporta en monarque hellénistique plus qu'en général romain. Victime de la démesure et de l'Orient, le « dernier prince de l'Orient grec[1] » ne laissa que des rêves, repris plus tard par Néron, son arrière-petit-fils.

Pour avoir manœuvré non sans habileté au sénat, face à la foule et aux conjurés des Ides de mars, Antoine semble à partir du 18-19 mars maître de Rome. Il est en tout cas le premier prétendant à la succession de César. Détenteur de sa fortune et de son trésor, il possède le nerf de la guerre... et de la paix. Responsable du ravitaillement de Rome, il tient la Ville. Muni des papiers du dictateur, il présente les décrets en préparation comme votés avant le meurtre, ce qui lui permet d'accorder des immunités et des concessions de terres ; César a accordé aux Siciliens le droit latin, Antoine leur accorde le droit de cité romaine. Quant à l'opposition possible, il l'a muselée avec la répartition des provinces entre les magistrats, attribuant aux césaricides des provinces peu importantes, telles que la Crète et la Cyrénaïque et se réservant pour lui-même la Macédoine et pour Dolabella, devenu son collègue au consulat, la Syrie. Seul point sombre : la Cisalpine que tient Decimus Brutus, le conjuré le plus inquiétant pour le

---

1. F. Chamoux.

moment. La fin de mars et le début d'avril se passent en intrigues de Marc Antoine qui s'emploie à séduire la foule et les soldats, à éloigner les conjurés et à flatter le sénat.

De ces journées agitées, on retiendra trois choses. D'abord le rôle de la foule, considérable déjà dans les mois qui ont précédé les Ides de mars, et qui s'est renforcé encore après ; il fut même déterminant au lendemain du meurtre de César qu'elle adulait. On a vu combien d'efforts a déployés Antoine pour capter sa confiance. Dès son arrivée à Rome, en avril, Octave aura pour soin de capter à son tour l'adhésion populaire. On comprend alors l'importance de la propagande politique que les uns et les autres vont développer sous toutes les formes : distributions d'argent, propagande monétaire, diffusion de faux bruits (ce qu'aujourd'hui on appellerait manœuvres d'intoxication), publication de libelles (sorte de tracts) et de livres. C'est ainsi qu'on publiera les lettres de Cicéron, mais en édition tronquée, pour nuire à la réputation de l'homme d'État, et qu'à peu près en même temps, la propagande octavienne lancera contre Antoine des brochures pour dénoncer son ivrognerie et ses vices ! De son côté, la propagande antonienne présentera Octave comme un parvenu, d'humble origine, héritier d'un grand-père « enfariné » (entendons boulanger) et d'un père changeur de monnaie (*argentarius*) !

Non moins important que celui de la foule, le rôle de l'armée[1]. On l'a bien vu avec le passage du Rubicon et la marche sur Rome. On le voit aussi au lendemain du meurtre de César avec les vétérans installés aux portes de la Ville dans l'attente des terres promises par leur chef, et avec la légion de Lépide. C'est sur les vétérans déjà installés dans les colonies fondées par César en Campanie et dans le Samnium qu'Octave comptera d'abord avant de gagner la capitale.

---

1. Bonne étude de psychologie militaire collective de H. Botermann, *Die Soldaten und die Römische Republik in der Zeit von Caesars Tod bis zur Begründung des Zweiten Triumvirats*, Munich, 1968, 231 p.

Le troisième trait frappant, c'est le discrédit croissant du sénat face aux forces nouvelles que représentent dans la vie de l'État la foule et l'armée. Gonflé de ses 900 membres (depuis 45), et domestiqué par César, il n'a su, après le 15 mars, que palabrer, tergiverser et se diviser, malgré les efforts de Cicéron en faveur de l'union et de la concorde. Il n'en est pas moins vrai pourtant qu'il reste synonyme de légalité. À preuve le soin que prendront Octave et Antoine d'avoir chacun auprès d'eux le maximum de sénateurs, comme garants de leur légitimité.

Inquiets des intrigues d'Antoine, qui justement à la fin de mars-début d'avril multiplie les avances auprès du sénat en proposant une loi sur l'abolition de la dictature, en faisant exécuter les agitateurs, en garantissant à Sextus Pompée, le fils du Grand Pompée, qui a des amis parmi les *patres*, non seulement l'impunité, mais la restitution de ses biens, les conjurés commencent à quitter Rome. Dès le 7 avril, Cicéron lui-même, qui craint la vindicte d'Antoine, part pour ses villas italiennes. Brutus et Cassius, bien que toujours préteurs en charge, reçoivent l'autorisation de s'éloigner de Rome. Decimus Brutus s'installe en Cisalpine. La place nettoyée, Antoine, qui se sent assez fort dans l'*Urbs*, part à son tour pour la Campanie, où il entend renforcer sa puissance militaire. C'est qu'il perçoit des difficultés de plusieurs côtés : du côté du sénat, où une partie importante des *nobiles*, influencés par Cicéron, pratique l'absentéisme, du côté de la Cisalpine où une agitation se manifeste, enfin du côté du jeune Octave, le premier héritier de César, qui vient de débarquer sur le sol italien.

Les comices populaires, qu'Antoine revient présider le 3 juin en qualité de consul, marquent son dernier grand succès. Il obtient pour lui-même et pour son collègue Dolabella le droit de publier les *Acta Caesaris*, c'est-à-dire les projets préparés avant le 15 mars, pour la plupart en faveur du peuple et des soldats ; il reçoit ainsi un pouvoir législatif inconditionnel. Il obtient aussi le pouvoir de réviser la répartition des provinces ; ce qui lui permet de transférer Decimus Brutus de Cisalpine en Macédoine et de s'attribuer pour cinq ans la province laissée par Brutus, où il pourra verrouiller l'Italie vers le nord et trouver les ressources nécessaires en hommes et en richesses. Dolabella garde la Syrie pour cinq ans également. Quant à Brutus et à Cassius, ils se voient confier le ravitaillement en Asie et en Sicile, province toute dévouée à Antoine. Cicéron, qui n'est pas dupe, parle de « capitulation générale » des conjurés et du sénat. Peut-on pour autant parler de triomphe d'Antoine ?

Non, sans doute. Car depuis quelques semaines, un jeune homme, débarqué en Italie du Sud, entre Brindes et Otrante, a fait son chemin et l'on en parle beaucoup à Rome.

Né en 63, l'année du consulat de Cicéron, Octave a donc dix-neuf ans au moment de la mort de César. Il est alors à Apollonie, où son grand-oncle l'a envoyé à la fois pour parfaire sa formation rhétorique en Grèce et pour surveiller le regroupement des forces militaires avant la campagne projetée contre les Parthes. Averti des Ides de mars par une lettre d'Atia, sa mère, Octave, accablé de douleur – il était très attaché à son grand-oncle qui, de son côté, l'aimait comme un fils – ne pense plus qu'à gagner Rome et à lutter contre les césaricides. C'est d'ailleurs le conseil que lui donnent ses amis, parmi lesquels Agrippa qui est près de lui. Mais Octave ne se sent pas une vocation militaire. Il s'embarque néanmoins pour l'Italie, où il met le pied près de Lecce. Hésitant, il attend des nouvelles. C'est là qu'il apprend la publication du testament de César qui fait de lui l'héritier de ses biens et son fils adoptif ; cette adoption, devenue effective en septembre 43 par consécration des comices curiates, lui attribue les noms du dictateur, que dès maintenant il commence à porter et qui lui ouvrent les bras des soldats [1].

Tandis que L. Cornelius Balbus et C. Oppius, anciens du « cabinet » de César, et qui deviennent ses plus précieux

---

1. Voir W. Schmitthenner, *Oktavian und das Testament Caesars*, Munich, 1952 – M. Lemosse, « L'adoption d'Octave », *Studi in memoria di E. Albertario*, I, 1953, p. 372-395 – H. Henne, « À propos du testament de César », *Droits de l'Antiquité et sociologie juridique. Mélanges H. Lévy-Bruhl*, 1959, p. 141-151.

conseillers, interviennent auprès de Cicéron pour le gagner à la cause d'Octave, celui-ci se rend en Campanie, où il est le 18 avril et où il rencontre le plus possible de vétérans. Le 21, il est à Pouzzoles, où il rend visite à son beau-père L. Marcius Philippus, le second mari d'Atia. Cicéron écrit à son ami Atticus (*Att.*, XIV, 11, 2) :

> Octave est ici (à Pouzzoles), plein d'égards et d'amitié. Les siens l'appellent César ; Philippus ne le fait pas ; moi non plus.

Cicéron, méfiant, croit alors qu'Octave va s'entendre avec Antoine contre les césaricides. Il va rapidement changer d'avis.

Développant un plan politique et psychologique génial[1], conçu par Balbus et Oppius, Octave se présente partout et à Rome, dès son arrivée, comme le *divi Julii filius*, le fils et l'héritier, donc le successeur légal de César. Antoine commet alors une grave erreur psychologique lors de l'audience qu'il lui accorde. Plus âgé que lui, consul en poste, il croit lui en imposer : après lui avoir fait faire anti-chambre, il l'accueille avec hauteur et élude la question de l'héritage de telle manière qu'Octave a l'impression d'être éconduit. Manifestement, le courant ne passe pas.

L'été se passe, lui, en intrigues des uns et des autres, dominé par une propagande active des amis d'Octave. Notamment à la fin de juillet, lorsque celui-ci entreprend de célébrer brillamment les *ludi Victoriae Caesaris*, les jeux promis par César, son père adoptif. Or, voilà qu'au milieu des jeux apparut dans le ciel une comète d'un éclat extraordinaire. Le phénomène fit une profonde impression, à un moment où l'État, chacun le sentait bien, traversait une grave crise, où les esprits étaient agités et où le peuple était enclin à voir dans de telles manifestations astrologiques des signes divins. Les interprètes de l'entourage d'Octave

---

1. A. Alföldi, *Oktavians Aufstieg zur Macht* (Antiquitas, R. 1 : *Abh. zur Alten Geschichte*, 25), Bonn, 1976.

aidant, la plupart des gens crurent que la comète signifiait l'apothéose de César, nouvel astre prenant place dans le ciel. Pline, dans son *Histoire naturelle* (II, 94), rapporte cette explication donnée par la rumeur publique, mais il ajoute qu'Octave s'en réjouit dans son for intérieur, pensant que l'astre était apparu pour lui et qu'il annonçait sa propre accession au trône. En attendant, il avait une raison supplémentaire de se présenter en « fils du divin César ». La propagande par les monnaies ne s'en fit pas faute[1].

À cela s'ajoutent les distributions d'argent, les promesses de toutes sortes. Comme l'écrit La Bruyère, « à l'origine de toutes les grandes fortunes, il y a des choses qui font frissonner » ...

Sentant le danger, Marc Antoine se rend à Brindes pour reprendre le contact avec ses soldats. Mal accueilli, il doit, pour rétablir la discipline, décimer ses légions. Cependant qu'Octave, parcourant, lui, la Campanie, recrute 3 000 hommes chez les vétérans de son père, et qu'à Rome Cicéron de retour prononce sa première *Philippique* : après avoir invectivé Antoine, son ennemi irréconciliable, il réclame la sûreté des conjurés. C'est dire qu'à l'automne 44, la situation politique s'est singulièrement dégradée. Le bruit court qu'Octave machine l'assassinat d'Antoine en achetant certains de ses gardes du corps. Des rumeurs de tout genre circulent, qui empoisonnent l'atmosphère romaine.

Une ultime tentative de restauration sénatoriale

Cicéron amorce alors son rapprochement avec Octave. C'est le début de l'ultime tentative de restauration sénatoriale, menée par le vieux consulaire, qui entreprend à la fois

---

1. Sur les *ludi Victoriae*, voir T. Rice Holmes, ouv. cit., p. 18 et suiv. Sur le *sidus Julium* et sa signification astrologique et politique, J. Gagé, *Basileia. Les Césars, les rois d'Orient et les mages*, Paris, 1968, p. 246 et suiv. – G. Radke, « Augustus und das Göttliche », *Antike und Universalgeschichte. Festschrift H. E. Stier*, Münster, 1972, p. 274 et suiv.

de prendre la tête de la haute assemblée et de servir de conseiller politique au jeune Octave. Cette tentative qui va durer de l'automne 44 au printemps 43 commence par le lancement de la deuxième *Philippique*, qui ne fut pas prononcée, mais répandue comme pamphlet. Pour réagir, Antoine qui est à Tibur, l'actuelle Tivoli, y convoque le sénat le 28 novembre avec l'intention de déclarer Octave ennemi public. La séance tourne court, Octave n'est pas déclaré *hostis publicus*. Conscient de son échec, Antoine réagit en soldat ; il marche vers le nord, vers la Cisalpine, dont il veut se rendre maître avant de prendre le gouvernement de la province à la fin de son année consulaire. Pendant ce temps, Cicéron lance ses troisième et quatrième *Philippiques*, de plus en plus virulentes. Qu'on en juge par le ton de ce passage, où, après avoir parlé d'Antoine, il s'écrie (*III Phil.*, III, 5) en faisant pour la première fois l'éloge d'Octave :

> Voilà le fléau (*qua peste*) dont, par une initiative privée (*privato consilio*) César a délivré l'État. Oui, s'il n'était pas né dans notre République, par le crime d'Antoine nous n'aurions plus de République. Car c'est ainsi que je comprends, que j'interprète les événements : si un jeune homme (*unus adulescens*), a lui seul, n'avait réprimé les emportements de ce fou, ses entreprises cruelles, la République aurait été totalement anéantie. C'est donc à lui, en ce jour, sénateurs (car, pour la première fois, nous sommes réunis dans des conditions qui nous permettent, grâce à lui, d'exprimer librement notre pensée), c'est à lui que nous devons conférer des pouvoirs légaux, qui lui donnent les moyens de défendre la République, non plus seulement en la prenant spontanément sous sa protection, mais en la recevant de nos mains.

Le ton se fait plus violent encore, quand dans la séance inaugurale de l'année 43, le 2 janvier, il est question d'envoyer une délégation pour négocier avec Antoine (*V Phil.*, 8 et suiv.) :

> Quant à lui (Marc Antoine), en fou furieux, étendards levés, il marchait déjà de Brindes contre la patrie, quand C. Caesar, par une grâce des dieux immortels, dans la divine

grandeur de son cœur, de son intelligence, de sa sagesse, spontanément sans doute et sous l'impulsion d'une valeur exceptionnelle, mais fort aussi de mon approbation et de mon autorité, se présenta aux colonies fondées par son père, convoqua les soldats vétérans, organisa une armée en quelques jours, ralentit l'élan impétueux de ces brigands. Ensuite, dès que la légion de Mars eut vu un chef aussi remarquable, elle n'eut d'autre but que de nous rendre un jour la liberté ; la quatrième légion l'imita...

Malgré Cicéron, le sénat décide l'envoi d'une députation. Mais une satisfaction lui est donnée : Octave reçoit le titre de propréteur. Titre parfaitement illégal : il n'a pas l'âge requis, et il n'a exercé ni la questure ni la préture ! Mais Cicéron l'a présenté comme « un jeune homme divin » qui, ayant déjà « pourvu au salut et à la dignité du peuple romain », mérite d'être exempté de l'application des lois, car « la valeur n'attend pas le nombre des années » (*V Phil.*, 42-48).

L'ambassade revient le 2 février : Antoine a posé ses conditions, que le sénat rejette. Le 20 mars, Cicéron prononce sa sixième *Philippique*, où il est question de déclarer Antoine ennemi public. Le recours à la force devient inévitable. C'est la reprise de la guerre civile, ou plutôt des guerres civiles : cinq guerres entre citoyens romains entre 43 et 31. La première se déroule autour de Modène et à Modène même ; elle oppose les troupes sénatoriales dirigées par Octave et les deux consuls Hirtius, l'ancien « chef de cabinet » de César, et Pansa, tous deux octaviens et d'autre part les légions d'Antoine. Le 21 avril, Antoine battu se retire en Provence. Mais de l'autre côté, Hirtius a été tué au cours de la bataille, et Pansa blessé meurt peu après. Octave, propréteur, est salué *imperator* par ses troupes : il a tout juste vingt ans. Cicéron ne lui refuse plus le nom de César.

Mais à Rome ? À Rome, la situation est dominée par Cicéron, qui a retrouvé sa vieille ambition : rétablir la concorde républicaine et, pour lui, servir de conseiller politique à un chef vainqueur, être le guide de l'État protégé par le bras d'un soldat. Ce qu'il n'a pas réussi avec Pompée, il espère le réussir avec ce jeune homme qui paraît plein d'admiration pour lui. Centre, sinon chef d'un « parti » constitutionnel, il multiplie les interventions, écrit aux uns et aux autres pour bander les énergies : à Lépide et à Munatius Plancus en Gaule, à Asinius Pollion en Espagne, à Cornificius en Afrique. Il est vrai que tout cela ne se fait pas sans mal : le sénat ne le suit pas toujours aveuglément. Le 27 avril se déroule une séance mémorable par son ambiguïté. On y décide des funérailles publiques pour les consuls morts, mais aussi pour Pontius Aquila, un ancien tribun de la plèbe qui avait un jour au sénat refusé de se lever devant César. On décrète cinquante jours de supplications en l'honneur de Decimus Brutus, gouverneur de la Cisalpine, qui a combattu à Modène, mais (malgré Cicéron) on refuse l'*ovatio*, c'est-à-dire le petit triomphe à Octave. On remercie les troupes, mais on rogne sur les récompenses accordées aux soldats. En même temps, on confirme officiellement les pouvoirs illégaux qu'exercent Brutus en Macédoine et Cassius en Syrie. Enfin, on accorde à Sextus Pompée, installé en Sicile, un commandement suprême sur les mers... ce qui revient à mettre le ravitaillement de Rome à sa merci !

Ainsi, pour le sénat, le seul vrai vainqueur, c'est Decimus Brutus à qui est confié le commandement suprême. Ce qui a pour double résultat d'une part de pousser Antoine, réfugié en Narbonnaise, à négocier et à s'entendre avec Lépide tandis que Munatius Plancus, retiré en Gaule du Nord, s'occupe d'administrer sa province et de fonder Lyon (Lugdunum), d'autre part de provoquer la défiance d'Octave.

En fait, celui-ci se trouve à un carrefour de son existence : il ne peut être le soldat du sénat contre les césariens, ni servir sous les ordres de Decimus Brutus, un césaricide. Comme il a avec lui huit légions, il se sent fort et prend alors une grave décision. Jouant le tout pour le tout, il marche sur Rome où, malgré la résistance organisée par le sénat sur le Janicule, il entre sans peine par le

Pincio. Désabusés, inquiets, apeurés, les sénateurs vont désormais multiplier les platitudes. Tandis qu'Octave s'empare du trésor de l'État et le distribue à ses troupes. Après quoi il organise les élections : il est élu consul avec son cousin Q. Pedius. Il est le maître de Rome.

Il lui reste à frapper un grand coup : se réconcilier avec le césarien Marc Antoine. Ce qui est acquis à l'automne 43, grâce à l'entremise de Lépide et d'un ami commun, Asinius Pollion.

Le second triumvirat et les proscriptions

Non sans méfiance réciproque – chacun vient accompagné d'une force armée – Antoine, Lépide et Octave se rencontrent sur une île du Réno, près de Bologne, endroit à l'abri de toute surprise. Un accord général est conclu : une magistrature à trois est instituée pour cinq ans, le triumvirat. Octave abandonne le consulat, qui est transféré à Ventidius Bassus, un ami d'Antoine ; il y aura ainsi à Rome deux consuls, un antonien et un octavien en la personne de Q. Pedius. Un nouveau partage des provinces est établi. Et pour sceller le pacte, Octave est fiancé à Clodia, fille de Fulvie, épouse d'Antoine (ce ne sera pas suivi de mariage). Les triumvirs décident une entrée solennelle commune à Rome, à raison d'une entrée chaque jour pendant trois jours. Le 27 novembre, une loi, la lex Titia, consacre officiellement les accords du Réno. Tandis que le premier triumvirat n'était qu'un pacte secret entre César, Pompée et Crassus, le second se trouve sanctionné par un pacte légal, une décision imposée par le « salut de l'État[1] ». Elle sera renouvelée avec la même valeur juridique en 37 av. J.-C.

Immédiatement après avoir conclu leur réconciliation – on le sait par Appien (*Bel. civ.*, IV, 6) – Lépide, Antoine et Octave ont décidé d'envoyer à Rome des sicaires

---

1. Voir V. Fadinger, *Die Begründung des Prinzipats, Quellenkritische und Staatsrechtliche Untersuchungen zu Cassius Dio und der Parallelüberlieferung*, Bonn, 1969.

(*percussores*) chargés d'exécuter 17 de leurs plus importants adversaires, parmi lesquels Cicéron. L'historien grec ajoute que le consul Pedius, pour mettre un terme à la panique qui sévissait à Rome, où l'on s'attendait aux règlements de compte – comme au temps de Sylla, qui n'était pas si éloigné –, fit afficher la liste des 17 personnages condamnés, comme s'ils devaient être les seules victimes, traitées en responsables des troubles civils[1]. Hélas ! sinistre résurgence de la proscription de 82, la seconde, légalisée cette fois par un édit qui définit une interdiction de l'eau et du feu, c'est-à-dire pratiquement la condamnation à mort, assortie d'une récompense aux délateurs et aux meurtriers, se traduit par la publication et l'affichage de deux listes, une de sénateurs et une de chevaliers, en principe closes. En fait, il y eut ensuite des radiations et des additions dont le nombre est difficile à évaluer. Appien parle de 300 sénateurs et de 2 000 chevaliers. Tite-Live indique 130 sénateurs et un grand nombre de chevaliers romains, qui subirent la mort ou la confiscation des biens (peine non portée dans l'édit, mais qui allait de soi). François Hinard, le dernier historien des proscriptions, établit les chiffres autour de 300 (150 sénateurs et 150 chevaliers).

Parmi les personnages influents mis à mort, c'est bien entendu Cicéron qui, déjà chez les contemporains, retint surtout l'attention. Plutarque a donné de son exécution un récit bien connu (*Cic.*, 60-61). Le consulaire avait quitté Rome avec l'intention de gagner la Macédoine où était Brutus. Rattrapé par

> les meurtriers qui avaient charge de le tuer..., si tendit le cou hors de sa litière, étant âgé de soixante-quatre ans, et lui fut la tête coupée par le commandement d'Antoine, avec les deux mains, desquelles il avait écrit les oraisons *Philippiques* contre lui ; car ainsi avait Cicéron intitulé les harangues

---

1. F. Hinard, *les Proscriptions de la Rome républicaine*, Paris, 1985, p. 227 et suiv., où l'auteur souligne les ressemblances et les différences entre les deux proscriptions, celle de 82 et celle de 43.

qu'il avait écrites en haine de lui, et sont encore ainsi nommées jusques aujourd'hui.

Octave laissa faire. Plus tard, il lui rendit justice d'abord en disant (je cite Plutarque) : « C'était un savant homme, mon fils, et qui aimait fort son pays », puis en prenant son fils, Q. Cicéron, comme son collègue au consulat.

Ressentie comme une mesure terroriste, la proscription de 43 ne devait pas peu contribuer à inspirer à la génération qui la vécut l'horreur des guerres civiles et la préparer à adopter comme sauveur celui qui saurait y mettre fin. Pour le moment, dans la peur et l'angoisse, César, proclamé officiellement *divus* par un plébiscite, se survit dans la personne des triumvirs chargés, comme l'avait été Sylla avec le titre de dictateur, de réorganiser l'État (*rei publicae constituendae*). La principale victime, c'est le sénat républicain : il a perdu ses membres les plus importants, d'autres sont partis avec Brutus et Cassius, certains vont suivre Antoine en Orient. On assiste à sa fin. D'autant que désormais, ce sont les comices, présidés par les triumvirs, qui prennent les grandes décisions, ainsi la révocation de l'amnistie et l'institution d'un tribunal pour juger les meurtriers de César. Autant dire que se prépare la guerre contre les césaricides.

Le partage du monde

Magistrature extraordinaire, mais officielle et légitimée par une loi, le Second triumvirat conférait à ses trois membres non seulement l'*imperium* à pouvoir constituant pour cinq ans et le droit de nommer tous les magistrats, mais il procédait à un nouveau partage des provinces occidentales (l'Orient étant aux césaricides) : à Lépide revenait la Narbonnaise et les provinces ibériques, avec 3 légions ; à Antoine la Gaule chevelue, la Cisalpine et 20 légions ; à Octave, l'Afrique, la Sicile, la Sardaigne et 20 légions.

Il est clair qu'héritiers de César, leur premier soin (et le premier signe de leur union) devait être de mener la guerre contre Brutus et Cassius, par la même occasion de récupérer les provinces d'Orient. On sait à Rome que leur union n'est pas sans nuages (une entrevue à Smyrne à l'automne 43 puis une autre à Sardes au début de 42 ne les ont pas entièrement dissipés). On sait aussi que leurs exigences – le tribut a été décuplé en Asie – ne leur font pas que des amis. Mais ils ont à leur disposition 20 légions (80 000 fantassins et 20 000 cavaliers) et de grandes forces navales.

Laissant pour le moment la question de Sicile, où Sextus Pompée est solidement installé, Octave et Antoine débarquent à Dyrrachium (Durazzo) avec 19 légions et, en suivant la via Egnatia, marchent vers l'Est. Ils rencontrent l'armée des césaricides sur cette voie, près de Philippes. Une première et sanglante bataille au résultat indécis laisse 16 000 morts du côté des césariens et 8 000 du côté des césaricides dont Cassius qui, vaincu par Antoine, se suicide. Trois semaines après, une deuxième bataille, décisive cette fois, le 23 octobre 42, se solde par une brillante victoire d'Antoine sur Brutus, qui se suicide à son tour. Octave, inexpérimenté en art militaire et de santé fragile, n'a pas eu une belle part ; il se montre d'autant plus cruel envers les vaincus dont il fait tuer un grand nombre.

La victoire de Philippes est sans nul doute l'événement le plus important depuis les Ides de mars. Non seulement elle met fin aux luttes sournoises ou ouvertes engagées contre les meurtriers de César depuis mars 44, mais elle se solde par la mainmise sur l'Orient. Ce qui entraîne un nouveau partage du monde entre les triumvirs. Un partage qui cette fois engage directement l'avenir du monde romain. Lépide, qui est resté à l'arrière-plan, cède la Narbonnaise à Antoine, qui détient donc maintenant toute la Gaule, du Nord et du Sud. Il cède à Octave l'Hispania que celui-ci joint à la Sicile et à la Sardaigne. Il ne garde pour sa part que l'Afrique. Quant à l'Italie, jointe à la Cisalpine, elle reste indivise. On partage aussi les légions, ramenées à onze : 6 pour Antoine et 5 pour Octave. Aucune pour Lépide, qui déjà paraît relégué à une place secondaire. Mais aussi et surtout on partage les missions : à Antoine le soin de recueillir du numéraire et de conduire la guerre contre les Parthes ; tout en exécutant le grand projet de César, il y trouvera gloire et profit ; à Octave le soin d'en finir avec Sextus Pompée en Sicile et de remplir en Italie les promesses faites aux vétérans de Philippes. Il lui faut pour cela et créer une flotte et trouver des terres à lotir, une double mission lourde de difficultés. Pourtant, selon Appien, Octave n'a pas subi ce partage, c'est lui qui a réclamé la mission difficile. Sombre calcul d'Antoine, escomptant l'échec de son partenaire ? Ou machiavélisme d'Octave qui, connaissant le tempérament jouisseur d'Antoine, le lance de bon gré dans le mirage oriental ? On ne peut le dire. Mais c'est là que se fait le vrai partage du monde : l'Orient pour Marc Antoine, l'Occident pour Octave qui sans doute a bien vu l'intérêt d'avoir de son côté l'Italie et surtout Rome, la capitale, centre politique du monde.

Octave en Italie

Accablé de soucis de santé, il se rend vite compte des difficultés de sa tâche. Trouver des terres à lotir ne se fait pas sans heurter des intérêts ; on en a un écho bien connu dans la première *Eglogue* de Virgile, à qui un vétéran césarien a arraché son domaine de Mantoue. L'exécution des promesses est d'autant plus délicate que les amis d'Antoine restés en Italie, notamment son épouse Fulvie et son frère L. Antonius multiplient les manœuvres de double jeu, d'une part pressant Octave d'augmenter le nombre des soldats bénéficiaires des assignations, et d'autre part se faisant les avocats des propriétaires spoliés. Tant et si bien qu'à l'automne 41 éclate la guerre de Pérouse qui oppose 6 légions d'Octave aux troupes rassemblées par L. Antonius et Fulvie, qui naturellement en appellent à Marc Antoine. Après un siège long et pénible, L. Antonius assiégé dans Pérouse se rend en février 40. Ses soldats demandent à servir sous les ordres du vainqueur qui double ainsi ses effectifs. En revanche, Octave se montre impitoyable avec les sénateurs et les notables passés du côté antonien ; selon Dion Cassius (qui a sans doute exagéré le chiffre), il y aurait eu 300 mises à mort.

Le prestige et l'autorité du triumvir en sortent renforcés. Il s'affirme dès lors comme le maître de l'Italie. Sans perdre de temps, il se rend en Gaule, dont il confie le gouvernement à deux des siens, Salvidienus Rufus et Agrippa.

Marc Antoine, alerté, et qui perd du même coup son plus sûr appui en Occident, l'armée des Gaules, accourt en Italie avec 200 vaisseaux. Il débarque à Brindes, qui lui ferme ses portes. Beaucoup pensèrent que les hostilités allaient reprendre. Grâce à l'entremise d'Asinius Pollion et de Mécène, un chevalier descendant d'une famille princière d'Etrurie, elles sont évitées. Un accord est ménagé les 5-6 octobre 40, qu'on appelle le traité de Brindes : Octave se voit confirmer la maîtrise de l'Occident, Antoine celle de l'Orient (où il a grande hâte de retourner) ; Lépide, quant à lui, garde l'Afrique. L'accord est même scellé par un mariage : Antoine, veuf de Fulvie, épouse Octavie, la sœur d'Octave. À la fin de 40, Octave et Antoine rentrent ensemble et triomphalement à Rome, où d'un commun accord, ils désignent les consuls pour les quatre années à venir, prévoyant même pour chaque année des consuls suffects (qui pourront remplacer les magistrats ordinaires).

Ces événements ne sont pas sans conséquences. La guerre avait paru inévitable. Or non seulement elle est évitée, mais la réconciliation paraît sérieuse. On croit à la paix ; mieux, on la croit sincère et durable. L'opinion rêve déjà au retour de l'âge d'or. Virgile lance sa quatrième *Eglogue*, dédiée à Pollion, le principal artisan de la grande réconciliation, qui est alors consul. Pour beaucoup, la paix de Brindes est le fruit d'un irrésistible mouvement d'opinion. On comprend que le poème de Virgile soit interprété comme une prophétie annonçant à la fois un sauveur et des temps heureux :

> Enfin le dernier âge de la prophétie cumaine est arrivé. Voici que renaît, en son intégrité, le grand ordre des siècles ; voici que revient la Vierge, que revient le règne de Saturne et qu'une nouvelle génération descend des hauteurs du ciel. Daigne seulement, chaste Lucine, aider à la

naissance de l'enfant avec laquelle, enfin, cessera la race de fer et surgira, sur le monde entier, la race d'or ; dès maintenant règne ton frère Apollon... L'enfant que je chante recevra une vie divine et il verra les héros mêlés avec les dieux et on le verra lui-même avec eux ; et il gouvernera le globe pacifié par les vertus de son père...

On a naturellement beaucoup glosé sur cet enfant attendu, garant d'un ordre nouveau et béni[1]. Si tout le monde est d'accord pour reconnaître – mais le poème le dit clairement – que l'origine est un oracle de la Sibylle de Cumes (prêtresse d'Apollon), les uns voient dans l'enfant celui qui était attendu de Cléopâtre et d'Antoine, ou d'Octavie et du même Antoine ; d'autres l'enfant attendu d'Octave et de Scribonie, sa première femme ; on a pensé aussi au fils espéré d'Asinius Pollion et on y a même vu l'annonce de la naissance du Messie, ou très symboliquement l'avènement d'Auguste, sauveur du monde romain. Quoi qu'il en soit, ce poème virgilien, écrit à l'automne de 40 av. J.-C., exprime incontestablement une immense espérance. En cela il est très révélateur d'un état d'esprit.

La paix de Brindes eut une autre conséquence, qui se développa parallèlement à la première. Elle laissait de côté la question de Sicile. Or, du fait de Sextus Pompée, qui, basé dans l'île, y avait installé une puissante force navale – on a parlé de la dernière thalassocratie du monde antique – assez active pour empêcher le ravitaillement en blé de Rome, où le peuple redoutant la disette manifestait bruyamment son mécontentement et commençait à se retourner contre Antoine et Octave, accusés d'inertie. Les triumvirs sont donc condamnés à la guerre contre celui qu'on appelait l'archipirate. Seulement le trésor est à sec ; Antoine n'a pas encore rapporté d'Orient le numéraire

---

1. Bibliographie énorme sur cette quatrième *Eglogue*. Voir notamment H. Jeanmaire, *le Messianisme de Virgile*, Paris, 1929 – J. Carcopino, *Virgile et le mystère de la quatrième Eglogue*, Paris, 1943 – J. Gagé, *Apollon romain*, Paris, 1955, p. 607 et suiv.

attendu. Pour le moment, on tend donc vers un accord. Par l'entremise, cette fois, de Scribonius Libo, beau-père de Sextus Pompée, dont il a épousé la mère, et beau-père d'Octave, qui a épousé sa fille, une entrevue est organisée dans le golfe de Naples, à Misène, et un accord conclu à Pouzzoles au printemps de 39. Accord de compromis, puisque, en échange d'une garantie de paix et donc de ravitaillement de la capitale, Sextus Pompée se voit reconnaître autorité sur la Sicile, la Corse et la Sardaigne, avec la promesse de l'Achaïe et celle d'un consulat, sans venir à Rome. Pour satisfaire ses amis, on dispose même des consulats pour les années 35-31. Un grand festin organisé sur le navire amiral de Pompée scelle la réconciliation. Après quoi, Pompée se retire prudemment dans son île. Cependant qu'Octave et Antoine rentrent à Rome dans l'enthousiasme général. Leur popularité est retrouvée. Antoine est désigné comme prêtre du culte de César divinisé.

L'entente paraît parfaite quand, à la suite de l'invasion de la Syrie par les Parthes, Antoine repart pour l'Orient en septembre 39. Très vite, les difficultés renaissent avec Pompée : Octave refuse de lui céder l'Achaïe, la piraterie recommence. La guerre devient inévitable.

Un événement privé y contribue, semble-t-il : le divorce d'Octave et de Scribonia, qui a pu être interprété comme un geste d'hostilité à l'égard de Pompée. Il est vrai que la répudiation intervient dans des circonstances un peu particulières, le jour même de la naissance d'une fille, la célèbre Julie (qui devait causer à son père bien des soucis !). Mais on sait qu'Octave était depuis quelque temps amoureux de la belle et ambitieuse Livie, qu'il épouse le 17 janvier 38, trois jours après la naissance de son deuxième fils Drusus (dont on murmurait qu'il était le fils du triumvir). Il se trouve que le mari complaisant de Livie, Tib. Claudius Nero, qui avait accepté le divorce, était un ennemi forcené de Pompée. On murmura donc aussi que la guerre était une manière de lui donner une satisfaction.

Avec l'aide d'Agrippa et de sa flotte d'une part, d'autre part avec la participation de Lépide, venu d'Afrique avec ses légions, la guerre de Sicile fut promptement menée. Non d'ailleurs sans des moments critiques après l'invasion de l'île, puisque – dit-on – Octave, malmené dans une rencontre avec l'ennemi, aurait songé au suicide. Une bataille décisive se déroule le 3 septembre 36 à Nauloque. Sextus Pompée battu s'enfuit en Orient, où il est exécuté. Cette bataille est importante, puisqu'elle met fin à un grave danger qui menaçait l'autorité d'Octave en Occident. Mais aussi parce qu'elle marque la rupture du triumvirat[1].

Accusé d'avoir pensé à une entente avec Sextus Pompée et même d'avoir engagé des négociations secrètes – il semble qu'à Nauloque ses soldats ne soient guère intervenus – Lépide est démis de ses fonctions. Il rentre à Rome, où il n'exerce plus dès lors que son grand pontificat (toujours attribué à vie et qu'il occupera jusqu'à sa mort en 12 av. J.-C.). On ne parle plus de lui. *Exit Lepidus*.

Quant à Octave, il rentre lui aussi à Rome, le 13 novembre, mais pour y célébrer une *ovatio* (non un triomphe, parce qu'il s'agissait d'une guerre contre des citoyens romains). Le sénat décide qu'il pourra désormais porter en toute circonstance la couronne laurée et qu'une statue dorée lui sera érigée sur le Forum. Surtout on lui attribue par décret la puissance tribunicienne à vie avec le droit de s'asseoir sur les bancs des tribuns. Et décision importante sur le plan religieux comme pour son aura personnelle : un temple est voué à Apollon, contigu à sa maison du Palatin ; Apollon est ainsi reconnu officiellement comme son patron particulier.

Lors de son retour triomphal, il dispose de 45 légions (environ 300 000 hommes) et de 600 navires. Il est

---

1. La Sicile qui venait de connaître la prospérité entre 43 et 36 est livrée à la vindicte d'Octave, qui punit durement les cités qui ont ou qui auraient aidé Pompée ; l'archéologie confirme l'état de désolation de l'île. Pour reconstruire les zones côtières, Auguste fondera six colonies, mais l'intérieur en ruine passe aux *latifundia* : voir S.C. Stone, « Sextus Pompey, Octavian and Sicily », *Amer. Journ. of Arch.*, 87, 1983, pp. 11-22.

vraiment, cette fois, maître incontesté de l'Occident. Et il le montre. Il déclare close l'ère des guerres civiles. Pour renforcer son image de restaurateur de la paix et de l'ordre, il prend une série de mesures : il fait brûler tous les actes qui concernent la guerre civile ; il abolit le tribut, rétabli naguère pour alimenter les besoins des armées ; il crée en Italie de grands commandements militaires appelés à réprimer le brigandage (que Pompée avait encouragé) et il fait exécuter quelque 6 000 esclaves sur les 30 000 qui avaient été affranchis en vertu de l'accord de Brindes ; les autres sont rendus à leurs maîtres. Non seulement son étoile monte au firmament de Rome, mais elle attire les regards de toute l'Italie.

Pendant ce temps, que se passe-t-il en Orient ?

Antoine en Orient

Après Philippes, Antoine, qui fait figure de chef du parti vainqueur, arrive en Orient pour chercher de l'argent. Ce qui le conduit à pressurer les Asiates, de qui il exige, comme déjà l'avait fait Brutus avant lui, des impôts décuplés. Pour tenter de l'amadouer, Ephèse l'accueille avec des honneurs extraordinaires ; des cortèges de « technites », membres d'associations dionysiaques d'acteurs, le reçoivent tel un nouveau Dionysos *(neos Dionysos)* qui, généreusement, réduit l'augmentation des contributions de 10 à 9, payables en deux ans ! En même temps, il distribue faveurs et sanctions : faveurs aux cités et aux rois alliés qui ont résisté aux républicains, sanctions pour celles et ceux qui les ont servis. C'est ainsi qu'il convoque à Tarse, en Cilicie, la reine d'Égypte, Cléopâtre, accusée d'avoir aidé Cassius. Plutarque *(Ant., 31-32)* a laissé de cette rencontre un récit haut en couleur et bien connu (notamment des cinéastes) : il la montre arrivant

> sur le fleuve Cydnus dans un bateau dont la poupe était d'or, les voiles de pourpre, les rames d'argent, que l'on maniait au son et à la cadence d'une musique de flûtes, hautbois, cithares, violes et autres tels instruments dont on

jouait dedans. Au reste, quant à sa personne, elle était couchée dessous un pavillon d'or tissu, vêtue et accoutrée tout en la sorte que l'on peint ordinairement Vénus, et auprès d'elle d'un côté et d'autre de beaux petits enfants habillés ni plus ni moins que les peintres ont accoutumé de portraiturer les Amours, avec des éventails en leurs mains, dont ils l'éventaient. Ses femmes et demoiselles semblablement, les plus belles, étaient habillées en Nymphes, Néréides, qui sont les fées des eaux, et comme les Grâces, les unes appuyées sur le timon, les autres sur les câbles et cordages du bateau, duquel il sortait de merveilleusement douces et suaves odeurs de parfums, qui remplissaient deçà et delà les rives toutes couvertes de monde innumérable ; car les uns accompagnaient le bateau le long de la rivière, les autres accouraient de la ville pour voir que c'était, et sortit une si grande foule de peuple que finalement Antoine, étant sur la place en son siège impérial à donner audience, y demeura tout seul, et courait une voix par les bouches du commun populaire, que c'était la déesse Vénus, laquelle venait jouer chez le dieu Bacchus pour le bien universel de toute l'Asie...

Séduit par la reine au cours de cette visite enchanteresse (dont Appien, il est vrai, ne parle pas dans les mêmes termes ; favorable à Antoine, il présente l'entrevue de Tarse comme celle d'une coupable convoquée par son justicier), le triumvir la suit à Alexandrie à l'automne de 41 pour y mener cette fameuse « vie inimitable », que certains, sans doute naïfs ou résolument optimistes, ont interprétée comme occupée par des entretiens philosophiques. Il paraît plus vraisemblable de se représenter cet hiver 41-40 comme un moment de détente et de vie facile dans un cadre royal, pimenté par une passion savamment entretenue et, pourquoi pas ? agrémenté de contacts culturels dans ce foyer de science qu'était Alexandrie, le centre le plus renommé du monde méditerranéen.

Au printemps 40, il fallut s'arracher aux charmes de l'Égypte. Déjà, l'année précédente, il avait dû intervenir en Syrie et lancer un raid jusqu'à Palmyre, cité caravanière à l'extrémité orientale du désert syrien. Au printemps de 40, outre la question parthe qui se pose avec acuité, les soucis lui viennent de l'Occident où ses amis l'appellent au secours au moment de la guerre de Pérouse et des intrigues d'Octave en Gaule. Il décide donc de partir d'abord pour l'Italie. En chemin, il s'arrête à Athènes, où le rejoint son épouse Fulvie qui, après une scène violente de reproches, tombe malade et meurt au bout de quelques semaines.

Après la paix de Brindes, Antoine reprend le chemin de l'Orient, décidé à conduire la guerre contre les Parthes. Le péril parthe, le *parthicus metus*, comme l'appelle Cicéron (*Ad fam.*, II, 17, 1), n'était pas vain. Depuis la disparition de Mithridate et surtout depuis Carrhae, « la plus grande catastrophe jamais subie par le peuple romain » (Cicéron, *De divin.*, I, 29), les Parthes représentaient une menace constante pour les provinces orientales. Il n'est pas un proconsul de Syrie qui n'ait tremblé à l'idée qu'ils pouvaient à tout moment franchir l'Euphrate. Et la menace était d'autant plus grave que, dans la fureur aveugle des guerres civiles, ce sont les Romains qui, à plusieurs reprises, ont appelé les Barbares sur le sol provincial. Pompée, Bassus, puis Cassius et ensuite Labienus ont tour à tour cherché des secours contre les césariens auprès des rois arsacides. En 40, quand les armées parthes passent l'Euphrate, qui les conduit ? C'est un général romain, Labienus, qui porte le titre d'*imperator parthicus*.

Si bien que, dans l'existence orientale d'Antoine, tout n'est pas folie. Quand, à Alexandrie par exemple, il se vêt à la grecque, abandonnant la toge pour la chlamyde, entretenant un faste royal de type hellénistique, peut-être y a-t-il une arrière-pensée politique et une fidélité au legs césarien : César n'avait-il pas souhaité le titre royal pour lutter contre les Parthes ? Il n'est pas exclu qu'outre le désir d'y trouver de l'or, des richesses et de la gloire, Antoine ait envisagé la campagne parthique comme une étape vers la constitution d'un grand royaume oriental incluant l'Égypte. Le souvenir d'Alexandre le hantait lui aussi.

L'attaque de Labienus et de Pacorus, fils du roi parthe Orodes aboutit à une suite de raids éclair, à la prise non seulement de la Syrie, mais aussi de l'Asie Mineure exaspérée contre Antoine. D'autant qu'apparemment peu pressé, celui-ci s'attarde à Athènes, où il passe l'hiver 39-38 avec sa jeune épouse Octavie. Rentré en Orient, il échafaude des plans, réussit à reprendre Samosate en Syrie, renoue des relations avec les princes locaux, réussit à faire reconquérir l'Arménie par un de ses lieutenants, et en mars 36, il lance sa grande expédition contre la Parthie avec une armée de 100 000 hommes (60 000 légionnaires, 10 000 cavaliers gaulois et espagnols et 30 000 auxiliaires, dont 16 000 Arméniens) : c'est la plus grande expédition romaine jamais montée. Il reprend le plan de César de marche sur Ecbatane, capitale de la Médie en attaquant par le nord, par l'Arménie et la Médie Atropatène, au sud-ouest de la mer Caspienne. Mais il commet une lourde faute : pour assurer la rapidité de son raid, il laisse à l'arrière bagages et matériel de siège pour foncer plus vite sur Phraaspa, la capitale de la Médie Atropatène, qu'il ne peut prendre. Pendant ce temps, les Parthes attaquent les convois et mettent les auxiliaires arméniens en déroute. Antoine doit se retirer en Arménie à l'approche de l'hiver. La retraite est terrible, une retraite de vingt-sept jours (qui oblige à penser à la retraite de Napoléon après l'échec de Moscou). Les sources parlent de 24 000 morts. Du moins Antoine réussit-il à éviter le désastre complet de ses troupes et pour lui le sort de Crassus.

Dans l'hiver de 35, il est de nouveau à Alexandrie auprès de Cléopâtre qu'il a entre-temps épousée et dont il reconnaît les trois enfants qu'elle a eus de lui. Accablé de reproches par la malheureuse Octavie, qui admet difficilement son sort, et par Octave qui invoque l'honneur romain, il se comporte de plus en plus en souverain oriental. Pour compenser sa fâcheuse campagne contre la Parthie, il entreprend une attaque de l'Arménie dont le roi Artavasde le trahit ; s'en étant emparé, il l'envoie en Égypte pour le faire figurer à son triomphe. Cette idée d'un triomphe célébré à Alexandrie ne manque évidemment pas de scandaliser les Romains. Après quoi, il se livre à des donations territoriales qui non seulement choquent vivement ces derniers, mais qui heurtent leurs intérêts. À Cléopâtre il attribue Chypre, la Judée et une partie de l'Arabie. Et à ses enfants reconnus d'autres territoires romains : à Alexandre Helios l'Arménie, dont il vient de faire une province, à Cléopâtre Séléné la Cyrénaïque et à Ptolémée la Syrie creuse, la Phénicie et la Cilicie.

On comprend que de tels agissements heurtent vivement l'opinion publique à Rome, une opinion qui devient de plus en plus hostile à Antoine, et dont la propagande octavienne ne manque pas d'exciter l'irritation.

Il devient de plus en plus clair que de nouveau on s'oriente vers un redoutable conflit. D'autant plus redoutable que les ambitions en présence disposent de forces énormes.

Vers une nouvelle guerre civile

Les premiers signes de rupture remontent à l'année 35, quand Antoine désireux de réparer les pertes de l'expédition contre les Parthes et ayant besoin de légions nouvelles (qui, on le sait, ne peuvent recruter que des citoyens romains) s'adresse à Octave. Celui-ci ne les refusa pas, mais il y mit une condition, le renvoi de Cléopâtre et le retour d'Octavie. Une condition qu'Antoine ne pouvait accepter. L'affaire du triomphe alexandrin et des donations territoriales, suivie d'une cérémonie au gymnase de la capitale égyptienne pour la distribution des couronnes, ne fit qu'aggraver la tension. À Rome, on ne parlait plus que de l'Égyptienne et de son emprise sur le triumvir. Et cela à l'approche de l'échéance du triumvirat qui, renouvelé en 37, venait à expiration en 32. Convenait-il de le reconduire de nouveau ?

En 34, Antoine, toujours à Alexandrie, est néanmoins consul. Il prend l'offensive en adressant une lettre au sénat et au peuple romain, où il demande le rétablissement de la République. Puis dans une seconde lettre, il exige que soient reconnues les donations d'Alexandrie. Le ton monte. À Rome, Octave, pour sa part, multiplie les avances aux survivants du parti pompéien et aux républicains.

Le 1er janvier 33, Octave, consul à son tour, annonce officiellement la rupture. À quoi Antoine répond par une nouvelle lettre au sénat et au peuple, par laquelle il réclame la moitié des recrues levées en Italie, et – puisque Lépide a été déposé, ce qu'il blâme – sa part de la Sicile et de l'Afrique, ancien domaine de ce dernier. Pendant toute l'année se succèdent les appels à l'opinion des deux rivaux. Non sans habileté, Antoine propose à Octave une commune abdication... une ruse évidente, car Antoine garderait en Orient une place importante, même comme simple prince consort d'Égypte. Proposition sans suite. De toute façon, les pouvoirs des triumvirs sont sur le point d'expirer.

Le 1er janvier 32, entrent en fonctions deux nouveaux consuls, tous deux amis d'Antoine, Cn. Domitius Ahenobarbus et C. Sosius. Cependant qu'Octave, qui n'est plus couvert par le titre de triumvir, quitte Rome. Légalement, il n'est plus rien. En fait, sa puissance reste considérable. Quand, au début de février, il est question de le mettre en accusation – ce à quoi s'oppose immédiatement un tribun – il se décide à réagir par la force. Par un coup d'État rapidement mené, il rentre à Rome, convoque le sénat, paraît en séance entouré de soldats ; il s'assied entre les deux consuls, comme s'il était toujours triumvir et il expose ses griefs contre Antoine et ses amis. Après quoi, devant les sénateurs interloqués, il lève la séance et fixe une prochaine réunion au cours de laquelle il apportera des preuves. Aucune opposition ne s'élève. Les consuls, affolés, fuient vers Éphèse, vite imités par quelque 300 sénateurs.

Le coup d'État a réussi.

De son côté, Antoine se préparait à la guerre. Tout en hâtant ses armements, il s'est dirigé, en compagnie de Cléopâtre, vers Samos, puis vers Athènes, d'où il a adressé à Octavie une lettre de répudiation, suivie d'un ordre d'expulsion de sa maison. Bien renseigné par des antoniens qui, malgré leur attachement au général qu'ils admiraient toujours, refusaient de servir la reine d'Égypte et regagnaient Rome – parmi eux le fameux L. Munatius Plancus, fondateur de Lyon, qui avait suivi Antoine en Orient et l'avait servi comme *procurator a voluptatibus* ; l'historien Velleius Paterculus, qui écrit sous Tibère, dira de lui qu'il « avait la maladie de trahir » – Octave fait saisir chez les vestales le testament qu'Antoine avait déposé et le fait publier. Il contient la confirmation des cessions de territoires à Cléopâtre et à ses enfants ; à Octave, fils adoptif de César, il oppose le jeune Césarion comme fils de César et de Cléopâtre[1] ; enfin il demande que son corps soit enterré à Alexandrie, comme s'il était un pharaon. Autant dire que, pour lui, la capitale de l'Égypte était la vraie capitale du monde. On imagine l'indignation du peuple romain.

En juillet 32, par un sénatus-consulte, la guerre est déclarée à Cléopâtre, et Antoine est déchu de tous ses pouvoirs. La rupture est consommée. Tandis que Marc Antoine prétend conserver le titre de triumvir et revêt le consulat le 1er janvier 31, faisant fi de sa déchéance que bien entendu il ne reconnaît pas, et qu'il se fait prêter serment de fidélité par ses alliés orientaux, Octave de son côté renonce au titre de triumvir, mais garde les pouvoirs extraordinaires que le titre lui conférait auparavant, et à partir de 31, il exerce le consulat tous les ans. Mais surtout, pour renforcer son autorité sur l'Italie et tout l'Occident, il se fait prêter, dans une atmosphère surprenante d'attente d'un événement d'importance majeure[2], un serment qui va faire date dans l'histoire constitutionnelle de Rome[3].

---

1. Pour J. Carcopino, Césarion était fils, non de César, mais d'Antoine : voir *Passion et politique chez les Césars*, Paris, 1958.
2. Sur cette atmosphère de l'année 32, l'attente (et l'espoir chez Cornelius Gallus) d'un grand événement qui fera d'Octave la *maxima pars romanae historiae*, voir l'épigramme de C. Cornelius Gallus, découverte sur un papyrus de Qasr Ibrîm : *J.R.S.* 1979, p. 125 et suiv., et S. Mazzarino, « Un nuovo epigramma di Gallo e l'antica lettura epigrafica (un problema di datazione) », *Quaderni Catanesi*, 3, 1980, p. 7-50.
3. Voir en dernier lieu P. Herrmann, *Der Römische Kaisereid. Untersuchungen zu seiner Herkunft und Entwicklung*, Göttingen, 1968, 132 p., qui ne dispense pas de lire F. De Visscher, « Les pouvoirs d'Octavien en l'an 32 av. J.-C. », *Bull Inst. hist. belge de Rome*, XIX, 1938, p. 103.

À ce serment, Auguste attachera, dans ses *Res gestae*, 25, 2, une grande importance :

> Toute l'Italie m'a prêté serment d'une façon spontanée et m'a réclamé comme chef dans la guerre qui m'a vu vainqueur à Actium. Le même serment m'a été prêté par les Gaules, les Espagnes, l'Afrique, la Sicile et la Sardaigne.

C'est donc bien tout l'Occident romain qui, à l'automne 32, après la déclaration de guerre lancée contre Cléopâtre, reine étrangère (ce qui fait de la guerre un *justum atque pium bellum*, comme l'appelle Dion Cassius, L, 4, 6), et non contre Marc Antoine (ce qui en eût fait un *bellum civile*), à l'imitation de l'Italie, se lie à Octave par un serment de fidélité et le désigne comme chef de la guerre. Ce n'est donc, semble-t-il, ni le sénat ni le peuple qui confèrent à Octave des pouvoirs certainement aussi amples que ceux qui ont été confiés aux *imperatores* des décennies antérieures, notamment à Pompée et à César. Il a suffi d'un serment de fidélité. Procédure non seulement extraordinaire, mais à première vue « d'une illégalité, d'une inconstitutionnalité presque monstrueuse », comme l'a écrit à juste titre F. De Visscher[1]. Surtout si, comme l'ont cru certains historiens, les pérégrins (non-citoyens) se sont joints aux citoyens romains pour participer à cette *conjuratio*. En fait, il est possible qu'il faille disjoindre deux données dans le texte des *Res gestae* : d'une part la manifestation de l'Italie, dont toute la population libre est composée de *cives romani*, qui a donc par décision populaire le pouvoir d'attribuer des missions extraordinaires ; d'autre part celle des provinces d'Occident, où dominent les non-citoyens, qui ne disposent donc pas du même

---

1. Art. cit., p. 110. Un des actes les plus révolutionnaires de l'histoire romaine depuis la mort de César, selon M. A. Levi, *Ottaviano capoparte*, II, p. 117-181 : pour lui, non seulement les citoyens romains auraient ainsi conféré l'*imperium*, mais aussi les pérégrins de l'Occident romain.

pouvoir, et qui se rallient seulement au serment de fidélité des Italiens. Cette distinction de caractère juridique est évidemment très importante : elle enlève à la procédure son caractère inconstitutionnel, « illégal » et « monstrueux ». Auguste pourra se vanter d'avoir agi conformément à des pouvoirs acquis « du consentement de tous ses concitoyens » (*per consensum universorum*). L'origine de ces pouvoirs devient alors légale... même si, au regard des règles adoptées à l'époque de la Haute-République, le choix de la procédure ne se justifie que par les circonstances et la volonté d'Octave de s'affirmer, face à Antoine, comme le mandataire du peuple romain, celui de Rome, d'Italie et d'Occident. Les apparences sont sauves. Les pouvoirs triumviraux d'Antoine ont été légalement abrogés. Aux siens Octave a renoncé lui-même, mais le peuple l'investit maintenant d'une mission : conduire la guerre contre la reine d'Égypte et, du fait de son alliance, contre Marc Antoine, traître à la cause romaine.

Actium (2 septembre 31 av. J.-C.)

La fin de l'année 32 et l'hiver 32-31 sont des deux côtés occupés par une sorte de guerre froide, marquée par une propagande intensive qui s'exprime par de violents libelles. Ce qui fait ressortir de nouveau le rôle de plus en plus important en politique de la foule et de l'opinion, qu'on s'efforce d'influencer par tous les moyens. Tandis qu'Antoine est par les pamphlets octaviens ridiculisé comme le « nouveau Dionysos » salué en Orient par des thiases organisés, Octave est présenté par les antoniens comme sacrilège parce qu'il se serait un jour déguisé en Apollon, son dieu patron. Au point que la guerre des deux *imperatores* va prendre l'allure, non seulement d'un conflit entre l'Occident et l'Orient, mais entre deux camps divins. À un degré plus bas d'insultes, à un Octave qualifié de poltron, le « bureau de presse » rival traite Antoine de soudard et d'ivrogne. À quoi celui-ci répond non sans humour par un petit traité *De ebrietate sua*. On attaque Octave sur l'infériorité sociale de ses ancêtres ; du côté octavien, on répond par des accusations qui visent les ministres de Cléopâtre. Dans les deux camps, on s'accuse mutuellement de crimes politiques et des pires dépravations sexuelles ; les libelles obscènes fleurissent de part et d'autre.

Au début de 31, tout en consolidant sa position constitutionnelle par un troisième consulat, assumé avec M. Valerius Messalla Corvinus pour collègue, Octave s'emploie surtout à renforcer sa situation militaire. Mécène reçoit la charge de maintenir l'ordre et d'administrer Rome et l'Italie en l'absence d'Octave. Des dispositions sont prises pour faire assurer par la flotte la protection des côtes des provinces occidentales. Cornelius Gallus, notamment, doit garder l'Afrique contre toute attaque venant de l'est. Au printemps, Octave avec une flotte imposante commandée par Agrippa et avec un grand nombre de sénateurs part pour l'Adriatique.

Pendant ce temps, Antoine a gagné la côte de la mer Ionienne, sa frontière occidentale, à la tête de 8 escadres de 60 bateaux de ligne chacune, lui-même occupant le bateau amiral avec Cléopâtre à son bord. À ces 480 vaisseaux s'ajoutaient environ 500 navires de ravitaillement : c'est la plus grande flotte jamais vue. D'autre part, 19 légions, accompagnées de troupes auxiliaires asiatiques, soit au total quelque 70-75 000 fantassins et 12 000 cavaliers ont pris position dans les Balkans non loin du golfe d'Ambracie où la flotte stationnait. De là, Antoine représentait une menace directe pour l'Italie. Sans doute commit-il la faute de n'y pas aborder avant l'hiver 32-31 ; il préféra attendre [1] et passer la mauvaise saison à Patras.

C'est donc Octave qui prit l'initiative. Avec 400 bateaux sous les ordres d'Agrippa et 92 000 hommes, dont 12 000 cavaliers, sous les ordres de Statilius Taurus, il

---

1. Selon W. Tarn, *JRS*, 21, 1931, p. 176 et suiv. si Antoine ne débarqua pas en Italie, c'est parce qu'il lui était impossible de le faire politiquement avec Cléopâtre, sensuellement sans elle.

lança la campagne très tôt, alors qu'Antoine se trouvait encore dans ses quartiers d'hiver. Les opérations vont se dérouler en trois temps. Le plan d'Agrippa consistait, avec sa flotte, à attaquer le Péloponnèse et là à frapper l'arrière des forces ennemies pour gêner le ravitaillement par l'Égypte. Il réussit à s'emparer de Patras et de Corinthe, coupant ainsi les troupes antoniennes du Péloponnèse. Antoine entreprit alors d'attaquer à son tour, et pour cela il vint camper en face d'Octave ; après un échec de sa cavalerie, il se retira sur Actium, à l'entrée du golfe d'Ambracie. Venu assiéger Octave, il se retrouve lui-même en état de siège. C'est alors que de graves dissensions se produisent dans le haut commandement romano-égyptien : tandis que Cléopâtre confiante dans sa flotte veut une bataille sur mer, Antoine plus à l'aise sur terre souhaite une action sur le continent. D'autre part, ayant constaté dans ses troupes des désertions vers le camp d'Octave, il répond par de sévères exécutions afin de sauver le moral de soldats et d'officiers qui n'apprécient pas tous de combattre avec les Égyptiens contre d'autres Romains. Il était temps d'en finir. Lors d'un conseil de guerre dramatique, c'est le point de vue de Cléopâtre et son plan maritime qui l'emportent.

On en arrive ainsi à l'engagement naval d'Actium, le 2 septembre 31, sous le promontoire que domine un temple d'Apollon[1]. Un engagement d'interprétation fort discutée. Le vent du nord-ouest qui se leva à midi est-il responsable du désordre qui dissocie la flotte d'Agrippa déployée au large du golfe, séparant le centre de l'aile gauche et créant ainsi une brèche par où se glissa Cléopâtre ? La reine voulait-elle atteindre le Péloponnèse par le sud ? Ou regagner l'Égypte d'où lui étaient parvenues d'inquiétantes nouvelles de désordres ? Ce qui est sûr, c'est qu'Antoine la suivit :

---

1. Voir M. A. Levi, « La battaglia d'Azio », *Athenaeum*, n.s., X, 1932, p. 3-21 ; – J. Kromayer, « Actium, ein Epilog, Hermes », 68, 1933, p. 361-383 – G. W. Richardson, « Actium », *JRS*, 278, 1937, p. 153-167 – J. M. Carter, *The Battle of Actium, the Rise and Triumph of Augustus Caesar*, Londres, 1970.

manœuvre concertée ? Ruse de la reine ? On ne peut savoir. Y eut-il ensuite réellement bataille entre les deux flottes ? Ou, comme le pensent certains[1], victoire d'Octave sans véritable bataille ? Ce fut le cas du moins pour l'armée de terre, à qui Antoine avait donné l'ordre de battre en retraite vers la Macédoine, puis l'Asie Mineure, et qui, se sentant abandonnée, capitula et se rallia tout entière au parti d'Octave.

De cette victoire incontestable c'est la portée politique et psychologique qui prévaut. Les poètes augustéens purent bien magnifier le *bellum actiacum* et célébrer la bataille finale comme un grand exploit militaire, une victoire *terra marique*. Pour exalter la paix qui règne désormais dans tout l'Empire, Ovide la représentera « les cheveux couronnés des lauriers d'Actium » (*Fastes*, I, 711). Et Horace put chanter avec davantage de raison le triomphe de l'Occident sur l'Orient (*Carm.*, III, 4, 42)[2]. De fait, Actium eut des conséquences d'une importance historique pour Rome et pour tout le monde romain. Ce fut d'abord, à court terme, l'intervention d'Octave en Égypte : en passant par Athènes et Samos, où il passe une partie de l'hiver 31-30, occupé notamment à réorganiser l'Orient, après un voyage éclair en Italie pour y réprimer une mutinerie de légions et une tentative de complot, Octave traversa la Syrie et s'approcha d'Alexandrie. Le 31 juillet 30, sa cavalerie se trouvait dans les faubourgs. Antoine et Cléopâtre se suicidèrent, le premier parce qu'il crut la reine morte, la seconde parce que, ayant perdu tout espoir de séduire Octave (comme elle avait fait pour César et pour Antoine), elle ne pouvait

---

1. Selon J. Gagé, « Actiaca », *MÉFRA*, 53, 1936, p. 3 et suiv, Actium fut à peine une bataille, seulement « un engagement décidé dans l'équivoque, poursuivi dans la trahison, rompu par la fuite du principal partenaire ».
2. Voir R. Pichon, « La bataille d'Actium et les témoignages contemporains », *Mélanges Boissier*, Paris, 1903, p. 397-400 – L. Braccesi, « Orazio e il motivo politico del Bellum Actiacum », *La Parole del Passato*, 22, 1967, p. 177-191.

envisager de paraître au triomphe de son vainqueur. Le 1ᵉʳ du mois qui devait porter son nom (*Augustus*), Octave fit son entrée à Alexandrie.

Non seulement la riche Égypte devenait province romaine (il ne restait plus à annexer que la Maurétanie pour que la Méditerranée devînt réellement un « lac romain »), et par là s'affirmait en vérité le triomphe de l'Occident et du monde latin sur l'Orient grec et ses conceptions politico-religieuses, mais Octave devenait le seul maître du monde[1]. Après avoir passé de nouveau l'hiver 30-29 à Samos, où sa santé toujours fragile trouvait des conditions climatiques favorables, il rentra à Rome dans l'été de 29 pour y célébrer trois triomphes et ensuite fermer solennellement le temple de Janus. L'ère des guerres civiles est close. Octave, vainqueur et restaurateur de la paix, a maintenant les mains libres pour organiser le régime dont les bases ont été posées par César, mais en tirant, avec un grand sens politique, les leçons de l'échec des Ides de mars et en tirant parti de l'effet psychologique de la triste époque 44-31.

Sans vouloir diminuer les mérites de ce génie politique que fut Octave Auguste, il faut reconnaître que, pendant ces treize années, étaient intervenus de singuliers changements qui, dans la société et dans les mentalités, lui facilitèrent grandement la tâche.

---

[1]. Sur les conséquences d'Actium, voir J. Le Gall et M. Le Glay, *l'Empire romain* (coll. « Peuples et Civilisations »), Paris, 1987, p. 11-25.

2

L'ÉVOLUTION DE LA SOCIÉTÉ :
VERS UNE NOUVELLE CLASSE DIRIGEANTE

C'est une des grandes leçons à tirer du livre magistral de sir Ronald Syme, *The Roman Revolution*, où, en utilisant largement la méthode prosopographique, l'illustre historien britannique a montré qu'un des plus importants changements intervenus pendant la crise révolutionnaire se situait dans le personnel de la classe dirigeante.

Tandis que le pouvoir de la vieille aristocratie romaine, exposé depuis le IIe s. av. J.-C. à des pressions et à des menaces venues d'horizons divers, déclinait peu à peu, avant d'être brisé au cours des guerres civiles et par les proscriptions, la composition de la classe dirigeante se transformait en profondeur. L'ancienne classe politique, qui s'identifiait pour une large part avec l'antique et vénérable aristocratie romaine des Cornelii, des Fabii, des Claudii, pour beaucoup atteints par des scandales divers, s'est trouvée, surtout après la guerre sociale, remplacée progressivement par une nouvelle classe politique venue des colonies et des municipes d'Italie et issue du milieu des notabilités municipales locales. Déjà à l'époque de Sylla, on ne trouve par exemple aucun Fabius parmi les consuls ; il faut attendre le temps de César pour qu'un Fabius Maximus ramène le consulat dans sa *gens*. Certes, les patriciens comptaient toujours au sénat ; mais il y a longtemps qu'ils y avaient cédé le pas, au moins numériquement, aux plébéiens : déjà en 55, sur 415 sénateurs, 43 seulement étaient patriciens. Et la proportion des plébéiens est encore bien plus forte en 44-43. Toutefois, n'allons pas croire que ce changement dans la composition de la haute assemblée a changé quelque chose dans son état d'esprit. Les clarissimes plébéiens, les Marcii, ou les Junii, constituent eux aussi une caste fermée qui n'est pas plus favorable que l'autre aux *senatores novi*. Riches et se servant du pouvoir plus pour les *honores* qui lui sont attachés que pour la *salus publica*, ils tiennent à leurs privilèges et sont peu disposés à les partager. C'est une des raisons principales de leur opposition à Pompée, puis à César et aux triumvirs, quand ces *imperatores* ont commencé à privilégier leurs hommes. Entre 44 et 31, les vieux sénateurs, tiraillés entre les clans, détruits par les proscriptions, perdent leurs représentants les plus éminents : en 43, il n'y a plus qu'une douzaine de consulaires dans l'assemblée. En 33, ils sont plus de 30, mais la plupart sont des nouveaux venus. Le rang social a changé.

S'il y a toujours une oligarchie au pouvoir, sa composition se trouve profondément modifiée. C'est ce changement qu'il convient d'analyser d'un peu plus près, en tenant compte, plus que ne l'a fait R. Syme, de l'appauvrissement de la *nobilitas* traditionnelle à la suite des guerres civiles, appauvrissement qui modifie sensiblement le rapport politique-richesse[1].

La poussée d'une force nouvelle : l'ordre équestre

Il y eut d'abord, à partir du « règne » de Pompée, une forte poussée de cette force nouvelle que représentaient

---

1. Sur ce phénomène, sur la montée des nouveaux riches et l'idéologie de l'*honesta paupertas* et du *pauper senator*, voir les actes du Colloque *L'ideologia dell' arricchimento e l'ideologia dell' ascesa sociale a Roma e nel mondo romano (II sec. a.c. – II sec. d.c.)*, Lecce 1983, et notamment la communication de M. Pani, *Index*. 13, 1985, p. 1.

depuis les conquêtes les chevaliers, cet *ordo* privilégié dont Cicéron, chevalier d'origine, entré dans la *nobilitas* en devenant sénateur, a pour ses contemporains et pour nous montré la place qu'elle occupait dans la société politique en prônant la nécessité de la *concordia ordinum*. Pour l'ancien consul de 63, les malheurs de la République depuis les Gracques viennent des conflits engagés entre la *nobilitas* sénatoriale et les chevaliers. Pour sauver la *res publica*, il est donc indispensable de rétablir leur alliance. Une alliance que J. Carcopino voyait comme une sorte d'« union sacrée des possédants ». Que C. Nicolet voit, non comme un réflexe de défense, mais comme une fin en soi, destinée à donner un tour nouveau à la vie de la République. Une alliance politique excluant les extrémistes des deux bords, c'est-à-dire les nobles les plus conservateurs, comme les Caecilii Metelli, et les trublions *populares*, pour la plupart des *nobiles* occupés à agiter la petite plèbe pour servir leurs ambitions personnelles. Cette union des centres, cette « troisième force », Cicéron la voit dans l'alliance de la majorité des « nobles » et des *veri populares*, des *boni*, des honnêtes gens, hommes de bien, qui sont aussi, en général, des hommes qui ont des biens. Cette alliance politique serait, pour Cicéron, fondée sur l'acceptation des chevaliers de soutenir le sénat contre les excès des *populares* (du type Clodius), en échange de quoi les sénateurs accueilleraient dans leur assemblée des *senatores novi* et surtout respecteraient les engagements pris à l'égard des sociétés de publicains qui tenaient en main les finances de l'État. En fin de compte, Cicéron échoua. Il fut lâché par les uns et par les autres après son consulat. Et l'on assista au rapprochement de Pompée et de César et à la formation du premier triumvirat.

Cette politique de « troisième force » a échoué pour deux autres raisons. Les chevaliers perdirent l'appui des *populares* en refusant en 63 la loi agraire proposée par Rullus, loi contre laquelle Cicéron prit position dans son *De lege agraria*. En même temps qu'ils perdaient l'appui des sénateurs qui, pour faire échec à Pompée, au moment de son retour d'Orient, abandonnèrent la *concordia ordinum*. Corps socialement puissant, les chevaliers se trouvèrent ainsi évincés de tout espoir politique. Pour sa part, Cicéron tenta alors de regrouper les chevaliers des municipes italiens et de leur donner une doctrine politique. Pour cela, il lança un autre slogan politique, celui du *consensus omnium bonorum*, accord général des « honnêtes gens », qui s'adressait surtout aux notables italiens. C'est sur cette entente que devait s'appuyer l'*auctoritas* du chef d'État appelé à sauver la République en ces temps difficiles, une idée que Cicéron a abondamment développée dans ses traités politiques. La dictature de César devait anéantir ses rêves. Cicéron ne comptait que par lui-même ; il n'avait pas de parti derrière lui. Il reste que, pour la première fois, les chevaliers ont été, du fait de Pompée d'abord, de Cicéron ensuite, introduits dans la vie politique romaine, même si leur rôle apparaît toujours réduit par comparaison avec celui de la *nobilitas* sénatoriale à laquelle Cicéron notamment entend réserver la meilleure part.

Avec César, la méthode a changé. Tandis que les publicains se voyaient refuser une situation privilégiée dans l'État, la *lex Julia de publicanis* de 59 abaissait d'un tiers les versements dus à l'État par leurs sociétés chargées à la fois des prélèvements d'impôts et des entreprises publiques (on n'oublie pas que Pompée et Crassus étaient intéressés à leurs profits). Cependant que les chevaliers retrouvaient avec les sénateurs leur part dans les jurys des tribunaux. Surtout, César a pris soin de les associer au pouvoir, ou plus exactement de les utiliser au service de l'État. Et c'est ainsi qu'a commencé une véritable domestication, individuelle d'abord, mais qui va se développer rapidement et amplement sous le principat augustéen et faire de l'ordre équestre l'un des plus solides pivots de l'administration impériale et l'un des meilleurs supports du nouveau régime.

César sut attirer dans son camp beaucoup de chevaliers avides de jouer un rôle ou (et) de s'enrichir au pouvoir. On trouve dans son entourage trois sortes d'hommes issus de l'ordre équestre. Des officiers d'état-major comme Mamurra, aussi célèbre par son courage que par ses vices, ou comme P. Ventidius qui, réduit en esclavage par le père de Pompée dans les aléas de la guerre sociale, assuma auprès de César la lourde responsabilité des transports et du ravitaillement pendant ses campagnes. Surtout les chevaliers peuplent le « cabinet » du proconsul-dictateur : C. Oppius ne se contentait pas d'être historien et auteur des *Commentarii*, il était aussi l'homme qui multipliait les voyages, rédigeait les pamphlets et nouait les intrigues au service de son patron. Au cœur de toutes les intrigues, il rencontrait le millionnaire L. Cornelius Balbus, originaire de Gades (Cadix) en Espagne, où il régnait en maître ; en l'absence de César, ce sont eux qui prenaient les décisions importantes. Beaucoup enfin étaient des banquiers dont la puissance financière favorisait singulièrement la puissance politique (César devait « arroser » tant de monde !). Parmi eux se distinguaient C. Matius, banquier et homme d'affaires, redoutable par sa puissance politique, et C. Rabirius Postumus, fils d'un riche et puissant publicain, lui-même au cœur d'un immense réseau d'affaires financières qui s'étendait jusqu'en Égypte où, pour avoir prêté d'énormes sommes au roi Ptolémée XI Aulète (le Joueur de flûte), il obtint, faute de remboursement des dettes, le poste de ministre des Finances.

Après les Ides de mars, la poussée de l'ordre équestre ne fit que croître, à la fois dans la société et dans le monde politique. Pour un certain nombre de chevaliers, les proscriptions furent l'occasion d'énormes profits. Elles entraînèrent notamment de considérables transferts de propriétés, qui furent à l'origine d'immenses fortunes. La division du monde romain entre les triumvirs favorisa d'autre part la formation d'états-majors et de « cabinets », où les chevaliers occupèrent souvent des places de premier plan. Pour ne prendre que l'exemple du clan octavien, il y a bien encore là quelques représentants de l'antique patriciat, comme M. Valerius Messalla Corvinus ou M. Aemilius Lepidus ; ce sont des exceptions. La plupart de ceux qui y brillent appartiennent à l'ordre équestre. On pense entre autres à Mécène et à C. Proculeius. C. Maecenas était un grand aristocrate étrusque, de souche royale même : du côté maternel, ses ancêtres, les Cilnii, avaient régné sur la ville d'Arretium (Arezzo) ; quant à son grand-père, c'était un riche propriétaire très conservateur. Conseiller politique très écouté, habile diplomate, « il n'était pas moins cher à Octave qu'Agrippa, écrit Velleius Paterculus, mais il eut moins d'honneurs et se contenta toute sa vie du rang équestre. Il aurait pu s'élever aussi haut, mais il ne le désira pas ». Selon J. Heurgon[1], c'est précisément son appartenance à l'aristocratie étrusque qui explique ses réticences à l'égard des honneurs romains. Caius Proculeius comptait lui aussi parmi les plus chers amis du triumvir. Préfet de la flotte à Ithaque, il aurait pu accéder à la classe sénatoriale ; Auguste songera même plus tard à lui donner la main de sa fille Julie. Il préféra rester chevalier. Tacite émettra un jugement fielleux sur cette sorte d'hommes qui prétendent rester chevaliers, mais qui en réalité surpassent en crédit beaucoup de consulaires ; c'est là rancœur de grand seigneur contre les fidèles serviteurs des princes, issus d'un ordre inférieur.

En ce dernier siècle de la République – R. Syme l'a bien montré – gravitent autour du pouvoir beaucoup d'hommes, surtout des chevaliers qui, sur le plan social, ne sont pas très différents des sénateurs ; ils leur sont d'ailleurs fréquemment apparentés et même appartiennent aux mêmes familles ; ils sont aussi riches qu'eux. Mais ils en sont séparés par un abîme de rang et de prestige, par leur refus volontaire, résolu et systématique des honneurs. C'est le cas du célèbre ami de Cicéron, Pomponius Atticus, épicurien attaché avant tout à l'*otium*. Tandis qu'un peu plus tard, au

---

1. J. Heurgon, *la Vie quotidienne chez les Étrusques*, p. 318-328. Sur Mécène, voir R. Avallone, *Mecenate*, 1963 et J.M. André, *Mécène. Essai de biographie spirituelle*, (*Annales litt. Univ. Besançon*, vol. 86), Paris, 1967.

service d'Auguste, ils occuperont en grand nombre des fonctions importantes. Au fond, on les accuse[1] d'avoir volontairement boudé la République, et même d'avoir accepté, sinon recherché la confiscation de la République par un monarque, à la cause de qui ils se sont ensuite dévoués. En fait, comme l'a montré C. Nicolet, ils étaient toujours très nombreux, après 44, dans les services de la République, soit comme tribuns militaires soit comme préfets. Mais très peu, il est vrai, recherchaient l'accès aux honneurs. Ainsi, ce qui distinguait les chevaliers des sénateurs, ce n'était ni affaire de prestige, ni de rang social, mais affaire d'exercice officiel du pouvoir. Car, dans la réalité de ce pouvoir, ils tenaient leur place, ils jouaient un rôle véritable qui les a préparés à fournir au principat augustéen les cadres de l'administration impériale et à constituer une puissante « noblesse d'Empire ». Le cas de C. Cornelius Gallus, premier préfet d'Égypte, c'est-à-dire vice-roi de la nouvelle province, est à cet égard exemplaire d'un succès... et d'un échec personnel, puisque, rappelé à Rome, il sera acculé au suicide. Mais dans l'ensemble, de bons militaires et d'efficaces financiers sous la République agonisante, ils deviendront d'excellents fonctionnaires au service de l'Empire.

La poussée des notables italiens et des élites provinciales

Autant et peut-être même plus que les chevaliers, ce sont les notables municipaux d'Italie et les élites provinciales qui bénéficièrent des faveurs de César et de ses successeurs, faveurs qui les conduisirent à des promotions atteignant parfois le clarissimat. Suétone (*Div. Jul.*, 76, 5) reproche à César d'avoir fait entrer au sénat des gens depuis peu gratifiés du droit de cité et « des Gaulois à demi barbares ». Et un peu plus loin (80, 3), non content de rapporter les vers injurieux qu'on colportait à Rome sur ces demi-barbares :

---

1. R. Syme.

Après avoir triomphé des Gaulois, César les fait entrer à la curie. Les Gaulois ont quitté leurs braies pour prendre le laticlave,

il signale les placards qui brocardaient ces Gaulois mal dégrossis qui, ignorants de la topographie de la Ville, s'y égaraient dans le dédale des rues :

À tous salut ! que personne ne s'avise d'indiquer le chemin de la curie à un nouveau sénateur.

De fait, on connaît des Gaulois de Cisalpine et de Transalpine qui sont devenus sénateurs grâce à César. Parmi eux le poète C. Helvius Cinna, originaire de la région de Vérone-Brescia, qui, tribun de la plèbe en 44, fut lynché par la foule, laquelle, dans le tumulte qui suivit l'assassinat du dictateur, le confondit avec le préteur Cornelius Cinna, un anticésarien fanatique. Cela dit, la proportion de ces provinciaux resta très faible, beaucoup plus faible que ne le laissent entendre les auteurs anciens, dans un sénat de 900 membres.

Ce qui est vrai, c'est que, parmi les sénateurs et les chevaliers en vue, beaucoup sont maintenant issus de familles originaires de toute l'Italie. Les célèbres sénateurs césariens P. Vatinius et C. Sallustius Crispus viennent tous deux du pays sabin, le premier de Reate (Rieti), le second d'Amiternum (San Vittorino, près d'Aquila). P. Vatinius est ce tribun de la plèbe qui, en 59, fit attribuer par plébiscite à César et pour cinq ans les provinces des Gaules et de l'Illyricum que ses collègues du sénat lui refusaient. Attaqué violemment par Cicéron, il devait plus tard se réconcilier avec lui et même l'accueillir en ami à Brindes, dont il commandait la place. Quant à C. Sallustius Crispus, c'est l'historien bien connu qui, démocrate avancé et tribun agité, avait été chassé du sénat en 50 ; réintégré par César, il avait exercé un commandement militaire et gouverné la province d'Africa nova après Thapsus. À la mort de son ami, il s'est retiré de la vie politique et consacré à l'histoire : admirateur

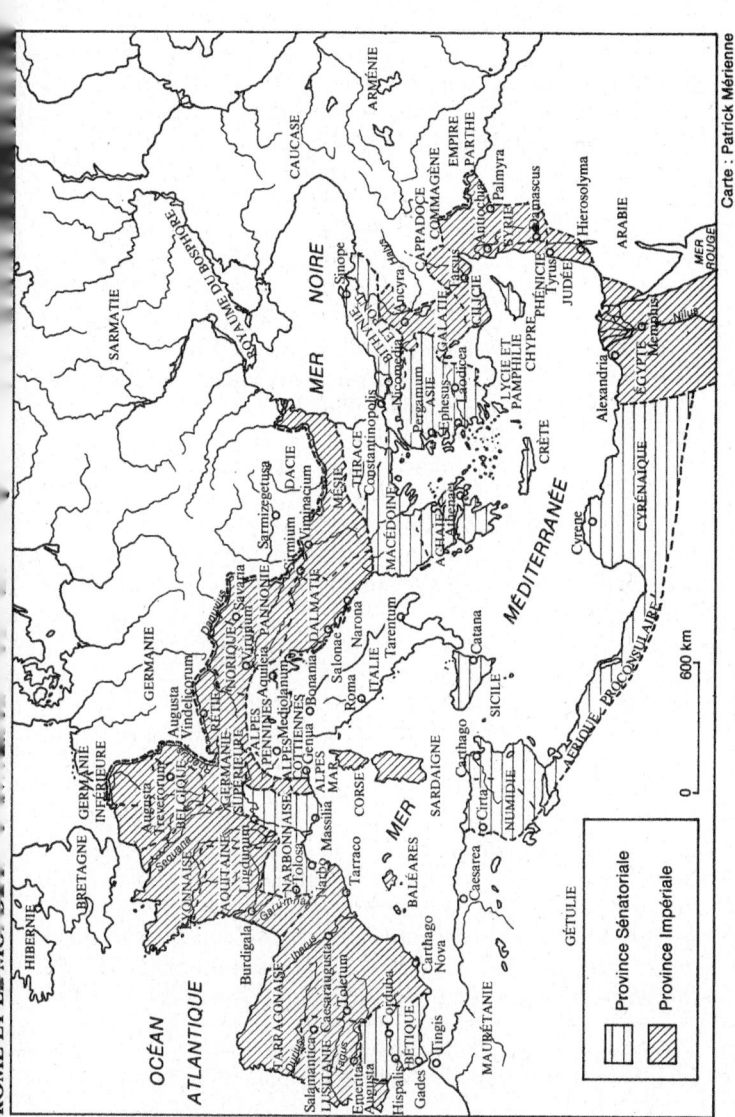

et imitateur de Thucydide, il raconta la conjuration de Catilina et la guerre de Jugurtha, tout en réfléchissant sur la décadence des antiques vertus et les causes du déclin de la *res publica*. Dans le somptueux palais entouré de jardins qu'il s'est fait construire sur le Pincio, ce démocrate convaincu, devenu césarien (il n'admirait que deux hommes de son temps : Caton et César), est resté jusqu'à sa mort en 35 un moraliste pour qui le déclin de Rome et la ruine du peuple romain ont commencé avec la destruction de Corinthe et de Carthage pour se précipiter avec les guerres civiles. Les consuls de 43, A. Hirtius et C. Vibius Pansa, étaient également issus de familles italiennes. De même Cn. Plancius qui était originaire d'Atina, un petit bourg voisin d'Arpinum ; Cicéron plaida pour lui (*Pro Plancio*) et le fit acquitter. C'est surtout après 44 et dans l'entourage d'Octave que vont dominer les nouveaux venus. Déjà quand il est à Apollonie, où son grand-oncle l'a envoyé pour étudier l'éloquence et parfaire sa formation militaire, les deux hommes qu'il a près de lui comme mentors sont issus du même milieu municipal italien. L'un est Q. Salvidienus Rufus, d'humble origine – selon Dion Cassius, il aurait dans son enfance gardé les troupeaux dans les pâturages de son pays natal. Chevalier, il joua un rôle important dans la guerre de Pérouse, devint gouverneur de toutes les Gaules et fut désigné pour le consulat de 39 sans avoir assumé les fonctions normales antérieures. Mais, dénoncé à Octave par Antoine lui-même avant l'accord de Brindes et accusé de haute trahison, il se suicida, mettant fin à une carrière qui s'annonçait particulièrement brillante, à l'image sans doute de celle d'Agrippa. De celui-ci, qui était avec Salvidienus à Apollonie, on ignore jusqu'à sa patrie d'origine. Ce qui est sûr, c'est qu'il n'était pas né noble et qu'à Rome la gens Vipsania était complètement inconnue avant lui[1]. Sa famille n'avait accédé à la citoyenneté romaine que depuis

---

1. Voir J.M. Roddaz, *Marcus Agrippa*, Paris-Rome, 1984, 734 p.

une génération, semble-t-il. Il appartenait donc à cette troupe de jeunes gens de la deuxième génération de nouveaux citoyens, les uns chevaliers romains, les autres simples roturiers, qui deviennent les jeunes loups de l'époque 58-31 av. J.-C. Devenu compagnon et ami d'Octave, il va vivre à ses côtés une aventure extraordinaire qui va le conduire sur tous les champs de bataille de l'époque du second triumvirat, de Pérouse à Actium où, grand amiral, il commandait la flotte. Préteur urbain à vingt-trois – vingt-quatre ans, consul en 37 à vingt-six ans, il va s'imposer comme « l'architecte du nouvel ordre » et le bras droit du prince avant de devenir son gendre en 21 av. J.-C. par son mariage avec Julie. Exceptionnel destin d'un roturier, inimaginable avant cette période tumultueuse qui donne toutes ses chances non plus à la naissance, mais au mérite personnel et au dévouement à la personne du prince.

Il est vrai que l'époque triumvirale marque pour l'Italie, malgré de graves difficultés nées des guerres civiles et des désordres qui allaient au-delà du simple brigandage – Virgile s'est fait l'écho des drames vécus en Italie et du désespoir de certains Italiens – une période d'essor agricole et commercial. C'est vrai surtout en Campanie et en Gaule cisalpine devenue partie intégrante de la péninsule depuis 42. Et c'est le résultat à la fois des déductions coloniales et de l'ouverture de nouveaux marchés extérieurs. Pour l'historien britannique P. Brunt[1], on ne compte entre 41 et 25 pas moins de 120 000 bénéficiaires des assignations foncières ; et dans ses *Res gestae*, Auguste se vantera d'avoir fondé personnellement 28 colonies. Quant au trafic commercial, son développement est confirmé par les découvertes récentes de l'archéologie qui révèlent dans tout le bassin occidental de la Méditerranée des marques d'amphores attestant des relations économiques avec la plaine du Pô. D'une économie de subsistance, l'Italie du Nord est passée à une agriculture d'échange : de grandes foires, aux Campi

---

1. *Italian Manpower (225 BC – 14 AD)*, Oxford, 1971.

Macri près de Modène, ou à Crémone attirent des marchands de toute l'Italie. On assiste au début du déplacement vers le Nord des forces vives de l'économie italienne. Parallèlement se déploie un vigoureux essor de la vie municipale sous l'impulsion de forces nouvelles. Des centurions libérés de leur service entrent dans les curies locales. Les cités se dotent de monuments grandioses. Avec Octave, l'Italie et ses élites triomphent.

On comprend mieux ainsi, dans ce contexte économique et social, l'accès au consulat de sénateurs originaires de nouvelles familles, fort différentes des familles sénatoriales traditionnelles. Le personnel de la classe dirigeante est, dès 43, presque entièrement renouvelé. Les consuls en exercice sont pour la plupart des sénateurs nommés par César ou introduits après sa mort. Ils se nomment L. Munatius Plancus, C. Calvisius Sabinus, P. Canidius Crassus, C. Norbanus Flaccus, L. Caninius Gallus, C. Sosius, L. Cornificius, tous d'origine italienne ou inconnue, tous nouveaux venus dans la haute assemblée, partis, eux-mêmes ou leurs pères, d'Ombrie, de Lucanie, du Picenum, etc. Non moins importants qu'eux dans la vie de l'État, se détachent les « maréchaux », que leur passé militaire et généralement leur absence de scrupules destinent aux plus hautes fonctions. Q. Salvidienus Rufus a déjà été nommé. C'était, aux yeux de sir Ronald Syme, « le premier et le plus grand des maréchaux[1] », on a vu comment sa carrière fut tragiquement interrompue. Après Agrippa, les deux personnages les plus en vue sont alors T. Statilius Taurus et L. Cornificius, deux brillants officiers, amiraux aux qualités éprouvées, grands administrateurs de surcroît et représentants de cette « nouvelle noblesse » issue des milieux de notables italiens qui constituent l'entourage d'Octave.

Originaire de Lucanie, T. Statilius Taurus descendait d'une antique lignée aristocratique locale. Il devait son avancement à Calvisius Sabinus, officier de César qui en fit un

---

1. *La Révolution romaine*, p. 194.

sénateur. Sabinus le prit comme légat en Afrique, et il fut désigné comme consul suffect en 37, le premier de sa famille à accéder à cette insigne fonction. La guerre de Sicile contre Sextus Pompée devait révéler ses hautes capacités militaires : le succès de Nauloque, le 3 septembre 36, lui dut certainement beaucoup ; il lui valut en tout cas d'insignes récompenses : le gouvernement de l'Afrique en 35-34, le commandement des opérations en Illyrie, divers honneurs sacerdotaux – Velleius Paterculus parle de *complura sacerdotia* – sans compter d'immenses richesses, notamment en Istrie où on lui connaît des propriétés, et à Rome où ses jardins étaient célèbres : c'est lui qui fit construire à ses frais sur le Champs de Mars le premier amphithéâtre de pierre. Après avoir joué un rôle important à Actium, il interviendra en Macédoine, puis en Espagne. Trois fois acclamé *imperator* par ses légions, il devint *consul bis* avec Auguste lui-même pour collègue (c'était un honneur particulier) et finalement préfet de Rome en 16, quand le prince partira pour une tournée provinciale en Occident. Bref, un personnage hors du commun, le plus brillant des grands chefs de l'entourage augustéen après Vipsanius Agrippa.

Pour L. Cornificius, qui lui succéda comme proconsul d'Afrique pendant les années 33-32, ses mérites n'étaient guère moindres. De sa famille et de ses attaches on ne sait pas grand-chose, autant dire rien. C'est reconnaître que, comme Agrippa, il n'était pas « noble ». Peut-être était-il parent de Q. Cornificius, partisan césarien qui fut proconsul d'Afrique (Africa vetus) en 44-42. Lui-même en tout cas s'attacha à la cause d'Octave dès la première heure. Pour lui aussi, c'est la guerre de Sicile qui fournit l'occasion de révéler ses qualités. C'est même lui qui imagina le premier plan d'invasion de l'île contre Pompée. Et c'est lui encore qui sauva la mise à Octave au cours d'une bataille navale où le triumvir était en difficulté. Sans doute donc un amiral de talent, très fanfaron selon R. Syme[1] qui évoque le

---

1. Ouv. cit., p. 228.

privilège qu'il reçut ou qu'il s'attribua de se faire véhiculer sur un éléphant pour rentrer chez lui à la fin d'un banquet. Toujours est-il qu'en récompense de son activité dans le *bellum siculum*, il reçut le consulat ordinaire en 35, puis le proconsulat d'Afrique, au cours duquel, comme son prédécesseur T. Statilius Taurus, il célébra un triomphe *ex Africa*. Probablement n'avait-il pas la stature exceptionnelle de Taurus, mais lui aussi passait pour un grand militaire et un administrateur de talent. Son consulat ordinaire, géré avec le prince en 35, prouve qu'il était de celui-ci un homme de confiance. Naturellement lui aussi disposait, comme Taurus, de solides richesses ; on sait par exemple qu'il fit reconstruire à ses frais le temple de Diane sur l'Aventin.

On peut, à côté de ces deux brillants personnages, citer encore L. Tarius Rufus, originaire, semble-t-il, du Picenum et d'origine très humble : il fut un des lieutenants d'Agrippa à Actium et plus tard légat propréteur en Macédoine en 17-16 av. J.-C. Ou M. Vinicius, fils d'un chevalier de la colonie de Cales, en Campanie, ami personnel d'Auguste, qui sera consul suffect en 19 av. J.-C. Une liste complète serait plus longue.

Comparée à la brillante cohorte des anciens patriciens, cette nouvelle classe dirigeante en diffère évidemment par une nette dégradation sociale. Mais aussi par ses comportements : les manières sont plus rudes, la langue moins châtiée, le style oratoire plus direct, voire brutal. On y reviendra.

La promotion des centurions et des affranchis

Comme on peut s'y attendre dans une période où les armées font l'histoire, les chefs militaires n'ont pas été les seuls à bénéficier des faveurs de l'État triumviral. Centurions, soldats, et fils de soldats ont profité eux aussi de promotions sociales qui parfois ont engagé leurs familles dans un processus d'ascension politique non négligeable. Les plus anciens des centurions ont accédé à l'ordre équestre. Les autres ont souvent trouvé dans les sénats municipaux des fonctions qui ont occupé leur retraite et leur ont permis d'amorcer, soit pour eux-mêmes, soit plus souvent pour leurs fils, des carrières enviables. Quant aux soldats et à leur descendance, on cite souvent l'exemple de T. Flavius Petro, de Reate en Sabine, vétéran de Pompée, qui eut un fils de rang équestre, T. Flavius Sabinus, collecteur d'impôts, qui épousa la fille d'un chevalier, sœur du sénateur Vespasius Pollio ; de ce mariage naquit T. Flavius Vespasianus. Tous les petits-fils de soldats des guerres civiles et des guerres de conquête ne sont pas devenus empereurs, comme Vespasien. Plus d'un est devenu chevalier et même sénateur. Il est dommage que dans les premières décennies de l'Empire, beaucoup aient occulté leurs origines. On peut conjecturer qu'on eût trouvé là des descendants de ces centurions à qui, si l'on en croit Appien et Dion Cassius, Octave avait accordé la dignité de magistrats dans leurs municipes après la guerre de Sicile.

Pendant la période du triumvirat, le renforcement des classes supérieures par le bas, qui constitue un phénomène social important pour le proche avenir, n'est pas venu que des militaires. Il est venu aussi du milieu civil des affranchis. Tous ceux qui ont mené des enquêtes statistiques sur les quelque 60 000 inscriptions de Rome[1] ont été frappés par le grand nombre des affranchis nommés dans les épitaphes de la fin de la République. Le *libertus*, fier des *tria nomina* (prénom, non, surnom) qu'il a récemment acquis avec la citoyenneté romaine, est fier de les étaler ; sa qualité de citoyen vaut pour lui un titre de noblesse. C'est une explication[2]. Mais c'est aussi, bien entendu, la preuve qu'il

---

1. Depuis Tenney Frank, « Race Mixture in the Roman Empire », *Amer. Hist. Rev.*, 21, 1914, p. 689 – 708, repris dans *Economic Survey of Ancient Rome*, vol. I et V, Baltimore 1933-1940, jusqu'à H. Thylander, *Inscriptions du port d'Ostie*, 2 vol., Lund, 1952. Voir aussi S. Treggiari, *Roman Freedmen during the Late Republic*, Oxford, 1969.
2. De L. Ross Taylor, « Freedmen and Freeborn in Imperial Rome », *Amer. Journ. Phil.*, 1961, p. 129.

y eut alors beaucoup d'affranchissements[1] et que l'affranchissement était vraiment ressenti comme une importante promotion sociale. Une promotion sociale qui permettait ensuite de franchir d'autres étapes. Les affranchis sont souvent très actifs. Les proscriptions ont ouvert à ceux d'entre eux qui, grâce au commerce, disposaient de quelque argent, la possibilité de faire de fructueuses affaires en achetant les terres des proscrits. Le nombre des profiteurs paraît avoir été grand et les bénéfices qu'ils tirèrent de leurs opérations énormes. On sait qu'au moment des préparatifs de la campagne d'Actium, Octave exigea d'eux une taxe spéciale qui provoqua certaines réticences. Mais ils avaient réalisé tant de profits ! Pline l'Ancien (*H.N.*, XXXIII, 135) évoque les cas d'un affranchi, nommé Isidorus, qui dans son testament légua 60 000 000 de sesterces en argent comptant, plus des esclaves et des milliers de têtes de bétail ; il ajoute que ses funérailles coûtèrent la bagatelle d'1 000 000 de sesterces.

Les affranchis, souvent financiers habiles, intervenaient dans les affaires des puissants. On le voit par l'exemple de Philotimus, intendant de Terentia, l'épouse de Cicéron, que celui-ci fait agir comme homme de paille dans le consortium des liquidateurs qui, en 52, s'est formé pour acheter (et revendre avec profits) les biens confisqués de Milon, le meurtrier de Clodius condamné malgré le plaidoyer de son brillant défenseur. Dans cette affaire, Philotimus roula d'ailleurs Cicéron de 24 000 sesterces : ce dernier s'en plaint dans une lettre à Atticus. Avec le développement de la clientèle – on sait bien qu'Octave, comme Antoine, en avait une nombreuse –, les affranchis profitaient de leur situation et de celle de leur patron pour multiplier les bonnes affaires. Mais aussi pour occuper dans les « cabinets » des fonctions non seulement financières, mais de secrétariat et d'agents secrets. On n'ignore pas que, sous la République,

---

1. Cicéron (*Phil. VII*, 11) relève qu'en six ans un bon esclave peut parvenir à racheter sa liberté.

existaient des esclaves publics (*servi publici*) qui jouaient un rôle important dans la vie de l'État et qui jouissaient d'une situation exceptionnelle : ils percevaient un salaire et certains même épousaient des femmes ingénues. Leur présence et leur statut préférentiel subsistent dans la République finissante. Mais, avec eux, prolifèrent dans l'entourage d'Octave des affranchis qui, là comme dans l'administration municipale des villes[1], prennent une place de plus en plus marquante. Ainsi se prépare, sous le second triumvirat, un corps qui, à côté des sénateurs et des chevaliers « domestiqués » par le prince, va constituer sous Auguste les organes mineurs de l'administration civile et surtout financière de l'État nouveau : le corps des esclaves et surtout des affranchis impériaux dont le prince sera le patron.

Témoin privilégié de cette ascension : Horace, dont le père était un affranchi qui fit donner à son fils une éducation qui était celle des fils de grandes familles. Il faut croire que de tels cas de promotion sociale n'étaient pas rares. Sinon, comment comprendre qu'on ait reconnu légale l'union d'une affranchie et d'un homme libre, mais qu'au début du principat, Auguste ait dû interdire les mariages entre sénateurs et affranchies ?

---

1. Pour un exemple précis, voir A. Los, « Les affranchis dans la vie politique à Pompéi », *Mél. Ec. fr. de Rome, Antiq.*, 99, 1987, p. 847-873.

3

L'ÉVOLUTION DES ESPRITS :
VERS DE NOUVELLES MENTALITÉS

Dans le tumulte des conflits, cette période 44-31 av. J.-C. qui vit s'opérer ou se préparer un triple transfert : de l'hégémonie sociale, de la répartition des propriétés, du pouvoir politique, a vécu aussi ce que peut-être aujourd'hui on appellerait (non sans excès) une révolution culturelle, du moins de réelles mutations dans le domaine intellectuel, spirituel, artistique et des changements profonds dans ce qu'aujourd'hui aussi on nomme si volontiers les mentalités.

La naissance d'un art littéraire nouveau

Le premier trait frappant, mais aisément compréhensible, de l'histoire intellectuelle du second triumvirat est le déclin de l'art oratoire. Hortensius et Cicéron sont morts. Et, comme le note justement sir R. Syme[1], l'éloquence « ne trouvait plus sa place au sénat ni au Forum, mais servait seulement à dompter les résistances des soldats ou à apaiser les soupçons des négociateurs adverses dans une conférence secrète ». Finis les développements harmonieux, les effets clinquants, les phrases amples et balancées des

---

1. Ouv. cit., p. 235-236.

plaidoyers et des grands discours politiques. Maintenant triomphe « un type d'expression direct, pour ne pas dire dur et brutal, s'accordant bien à l'esprit d'une époque militaire ». Ce style sec est celui d'Asinius Pollion. Celui de son rival Valerius Messalla est déjà plus gracieux et raffiné. Pour citer encore R. Syme, il est clair que « les signes de l'avenir mélancolique réservé à l'éloquence se laissaient aisément déchiffrer. L'art oratoire allait dégénérer dans des exercices rhétoriques ; en public, ce serait le panégyrique officiel. La liberté de parole ne reviendrait jamais ».

En revanche, l'histoire, la science et l'érudition constituent des refuges pour ceux qui n'apprécient pas les remous et les violences du temps. C'est, on l'a vu, le cas de Salluste qui met son expérience personnelle au service de l'histoire. C'est le cas de Cornelius Nepos, ami de Cicéron et d'Atticus, qui compile et vulgarise les *Vies des grands capitaines*. Tandis que l'infatigable Varron se lance, à quatre-vingts ans, dans la rédaction de son traité d'*Économie rurale*. « La quatre-vingtième année, écrit-il (*R.R.*, I, 1) dans sa préface, m'invite à rassembler mes bagages avant de quitter la vie. » Il ne devait la quitter que dix ans plus tard, en 27 av. J.-C., son traité d'agriculture achevé.

Un autre trait frappant de l'époque, fruit de l'installation à Rome depuis les années 70-65 av. J.-C. d'une pléiade de jeunes intellectuels venus de toute l'Italie, surtout de Cisalpine, voire des provinces de l'Occident latin, c'est la naissance d'une poésie moderne et le succès rapide de ceux qu'on appelait déjà alors les nouveaux poètes. Les historiens de la littérature les désignent en général sous le nom d'Alexandrins, parce que les modes d'expression de la sensibilité dont usaient ces novateurs, des pièces courtes, souvent érotiques ou didactiques, des épigrammes, subissaient des influences issues du grand centre culturel qu'avait été et qu'était encore Alexandrie. Manifestement, ils préféraient les modèles de l'Alexandrie hellénistique à ceux de la Grèce classique ; ils préféraient Callimaque et Théocrite à Homère et à Pindare. Il est vrai que leur goût du merveilleux et du surnaturel, leur attachement à la mythologie correspondaient aussi à un certain besoin d'évasion dont on retrouve la marque dans l'art du temps, en particulier dans la peinture, où ce qu'on appelle le deuxième style se caractérise par l'ouverture de profondes perspectives et des compositions dites « à paroi transparente [1] ».

Hormis Lucrèce, le grand poète épicurien dont Cicéron admirait le génie et qui meurt en 55, et Catulle de Vérone, homme de plaisir, dont nous pouvons lire cent seize pièces, courtes et légères, galantes et passionnées, pleines de fantaisie et de sensibilité, qui meurt jeune, à quelque trente-trois ans, vers 54, du mouvement poétique qui gravite autour de ce dernier il ne reste presque rien [2]. De l'œuvre de Cassius de Parme, un ennemi de César, de P. Terentius Varro Atacinus, dit Varron de l'Aude, auteur d'élégies, mort vers 36 av. J.-C., autant dire que nous ignorons tout.

En revanche, la génération qui suit, celle qui occupe l'avant-scène entre 44 et 31 et domine ensuite la littérature dite augustéenne, est mieux connue. Comme la précédente, elle est d'origine largement italienne et provinciale. Virgile vient de Mantoue. Horace vient de Venouse en Apulie, Cornelius Gallus de Forum Julii (Fréjus) en Narbonnaise. Un peu plus jeunes, Ovide vient du Samnium, Tibulle de la région de Tivoli-Palestrina et Properce d'Ombrie. Parmi les prosateurs, l'historien Tite-Live est originaire de Padoue en Vénétie.

Peut-être est-ce parce que cette génération ne se sentait pas encore tout à fait à l'aise dans la société de l'*Urbs*, snob et méprisante pour les nouveaux venus, qu'elle eut tendance à se placer sous la coupe de protecteurs, les puissants du jour, maîtres de la Rome triumvirale. Il est vrai que la tradition romaine des cercles littéraires (qu'on se rappelle

---

1. Sur cette périodisation fondée sur les analyses des spécialistes Mau, Helbig et H.G. Beyen, faite surtout à partir des fresques de Pompéi, et sur les caractéristiques des différents styles, voir G.C. Picard, *Art romain*, Paris-Lausanne, 1968.
2. Voir H. Bardon, *la Littérature latine inconnue*, Paris, 1952, I, p. 325-371.

celui des Scipions) les y poussait aussi. Certains se regroupaient autour de Messala, par exemple Tibulle. La plupart des grands noms de l'époque gravitent plutôt autour de Mécène jusqu'à sa mort en 8 av. J.-C. Curieux personnage que cet « épicurien qui fut aussi homme d'État et homme de plaisir, homme à bonnes fortunes et amant passionné de son épouse Terentia, mari jaloux et trompé par son maître et ami le prince, chassant et reprenant tour à tour l'infidèle, patron et protecteur d'un danseur de mimes, le jeune Bathylle, que Tacite lui reproche d'avoir trop aimé, amateur de jardins et propriétaire de chevaux dont l'attelage fut sans doute vainqueur à Olympie, amateur d'art et de luxe qui donna peut-être son nom à un cru, grand politique qui a fait figure de second d'Auguste tout en refusant le laticlave et les honneurs, aristocrate de vieille souche royale étrusque qui reste simple chevalier, protecteur des grands artistes classiques, de Virgile et d'Horace, et pour lui-même auteur alambiqué de "papillotes parfumées" selon l'expression railleuse d'Auguste, richissime, élégant et se permettant de porter au Forum un vêtement à capuchon avec deux trous pour les oreilles qui eût rendu ridicule tout autre, esthète nonchalant et parfois homme d'action singulièrement efficace, le personnage surprend par ce tissu de contradictions, ce mélange de grandeur, de faiblesses et de difficultés[1] ».

Asinius Pollion, ami à la fois de Marc Antoine et d'Octave, qui joua les conciliateurs avant de devenir consul, et qui fut le premier protecteur de Virgile, jouait dans ce milieu intellectuel un rôle non négligeable. C'est lui qui lança la mode des *recitationes*, c'est-à-dire des lectures publiques au cours desquelles un auteur donne communication de son œuvre avant de la publier. Cornelius Gallus, qui avait lui aussi été son protégé, peut être considéré comme l'initiateur de l'élégie romaine ; malheureusement pour lui, il abandonna la poésie pour la vie militaire et politique. Premier préfet

---

1. Ce portrait est extrait du livre de J.-P. Boucher, *Études sur Properce. Problèmes d'inspiration et d'art*, Paris, 1965, p. 35-36.

d'Égypte, il dut se suicider, comme on l'a vu. Contemporain des conflits du second triumvirat et d'Actium, victime provisoire des spoliations opérées en Cisalpine par les octaviens, mais sauvé par l'amitié de Cornelius Gallus, puis protégé par Mécène, Virgile apparaît comme le meilleur témoin des événements postérieurs à 43, le plus fidèle interprète des préoccupations et des tendances de son temps. Rallié à la politique d'Octave à partir de 38-37, il exprime dans les *Bucoliques* et les *Géorgiques* les inquiétudes et les espoirs de ses contemporains sur le sort de l'Italie, en même temps que l'attrait du sage pour la vie rurale, dans une campagne éloignée des tracas, des bruits et des remous de la ville. L'*Énéide* viendra plus tard, après la naissance du principat augustéen, dont elle servira la cause.

C'est encore Mécène qui introduisit Horace dans l'entourage d'Octave, après l'avoir arraché à la cause républicaine, qu'il avait servie à Philippes dans les rangs de l'armée des césaricides. Ruiné et suspect après la défaite, il s'engagea comme scribe de la questure. Ce qui lui laissa du temps pour écrire ses premiers vers, dix-sept courtes pièces, les *Épodes* où il exhale son amertume, et deux livres de *Satires* sur les travers et les vices de ses contemporains. Sa verve s'y donne libre cours, mais sans amertume maintenant. Vers 34, il a été présenté à Mécène par Virgile. L'année suivante, Mécène lui a fait donner un domaine en Sabine. Il l'a accepté. Et il est devenu un assidu du cercle où apparemment il se trouvait bien, si l'on en juge par la vive réplique qu'il lance à un fâcheux (*Sat.*, I, 9, 48 et suiv.) :

> Nous ne vivons point là de la façon que tu crois ; il n'y a, dans aucune autre maison, plus de sincérité, aucune n'est plus étrangère à de telles intrigues ; je ne me sens pas offusqué, je te le dis, parce qu'un tel est plus riche ou plus savant que moi ; chacun y a sa place.

En revanche, il refusa le poste de secrétaire qu'Auguste lui proposa pour se l'attacher. Il entendait garder ainsi et sa liberté et des loisirs pour écrire. C'est après Actium qu'il composera ses *Épîtres*, ses *Odes*, parmi lesquelles les célèbres *Odes romaines*, méditation politique où il affiche maintenant ouvertement outre son ralliement total à Auguste, invoqué comme *pater atque princeps*, sa condamnation de la richesse et des mauvaises mœurs, causes des guerres civiles, et une apologie des vertus ancestrales, la *virtus*, la *fides* et l'amour de la patrie. Converti au nouveau régime, il composera en 17 le *Chant séculaire*, cantique officiel commandé pour la célébration des jeux.

Tite-Live a sans doute commencé avant 31 à préparer son *Histoire de Rome*. Tibulle se lie à Messalla en 31. Les autres, Properce, Ovide avec des fortunes diverses, appartiennent à la période suivante, à l'ère de la littérature augustéenne, au cours de laquelle tous vont, à des degrés divers et sous des formes diverses, contribuer à l'œuvre de rénovation nationale menée par le Prince. Une œuvre qui, à plus d'un égard, s'inscrit dans un processus de développement d'un « nationalisme » italien et romain à la fois, né au cours et à la suite de la guerre sociale.

Le développement d'un « nationalisme » italien et romain

On se souvient que la guerre des Alliés qui a si vivement secoué la péninsule au début du Ier s. av. J.-C., après avoir exalté le nom de l'Italia, a eu pour résultat de faire entrer tous les Italiens dans la cité romaine. À la suite de quoi Sylla d'abord, puis César ont poursuivi l'œuvre de municipalisation déjà commencée au IIe s. av. J.-C. Le rattachement de la Cisalpine à l'Italie en 42 a lui aussi beaucoup contribué à réaliser l'unité de la péninsule, où règne partout, du nord au sud, le principe municipal. Mieux, les Italiens des municipes qui le demandent peuvent participer à la vie politique de Rome, manifester leur opinion dans les grands moments de la vie publique. Et de fait, à l'époque de Cicéron, certains se déplacent pour venir voter dans l'*Urbs* : dans une lettre à Atticus (4, 1, 4), il parle d'un *incredibili concursu Italiae*. L'orateur, qui est souvent leur avocat, les intègre au système politique qui lui tient tant à cœur du *consensus omnium*. À quoi il ajoute : *sunt municipales rusticique* (*Sest.*, 45, 97).

La guerre civile a amené César à donner une valeur nouvelle à ce *consensus Italiae* que Cicéron évoquait dans le *Pro Sestio*. Ce fut même l'un des points importants de sa politique que de s'appuyer sur les colonies et les municipes italiens dont il s'efforçait de mieux organiser l'existence. On comprend ainsi que se soit développée l'idée qu'à côté de la petite patrie, la *patria loci* ou *naturae* (Arpinum, ou Mantoue, ou tel lieu de naissance en Italie), il existe une grande patrie, une *patria communis* civique et politique, Rome, siège de la communauté romaine, étendue bien au-delà des limites de la Ville. Il ne s'agit évidemment pas d'une double citoyenneté juridique, mais bien d'une double patrie, notion plus qu'abstraite, qui comporte un large aspect affectif. Et qui est pour une part importante dans le développement d'un véritable « nationalisme » italien et romain. Cicéron a joué là un rôle non négligeable [1]. Notamment en insistant, sans jamais renier sa petite patrie arpinate, sur la subordination de l'une à l'autre : la *majestas romana* et tout ce qu'elle implique de respect des valeurs anciennes doit dans tous les cas l'emporter.

À ces notions de terre natale et de grande patrie romaine qui ont pénétré les esprits et les cœurs au Ier s. av. J.-C. est venue s'ajouter, du fait des guerres civiles ressenties non seulement comme une cause de malheurs, de haine et de mort, mais comme un outrage au nom romain et au droit (*bellum civile* = *bellum injustum*, injuste dans le sens fort du terme, c'est-à-dire qui va contre le droit et contre la nature), une profonde et unanime aspiration à la paix. C'est l'un des thèmes à succès de la propagande officielle et littéraire, particulièrement développé sous le second triumvirat [2]. Ce qui aide à comprendre le serment prêté en 32 (la *conjuratio totius Italiae*) à Octave, choisi comme patron

---

1. Voir M. Bonjour, *Terre natale. Études sur une composante affective du patriotisme romain*, Paris, 1975, 638 p.
2. Voir P. Jal, *la Guerre civile à Rome (étude littéraire)*, Paris, 1963 – A. Lintott, *Violence in Republican Rome*, Oxford, 1968.

apte à ramener la paix après avoir vaincu son dernier rival ou plutôt le dernier obstacle à la paix que représentait Marc Antoine, allié de Cléopâtre. Aussi voit-on, après la victoire d'Actium, s'affirmer bruyamment ce double nationalisme italien et romain (qui en fin de compte n'en fait plus qu'un). Les poètes nationaux l'exaltent, notamment en faisant d'Actium la grande victoire finale, *terra marique*, qui va permettre de fermer les portes du temple de Janus, de rétablir la paix, la prospérité et le bonheur de l'âge d'or. Les inscriptions officielles qui, après la victoire remportée « sur terre et sur mer », vont célébrer le « restaurateur de la paix », en s'inspirant du sénatus-consulte qui décide en 29 la fermeture du temple de Janus parce que la paix est rétablie sur terre et sur mer (*terra marique pace parta*), ont sans doute, avec les textes des poètes, contribué à exagérer l'ampleur du danger couru par Rome et l'Italie. Relisons un court fragment bien connu de Virgile, décrivant Actium (*Énéide*, VIII, 678 et suiv.) :

> D'une part, César Auguste menant au combat les Italiens, avec les sénateurs et le peuple romain, les pénates et les grands dieux : il se dresse au faîte du château de poupe ; de ses tempes heureuses jaillit une double flamme, et l'astre paternel brille sur sa tête. Le front haut, Agrippa, que les vents et les dieux poussent à la victoire : on le reconnaît à la glorieuse parure, à la couronne navale qui fait rayonner des rostres autour de ses tempes.
> De l'autre, l'opulence barbare, le bariolage des armures : c'est Antoine qui, revenu vainqueur des régions de l'Aurore et des pourpres rivages, mène avec lui l'Égypte, les forces de l'Orient et, des extrémités du monde, celles de Bactres ; il a pour allié, ô honte, une Égyptienne, sa femme !

En célébrant de cette manière la victoire d'Actium comme le triomphe de l'Occident latin sur l'Orient « barbare », les poètes nationaux ne contribuaient évidemment pas au rétablissement de l'unité du monde romain. Auguste devait s'y employer ensuite. La fondation de la religion du souverain n'y sera pas étrangère.

Les prémices de la religion du souverain

Pour le moment, c'est seulement à ses débuts qu'on assiste[1]. Depuis Scipion l'Africain dont il n'est pas sûr qu'il ait reçu des honneurs divins de son vivant[2], les Romains se sont habitués à l'idée que les *imperatores* vainqueurs devaient leurs victoires à une protection spéciale de Jupiter, obtenue à la fois grâce à leur mérite, mais surtout grâce à leur bonheur, à leur *felicitas*. Leurs succès sont dus à un charisme particulier, don du maître des dieux, accordé sur intervention d'une divinité tutélaire, qui est généralement Vénus : Vénus Felix pour Sylla, Vénus Victrix pour Pompée, Vénus Genetrix pour César ; Octave, quant à lui, avait pris pour patron Apollon. Ainsi s'est développée une « théologie de la Victoire », prenant appui sur la Fortune d'essence divine. Cette théologie n'a pas peu contribué à vulgariser l'idée que les vainqueurs, « choisis par les dieux » méritaient eux-mêmes de recevoir de leur vivant des honneurs divins. Marius fut, semble-t-il, le premier à recevoir de tels honneurs après Verceil, quand on lui offrit des libations, réservées jusque-là à la divinité. Sylla partagea le titre de *felix* (en grec *Eutyches* : le Chanceux, protégé de *Tychè – Fortuna*, ou *Epaphroditos* : le protégé d'Aphrodite – Vénus) avec sa déesse patronne. Dans son théâtre, dominé par le temple de Vénus Victrix, Pompée était statufié nu, en héros, et en maître du monde (*kosmokratôr*) tenant la sphère cosmique ; dans une grande mise en scène mythologique déployée dans le parc qui jouxtait le théâtre, il se présentait comme l'élu de la Vénus

---

1. Voir toujours L. Cerfaux et L. Tondriau, *Un concurrent du christianisme. Le culte des souverains dans la civilisation gréco-romaine*, Tournai, 1958 – F. Taeger, *Charisma. Studien zur Geschichte des Antiken Herrscherkultes*, 2 vol., Stuttgart, 1957-1960. Courte, mais bonne mise au point de M. Jaczynowska « Les origines républicaines du culte impérial », *Acta Classica Univers. Scient. Debreceniensis*, 22, 1986, p. 53-61.

2. Ennius lui a accordé l'apothéose : R. Seguin, « La religion de Scipion l'Africain », coll. *Latomus*, 33, 1974, p. 3-21.

troyenne, protectrice de Rome en même temps que de lui-même ; il se trouvait au cœur du mouvement qui portait certains humains au rang des dieux : Pline ne dit-il pas (*H.N.*, VII, 95) qu'il « avait égalé non seulement les exploits d'Alexandre le Grand, mais aussi presque ceux d'Hercule et de Dionysos » ? Quant à César, on sait bien que, vénéré de son vivant comme « dieu épiphane (c'est-à-dire apparu sur terre), rejeton de Mars et de Vénus, sauveur universel de la race humaine » – ainsi le saluaient les Grecs d'Ephèse –, il fut l'objet de son vivant d'une vénération quasi divine pour les uns, divine selon les autres ; le sénat en tout cas lui offrit une statue avec la dédicace « à César le demi-dieu ». Héritier de César divinisé après sa mort, son petit-neveu devenu son fils adoptif se trouvait par là même porteur d'un charisme personnel dont il sut avec habileté tirer parti entre 44 et 31. Dès l'été de 44, lorsque, à l'occasion de la célébration des jeux de la Victoire de César, une comète apparut dans le ciel de Rome, on l'appela l'astre de César (*sidus Julium*) : il signifiait pour beaucoup l'ascension céleste d'un nouveau dieu, pour certains aussi l'annonce d'un nouveau règne. En 42, l'organisation par la loi Rufrena du culte du *divus Julius* dans les villes d'Italie ne pouvait pas ne pas rappeler à tous qu'Octave, appelé très officiellement *Caesar divi filius*, était donc fils d'un dieu. Deux ans plus tard, en 40, la quatrième *Eglogue* traduisait l'espérance des hommes dans le retour de l'âge d'or, des *Saturnia regna* que laissait présager (à tort) la concorde retrouvée (pour peu de temps !) des triumvirs. Quelle que soit l'identité de l'enfant dont la naissance, célébrée par Virgile, annonçait ce retour, Octave devait, quelques années après, détourner à son profit le courant mystique qu'alimentait le poème : la paix rétablie ramènerait à coup sûr l'ordre et l'abondance. Virgile lui-même, fervent rallié à la cause de l'ordre nouveau, allait contribuer à cette opération de détournement en désignant explicitement le prince comme le restaurateur des temps heureux annoncés. C'est ce qu'Anchise invite Énée, son fils, à percevoir dans l'avenir de son plus illustre descendant (*Énéide*, VI, 791-794) :

Maintenant tourne les yeux : regarde cette nation, tes Romains. Voici César et toute la postérité d'Iule qui doit venir à la lumière sous l'immense voûte des cieux. Le voici, c'est lui, cet homme qui, tu le sais, t'a été si souvent promis, César Auguste, fils d'un dieu : il fera renaître l'âge d'or dans les champs du Latium où jadis régna Saturne.

En 36, Octave, qui même devenu Auguste refusa toujours d'être considéré et traité comme un dieu vivant, accepta malgré tout d'être intronisé comme *synnaos* (compagnon) des dieux des villes d'Italie. Des festivals furent organisés en son honneur. Et Virgile encore le proposa à l'apothéose. Pour sa part, Octave, qui ne négligeait aucune occasion d'affirmer sa *pietas*, cumulait à plaisir les sacerdoces : élu pontife dès 48, augure depuis 43, il assume la charge de fécial à l'ouverture de la campagne d'Actium ; plus tard, il sera quindécemvir et enfin grand pontife. Dans cette concentration de sacerdoces Jean Bayet[1] a vu à juste titre un désir acharné de « valorisation religieuse » et de « sacralisation de l'homme politique », propre à le « surhumaniser » et même à préparer sa divinisation. Que passent quelques années, et l'on célébrera son *genius* et son *numen*, on fêtera officiellement son anniversaire, son *dies natalis*, on parera sa statue des attributs d'Apollon, on célébrera le culte d'*Augustus* associé à *Rome* (en faisant semblant d'honorer la fonction plutôt que l'homme)... en attendant l'apothéose qui en fera le *divus Augustus* vénéré jusqu'à la fin de la Rome impériale.

Ainsi, dans le domaine religieux comme d'ailleurs dans le domaine politique, Octave Auguste est allé moins loin que n'était allé César qui avait été dieu (ou demi-dieu) et

---

1. « Les sacerdoces romains et la prédivinisation impériale », *Bull. Acad. royale de Belgique. Cl. des lettres*, 41, 1955, p. 453-527 – « Prodromes sacerdotaux de la divinisation impériale », *The sacral Kingship, Numen*, Suppl. IV, 1958, p. 418-434 ; repris dans *Croyances et rites dans la Rome antique*, Paris, 1971, p. 275-352.

qui avait voulu être roi. Seulement César avait échoué. Octave, lui, a réussi. Servi, il est vrai, par une importante évolution des mentalités.

L'ÉVOLUTION DES MENTALITÉS

Il s'est en effet produit, dans les toutes dernières décennies de la République romaine et plus précisément entre 44 et 27, un changement, probablement aussi important, sinon plus, que celui qu'on a perçu dans les conditions de la vie économique et sociale ou dans la vie intellectuelle : c'est celui qui a affecté les mentalités collectives. Rappelons quelques faits. Nous sommes en janvier-février 44 av. J.-C. César est à l'apogée de sa puissance, on l'a vu. Il est invaincu et on le considère comme invincible (de la guerre des Gaules à Munda en 45, il n'a remporté que des succès, il a écrasé tous ses ennemis). Sa force matérielle le rend invulnérable (il dispose de seize légions, mieux encadrées et mieux entraînées que tout le reste de l'armée romaine, comme l'a montré en dernier lieu J. Harmand dans sa thèse sur *l'Armée et le soldat à Rome de 107 à 50 avant notre ère*[1]). Sa personne est inviolable : par sa puissance tribunicienne il est *sacer*, c'est-à-dire tabou ; et les honneurs divins qui lui ont été conférés ont bien entendu renforcé ce caractère sacré. Son prestige est unique à Rome, en Italie, dans le bassin méditerranéen, où les provinces lui sont reconnaissantes de la paix rétablie, où les rois se sont inclinés devant lui et sont devenus ses clients. Or, quand le 15 février, jour des lupercales, Marc Antoine, consul (avec César) et membre de la confrérie des luperques, tente de poser sur la tête du dictateur le diadème royal, la foule murmure. César doit renoncer... Un mois après, jour pour jour, ce sont les Ides de mars. César a-t-il été assassiné pour empêcher l'exécution de son projet de guerre contre les Parthes ? Ou pour ruiner son projet de monarchie

---

1. Paris, 1967.

royale et universelle[1] ? Qu'il ait voulu être roi (c'est la thèse de J. Carcopino) n'est pas sûr. Qu'il ait assumé en fait les pouvoirs régaliens, que sa dictature perpétuelle ait renfermé « l'autocratie dans le présent et l'hérédité de l'autocratie dans l'avenir » n'est pas douteux. Ses pouvoirs étaient régaliens, son comportement était royal ; sa tyrannie devenait haïssable.

Transportons-nous dix-sept années plus tard, en janvier 27. Le 16, par décision sénatoriale, Octave, ancien triumvir redevenu simple particulier, est appelé *Augustus* ; c'est l'acte de baptême du principat augustéen. Or, avec ce principat naît en fait une monarchie, c'est-à-dire un pouvoir personnel, qui à Rome va durer cinq siècles. Cette fois, non seulement le peuple ne murmure pas, mais il va plus loin que le sénat. Déjà, depuis 36, des honneurs divins étaient rendus au fils adoptif de César en Italie, depuis 30 à Rome ; maintenant on va honorer par des autels et des temples Rome et Auguste associés. Les comices vont élire, sans barguigner, les candidats du prince et, à chaque occasion qui se présentera, le peuple romain va lui témoigner, à lui-même et à sa famille, qu'il s'agisse de commémorations, de joies ou de deuils, un respect et une fidélité frisant la dévotion. Pour expliquer ce changement d'attitude, ne faut-il faire intervenir que le machiavélisme d'Auguste ? Il est indéniable. L'explication serait cependant trop courte. Ne s'est-il pas produit aussi un changement dans l'état d'esprit de l'opinion ? Sous quelles influences ? Quels moyens ont été mis en œuvre ? Quelle a été la part des événements ? Et celle des hommes ? Autant de questions qui se posent autour du problème majeur d'une élaboration psychologique du principat.

Passons à un autre domaine : celui des rapports de Rome (et des Romains) avec les autres peuples. Quand on traite de la politique romaine à l'égard des provinciaux, on

---

1. Voir là-dessus les utiles réflexions de R. Étienne, *les Ides de mars*, Paris, 1973.

a coutume de la présenter en diptyque, sous la forme tranchée d'une opposition entre la politique d'exploitation colonialiste de la Rome républicaine d'une part, et d'autre part la politique de colonisation humanitaire, tout à l'avantage et au bénéfice des provinciaux, de la Rome impériale. C'est une vue un peu sommaire ; les choses ne sont pas si simples. Ce qui surtout a changé, me semble-t-il, c'est l'idée que se font les Romains des non-Romains ; c'est l'état d'esprit des Romains face aux barbares ; c'est la notion même de barbare qui a évolué et qui a entraîné un comportement nouveau et une politique nouvelle à l'égard des peuples soumis[1].

Par chance, de ces changements il y a des témoins, et non des moindres. Ils s'appellent, on l'a vu, Cicéron, Atticus, Salluste, Virgile, Horace, Tibulle, Varron.

En utilisant leurs témoignages, ainsi que ceux des inscriptions et des monnaies, essayons donc de réfléchir sur l'évolution des mentalités collectives, qui apparemment s'est produite pendant la seconde moitié du Ier s. av. J.-C. Comme il arrive souvent dans ce type de recherche, on perçoit assez bien le point de départ et le point d'arrivée. Il est plus difficile de suivre le détail de l'évolution. Tout au plus est-il possible de planter quelques jalons, de souligner des influences, de mettre en évidence quelques traits de mentalités, d'abord dans le domaine politique, puis sur le plan religieux.

Au point de vue politique, cette seconde moitié du siècle est marquée certes par des événements de portée considérable évidente, ne serait-ce que l'assassinat de César, les proscriptions, l'ascension d'Octave, jalonnée de coups de force : deux marches sur Rome qui se soldent, la première, par sa nomination au consulat le 19 août 43 (il a vingt ans !), la seconde en 32 quand, redevenu simple *privatus*

---

1. Voir G. Freyburger, « Sens et évolution du mot *barbarus* dans l'œuvre de Cicéron », *Mélanges offerts à Léopold Sédar Senghor*, 1977, p. 141-152.

après l'expiration des pouvoirs triumviraux, il fait une entrée tapageuse au sénat, accompagné de ses soldats, et prend place entre les deux consuls en exercice, qu'il accuse durement au même titre que Marc Antoine avant de lever la séance. Ce qui provoque la fuite des consuls et de quelque trois cents sénateurs antoniens et républicains. Mais, à côté de tels faits, déterminants et lourds de conséquences, il s'est produit dans le même temps et parallèlement, non plus cette fois dans la classe politique dirigeante, mais dans la masse civique une profonde évolution des esprits et des réalités, qu'il importe de saisir, si l'on veut essayer de comprendre au fond la véritable portée de la révolution romaine, dont sir Ronald Syme n'a pas dévoilé tous les aspects.

C'est dans la conception des rapports entre les citoyens et l'État que s'est produite, semble-t-il, l'évolution la plus importante. Est-ce le résultat de la politique égoïste de la *nobilitas* au pouvoir ? Des violences et des misères qui ont accompagné les guerres civiles ? Ou de la diffusion des idées lancées par les diverses écoles philosophiques à la mode ? Sans doute y eut-il un peu de tout cela.

Toujours est-il que les Romains de la fin de la République ne se font plus de la vie et du bonheur (*felicitas*) la même idée que leurs ancêtres. En simplifiant, sans trop forcer les réalités, on peut dire que là où les anciens Romains pensaient courage et valeur militaires, simplicité et rigueur de vie, famille et travail, fidélité aux traditions ancestrales (c'était l'idéal de Caton), les contemporains de Cicéron, de Virgile et d'Ovide, voient les choses de manière bien différente. Prenons quelques textes au hasard.

Cicéron proclame dans son discours *Cum populo gratias egit*, 2 : « L'homme ne peut rien souhaiter de plus qu'une *fortuna* (disons une chance) constante et perpétuelle dans le cours d'une vie favorable et sans heurt. » Nous voilà loin de l'idéal de vie catonien !

Virgile écrit dans les *Géorgiques*, II, 489 : « Il est heureux celui qui peut connaître les raisons des choses. » Lucrèce, dans son *De natura rerum* avait déjà souligné le souci et la joie de connaître de ses contemporains[1] ; bien peu, il est vrai, considéraient le monde comme un corps naturel régi par des lois.

Ovide, très réaliste, considère, dans les *Métamorphoses*, VI, que le bonheur résulte avant tout de l'abondance des biens, de la richesse matérielle qui garantit la sécurité : *Sum felix... tutam me copia fecit*. Pour tous, dans ces temps troublés, la *felicitas* est avant tout le bonheur dans la paix. Comme l'affirme une inscription de Rome : « La paix rétablie sur la terre, l'État restauré, nous connûmes enfin des temps paisibles et heureux (*tempora felicia*) » (*ILS*, 8393). Inutile de dire que le texte est postérieur à Actium. Mais il montre combien l'aspiration à la paix constitue le trait d'union de tous les Romains. Sinon serait-elle le thème majeur des poètes de l'époque du second triumvirat et du principat augustéen, qui tous appellent le retour de l'âge d'or, caractérisé, comme chacun sait, par le règne de la paix qui permet la prospérité dans l'ordre rétabli ? Il faut lire sur ce sujet les belles études d'Andreas Alföldi sur le thème *Redeunt Saturnia regna*[2], qui montrent qu'à partir de 115 av. J.-C. cet appel se déploie dans un crescendo régulier de Marius à Octave. En sont un parfait témoignage les types monétaires qui, à la fin de la République, présentent *Felicitas* sous deux aspects : comme *Pax* et comme *Providentia* avec la corne d'abondance et le caducée, ou bien les quatre Saisons, dont l'heureuse alternance garantit les *tempora felicia*.

---

1. Sur le caractère épicurien de cette félicité, voir P. Grimal dans *Rome, litt. et hist.*, II, p. 871-886, en part. p. 878 et suiv. où il montre que la joie de la connaissance est, avec la vie aux champs, simple, conforme à la nature, un des aspects empruntés par Virgile à l'épicurisme.
2. Parues dans la revue *Chiron*, 2, 1972, p. 215-230 ; 3, 1973, p. 131-142 ; 5, 1975, p. 165-192 ; 6, 1976, p. 143-158 ; 9, 1979, p. 553-606 ; et dans *Greece and the Eastern Mediterranean in Ancient History, Stud. pres. to F. Schachermeyr*, Berlin, 1977, p. 1-30.

Dans le même temps se développe à Rome, sous l'influence stoïcienne notamment, un courant d'idées qui plonge ses racines très loin en Grèce et qui, bien avant Platon, définit les devoirs des gouvernants, le premier de ces devoirs étant justement d'assurer le bonheur des citoyens. Développée par Platon, l'idée est précisée encore dans la *Politique* d'Aristote. À l'époque hellénistique, elle devient tout à fait courante : les inscriptions d'Asoka en font foi, qui rappellent que l'idéal du roi est de procurer avant tout le bonheur du monde. Or – et c'est ce qui nous intéresse ici – il apparaît clairement, à la lumière des textes, qu'entre 50 av. J.-C. et la fondation du principat augustéen, s'est répandue l'idée d'abord que le salut de l'État et du peuple romain (la *salus publica* ou *salus populi romani*) se confondait de plus en plus dans le salut d'un seul (*salus unius*, qui va devenir très vite *salus Augusti*, puis *salus augusta*), ensuite que de la *salus unius* dépendait étroitement et même mécaniquement la *felicitas imperii*, le bonheur du monde romain.

Le premier témoignage d'une manifestation collective pour la santé ou mieux la conservation d'un individu est fourni par Plutarque, à l'occasion du récit de la maladie qui frappa Pompée à Naples au printemps de 50 :

> Sur ces entrefaites, Pompée tomba dangereusement malade à Naples. Il se rétablit, et les Napolitains, sur le conseil de Praxagoras, offrirent des sacrifices d'action de grâces pour sa guérison. Leurs voisins suivirent leur exemple, qui fut ensuite imité un peu partout en Italie : chaque ville, petite ou grande, célébra des fêtes pendant plusieurs jours. Il n'y avait pas d'endroit assez vaste pour contenir ceux qui venaient de toutes parts à sa rencontre ; les routes, les villages et les ports étaient remplis de gens qui festoyaient et sacrifiaient. Beaucoup aussi, ornés de couronnes, allaient l'accueillir aux flambeaux et l'escortaient en lui jetant des fleurs. De sorte que son voyage de retour, avec ceux qui l'accompagnaient, offrait le plus beau et le plus brillant des spectacles (*Vie de Pompée*, 57).

On notera deux points. D'abord la scène se déroule à Naples, cité grecque ; et l'initiateur du mouvement est un Grec. C'est que l'idée qu'on peut, et même qu'on doit prier les dieux *pro salute* d'un puissant n'est pas une idée romaine : rien de tel n'est mentionné pour Camille, Scipion ou même Sylla ; on prie seulement *pro salute populi romani*. Alors que dans le monde grec, à l'époque hellénistique, la pratique est courante : les témoignages ne manquent pas, à Pergame pour les rois Eumène II et Attale III, en Sicile pour Denys de Syracuse. D'ailleurs les rites dont il est fait état – procession aux flambeaux, avec des participants couronnés jetant des fleurs – évoquent des cérémonies qui ne s'inscrivent pas dans la tradition romaine, mais qui sont typiquement orientales, bien connues notamment à Alexandrie. D'autre part, il s'agit bien de cérémonies collectives et, pour les villes d'Italie, spontanées. Tout ceci est révélateur d'un nouvel état d'esprit, inconcevable deux siècles plus tôt. À propos de ce texte fondamental de Plutarque, il convient d'évoquer deux autres textes, très éclairants et pourtant passés plus ou moins inaperçus. L'un de Sénèque :

> Si Pompée, honneur et soutien de l'empire, avait été emporté par la maladie à Naples, il eût été sans conteste, en mourant, le *princeps populi romani* (*Consolatio ad Marciam*, 20,4).

Il met fortement l'accent sur l'importance du choc émotionnel. L'autre est extrait d'une lettre écrite par Cicéron à Atticus le 17 février 49, à Formies :

> Tous nos espoirs reposent sur la vie d'un seul homme, que chaque année la maladie menace de mort (*Ad Atticum*, VIII, 2,3).

Texte d'autant plus significatif qu'il s'inscrit dans une série de témoignages cicéroniens.

Il faut en effet se référer à une longue suite de textes qui posent d'une manière précise la question du rôle de Cicéron dans la diffusion et la vulgarisation de l'idée que le salut de tous dépend du salut d'un seul. L'idée est évidemment antérieure à Cicéron. C'était déjà une notion très répandue dans le monde grec que le salut de l'État conditionne le salut de chacun des citoyens : qu'on se rappelle l'Antigone de Sophocle. À l'époque hellénistique, on a inversé les positions en disant que c'est le salut du roi qui conditionne le salut de l'État et du même coup le salut et le bonheur de tous. À cet égard, il est piquant d'observer que celui qui a le plus contribué à vulgariser cette idée à Rome et même à lui donner une formulation impériale soit précisément Cicéron, le plus ardent défenseur de l'idéal républicain. Il suffira de rappeler quelques textes pris parmi beaucoup d'autres. D'abord celui où il évoque son grand consulat et sa lutte contre Catilina, considérée comme une action salvatrice :

> J'ai juré que l'État et cette ville ne devaient leur salut qu'à moi seul (*In Pisonem*, 6).
> Le sénat et le peuple romain, ainsi que tous les mortels, déclarèrent en privé et en public que, sans mon retour, la République ne pouvait pas être sauvée (*De domo sua*, 99).

Dans ses traités politiques (*De republica*, *De legibus*, *De officiis*), il va plus loin : après avoir affirmé que le salut du peuple constitue la loi suprême, puis évoqué sa conception du *princeps, moderator rei publicae*, il proclame, pensant évidemment à lui-même :

> Tu seras le seul sur qui repose le salut de la cité (*De republica*, VI, 12,12).

Il va plus loin encore, quand, parlant devant César en 46-45, il le juge seul garant du salut commun et jure de le protéger pour le bien de l'État :

> Est-il un seul homme assez inconscient de son salut particulier comme du salut général, pour ne pas comprendre que son destin est solidaire du tien et que de ta vie dépendent toutes les autres vies ? (*Pro Marcello*, 7,22).
> C'est la vie de tous les citoyens, c'est tout l'État qui dépendent de tes actes (*ibid.*, 8,25).

Il faut que tu vives, César... pour que nous vivions nous-mêmes. Aussi nous tous qui voulons que Rome vive, nous te pressons et te supplions de prendre soin de ta vie, de te conserver ; et tous – j'exprime pour les autres ce que je sais être vrai pour moi-même – puisque tu crois à quelque danger dont il faudrait te protéger, nous promettons de veiller, de monter la garde et de te faire, s'il le faut, un rempart de nos poitrines et de nos corps (*ibid.*, 10,32).

Après février 44, Cicéron dit la même chose à Brutus (*Ad Atticum*, XV, 11,1) et en 43, une fois rallié à Octave, il s'écrie :

O Caius César – c'est au jeune César que je m'adresse – quel salut tu as apporté au peuple romain ! (*Philippiques*, III, 27).

À travers cette « valse cicéronienne des sauveurs », il reste que l'idée a fait son chemin dans l'opinion. Et après la double victoire militaire d'Actium et d'Alexandrie (en 31-30 av. J.-C.), le courant d'opinion s'est parfaitement concrétisé. Dans les années 30-29, alors qu'Octave était en Asie Mineure et que la conjuration de M. Aemilius Lepidus, fils du triumvir déchu, faillit provoquer une reprise de la guerre civile, ce qu'atteste formellement l'historien Velleius Paterculus, les Romains prirent conscience qu'Octave était leur sauveur, celui qui seul pouvait leur assurer la paix définitive et leur rendre la prospérité. Pour eux, la *salus publica* se confond dès lors avec la *salus unius*, c'est-à-dire la « bonne forme » d'un seul... bientôt on dira *salus Augusti*. Il suffira d'un léger coup de pouce de la propagande impériale, animée par les poètes augustéens, notamment Virgile, Horace, Tibulle, Properce, pour persuader les Romains que de la *salus Augusti* dépend directement le bonheur de l'Empire, la *felicitas imperii*. Quelques textes, pêchés au hasard, le montrent clairement. Ainsi les acclamations lancées par des marins d'Alexandrie dans le port de Pouzzoles, où étaient régulièrement débarquées les marchandises, notamment le blé, venues d'Égypte ; c'est Suétone qui les rapporte (sur un ton de litanie) :

Comme il (le prince) longeait la baie de Pouzzoles, les passagers et les matelots d'un navire d'Alexandrie, qui venait d'aborder, s'étant rendus auprès de lui, vêtus de blanc, couronnés de fleurs et brûlant de l'encens, lui avaient prodigué, avec tous leur vœux de bonheur, les plus magnifiques louanges : « C'est grâce à toi, disaient-ils, que nous vivons, grâce à toi que nous pouvons naviguer, grâce à toi que nous jouissons de notre liberté et de nos biens » (*Div. Aug.*, 98,2).

Ainsi encore un passage de la lettre adressée par Auguste vieillissant à son petit-fils Caius et citée par Aulu Gelle :

Je prie les dieux que, pour le temps qui me reste à vivre, je puisse le passer avec vous, en bonne santé, dans un État parfaitement heureux (XV, 7,3).

Ainsi, surtout les légendes monétaires, les inscriptions gravées sur des lampes, les graffiti peints sur les murs de Pompéi : *Te salvo, felices sumus perpetui* : « Si tu es en bonne forme, alors nous sommes heureux pour toujours ! »

Cette idée d'une relation étroite de dépendance entre le bonheur de l'Empire et la santé du prince est un thème qui a perduré, en prenant diverses formes, jusqu'à la fin du monde romain. Il fallait donc y insister. À côté des explications juridiques, politiques, matérielles, intellectuelles qui ont été données du principat augustéen, il y a place aussi pour une explication plus émotionnelle, on peut même dire irrationnelle, qui d'ailleurs à plus d'un égard rejoint souvent les autres. Pour expliquer les origines et la naissance du culte impérial, inséparable du principat lui-même, il faut d'ailleurs très naturellement faire appel aussi à cette dernière explication.

Mais pour rester dans le domaine politique, il faut indiquer aussi, parallèlement à l'évolution de la conception des rapports entre les individus et l'État, une autre transformation. C'est l'apparition de types nouveaux de citoyens romains. Dans son beau livre sur *le Métier de citoyen dans la Rome républicaine*, C. Nicolet a montré, entre autres choses, que, à moins de s'exclure lui-même de la communauté civique (de la *respublica*), le citoyen était tenu de jouer un rôle actif, depuis l'inscription sur les registres du *census* jusqu'au vote dans les assemblées populaires, d'autre part que cette activité était assez prenante pour prendre couleur de métier, d'un métier qui n'était pas une sinécure, mais qui était exigeant et même accaparant, puisqu'il occupait deux à trois mois par an.

On peut se demander, dans ces conditions, comment et pourquoi les citoyens se sont laissé si facilement priver de leur droit civique essentiel, celui d'élire leurs magistrats, par Auguste et par Tibère. Cet abandon, cette passivité civique n'ont été possibles, me semble-t-il, que parce qu'ils ont été précédés et préparés par l'apparition de deux types nouveaux de citoyens romains. L'un est décrit par Virgile dans les *Géorgiques*, où il ne se contente pas de stimuler l'enthousiasme pour la vie rurale et le retour à la terre. Le poète fait aussi l'éloge d'un nouveau style de vie civique, celui de l'homme d'âge mûr qui, rebuté par les agitations et les criailleries du Forum, fuit ce lieu de bavardage et de violence et vit loin de là. Ce citoyen s'intéresse d'abord et avant tout à la vie à la campagne. Il donne aux questions religieuses une attention particulière. Il attend du chef de l'État les conditions de son bonheur. On relira à ce sujet la finale du chant II des *Géorgiques* (publié en 33 av. J.-C.) et la quatrième *Géorgique* (publiée en 31 av. J.-C.).

L'autre, c'est le jeune citoyen issu des colonies et des municipes italiens. Il représente la deuxième génération des *novi cives*, c'est-à-dire, on l'a vu, des notables locaux parvenus à la citoyenneté romaine après la guerre sociale. La première génération a accédé à la classe civique au moment où la classe politique dévoilait ses faiblesses. D'une part les grandes familles de la *nobilitas* traditionnelle, épuisées, étaient en voie de disparition. D'autre part, les chevaliers, qui avec Cicéron auraient pu constituer une manière de troisième force, entre les *optimates* et les *populares*, perdaient successivement l'appui des *populares* en refusant en

63 la loi agraire proposée par Rullus et repoussée par Cicéron (*De lege agraria*), puis l'appui des sénateurs qui, pour faire échec à Pompée, à son retour d'Orient en 61, abandonnaient la *concordia ordinum* prônée par le même Cicéron. À partir de ce moment, les chevaliers, alors à l'apogée de leur puissance sur le plan social, se sont trouvés évincés du pouvoir politique ; c'est le début de leur *otium*, de leur refus des *honores*. Face à ce trou béant dans la classe politique, les jeunes gens de la deuxième génération des nouveaux citoyens, les uns déjà chevaliers romains, les autres simples roturiers, deviennent les « jeunes loups » de l'époque 58-31. Cicéron note très clairement :

> Maintenant il semble que nous aurons un chef : c'est la seule chose que souhaitent les municipes et les gens de bien (*Ad Atticum*, XIV, 20,4).

Cette génération de jeunes Italiens, avides de richesses et de pouvoir, était déjà très bien représentée autour de César. Elle l'est encore bien davantage autour d'Octave. Pour ne prendre que deux exemples, le grand amiral M. Vipsanius Agrippa était d'origine tout à fait roturière. Quant à Q. Salvidienus Rufus, un des maréchaux d'Octave dont on a eu l'occasion d'évoquer le rôle, jeune garçon, il gardait les moutons sur les collines de son pays sabin. Ce sont ces gens-là qui vont constituer le personnel du nouveau régime augustéen. Pour le moment – nous sommes sous le second triumvirat – ce qui importe, c'est que de ces deux nouveaux types de citoyens romains, l'un, attiré par la vie rurale, attend du chef les conditions de sa félicité ; l'autre, plus actif sur le plan politique souhaite, veut un chef.

Cela, au moment où, sous une double influence, l'idée du chef unique, du monarque cesse de faire horreur, tandis qu'est exploité le thème du bon roi. C'est à P. Grimal que revient le mérite d'avoir dégagé l'influence de l'épicurisme romain, en montrant qu'à côté d'un épicurisme savant, doublé d'un épicurisme populaire, avait existé aussi un épicurisme politique, très différent de celui qui éloignait

Atticus de la vie politique et qui était fort bien représenté autour de César[1]. Et c'est encore P. Grimal qui a mis en lumière le rôle du philosophe épicurien Philodème de Gadara, ami de Calpurnius Piso Caesoninus, consul en 58 et beau-père de César, à qui appartenait peut-être la célèbre villa des Papyrus, découverte à Herculanum au XVIIIe s.[2]. Parmi les papyrus retrouvés figure – on l'a vu – un *Traité du bon roi selon Homère* (composé entre 47 et 45) où, selon P. Grimal, c'est César lui-même qui se cache derrière l'expression laudative. Le philosophe syrien rejoindrait ainsi Lucrèce qui, bien que considéré généralement comme un auteur dépourvu d'intentions politiques, n'en dépeint pas moins sous des traits favorables la royauté primitive dans les cités antiques (*De rerum natura*, V, 1107 et suiv.). Dans une Rome qui, depuis la fin de la royauté étrusque, avait pris en horreur le principe monarchique et fait du mot *rex* un mot quasi tabou – tous les auteurs, à commencer par Cicéron, s'efforçant de confondre *rex* et *tyrannus* –, l'épicurisme politique paraît avoir ainsi démontré qu'il pouvait tout de même y avoir de bons rois.

L'autre influence est celle de Cicéron. En fait, il y a plusieurs Cicéron. Et c'est un vieux débat que de savoir lequel est le vrai. L'ardent défenseur de la *libertas*, qui en fin de compte paya de sa vie son attachement à la république ? Le grand intellectuel égaré dans la politique, infatué de sa personne (c'était un *homo novus* !) et souhaitant une république gouvernée par les consulaires... autant de sages (un peu comme Renan souhaitait une république dirigée par ses confrères de l'Académie des Inscriptions et Belles-Lettres !), des sages dont il aurait été bien évidemment le chef moral ? Ou bien encore l'opportuniste, le politique

---

1. P. Grimal, « L'épicurisme romain », *Actes du VIIIe Congrès de l'association G. Budé, Paris, 5-10 avril 1968*, 1969, p. 139-168.
2. Voir P. Grimal « Le bon roi de Philodème et la royauté de César », *Rev. ét. Lat.*, 1966, p. 254-285, *Rome, litt. hist.*, II, p. 1177-1206. L'identification du propriétaire de la villa reste discutée : voir *supra*, p. 259.

versatile, qui a penché successivement du côté de Pompée puis un temps, en 48-45, du côté de César, puis en 43 du côté d'Octave et qui aurait été en fin de compte (c'est l'avis de T. Mommsen et de J. Carcopino) un « instrument passif de la monarchie » ? Il faut relire à ce sujet les très fines études de J. Béranger, republiées dans un volume intitulé *Principatus*[1], qui montrent qu'il est facile pour nous de savoir quel était le bon côté, c'est-à-dire celui du succès, et donc trop facile de juger l'homme politique... surtout s'il est vrai que le grand homme d'État est celui qui réussit ! Cela dit, on ne peut oublier que dans ses traités politiques, et en particulier dans le *De republica*, Cicéron fait dire à Scipion Emilien, qu'on a interrogé sur la meilleure des trois formes de gouvernement précédemment analysées – monarchie, aristocratie ou oligarchie, démocratie :

> Tu as raison de demander laquelle je préfère, car je n'en approuve aucune absolument ; et au-dessus de chacune d'elles prise à part, je place une combinaison des trois. Si cependant il fallait en choisir une à l'état pur, j'opterais pour la royauté (I, 35).

Et immédiatement après, il précise les conditions : d'abord que le roi veille sur ses concitoyens comme un père sur ses enfants et qu'il s'occupe avant tout du salut commun ; ensuite qu'il soit juste et sage, pour assurer le salut, l'égalité et le repos des citoyens.

Comme l'a bien montré J. Béranger, la portée réelle de l'influence de Cicéron sur ses contemporains ne doit être ni majorée ni réduite. Le mérite de Cicéron a été de camper le personnage du tyran, symbole du mal, antithèse du chef et même du citoyen idéal. Ce tyran, c'est César, qu'après 45 il n'appelle plus que *Caesar dictator*. Et cette dictature, il ne la qualifie plus que comme une *regia potestas* (*Philippiques* I, 3-4), pour évoquer tout de suite après la *crudelitas regia* du dernier roi, Tarquin. Ainsi, face au *rex-tyrannus*, image

---

1. Lausanne, 1976.

du mal, le *princeps* devait apparaître comme l'antityran, comme le bon roi qui veille sur ses concitoyens pour le salut de l'État et le bonheur de l'Empire. Bref, l'influence de Cicéron dans l'évolution des esprits vers le pouvoir personnel paraît indéniable, au moins par antithèse.

Tandis que s'opérait dans les esprits cette profonde mutation, se produisait une évolution non moins importante dans la conception des rapports entre Romains et non-Romains, c'est-à-dire dans la notion même de Barbare. L'article de G. Freyburger[1] est tout à fait significatif. Il montre que, jusqu'à Cicéron, les positions sont à Rome tout à fait claires. D'un côté sont les Romains et les Grecs (encore ceux-ci sont-il suspects de légèreté et parfois de manquement à la *fides*). De l'autre sont les Barbares, c'est-à-dire tous ceux qui sont « étrangers à la civilisation gréco-latine ». Cicéron reste, dans une certaine mesure, fidèle à cette tradition : la liste des peuples qu'il qualifie de barbares le prouve. Mais c'est lui cependant qui fait subir au mot une sérieuse évolution en lui donnant une acception plus morale que culturelle. Pour la première fois, *barbarus* est employé pour désigner un grossier, un brutal, un « homme sans moralité ». Ce qui a pour conséquence que d'une part des Romains sont jugés comme des *barbari*, ainsi Verrès, Clodius et bien sûr Marc Antoine, tandis que, d'autre part des Gaulois, des Africains, bref des pérégrins, des non-Romains peuvent par leur accession à la culture et à la morale des Romains acquérir l'*humanitas*, devenir des *humani*. Or l'on sait que *humanus* est l'exacte antithèse de *barbarus*. Cette évolution traduit une prise de conscience plus nette de ce qu'étaient véritablement les valeurs romaines. De cette prise de conscience d'une époque Cicéron s'est fait l'expression. Là encore, il porte témoignage.

Dans ce même domaine, César a fait plus. Il a agi. Il a fondé sur ce nouveau principe sa politique à l'égard des

---

1. « Sens et évolution du mot *barbarus* dans l'œuvre de Cicéron » (*supra*. p. 337, n° 1).

provinciaux. Certes, il n'a pas eu le temps de la mener à son terme. Mais il semble bien que sa politique provinciale ait été une politique généreuse de large intégration, qui allait bien au-delà de la simple admission des individus à la citoyenneté romaine, qui ne reculait même pas devant l'interpénétration des cultures. Sans parler ici de sa politique de tolérance à l'égard des Juifs, j'évoquerai plutôt l'exemple des Sittiani en Afrique. Leur situation est en effet exemplaire à plusieurs égards. D'abord parce qu'au point de vue administratif, en constituant au nord de la Numidie une principauté organisée sous la forme d'une confédération de quatre cités-colonies, se trouvait transportée au-delà des mers une situation campanienne, celle qu'avait connue P. Sittius, le condottiere des bords du Sarno, que César voulut récompenser pour son aide militaire. Ensuite, parce que, sur le plan humain, de nombreux Berbères devinrent très vite par naturalisation des Sittiani, fidèles des dieux romains sans pour autant renoncer à leurs dieux nationaux (l'épigraphie nous fait connaître entre autres un P. Sittius Iamgur et un C. Julius Gaetulicus, dont les surnoms sont éloquents). Enfin, parce que – et c'est le fait le plus extraordinaire – des Sittiani campaniens, citoyens romains, paraissent bien s'être convertis aux cultes nationaux des Berbères. C'est en effet ce que sous-entendent des inscriptions cirtéennes qui mentionnent une *dea Caelestis Sittiana*, c'est-à-dire Tanit-Caelestis (la déesse carthaginoise romanisée) des Sittii. On peut faire la même remarque pour le culte de Baal-Saturnus : diverses singularités des stèles votives du groupe cirtéen révèlent des emprunts réciproques.

Sur le plan politique et sur le plan religieux, une habile et étroite fusion berbéro-romaine a été ainsi tentée qui, poursuivie – elle ne le fut pas à cause de la mort de César –, aurait sans doute changé bien des choses. Du moins avait-elle posé les bases de la romanisation la plus profonde, celle des âmes, seule capable de donner consistance et durée à l'Empire universel que César rêvait d'instituer. Octave-Auguste ira moins loin, beaucoup moins loin. Il reste que, du fait de Cicéron et de César, curieusement unis sur ce point, un état d'esprit nouveau était né, celui qui va conduire au début du IIIe s. à l'édit de Caracalla, faisant de tous les hommes libres du monde romain des citoyens.

Il apparaît ainsi qu'à beaucoup d'égards, et pour rester dans le domaine de l'histoire politique, la dictature de César et le second triumvirat constituent un moment décisif dans l'élaboration du principat augustéen. Sur le plan des institutions, c'est là une constatation tout à fait banale. L'examen attentif des textes et leur confrontation avec les inscriptions d'une part, avec les effigies et les légendes monétaires d'autre part, permettent de suivre, au moins partiellement, l'évolution des esprits dans la formation de l'idéologie impériale et dans son acceptation par le corps civique, mais aussi dans la conception de la romanité comme « civilisation de l'universel ». Si l'on veut en définitive caractériser la période de César et du second triumvirat par rapport à la période antérieure et au principat augustéen, il ne suffit pas d'évoquer la continuité des politiques, des classes sociales, des hommes, et même très souvent des structures, il importe aussi de souligner le grand effort de renouvellement des mentalités collectives, qui sur le plan politique comme sur le plan spirituel – on va le voir – constitue l'originalité et l'intérêt historique de cette période.

Les nouvelles aspirations religieuses

De nouvelles aspirations religieuses apparaissent à la mort de César pour se développer et se préciser rapidement ensuite. On a vu plus haut avec quelle continuité de vues les *imperatores* de la fin de la République ont tenté de mobiliser les dieux au service de leurs ambitions personnelles. On sait aussi que César de son vivant a bénéficié d'une divinisation officielle, votée par le sénat au début de 44. Une divinisation qui ne semble pas lui avoir été reprochée même par les conjurés de Mars : autant qu'on puisse le savoir, parmi les nombreuses accusations qui furent alors lancées contre lui, ne figure jamais celle d'avoir voulu se faire passer pour un dieu[1] ! Reconnu comme *divus Julius* dès juillet 44, quand les Romains ont cru voir une comète miraculeuse se détacher dans le ciel de Rome au soir des jeux célébrés en l'honneur de Vénus Genitrix pour commémorer ses victoires, César s'est trouvé promu parmi les Olympiens de la manière la plus officielle par une loi. La lex Rufrena de 42 a organisé son culte dans toute l'Italie. Et l'on peut mesurer la ferveur des masses aux textes des inscriptions gravées en son honneur, confrontés aux vers de Virgile et d'Horace.

Une ferveur dont l'entourage d'Octave ne manqua jamais une occasion de faire profiter le renom du jeune homme encore peu connu des Romains au moment des Ides de mars. Pourtant on note que le temple, voué en 42 au *divus Julius*, ne fut dédié par Octave qu'en 29... treize ans après le vœu. Un si long intervalle est la preuve qu'après avoir utilisé à des fins personnelles la filiation de César (en s'affichant comme le *divi Juli filius*), son premier héritier mit assez rapidement en veilleuse et cette filiation et le culte du dictateur défunt, devenus gênants quand il se présenta lui-même comme le restaurateur de la *respublica* : dans l'*Enéide* VI, quand Anchise présente à Énée les créateurs de la grandeur romaine, le nom de César n'est pas prononcé ; il n'y figure que comme symbole de la guerre civile... de cette affreuse guerre civile à laquelle Octave a réussi à mettre fin à Actium.

Entre-temps, il est vrai, il avait parfaitement réussi à doter son personnage d'une aura sacrée, d'une part en acceptant des honneurs exceptionnels, comme on l'a vu plus haut, d'autre part en multipliant avec éclat les constructions et restaurations de temples et surtout en cumulant les sacerdoces. Vainqueur à Philippes en 42, après avoir invoqué l'aide de Mars, il lui voua un temple qui devait occuper la

---

[1]. Sur la divinisation de César, voir Helga Gesche, *Die Vergottung Caesars*, Kallmünz, 1968, dont les vues sont vivement critiquées par A. Alföldi, dans *Phoenix*, 24, 1970, p. 166-176.

place la plus éminente de son Forum. Vainqueur de Sextus Pompée en Sicile, il décida d'élever en l'honneur d'Apollon, son protecteur particulier, le temple le plus luxueux du Palatin, lié à sa propre demeure. Il pourra dans ses *Res gestae* se vanter d'avoir bâti ou restauré 82 temples. Fait pontife dès 48 av. J.-C. par César, devenu augure entre 42 et 40, membre du collège des quindécemvirs en 37, il ajouta encore à ces sacerdoces majeurs ceux de fécial, de frère arvale et de sodale titien, puis de septemvir épulon, avant de prendre le grand pontificat en 12 av. J.-C., ce qui marquait l'ultime consécration religieuse de son autorité en faisant de lui, *mutatis mutandis*, le « pape du paganisme romain ». Tout à fait contraire à l'usage, un tel cumul des prêtrises conférait à Octave plus qu'un prestige religieux personnel, une manière de sacralisation de ses pouvoirs, qui d'ailleurs rejaillissait sur les prêtrises elles-mêmes, revalorisées par la puissante personnalité de leur titulaire privilégié.

Parmi ces sacerdoces, il en est un qui occupait une place primordiale : c'était l'augurat. On le voit bien sur les monnaies, sur la *gemma augustea* de Vienne, sur le grand camée de France : le bâton recourbé de l'augure (le *lituus*) figure avec prédilection. Et l'une des plus remarquables et des plus connues parmi les statues du prince le montre en augure, la tête voilée et le *lituus* à la main. Selon la juste expression de Jean Gagé, « la notion d'Octave *Auguste* a mûri à travers celle d'Octave augure. L'une et l'autre appartiennent à un cercle d'idées foncièrement romaines et reflètent à cette époque le cheminement d'idées religieuses [1] ». Sur le plan religieux, la période 44-31 prépare et préfigure la surhumanisation, reconnue à partir de 27 au prince devenu *Augustus* et de ce fait ce que J. Bayet appelle « la

---

1. « Les sacerdoces d'Auguste et ses réformes religieuses », *MEFRA*, 48, 1931, p. 14. Voir aussi J. Bayet, « Les sacerdoces romains et la prédivinisation impériale, *Bull. Acad. royale Belgique. Cl. Lettres et Sciences morales et politiques*, 5ᵉ série, XLI, 1955, p. 453-526.

valorisation sacrée du souverain, qui devait être à la base de la divinisation impériale[1] ».

S'il est vrai que le poète est, en même temps qu'un voyant inspiré des dieux, un porte-parole des sentiments de la collectivité, on ne peut dans ce cas qu'être frappé par l'expression, répétée à partir des années 40-39, d'un ardent espoir dans un monde nouveau où régneront l'ordre et la paix. C'est Virgile, on l'a vu, qui s'est fait le chantre le plus vibrant de cet espoir dans sa quatrième *Eglogue*. Quel que soit le *puer*, l'enfant dont la naissance mettra fin à la « race de fer » et fera « surgir sur le monde entier la race d'or », le poème, en annonçant le renouvellement du monde, traduit des aspirations précises à une ère nouvelle. Une ère qui non seulement verra s'épanouir une nature pacifique et féconde, où

> les chèvres rapporteront à la maison leurs mamelles gonflées de lait et les troupeaux de bœufs ne redouteront plus les grands lions... (où) la nudité des plaines, peu à peu, blondira d'épis sans piquants, ... (tandis qu') aux sauvages buissons pendront les grappes vermeilles et (que) le dur bois des chênes sécrétera la rosée du miel (21-30),

mais qui connaîtra aussi un rapprochement, mieux une cohabitation des dieux, des héros et des mortels, telle que s'imposera de lui-même le bonheur de l'humanité. Cette aspiration à une ère nouvelle et à un monde nouveau, Virgile devait, quelques années plus tard, l'exprimer encore et avec quelle force dans les fameux vers du livre VI de l'*Enéide* où « Anchise montre du doigt à Énée l'ombre du surhomme promis à sa race pour établir les siècles dorés au Latium sur lequel jadis avait régné Saturne[2] » :

Maintenant tourne les yeux : regarde cette nation, les Romains. Voici César et toute la postérité d'Iule qui doit

---

[1]. Dans sa remarquable *Histoire politique et psychologique de la religion romaine*, 1957, p. 179.
[2]. J. Carcopino, *Virgile et le mystère de la quatrième Eglogue*, 2ᵉ éd., 1943, p. 198.

venir à la lumière sous l'immense voûte des cieux. Le voici, c'est lui, cet homme qui, tu le sais, t'a été si souvent promis, César Auguste, fils d'un dieu : il fera renaître l'âge d'or dans les champs du Latium où jadis régna Saturne, il reculera les limites de son empire plus loin que le pays des Garamantes et des Indiens, jusqu'à ces contrées qui s'étendent au-delà des signes du zodiaque, au-delà des routes de l'année et du soleil, là où Atlas, qui porte le ciel, fait tourner sur son épaule la voûte parsemée d'étoiles étincelantes (788-797).

C'est grâce à de telles évocations poétiques, grâce aussi à la vulgarisation d'anciens mythes modernisés, à l'utilisation habile de légendes populaires à l'intention des uns, à une exploitation raisonnée des systèmes philosophiques à la mode, assez mesurée pour lui valoir l'adhésion des élites cultivées, qu'Octave réussit en une douzaine d'années d'efforts continus à apparaître aux yeux des Romains comme le dieu sauveur, seul capable, en devenant le maître du monde, d'assurer à celui-ci la paix, l'ordre et la félicité[1].

Pour parvenir à ses fins, Octave sut à la fois mettre à profit les inquiétudes et les aspirations de ses contemporains, reprendre à son compte les idées du temps et, comme ses prédécesseurs, mobiliser le monde divin au service de sa cause et de son ambition. Tandis que la puissance d'attraction de la mantique tend à diminuer à partir de Marius et de Sylla, non sans garder cependant la faveur des masses, où n'ont pas encore pénétré les idées nouvelles sur le monde et le sort de l'homme, seules capables d'entamer les vieilles croyances dans les forces obscures, dans les pouvoirs des astres, dans les présages, ceux-ci ont dû beaucoup contribuer à impressionner une opinion préoccupée, lassée et bientôt horrifiée par les guerres civiles. Jamais depuis l'époque de la deuxième guerre punique, si fertile en *prodigia*, Rome n'en a connu autant qu'au Ier s.

---

1. Voir W. Déonna, « La légende d'Octave Auguste dieu sauveur et maître du monde », *Rev. hist. rel.*, 73-74, 1921.

av. J.-C., tous exploités, bien entendu, le prodige étant devenu, selon l'expression de R. Bloch[1], une « arme de choix dans les luttes politiques ». Particulièrement abondants sous Sylla, depuis la flamme qui s'élève de la terre entrouverte en 90 et le coup de trompette qui retentit en 88 dans un ciel serein, jusqu'aux fracas d'armes qui s'entrechoquent dans les airs en 87, puis de nouveau en 83, ils se multiplient également sous César. En 57, une colonne du temple de Jupiter sur le mont Albain est frappée par la foudre. L'année suivante, en 56, un grondement souterrain est entendu dans le Latium. Fin 50, un événement grave est annoncé sur le territoire de Cumes : un arbre muni de trop peu de branches signifie un carnage prochain. Et le 12 janvier 49, lors du passage du Rubicon, apparaît un homme d'une taille et d'une beauté extraordinaires. En 48, l'année de Pharsale, les phénomènes célestes se succèdent à un rythme accéléré : comète, éclairs dans un ciel serein, foudre sur le « sommet latial », étoiles en plein jour, dérèglement du système solaire et lunaire, éruption de l'Etna, embrasement de l'autel albain de Vesta, etc. ; Lucain a décrit avec complaisance ces « gages sûrs d'une pire destinée » (*Phars.*, I, 524 et suiv.). Et l'on ne s'étonnera pas qu'en 44, de nombreux prodiges aient annoncé et accompagné la mort de César : trompettes et bruits d'armes dans le ciel, le soleil privé de sa lumière, des statues de dieux qui pleurent, des bœufs qui parlent. Le jour même des ides de mars, les présages se sont accumulés d'une façon menaçante, qui a inquiété son entourage. César s'est moqué des avertissements, disant que les présages étaient les mêmes le jour de l'heureuse bataille de Munda. Il les rejeta ; le destin devait suivre son cours. Et César, frappé à mort, s'écroula aux pieds de la statue de Pompée. Quelques mois plus tard, en

---

[1]. R. Bloch, *les Prodiges dans l'Antiquité classique*, Paris, 1963, p. 139. Liste complétée dans M. Le Glay, « Magie et sorcellerie à Rome au dernier siècle de la République », *Mélanges offerts à J. Heurgon*, 1976, I, p. 526 et suiv.

juillet 44, pendant les jeux de la Victoire de César, entre le 20 et le 30, ce fut l'apparition dans le ciel de Rome de la fameuse comète – le *sidus Julium* – dont Octave sut tirer tout le parti que l'on sait à la fois pour étayer de croyances astrales l'apothéose de l'*imperator* défunt et l'avènement d'un nouveau chef, héritier du nouveau dieu. Prodiges et présages ne s'arrêtent pas là. En 43, un « bolide » se manifeste lors de la bataille de Modène. Mais c'est la fondation du second triumvirat et ses premières décisions (on pense aux proscriptions), qui furent accompagnées surtout de signes effrayants : des loups furent vus sur le Forum, des bœufs se mirent à parler, des statues à pleurer, des bruits d'armes et de courses de chevaux furent perçus, le soleil prit un aspect étrange ; la foudre tomba sur des temples et des statues. En 42, l'année de Philippes, on signale de nouveaux prodiges : on vit trois soleils, la statue de Jupiter sur le mont Albain suinta, etc.

Que Cicéron, Pline et d'autres, qui ont rapporté ces prodiges aient montré quelque scepticisme sur leur interprétation comme signes astrologiques, peu importe au fond. Seul compte le fait qu'ils les ont relevés, ce qui suffit à attester l'intérêt que leur portait l'opinion publique et certainement les milieux politiques intéressés à les lui faire connaître. L'attention prêtée à ces signes dans une période aussi troublée que le dernier siècle de la République participe évidemment de celle qu'on prêtait alors à l'astrologie en général. À l'astrologie et, sur un autre registre, à la magie et à sa forme dégradée, la sorcellerie, qui bénéficient alors de la même faveur et du même mouvement de curiosité[1]. De nombreux textes, notamment d'Ovide et d'Horace, confortés par des inscriptions et des papyrus, montrent combien l'astrologie et la magie se sont infiltrées dans les mœurs de la nouvelle classe dirigeante et du demi-monde en formation, tandis que la sorcellerie, toujours

---

1. Voir M. Le Glay, « Magie et sorcellerie à Rome au dernier siècle de la République » (*supra*, p. 351, n° 2).

cantonnée dans les cimetières et le quartier mal famé de Subure, excitait de plus en plus la curiosité et l'intérêt des Romains de toutes les catégories sociales. Question de mode ? Peut-être. Il est souvent difficile de faire la part de la mode et celle des réalités psychologiques profondes. Fronde ? Ou déjà désir d'aller au-delà des limites de la connaissance permise ? Un peu de tout cela sans doute. Mais dans une période dure et sombre, où le goût du merveilleux et du surnaturel se manifeste dans la littérature, où l'illusionnisme triomphe dans l'art, notamment dans la peinture murale du deuxième style pompéien, où le déclin des dieux traditionnels (mais non du sentiment religieux, sinon comment comprendre l'empressement des *imperatores* à se rattacher au divin ?), que ne compense pas encore l'afflux des religions orientales, crée un certain vide des âmes sinon des esprits, on peut comprendre que l'astrologie, la magie et la sorcellerie aient trouvé leur place. L'attrait nouveau qu'elles provoquent constitue pour cette époque un fait de mentalité collective.

En même temps, cette tendance à l'irrationnel aide aussi à comprendre que les masses aient si facilement adhéré à la conception « théologique » du chef victorieux, victorieux grâce à une infaillible *felicitas* personnelle, d'origine divine. Jean Gagé a parfaitement analysé la naissance de cette conception en la rattachant à un double changement intervenu au dernier siècle avant notre ère, « un changement qui créa une forme nouvelle de commandement militaire, où le chef, détenteur de l'*imperium* et des auspices, l'*imperator* au sens nouveau du mot, fut secondé par de nombreux légats : c'est-à-dire l'apparition de cet *imperium infinitum*, dépassant les pouvoirs normaux par l'extension, par la durée et par l'étendue territoriale (qu'on pense aux pouvoirs de Pompée contre les pirates, ou de César dans la guerre des Gaules) ; d'autre part, un changement dans la représentation même de la victoire, grâce auquel on s'habitua à trouver naturel que seul l'*imperator*, même absent ou inactif, fût l'auteur responsable et par suite le bénéficiaire de tout succès de ses légats. Ces deux révolutions sont connexes ; puisque les règles du triomphe requéraient un général pourvu d'auspices personnels, il ne pouvait être question de l'accorder aux légats, qui n'en possédaient pas, et il fallait tirer toutes les conséquences du monopole de l'*imperator* (ce qu'a fait, on l'a vu, Octave Auguste). Il est cependant permis – ajoute J. Gagé – de conclure à une véritable transformation des croyances : dès le temps de Sylla et de Pompée, les Romains se sont accoutumés à faire crédit à l'infaillible *felicitas* de quelques chefs exceptionnels, dont ils attendent d'universels succès[1]. » Bien entendu, cette *felicitas* personnelle, manifestation d'un charisme, ne pouvait être qu'un don des dieux.

Jusqu'à César, c'est à Jupiter que revient en fin de compte le pouvoir et donc le rôle de dispensateur de la victoire, Vénus n'intervenant qu'en qualité d'intercesseur. Sous Sylla se renforce la personnalisation, Vénus s'identifiant à la patronne personnelle du chef. Avec César, la relation se précise encore, puisque Vénus est à la fois sa *Fortune* personnelle, son ancêtre familiale et celle de la Cité. La Fortune de Rome se trouve donc indissolublement liée à la Fortune de César. L'issue n'a pas été heureuse !

Octave se devait d'innover. Il le fit de deux manières. D'abord en se réservant le monopole du triomphe[2]. On sait que cette grandiose cérémonie, qui se déployait à travers Rome du Champ de Mars jusqu'au temple de Jupiter Capitolin, visait justement à proclamer le caractère charismatique du triomphateur et à rendre grâce au dieu dispensateur du charisme qui a valu la victoire : pendant la durée de la cérémonie, le triomphateur, revêtu du *paludamentum* pourpre, la figure et les mains teintées de rouge, est lui-même la représentation temporaire de Jupiter. En se réservant le monopole triomphal, Octave s'affirmait seul

---

1. J. Gagé, « La théologie de la Victoire impériale », *Rev. hist.*, CLXXI, 1933, p. 2.
2. Voir G.C. Picard, *les Trophées romains. Contribution à l'histoire de la religion et de l'art triomphal de Rome*, Paris, 1957.

détenteur du charisme d'essence divine qui lui avait valu la victoire. Seul véritable *imperator* (ce titre va prendre valeur et place de prénom : *Imperator Caesar Augustus*) et de plus augure, il pouvait seul prendre les auspices qui diront si les dieux sont favorables ou non à l'entreprise guerrière ; ceux qui remportent la victoire sur le champ de bataille, ses généraux, ses légats, ne peuvent la remporter qu'en son nom. La supériorité de son charisme contribuait ainsi à le révéler à tous comme le seul vainqueur et le seul sauveur.

Il innova aussi en rattachant son charisme personnel, non plus à Vénus, mais à Apollon. Usure du pouvoir de la déesse, mise à rude épreuve et finalement quelque peu disqualifiée par les échecs successifs de ses protégés, de Sylla qui dut abdiquer, puis de Pompée vaincu à Pharsale, enfin de César assassiné ? Compromise en outre en Orient où, liée à Dionysos, patron de Marc Antoine, Aphrodite se trouvait associée à Cléopâtre ? Toujours est-il qu'Octave, pour des raisons qu'on perçoit assez bien [1], choisit Apollon comme protecteur spécial. Aux raisons politiques auxquelles il vient d'être fait allusion se sont certainement mêlés pour guider son choix des motifs plus personnels.

Il est certain que dans les années 41-40, l'oracle qui a inspiré la quatrième *Eglogue* associait déjà étroitement le règne d'Apollon (*tuus jam regnat Apollo* : IV, 10) au renouveau du temps qui ramenait sur terre l'âge d'or. Et ce n'est sans doute pas sans arrière-pensée qu'en 37 – il a alors vingt-six ans –, Octave se fait coopter dans le collège des quindécemvirs, chargés entre autres responsabilités des cérémonies du culte apollinien (l'un des insignes du quindécemvirat est le trépied, qui renvoie bien entendu à l'Apollon de Delphes). Et qu'en 36, après sa victoire sur Sextus Pompée, c'est à son dieu favori qu'il dédia un temple sur le Palatin, dans la partie de sa maison que la foudre

---

1. Grâce à J. Gagé, *Apollon romain. Essai sur le culte d'Apollon et le développement du ritus graecus à Rome des origines à Auguste*, Paris, 1955.

– avertissement divin – venait de frapper. Décidément, celui que Cicéron avait qualifié de *divinus adulescens* se présentait, comme dit J. Gagé « comme porteur d'un message apollinien de jeunesse[1] ». En liant en effet sa cause et son destin au jeune dieu de la beauté masculine, de la santé, des arts et des jeux, il se faisait du même coup le champion de la *juventus* de Rome et d'Italie, de la *juventus* des temps nouveaux ; plus tard, dans le même dessein, il proclamera ses petits-fils, devenus ses fils adoptifs, Caius et Lucius César, « princes de la jeunesse ». En attribuant à Apollon tout le mérite de la victoire d'Actium, mérite miraculeux, il se présentera comme le miraculé de son dieu et liera le salut de Rome à Apollon par-delà sa propre qualité de sauveur et de restaurateur de la paix. En transférant dans le nouveau temple d'Apollo Palatinus, inauguré en 28, temple contigu à sa maison (le dieu et son protégé cohabitant donc dans le même ensemble architectural), les oracles sibyllins, il fera d'Apollon... et de lui-même les dépositaires des documents qui contenaient les *fata romana* et par-là les gardiens du destin de Rome et de l'Empire. En aménageant dans l'enceinte du même temple le portique des Danaïdes, symboles de la victoire sur l'Égypte, et des bibliothèques, symboles de la suprématie intellectuelle qu'il entendait assurer à Rome au détriment d'Alexandrie, il confirmera la portée politique et culturelle du règne d'Apollon... et du sien. Il y a plus encore.

Avec Apollon pour protecteur, le dieu qui est au cœur du vieux mythe millénariste troyen et du mouvement d'origine orientale (pythagoricienne selon J. Carcopino) qui fait de l'histoire du monde une succession de cycles dont Apollon commande l'ère millénaire de paix, qui est aussi à la fois le dieu-voyant par excellence et celui qui « engloutit » les prodiges, comme dit Tibulle (II, 5), avec le dieu vaillant qui, en lui donnant la victoire finale d'Actium en 31, a apporté au monde la paix, l'ordre et l'abondance, Octave

---

1. Ouv. cit., p. 489.

ne pouvait mieux fonder son avenir politique et celui de Rome.

Marc Antoine se disait descendant d'Hercule et se proclamait « nouveau Dionysos ». Sextus Pompée se prétendait neptunien. Octave a préféré Apollon, un dieu qui, par son passé, pouvait resceller l'union de l'Orient et de l'Occident et contribuer à donner à son protégé l'image du sauveur. Son appui favorisa – n'en doutons pas – l'exaltation politique et idéologique du chef que le sénat et le peuple romain voulurent se donner le 16 janvier 27 av. J.-C. en lui conférant le titre d'*Augustus*.

Conclusion

Un témoignage de l'évolution vers un ordre nouveau : la supplication d'action de grâces

Un bon exemple du déclin des pratiques, plus que des institutions religieuses républicaines et de leur glissement vers un ordre nouveau au dernier siècle avant notre ère, est fourni par l'histoire de la supplication d'action de grâces [1].

Il s'agit d'une cérémonie gratulatoire, c'est-à-dire destinée à remercier les dieux, à leur rendre grâces à l'occasion d'un grand succès. Elle remonte à la très haute antiquité. Quand un général romain remportait une victoire importante, il envoyait à Rome dans les meilleurs délais un ou plusieurs messagers porteurs d'une lettre ornée de laurier, qui contenait le compte rendu des opérations et demandait qu'on en fît honneur aux dieux. Après examen et discussion, le sénat pouvait décréter une supplication. Tous les temples étaient alors ouverts et le peuple invité à venir

---

1. Voir L. Halkin, *la Supplication d'action de grâces chez des Romains*, Liège, 1953 – plus récemment, G. Freyburger, « La supplication d'action de grâces dans la religion romaine archaïque », coll. *Latomus*, XXXVI, 1977, p. 283-315 – « La supplication d'action de grâces sous le Haut-Empire », *ANRW*, II, 16,2 (1978), p. 1418-1439.

rendre grâces. Sous la présidence du magistrat du plus haut rang présent à Rome, une prière publique et solennelle de *gratulatio* était prononcée et l'on sacrifiait aux frais de l'État des victimes pendant un ou deux jours, selon les cas.

Avec les siècles, il semble que la cérémonie ait, comme le triomphe, perdu peu à peu de son caractère religieux. Pour finalement subir au dernier siècle de la République des changements très révélateurs du nouvel état d'esprit qui régissait alors les institutions.

On constate d'abord un singulier accroissement du nombre des jours consacrés à la supplication : d'un seul jour – c'était le cas le plus fréquent : ainsi pour 209 av. J.-C. Tite-Live note : « Le sénat décréta une supplication d'un jour pour les succès heureusement remportés par Publius Scipion » (XXVII, 7,4) – on passe en 63 et 62 av. J.-C. à dix et douze jours pour célébrer les victoires de Pompée en Orient. En 57, pour ses succès en Gaule, César obtient quinze jours, puis vingt jours en 55 et en 52. En 47 et en 46, il obtient respectivement trente et quarante jours, puis en 45 cinquante jours pour ses victoires au cours de la guerre civile... alors que les supplications n'étaient à l'origine prévues que pour les guerres menées contre les ennemis de l'extérieur. Le mauvais exemple avait été donné par Cicéron qui avait obtenu du sénat une *supplicatio* à la suite de la répression de la conjuration de Catilina en 63. Enfin, Marc Antoine et Octave ont eu droit à des supplications « en quelque sorte sur une année entière », note Dion Cassius (XLVIII, 3,2). Le sénat adopta en même temps une périodicité annuelle dans la célébration de certaines supplications. Ce fut pour la première fois en 44 qu'il fut décidé de solenniser à perpétuité l'anniversaire de la naissance et des victoires de César. À partir de 36, on commémora de même la victoire d'Octave à Nauloque. Et en 30, après Actium, on institua une supplication au jour anniversaire de la naissance d'Octave, ainsi qu'au jour où la nouvelle de la victoire parvint à Rome, puis au jour anniversaire de la prise d'Alexandrie. On voit par là combien avait changé l'esprit de la cérémonie : instituée pour rendre grâces aux dieux, dispensateurs de la victoire accordée au peuple romain, en des occasions particulières et limitées, elle s'était muée en une succession de fêtes données à la gloire des *imperatores* pour exalter non seulement leurs succès, mais aussi les anniversaires de ces succès et même de leur naissance, assimilée en somme à une victoire !

La personnalisation de la cérémonie de supplication a d'autre part été renforcée par deux autres changements apportés par le sénat dans le cours du Ier s. av. J.-C. Comme si la *supplicatio* elle-même ne suffisait plus à honorer les vainqueurs, les sénateurs se mirent à la doubler de distinctions supplémentaires : ainsi le titre d'*imperator* accordé à Lépide en 44 et à Octave en 43 (alors dans sa vingtième année !) ; ainsi le droit à une statue équestre décrété pour Lépide en 44, ou encore l'inscription dans les Fastes. Plus significatif encore dans la cérémonie elle-même, l'effacement progressif des dieux devant la personne du général victorieux qui maintenant occupe la première place : on ne parle plus des honneurs rendus « aux dieux immortels » (Tite-Live, XLI, 17,3) ; Cicéron parle de « la supplication de Marcus Lepidus » (*Phil.* III, 23), des « honneurs de César » (II, 110). Avec le principat vont se multiplier les supplications périodiques, destinées maintenant à honorer l'empereur et sa famille par des hommages qui, inspirés de ceux qui étaient rendus aux souverains des monarchies hellénistiques, ont singulièrement défiguré l'antique institution religieuse de la Rome républicaine. Des honneurs aux dieux, on est passé aux honneurs rendus aux Princes. Déclin ? ou renouveau ?

CONCLUSION

Décadence ou renouveau ?

Telle est la question qu'en fin de compte il convient de se poser. Avec d'autant plus de raison que beaucoup, semble-t-il, se la posaient eux-mêmes, en termes divers d'ailleurs, dans les dernières décennies de la République. L'idée de décadence était – il est vrai – lancée depuis bien plus longtemps. Caton l'Ancien – on l'a vu – en avait fait déjà l'un de ses thèmes favoris, opposant à chaque occasion la grandeur de la Rome ancienne où régnaient la vertu (le courage) au service de l'État et la simplicité des mœurs, à la Cité qu'il croyait menacée de perversion par la diffusion de l'hellénisme et du luxe amollissants. On sait avec quelle vigueur il attaqua les philosophes envoyés en ambassadeurs par Athènes et dont le succès était tel auprès des jeunes gens que, selon Plutarque, il craignait que ceux-ci « ne tournassent entièrement là leur affection et leur étude, et ne quittassent la gloire des armes et de bien faire pour l'honneur de savoir et de bien dire » (*Caton*, 47).

Non sans clairvoyance – mais c'était, au vrai, une idée couramment admise des historiens et des philosophes que les États sont, tout comme la nature et les hommes, soumis à des cycles, à savoir que, comme eux, ils naissent, grandissent, déclinent et meurent – Polybe, méditant sur les divers types de constitutions qui régissent les États, écrivait au milieu du IIe s. av. J.-C. :

En ce qui concerne la constitution romaine, nous pouvons comprendre comment elle s'est formée et développée, comment elle a atteint son plus haut degré de perfection, et comment aussi elle devra décliner dans l'avenir. Car à Rome, plus que partout ailleurs, la naissance et l'évolution des institutions ont suivi un cours naturel et il en est de même dans la nature des choses qu'après la croissance vienne pour elles le déclin (*Hist.*, VI, 9).

Un peu plus loin, il précisait :

On sait, sans qu'il soit besoin d'insister, que tous les êtres sont voués au changement et au dépérissement. La nécessité qui règne dans la nature suffit pour nous en assurer. Ainsi tous les États, quels qu'ils soient, doivent périr et cela peut arriver de deux manières : par une agression venue de l'extérieur, ou par le développement d'un mal inhérent à leur nature. Dans le premier cas, il s'agit d'un accident imprévisible, dans l'autre d'un aboutissement inéluctable... Lorsqu'un régime, après s'être tiré de plusieurs grands périls, atteint à une suprématie fondée sur une puissance incontestée, il est bien évident que, à mesure que la prospérité se répand parmi la population, les gens se mettent à mener plus grand train, que les citoyens se disputent avec plus d'âpreté les magistratures et les autres fonctions. Puis, quand cette évolution a pris une certaine ampleur, le déclin s'annonce, provoqué par la passion du pouvoir, le discrédit attaché à l'obscurité, par le goût du luxe et l'insolent étalage de la richesse (VI, 57).

Cette conception quasi biologique de la vie des États pour Polybe est donc soumise à de véritables lois : ils naissent, croissent, puis déclinent et meurent. La dégradation, le déclin sont la conséquence inéluctable de la réussite qui provoque l'*invidia* (l'envie, mieux la jalousie), génératrice de l'ambition et des conflits ; c'est en définitive la réussite qui entraîne la mort des sociétés trop prospères.

Un siècle plus tard, une telle conception déterministe se retrouve, on va le voir, dans les dernières décennies de la République, assez envahissante pour qu'Auguste ait voulu l'attaquer et la ruiner dans son entreprise de sauvetage et de redressement de la situation romaine, une entreprise qui ainsi est allée bien au-delà d'une simple remise en cause des institutions et des structures de l'État. L'idée de décadence est en effet une idée à la mode sous le second triumvirat ; elle hante alors beaucoup d'esprits. Les uns sont inquiets des désordres sanglants qui troublent la sécurité des rues et des routes, et plus encore des guerres qui, non contentes d'opposer les Romains à leurs alliés italiens, lancent les uns contre les autres les citoyens eux-mêmes, ce qui leur paraît particulièrement abominable. D'autres sont davantage préoccupés par la violence des coups portés à l'ordre social et aux institutions traditionnelles, d'autres étant surtout choqués par le déclin des mœurs.

Avant d'aller plus loin, peut-être est-il nécessaire de s'interroger un instant sur les notions de décadence, de déclin et de crise que partageaient les Romains de la République finissante ? Du moins ceux qui avaient conscience de vivre une époque de décadence, de déclin et de crise. Et précisément, face aux événements qu'ils vivaient et à l'état d'esprit qui régnait, pensaient-ils décadence, déclin ou crise ? Une crise est temporaire, momentanée ; même périlleuse, elle peut être surmontée... à moins que, comme le croit C. Meier[1] pour celle de la République, elle ne soit « sans alternative », donc sans issue autre que la mort. Plus profonde et plus générale, la décadence est ressentie davantage sinon comme irrémédiable, du moins plus difficile à stopper. « La décadence, note le Littré[2], amène la chute et la ruine, le déclin mène à l'expiration et à la fin. »

Crise, déclin, décadence

D'autres que Polybe en ont fait état. Mais c'est Salluste qui, du fait de son expérience politique, de sa connaissance

---

1. *Respublica amissa*, Wiesbaden, 1966 ; 2ᵉ éd., 1980.
2. *Dictionnaire de la langue française*, « décadence ».

des rouages de l'État et des manipulations qu'on en peut faire – ancien tribun, ancien préteur, il fut gouverneur césarien de la province nouvellement acquise d'Africa nova – se trouvait le mieux à même, mieux en tout cas que la plupart de ses compatriotes, d'apprécier la gravité de la crise dont ils étaient les témoins. On l'a dit, son œuvre « offre un reflet fidèle de la crise de son temps[1] ». Il en était, lui, en quelque sorte, un témoin privilégié. Même si elle est empreinte d'un certain pessimisme, qu'explique l'échec d'une carrière, ratée dans sa phase terminale, puisqu'elle ne le conduisit pas jusqu'au consulat, son œuvre historique analyse avec circonspection les causes du mal. Et l'on y perçoit assez bien ce qui, à ses yeux, relève de la décadence profonde et ce qui relève de la crise d'où il n'est pas impossible de sortir.

Relève de la décadence tout ce qui affecte les mœurs et en particulier les mœurs politiques. Leur évolution est à l'origine de tous les maux. Salluste l'expose brièvement (pour y revenir plus tard avec plus de précision) au début de son histoire de la conjuration de Catilina. En quelques mots, il évoque les vertus des ancêtres : l'honneur (*pudor*), le désintéressement (*abstinentia*) et le mérite (*virtus*), qui ont fait alors de l'État romain « le plus beau et le meilleur des États ». Tandis que le temps de sa propre activité politique, il le voit dominé par l'audace (*audacia*), la corruption (*largitio*) et la cupidité (*avaritia*), qui font maintenant de l'État romain « le plus mauvais et le plus corrompu » (3 et 5). Ces idées, il les développe dans les chapitres 6-13 de ce même traité. La vieille Rome était toute vertu et simplicité, droit et sagesse, concorde et désintéressement.

> [Les Romains] avaient un gouvernement régi par des lois. Une élite, chez qui logeait un esprit fortifié par la sagesse,

---

1. Voir J.-C. Richard, « Salluste témoin et juge de son temps », *Rev. ét. Lat.*, 48, 1970, p. 48-58 : à propos de la publication du livre de A. La Penna, *Sallustio e la rivoluzione romana*, Milan, 1969.

veillait au salut de l'État : ces hommes, en vertu de leur âge ou de la similitude de leur mission, portaient le nom de pères... La jeunesse, dès qu'elle était en mesure de supporter les fatigues de la guerre, apprenait dans les camps par la pratique et l'exercice le métier militaire ; et elle se passionnait davantage pour les belles armes et les beaux chevaux de bataille que pour les filles et les festins. Aussi, pour de tels hommes, il n'y avait point de fatigue extraordinaire, point de terrain difficile ou escarpé, point d'ennemi en armes qui leur parût redoutable : leur bravoure ne connaissait pas d'obstacle. Mais c'est entre eux surtout qu'ils rivalisaient de gloire : frapper l'ennemi, escalader le rempart, se montrer aux yeux de tous en accomplissant un tel exploit, voilà vers quoi chacun s'empressait ; voilà qui était pour eux la véritable richesse, la bonne renommée, le plus beau titre de noblesse. Avides de louanges, ils étaient généreux de leur argent ; une gloire immense, une aisance honorable étaient leur ambition... Les meilleurs citoyens préféraient l'action à la parole, et aimaient mieux voir louer leurs hauts faits par d'autres que de raconter eux-mêmes ceux d'autrui. Aussi, dans la paix et dans la guerre, les vertus étaient-elles en honneur : la concorde était grande ; nulle, la soif de l'or. La justice et la morale s'appuyaient moins sur les lois que sur l'instinct naturel. Querelles, discordes, inimitiés s'exerçaient contre les ennemis du dehors ; entre citoyens, c'est de vertu qu'on rivalisait...

Plus tard, quand il écrira sa *Guerre de Jugurtha*, Salluste, cédant peut-être davantage à son pessimisme naturel, estimera que la concorde entre citoyens était due aussi à la nécessité, entendons la « crainte de l'ennemi », de l'ennemi étrusque au tout début de la République, de l'ennemi punique ensuite. Il reste que pour lui, c'était là un état de fait appartenant au passé, à un passé révolu.

Viennent les conquêtes, vienne en particulier la chute de Carthage, la grande rivale, et tout va basculer :

Mais quand par son travail et sa justice la République se fut agrandie, quand les plus puissants rois furent domptés, les peuplades barbares et les grandes nations soumises par la force, Carthage, la rivale de l'empire romain, détruite jusqu'à la racine, lorsque mers et terres s'ouvraient toutes aux vainqueurs, la fortune se mit à sévir et à tout bouleverser. Ces hommes qui avaient aisément enduré fatigues, dangers, situations difficiles ou même critiques, ne trouvèrent dans le repos et la richesse, biens par ailleurs désirables, que fardeaux et misères. D'abord la soif de l'argent s'accrut, puis celle du pouvoir ; ce fut là pour ainsi dire l'aliment de tous les maux. L'avidité (*avaritia*) détruisit la loyauté, la probité et toutes les autres vertus ; à leur place ce fut l'orgueil (*superbia*), la cruauté (*crudelitas*), le mépris des dieux (*deos neglegere*), la vénalité (*omnia venalia habere*) qu'elle enseigne. L'ambition (*ambitio*) amena bien des gens à se parer de faux dehors, à penser secrètement d'une façon, à s'exprimer ouvertement d'une autre, à régler leurs amitiés et leurs inimitiés non sur le mérite mais sur leur intérêt, à se faire un visage plutôt qu'une âme honnête. Le progrès de ces vices fut d'abord insensible, parfois même ils étaient punis ; puis quand la contagion se fut répandue comme une épidémie, la cité changea d'aspect ; le plus juste et le meilleur des gouvernements se transforma en un empire cruel et intolérable (10).

Pour Salluste, le symbole de tous ces vices, ce fut Catilina. Et le résultat historique le plus flagrant : les guerres civiles, à commencer par la guerre entre marianistes et syllaniens, qui par sa férocité alla au-delà de ce que Rome avait pu connaître jusque-là. Plus proche des *populares* que de l'aristocratie, Salluste entend dénoncer surtout la tyrannie de Sylla et la férocité des syllaniens. Quand, dans son récit de la guerre de Jugurtha, il brosse le portrait de Sylla, il insiste sur son ambition personnelle : « D'une ambition immense, il aimait les plaisirs, mais la gloire plus encore » (95,3). Mais de Marius lui-même, dont il se sent pourtant bien plus proche et dont il fait un portrait plus flatteur, il note : « Ce fut justement l'ambition qui le perdit » (63,6).

On peut, certes, à propos de Salluste, de Cicéron et d'autres, considérer leurs rappels des temps anciens et heureux comme des lieux communs et des évocations littéraires. Simple attachement aux mœurs ancestrales, au *mos majorum* ? C'est douteux de leur part. On peut aussi penser qu'à des esprits réfléchis l'idée d'une pause, et même d'un certain retour aux idéaux du passé, paraissait nécessaire après les bouleversements profonds apportés depuis deux siècles dans la vie politique, économique, sociale et culturelle des Romains. On peut comprendre aussi que, dans les événements troublés qu'ils vivaient, le mal le plus grave, qu'il convenait de stigmatiser le plus durement, était l'*ambitio*. L'ambition, qui après avoir opposé Sylla à Marius, a dressé César contre Pompée, et finalement les héritiers de César entre eux. Voilà au fond le signe le plus clair, le témoignage le plus évident de la décadence : la légitimité d'un homme s'est substituée à celle de la collectivité, à celle de la *res publica*. Et l'idée que le salut et le bonheur de la collectivité dépendent du salut et du bonheur d'un seul homme paraît admise par de plus en plus de monde. Voilà qui était de nature à justifier le pessimisme de Salluste ! Car, sans cette décadence (irrémédiable), la crise qu'il vivait avec ses contemporains pouvait n'être qu'un épiphénomène.

Cette crise politique et sociale, il la croit grave ; mais il ne la considère pas comme irrémédiable. Avec force il en dénonce les deux responsables : la *nobilitas* et Sylla. Dans cette « noblesse » il n'inclut pas, bien entendu, toute l'aristocratie, mais cette frange dégénérée de « nobles qui préféraient la richesse au bien et à l'honneur, intrigants à Rome, arrogants auprès des alliés, plus célèbres qu'honorables » (*Bell. Jug.*, 8). Il s'agit, on le voit, de cette minorité qui a réussi à mettre la main sur les *honores*, sur le sénat, sur les terres et les richesses, de ces *pauci potentes*, ces quelques-uns qui détiennent tout – pouvoir et fortune – et qui exercent leur tyrannie, leur *dominatio*, dit volontiers Salluste, sur le reste des citoyens. De là l'abîme qui s'est créé entre l'oligarchie qui a tout, qui peut tout, et ceux qui n'ont rien, qui de ce fait « haïssent le vieil état de choses et aspirent à un bouleversement total (*omnia mutari*) ». Sur ce point, Salluste fait la même constatation que Catilina. Ce qui ne veut pas dire qu'il en tire les mêmes conclusions. Non seulement il n'aspire pas à la révolution, mais il marque même un réel attachement à l'ordre économique et social de son temps. Dans son histoire de la conjuration de

Catilina, il condamne sans appel, avec les partis et les factions, « les citoyens qui travaillent obstinément à leur perte et à celle de la République » (36,4). Il déteste les agitateurs de la plèbe et les démagogues.

Pour lui, ces oligarques qui ont fait tant de mal à la collectivité, ce sont ceux qui, par goût des richesses, ont accaparé les terres, d'où sont nées les difficultés agraires ; ce sont ceux qui, par égoïsme conservateur, ont bloqué les aspirations légitimes des Alliés et provoqué la guerre sociale, dont Salluste souligne dans un fragment de ses *Histoires* les funestes effets en Italie, les saccages, les tueries, les actes de banditisme ; ce sont ceux qui ont tout fait pour contrecarrer l'ascension politique de Marius et que Marius accuse avec une violence (renforcée et animée par le stylet de Salluste) dans le célèbre discours prononcé à Rome avant de partir pour l'Afrique prendre son commandement de l'armée romaine contre Jugurtha. Étonnant discours, où l'on croit entendre Bonaparte invectiver la noblesse de l'Ancien Régime :

> Préparer la guerre tout en épargnant le Trésor, contraindre au service militaire des gens qu'on ne voudrait pas heurter ; veiller à tout au-dedans comme au-dehors, et mener toutes ces tâches au milieu des jalousies, des oppositions, des intrigues, c'est une chose, citoyens, plus rude qu'on n'imagine. Ajoutez que, si les autres viennent à faiblir, leur vieille noblesse, les hauts faits de leurs ancêtres, le crédit de leurs parents par le sang et par l'alliance, le grand nombre de leurs clients, tout cela vient à leur aide ; moi, toutes mes espérances sont en moi-même, et je n'ai pour les défendre que ma valeur et mon intégrité ; car le reste ne compte pas...
> J'en connais, citoyens, qui, une fois élus consuls, se sont mis à lire et les actions de nos ancêtres et les préceptes des Grecs sur l'art militaire : gens qui font tout à rebours ; car si pour exercer une charge, il faut d'abord y être élu, il n'en faut pas moins s'y être au préalable pratiquement exercé. Comparez maintenant, citoyens, avec l'orgueil de ces gens, l'homme nouveau que je suis. Les choses qu'ils ne connaissent que pour les avoir lues ou entendu raconter, moi je les ai vues ou je les ai faites : ce qu'ils ont appris dans les livres, moi je l'ai appris à la guerre. À vous de juger ce qui vaut le mieux, des

paroles ou des actes. Ils méprisent ma naissance, et moi, leur lâcheté ; à moi c'est ma condition, à eux ce sont des hontes qu'on jette à la face. Et du reste j'estime que la nature humaine est une, que c'est un bien commun à tous, et que c'est le courage qui fait la noblesse...
Si les nobles ont le droit de me mépriser, qu'ils en fassent donc autant pour leurs ancêtres qui n'ont dû, comme moi, leur noblesse qu'à leur mérite... Lorsqu'ils prennent la parole devant vous ou au sénat, ils remplissent leurs discours de l'éloge de leurs ancêtres ; ils croient que le rappel de ces hauts faits rehausse leur propre gloire. C'est précisément le contraire. Plus la vie des uns a été illustre, plus la lâcheté des autres paraît infâme. Telle est la vérité : la gloire des ancêtres est comme un flambeau pour leurs descendants : elle ne laisse dans l'ombre ni leurs vices, ni leurs vertus. Je n'ai pas d'aïeux à invoquer, je l'avoue, citoyens ; mais, ce qui est autrement glorieux, je puis parler de mes propres exploits... Je ne puis, pour inspirer confiance, exhiber les portraits ni les triomphes ou les consulats de mes ancêtres, mais, s'il en était besoin, des lances, un étendard, des phalères et autres récompenses militaires, sans parler de mes blessures, toutes reçues par-devant. Voilà mes portraits, voilà ma noblesse, titres qui ne m'ont pas été laissés, comme à eux, par héritage, mais que j'ai gagnés au prix de fatigues et de dangers sans nombre...
Je n'ai pas non plus étudié les lettres grecques ; je ne me souciais guère d'une étude qui n'avait pas su inspirer à ses maîtres l'amour de la vertu. Ce que j'ai appris, et qui est bien plus utile à la République, c'est à frapper l'ennemi, à monter la garde, à ne rien craindre, sauf le déshonneur, à endurer aussi bien le chaud que le froid, à coucher sur la dure, à supporter en même temps la faim et la fatigue. Voilà les leçons que je donnerai à mes soldats. C'est en appliquant ces principes que vos ancêtres ont fait leur gloire et celle de la République. Se prévalant de ces grands hommes, la noblesse, qui pourtant leur ressemble si peu, nous méprise, nous leurs émules, et exige de vous tous les honneurs, comme une chose due, sans penser à les mériter. Mais ces hommes si orgueilleux se trompent étrangement. Leurs ancêtres leur ont laissé tout ce qu'ils voulaient leur transmettre, richesses, portraits, glorieuse mémoire ; ils ne leur ont pas légué leur vertu, et ils ne le pouvaient pas ; c'est le seul bien qu'on ne puisse ni donner, ni recevoir (*Bell. Jug.*, 85).

Dans ce terrible face à face entre le passé de Rome attaché aux traditions ancestrales, resté dominateur et sûr de lui, et d'autre part les forces du présent appliquées à rompre avec ce passé et promptes à affirmer leurs mérites propres, on ne peut pas ne pas voir l'exaspération du conflit, né quelques décennies plus tôt, entre deux mondes, celui de la Rome-cité, aristocratique, paysanne et militaire, et d'autre part celui de Rome-capitale méditerranéenne, dominatrice, affairiste et ouverte au monde extérieur. Dans ce heurt entre deux mondes, qui à partir de Sylla va devenir plus politique et se transformer en opposition de deux conceptions, l'une farouchement attachée à l'idéal de la *libertas* républicaine, l'autre farouchement attachée à la nécessité d'imposer un ordre nouveau, l'accent doit-il être mis sur la décadence inéluctable et le déclin fatal d'un monde qui se voit vivre sa fin ? Ou sur la simple crise de croissance d'un monde nouveau en formation, dont une partie, encore bien implantée, ne veut pas disparaître, tandis qu'une autre s'efforce de se substituer à elle ? Malgré son pessimisme, Salluste n'est nullement désespéré. Bien au contraire, il clame son espoir dans les hommes nouveaux, dans ces courageux citoyens issus des notabilités municipales italiennes, comme... lui-même et comme Marius et Cicéron d'Arpinum, que personnellement il n'aime pas. Son espoir, il le place aussi dans certains points du programme des *populares* et dans la confiance qu'il a en César et en même temps en Caton. Ce qui ne l'empêche pas d'approuver aussi certains points du programme de Cicéron et certains aspects de la politique de Pompée. Un ensemble de positions assez confus, on le voit, assez irréaliste dans la situation politique du temps, mais qui reposait sur une confiance (excessive sans doute) dans une plèbe affranchie de l'oppression, installée dans la concorde et dressée, calme, résolue et organisée contre une minorité tyrannisante.

Toutes ces questions manifestement hantaient certains esprits dans la seconde moitié du dernier siècle avant notre ère. Plus les situations politiques se tendaient, ainsi dans les années 36-31, quand approchait de nouveau le spectre de la guerre civile, plus obsédantes surgissaient les questions. Car beaucoup se rendaient bien compte qu'ils vivaient une époque de mutations et de nouveautés. Et tous, aussi bien ceux qui voyaient décadence et déclin là où d'autres comprenaient changements porteurs d'espoir, que ceux qui attendaient l'âge d'or, tous pour une part avaient raison. Mais ce sont les historiens qui peuvent aujourd'hui le dire.

Mutations et nouveautés

En deux siècles et au cours du dernier siècle surtout, Rome était devenue la première puissance méditerranéenne. Territorialement et économiquement, elle dominait à la fois toute la péninsule italienne et les deux bassins de la Méditerranée. Ce qui ne manquait pas de poser de graves problèmes d'adaptation des institutions aux conditions nouvelles de l'administration d'un empire et d'une vie économique et sociale profondément changée.

Parmi les changements et les innovations analysés plus haut, trois domaines paraissent avoir été particulièrement affectés, trois domaines – celui des mouvements de population et des composantes sociales, celui des réalités de la vie quotidienne, celui des mentalités et des aspirations nouvelles – où l'on observe certains des aspects positifs d'une civilisation que peut-être l'on pourrait, sans audace particulière, qualifier de civilisation de la Renaissance, dans la mesure où, comme l'autre, la vraie, celle du XVIe s.[1], elle signifie promotion de l'Occident, novations dans la technique des affaires, mobilités sociales, renouvellement de l'art, rêverie intellectuelle et remise en cause (pour ne pas dire « réformation ») religieuse.

Après les conquêtes, l'un des phénomènes les plus importants de l'histoire des deux derniers siècles avant

---

1. Telle que l'a vue Jean Delumeau dans son beau livre sur *la Civilisation de la Renaissance* (coll. « Les grandes civilisations », dirigée par R. Bloch), Paris, 1967.

notre ère a été sans nul doute l'ampleur des mouvements de population à Rome, en Italie et dans les territoires de l'Empire. On a déjà noté l'énorme accroissement de la population de la capitale sous le double effet de la crise agraire et des lois frumentaires qui ont provoqué un afflux des ruraux. Entre 57 et 46, on dénombre 320 000 bénéficiaires du blé public à Rome pour une population de 600 à 800 000 habitants. Parmi cette population, c'est certainement le nombre des esclaves qui, à Rome comme dans les villes d'Italie, a le plus augmenté. C'est un des résultats des guerres de conquêtes et de pacification ; on pense en particulier aux campagnes menées contre les pirates. Or on ne doit pas oublier qu'un tiers de ces esclaves sont appelés à l'affranchissement. Certes, en principe, ils n'ont pas les droits politiques des citoyens romains, ils n'ont pas accès aux magistratures et aux sacerdoces, pas davantage au sénat (on ne connaît que deux cas d'accession d'affranchis au sénat de Rome, à la fin de la République, en des temps troublés), à l'ordre équestre ou décurional ; ils n'entrent pas dans les légions... Ils n'en sont pas moins citoyens et leurs fils ne sont pas frappés des mêmes handicaps. Dans les villes italiennes, la situation est d'ailleurs différente : même si à Pompéi on n'a pas de traces sûres de la présence d'affranchis dans le conseil municipal de la colonie, il semble bien qu'ailleurs ils y aient eu accès ; en tout cas, la loi municipale de César a admis cette possibilité. De toute façon, ils exerçaient une influence réelle sur les résultats des élections : on a calculé qu'ils représentaient 30 à 40 % des hommes libres nommés sur les affiches électorales de Pompéi[1]. À Rome même, ils servaient activement la propagande de leurs patrons : Cicéron recommande à son frère de les ménager et de les mettre de son

---

1. Comme l'a montré A. Los, « Les affranchis dans la vie politique à Pompéi », MEFRA, 99, 1987, p. 847-873, qui confirme S. Treggiari, *Roman Freedmen during the Late Republic*, Oxford, 1969.

côté. Avec les Italiens venus de leurs campagnes, tous ces nouveaux citoyens constituent une nouvelle donne dans la vie politique. S'ils contribuent à renouveler et à accroître un groupe social qui, depuis les Gracques, occupe une place sans cesse grandissante dans les préoccupations des politiciens et dans l'agitation de la rue, il serait très excessif de ne voir dans cette plèbe urbaine que la repoussante sentine (*sentina*) où, selon Salluste (*Cat.*, 37, 4) « se sont précipités de toute l'Italie tous ceux qui se signalaient par leur turpitude et leur effronterie ». Composée de toutes sortes de gens, la *plebs urbana* est en fait un groupe social privilégié : ses membres sont des citoyens qui sont inscrits dans les 35 tribus, qui votent ou du moins peuvent voter, qui ont droit aux spectacles et aux distributions de blé (jusqu'à ce qu'en 46 César limite le nombre des bénéficiaires à 150 000). Politiquement, cette plèbe citoyenne de l'*Urbs*[1] ne forme pas un groupe homogène – tous ses membres ne sont pas des amis de Clodius dressés contre Milon – d'autre part les riches et puissants *nobiles* y entretiennent d'imposantes clientèles. Cependant force est de constater que le poids de ses exigences et de ses revendications est un facteur important dans l'évolution politique et sociale de la République finissante.

Si, à ces mouvements de population vers les villes italiennes et surtout vers Rome, on ajoute l'émigration des ruraux de la péninsule, dépossédés ou ruinés, des citadins misérables tentés par l'aventure et l'espoir de vivre mieux ailleurs, vers des colonies d'outre-mer qui ne sont pas toutes fondées pour des vétérans de l'armée romaine, si l'on y ajoute aussi les déplacements des *negotiatores* vers les îles de la mer Égée, vers l'Orient et l'Occident, c'est à un énorme brassage de populations et de cultures que l'on assiste alors. Il y a là un fait nouveau dont il faut tenir

---

1. Pour une définition de la *plebs urbana*, voir C. Nicolet, « Plèbe et tribus : les statues de L. Antonius et le testament d'Auguste », *MEFRA*, 97, 1985, p. 799-839.

compte pour comprendre la rapidité avec laquelle s'est constitué l'Empire universel augustéen et son extraordinaire solidité.

Plus réduits que dans les catégories sociales inférieures, des changements non négligeables ont affecté aussi – on l'a vu – les ordres supérieurs. Composé de fils de sénateurs qui lui appartiennent à titre transitoire, jusqu'à leur élection à la questure, de fils de chevaliers, et de citoyens riches admis parmi les *equites* lors des recensements effectués par les censeurs (il leur faut un cens minimal de 400 000 sesterces), l'ordre équestre a été passablement renouvelé avec la montée des notables municipaux d'Italie. Il compte à la fin de la République plusieurs milliers de membres qui portent l'anneau d'or, qui servent ou qui ont servi comme officiers supérieurs, qui votent ou qui ont voté dans les 18 centuries équestres où ils sont inscrits. Dans cet ordre de privilégiés, tous ne jouissent pas d'une honorabilité à la mesure de leur fortune et de leur rang. Certains y sont entrés de manière tout à fait abusive. Ainsi ce parvenu, ancien esclave, sur lequel ironise durement Horace (*Epodes*, 4) parce qu'il a le front de se faire passer pour chevalier : « Tu as beau te pavaner, orgueilleux de ta richesse, la fortune ne change pas la naissance » : devenu riche, propriétaire de 250 hectares de bonnes terres campaniennes, il se pavane sur la voie Sacrée du Forum et il ose, au théâtre, s'asseoir « sur les premiers gradins », c'est-à-dire dans les travées réservées aux chevaliers sur les sièges les plus honorifiques des anciens tribuns militaires... où il côtoie Horace lui-même ! Ce n'est pas là un cas unique. Pendant vingt ans, de 42 à 22 av. J.-C., en l'absence de censeurs habilités normalement à dresser la liste des nouveaux chevaliers, des gens peu recommandables s'y sont insinués qui n'avaient d'autre référence que leur fortune, acquise notamment à l'occasion des proscriptions. Tandis que dans le même temps, d'honorables chevaliers, dépossédés de leur patrimoine pour avoir ainsi choisi le mauvais camp (celui du vaincu), devaient renoncer à leur rang. De là l'impérieuse « nécessité de remodeler l'ordre équestre », comme l'a récemment montré S. Demougin dans sa thèse de doctorat[1].

Dans l'ordre sénatorial et au sénat même, on a vu plus haut quels troubles ont été apportés à la fois par le déclin de vieilles familles et l'ascension des *senatores novi* et par les désordres des guerres civiles. Etre sénateur est toujours une *dignitas*, mais combien la méritent ? Devenue pléthorique – un millier, dit-on, à la veille d'Actium – la haute assemblée s'est déconsidérée par son attitude à l'égard des dynastes ; elle a perdu beaucoup de ses pouvoirs et en tout cas son prestige. Là aussi, un remodelage s'avérait urgent.

S'il y a un domaine où les événements ont introduit des changements considérables, c'est bien dans le cadre de vie et le style de vie des populations de Rome et des villes d'Italie. Devenue *caput Italiae* et *caput orbis*, la Ville du Ier s. av. J.-C. est un vaste chantier en cours de remodelage. Les sept collines sont occupées plus ou moins densément par des masures entassées sans beaucoup d'ordre à côté de somptueux palais au cœur d'immenses jardins : celui de Salluste occupait toute la partie orientale du Pincio. Bien exposé à l'est et au sud, traversé de part en part par un ruisseau, orné de magnifiques statues, c'était l'un des parcs les plus charmants de la Ville. Dans un cadre urbain souvent désordonné, apparaît avec Pompée et César un gros effort d'organisation, non désintéressé, certes, mais impressionnant. Sur le Champ de Mars, le grand ensemble constitué par le théâtre de Pompée – le premier théâtre permanent de Rome, construit en dur – dominé par le temple de Vénus et flanqué d'un vaste jardin entouré de portiques – le plus ancien parc public de Rome – représente par son ampleur, sa conception et son décor la première construction à fonction symbolique : destinée à exalter un chef, que ses victoires acquises grâce à son mérite personnel et tout

---

1. *L'Ordre équestre sous les Julio-Claudiens*, Rome-Paris, 1988, p. 69 : conclusion d'un examen de la situation à la fin de la République.

autant à un charisme d'essence divine ont surhumanisé, cette « nouveauté urbanistique » se révèle porteuse d'une « finalité idéologique », qui triomphera après Actium. Quant au Forum de César, qui au cœur de la Ville jouxte le vieux Forum républicain, axé sur le temple de Venus Genitrix et sur la statue équestre du dictateur cuirassé, il proclame l'idéal monarchique du descendant de Vénus et d'Enée. Autour de ces monuments programmatiques, destinés à fasciner les foules, celles-ci s'agitent dans des rues encombrées. Une agitation bruyante, souvent prête à l'émeute et aux chocs sanglants. On a dit que la légitimité de la rue s'opposait de plus en plus dangereusement à celle de l'État. Pourtant, l'accord de la rue et de l'*imperator* a failli s'établir sous César. Auguste l'obtiendra durablement.

Autant que la capitale, l'Italie est depuis plus d'un siècle en voie de grandes transformations. Consécutif à la concession du droit de citoyenneté aux Alliés (pendant la guerre sociale) et à l'enrichissement des grands commerçants italiens engagés dans le négoce, s'est déployé au IIe s. av. J.-C. un immense processus d'urbanisation qui, au siècle suivant, atteint son apogée. Villes anciennes et nouvelles se dotent de remparts, de forums, de théâtres et de temples, où se concentre la vie municipale. Dès 130 av. J.-C., une petite ville comme Pompéi (qui n'est pas encore admise dans la citoyenneté romaine) possède trois ou quatre maisons de grand prix et de confortables villas suburbaines. La maison dite du Faune comporte deux atriums, deux péristyles-jardins et des mosaïques de qualité ; avec une superficie de plus de 3 000 m^2, elle dépasse celle du palais royal de Pergame. C'est que, depuis les années 185-180, la demeure aristocratique romaine a connu, en Italie avant Rome, une véritable révolution, avec l'introduction des péristyles et des sols mosaïques[1], jointe à l'intégration des thermes – jusque-là publics – dans les riches maisons privées.

---

1. Voir P. Gros et M. Torelli, *Storia dell'urbanistica. Il mondo romano*, Rome, 1988, p. 152.

Scipion l'Africain, en exil à Liternum en 184, fut le premier, ou l'un des premiers, à user de thermes privés. Il faut attendre deux siècles pour qu'Agrippa multiplie à Rome ces établissements de bains. Il est vrai que, plus encore que la capitale, la péninsule se couvre des immenses et splendides résidences dont se dote une aristocratie riche et de plus en plus riche qui, au Ier s., aime beaucoup en changer[1]. Ces résidences aux grands viviers de ceux qu'on appelle alors les *piscinarii* abondent particulièrement en Campanie, où Lucullus en possédait plusieurs[2] ; mais il y en avait ailleurs.

Les campagnes, quant à elles, n'ont pas bénéficié d'une évolution aussi uniforme. Tandis que l'agriculture connaît des mutations avantageuses et des progrès, bien entendu, plus marqués dans certaines régions (la Campanie par exemple) que dans d'autres grâce à des spécialisations plus rentables – la riche Campanie est vouée à la fois aux cultures, à la vigne et à l'olivier, alors que le Samnium et les pays sabelliens restent attachés à l'élevage – ses productions restent de toute façon insuffisantes ; Rome doit importer des produits de consommation. D'autre part, ses structures posent de délicats problèmes. Les problèmes de propriété et les problèmes d'exploitation sont loin d'être résolus. Les grandes propriétés, parfois même les très grandes, augmentent en nombre et en superficie au détriment des petites et moyennes, ce qui est à l'origine de maintes revendications sociales et politiques avant les Gracques et après eux. Quant aux types et aux modes d'exploitation, ils restent très diversifiés : Varron et Columelle en portent témoignage. Étant donné la prééminence absolue de l'économie agricole, qui de loin domine la vie rurale et même urbaine et l'importance qu'elle revêt dans la vie de tous,

---

1. Voir E. Rawson, « Formes de propriété préférées par l'oligarchie au Ier s. av. J.-C. d'après la correspondance de Cicéron », dans M.I. Finley, *Studies in Roman Property*, 1976.
2. V. Jolivet, « Xerxes togatus. Lucullus en Campanie », *MEFRA*, 99, p. 875-904.

des pauvres qui en attendent leur nourriture quotidienne, comme des riches qui détiennent dans leurs propriétés foncières l'essentiel de leur fortune, on comprend que, comme l'a écrit récemment C. Nicolet, « tout ce qui touche à l'agriculture tient aussi du civique, du politique et de l'imaginaire. D'où l'âpreté des batailles politiques et idéologiques dont elle fut l'enjeu dans l'histoire de Rome[1] ». Sous une autre forme qu'à l'époque des Gracques, la question agraire continue de se poser sous César et chaque fois que l'on crée de nouvelles colonies.

On a vu combien ont progressé les productions artisanales, voire industrielles et plus encore les échanges. L'extension du réseau routier, la création de ports nouveaux, le retour à la sécurité des mers par l'élimination des pirates, le développement des techniques monétaires et bancaires, autant que le dynamisme du grand commerce et des sociétés par actions, entraînent l'apparition de nouvelles formes économiques et sociales d'activité qui bénéficient surtout (mais non exclusivement) à une « aristocratie de marchands et de banquiers[2] ».

Bref, d'une économie de subsistance on est passé peu à peu à une économie de marché. Et cela dans un État qui, dans ses structures politiques, n'a guère évolué. De là une profonde inadéquation avec le monde politique, qui pour une part explique la succession des crises violentes qui ont marqué la période 133-31 av. J.-C., c'est-à-dire le dernier siècle de la République. Rien mieux qu'une liste de ces déchaînements de violences, presque toujours sanglantes, ne fait percevoir le déclin des institutions et la décadence des mœurs politiques.

— Tout commence avec la crise agraire qui aboutit à l'émeute romaine et à l'assassinat de Tiberius Gracchus en

---

1. C. Nicolet, « Économie et société (133-43 av. J.-C.) » dans *Rendre à César. Économie et société dans la Rome antique*, Paris, 1988, p. 71.
2. *Ibid.*, p. 95-96.

133, contemporains des insurrections serviles de Sicile (135-132), puis à la deuxième émeute romaine d'avril 121 et au meurtre de Caius Gracchus, précédés d'une crise annonaire en 124-123.

— De 121 à 100, la crise politique n'entraîne pas de violences spectaculaires, mais entre 106 et 101, de graves insurrections serviles ensanglantent la Campanie et la Sicile.

— En 100, les désordres recommencent à Rome où se produisent des échauffourées entre partisans des nobles et amis de Saturninus et de Glaucia, tous deux finalement tués.

— Dans l'hiver 91-90 éclate l'insurrection italienne, qui conduit à la guerre sociale, apaisée en 88, mais qui laisse des foyers de résistance jusqu'en 80. La situation, parfois dramatique, est aggravée à Rome par une crise monétaire (92-86) et une crise financière (89-88) qui se tache de sang : en janvier 89, des créanciers champions de l'usure massacrent en plein Forum un préteur qui voulait légiférer contre le prêt à intérêt.

— En 88, c'est le coup de force militaire de Sylla, suivi des coups de force du chef populaire Cornélius Cinna, puis de Marius, d'accord pour procéder à de sauvages proscriptions qui elles-mêmes débouchent, avec le retour d'Orient de Sylla, sur une sanglante guerre civile. De 83 à 80, la victoire de Sylla se prolonge à son tour par des proscriptions non moins cruelles.

— Deux ans plus tard éclate la conspiration de Lépide, précédée d'une insurrection paysanne en Étrurie.

— Cinq ans après s'allume une nouvelle guerre servile, la guerre de Spartacus, qui ensanglante toute l'Italie, embrasée du sud au nord, de 73 à 71.

— La crise politique agite de nouveau Rome entre 66 et 63 avec les troubles provoqués par la conjuration de Catilina, accompagnée d'une grave crise financière.

— C'est encore l'agitation politique qui mène à la formation du premier triumvirat dans l'été de 60, accord secret entre César, Pompée et Crassus, qui n'apaise pas l'agitation (Caton est jeté en prison) et n'empêche pas l'anarchie de s'installer à Rome : la rue est livrée à une guerre de bandes armées entre 58 et 52, jusqu'à la mort de Clodius en 52 qui marque l'acmè de la violence. La crise annonaire qui sévit en 57 provoque la disette : le peuple s'insurge contre le sénat.

— Dès 49, la rupture du premier triumvirat entraîne la reprise de la guerre civile. La victoire de César sur Pompée à Pharsale en 48 n'y met pas complètement fin. En Italie même éclatent des mutineries, et à Rome une grave crise financière provoque une agitation révolutionnaire.

— L'assassinat de César aux ides de mars 44 marque le début de nouveaux affrontements entre armées rivales, malgré la formation du second triumvirat, dont l'accord est scellé par le sang des proscriptions. De 43 à 36 règne de nouveau la guerre civile, qui reprend encore en 32 pour s'achever à Actium par la victoire d'Octave sur son rival Marc Antoine.

Encore faut-il, à cette succession de conflits sanglants dont on comprend qu'ils aient provoqué l'horreur chez les citoyens et l'enthousiasme pour celui qui sut y mettre fin, ajouter le recours fréquent à la violence dans l'exercice même de la vie politique courante. Combien de fois, au cours de ce dernier siècle de la République, fallut-il repousser, à cause de voies de fait, les élections consulaires qui normalement se déroulent au cours de l'été : jusqu'à la fin de l'année en 108, jusqu'au début de l'année suivante en 57 et en 52 ! En 100, l'un des candidats fut même tué pendant les comices... La violence se fait quelquefois plus douce, mais non moins réelle, quand en 61 le tribun Clodius fait occuper par ses amis les ponts électoraux, c'est-à-dire les passerelles par où passaient pour voter les électeurs, à qui l'on ne distribuait que des bulletins de vote négatifs : c'est Cicéron qui le raconte dans une lettre à son ami Atticus (I, 14, 5) où il vitupère les « bandes de Clodius ». L'harmonieux équilibre institutionnel, le parfait dosage des pouvoirs qu'avait célébré Polybe était bien loin... aussi loin que « l'état de choses équilibré » et stable formé par « le mélange des trois formes de gouvernement », royal, aristocratique et populaire, dont rêve encore Cicéron dans son traité *De la république !* En fait, c'est un autre temps qui s'annonçait.

D'une civilisation à une autre

Pendant cette période de 133 à 31, l'une des plus bouleversées de l'histoire de Rome, au cours de laquelle, comme dit Appien, « c'est la violence qui règle tout », le phénomène capital, le plus important parce que le plus riche d'avenir, ne se situe peut-être pas dans les événements eux-mêmes, dans les bouleversements politiques, dans les mutations sociales et les changements économiques. Il se situe dans l'émergence d'un double mouvement culturel : l'un de diffusion de la culture à l'échelle méditerranéenne ; l'autre de crise de la culture à l'échelle romaine.

Le siècle tragique qui s'écoule des Gracques à Actium a vu en effet se conclure un renversement de situation, amorcé dans le courant du IIIe s. av. J.-C. et qui constitue un des deux ou trois retournements capitaux de l'histoire de l'humanité en Méditerranée, probablement même le fait capital. Depuis le début de l'époque historique les peuples du bassin occidental de la Méditerranée s'étaient – c'est bien connu – trouvés placés sous la dépendance économique et culturelle, parfois même politique des États et des nations de la Méditerranée orientale, en particulier des Phéniciens et des Grecs. Le Melqart de Tyr avait guidé les navigations phéniciennes jusqu'à Gadès, l'actuelle Cadix. Tandis que l'Héraklès grec aventurait ses compagnons jusqu'aux Colonnes qui portent son nom, et que les marins de Phocée venaient fonder notre Massilia qui à son tour essaimait jusque dans la péninsule ibérique, où Grecs et Phéniciens se rencontraient. Alexandre avait projeté de conquérir l'Occident. La mort l'en avait empêché. Mais ses successeurs y répandirent largement leur civilisation. Et l'on sait maintenant qu'aucun peuple du bassin occidental n'y échappa. Des travaux récents montrent que même les royaumes numides de la lointaine Afrique ont été plus profondément marqués qu'on ne le croyait par la civilisation hellénistique. On savait bien que Massinissa avait noué des relations avec le monde grec, que les grands mausolées royaux de Numidie devaient une part de leur architecture aux monuments du monde gréco-oriental. Les fouilles menées par des archéologues de la mission franco-tunisienne à Bulla Regia, une des résidences royales numides, ont révélé un rempart et les vestiges d'un espace urbain organisé en îlots séparés par des rues, autrement dit une structure de ville pré-romaine ordonnée à la manière grecque. L'essor urbain en Afrique revient à Rome. Mais la trame urbaine lui échappe ; elle revient à la Grèce. Et il faut maintenant considérer l'Afrique berbère préromaine comme une province de la culture hellénistique[1].

Or, en un siècle et demi, la situation méditerranéenne s'est renversée. Le bassin oriental est tombé sous la dépendance politique et économique du bassin occidental, entendons de Rome. Certes, il a conservé une supériorité de civilisation, mais d'une civilisation qui d'hellénistique est en train de devenir gréco-romaine. L'orientalisation de la Méditerranée et du monde occidental s'est trouvée pour une partie de ce monde retardée de plus de huit siècles jusqu'aux conquêtes de l'Islam, pour une autre partie repoussée au moins jusqu'à aujourd'hui. En Gaule du Sud hellénisée, la céramique de Campanie remplace les vases grecs, en attendant d'être remplacée par la vaisselle d'Arezzo et les produits locaux. En Hispanie, Melqart survit à Gadès, mais transposé en Hercule. En Afrique du Nord, le dieu dominant ne s'appelle plus Baal Hammon, mais Saturne ; Tanit est devenue Junon Caelestis ; au néopunique se substitue le latin ; Carthage est refondée comme colonie romaine. En 82 av. J.-C. naît à Narbonne le poète P. Terentius Varro Atacinus, dit Varron de l'Aude[2] ; vers 69 av. J.-C. naît à Forum Julii (très probablement Fréjus) un autre poète Cornelius Gallus. Sénèque le père naît à Cordoue vers 55. En Afrique et à Rome, Jugurtha pouvait s'adresser aux sénateurs romains ;

---

1. Voir Y. Thébert, « Permanence et mutations des espaces urbains dans les villes d'Afrique du Nord orientale : de la cité antique à la cité médiévale », *Cahiers de Tunisie*, XXXIV, 1986, p. 31-46.

2. De ses *Satires*, Horace disait qu'elles étaient des « tentatives manquées » !

quant à Juba II, il savait le grec, mais il écrivait en latin. L'unification par Rome du bassin méditerranéen est un fait de culture capital pour l'histoire européenne. On comprend que déjà à la fin du IIᵉ s. av. J.-C. un texte grec (Ps. Scymnos) ait pu qualifier Rome d'« astre commun au monde entier ».

Pourtant, dans le même temps, elle traversait une crise de culture d'une importance considérable. Car non seulement cette crise de la culture affectait gravement la façon de penser des Romains de la fin de la République, disons des contemporains de Salluste et de Cicéron, et du même coup leur manière d'envisager l'éducation civique et l'action politique (dans le sens le plus large du mot). Mais elle devait marquer durablement toute la pensée romaine postérieure et sans doute même au-delà la pensée moderne[1].

Plus et mieux que Salluste, c'est Cicéron qui a avec une rare perspicacité ressenti et analysé la crise du temps dans sa dimension majeure et pourtant souvent méconnue de crise de la culture.

Elle se caractérise d'abord par l'oubli du passé, qui en est la marque et la cause plus que l'effet. Depuis que Rome a rompu avec son état de simple cité pour devenir capitale d'un empire diversifié, multiracial et multiculturel, s'est peu à peu distendue et parfois brisée la chaîne des traditions, où les hommes trouvaient pour leur comportement et leurs actions des *exempla*. Partant d'un vers d'Ennius : « C'est par les mœurs antiques et aussi par les hommes que dure l'État romain », Cicéron commence ainsi le livre V de son traité *De la république* :

> Par la concision et la vérité, ce vers d'Ennius a quelque chose d'oraculaire. Ni les hommes, si la cité n'avait eu ces traditions morales, ni les mœurs, si ces hommes n'avaient pas dirigé les affaires, n'auraient été capables d'établir

---

1. Le développement qui suit doit beaucoup au remarquable article de C. Moatti, « Tradition et raison chez Cicéron : l'émergence de la rationalité politique à la fin de la République romaine », *MEFRA*, 100, 1988, p. 385-430.

solidement et de sauvegarder si longtemps un État aussi grand et exerçant une domination aussi étendue. Ainsi donc, avant notre époque, c'était la tradition ancestrale elle-même qui appelait à l'œuvre les hommes de premier rang et c'étaient les hommes éminents qui maintenaient en vigueur les coutumes anciennes et les institutions qu'avaient connues nos pères. Notre génération s'est comportée tout autrement... Que subsiste-t-il des mœurs d'autrefois à qui Rome doit son existence ? Nous les voyons tombées dans un tel oubli que non seulement on ne les pratique plus, mais qu'on les ignore maintenant...

Cicéron n'est pas le seul à signaler ce phénomène. Mais c'est lui qui a le plus fermement stigmatisé ce mal du temps qu'est le mépris du passé, né de son ignorance, qui entraîne à la fois une rupture du lien social et une fausse appréciation de la nouveauté. Cicéron prône donc un retour à l'histoire, car, selon lui (*Orat.*, 120) :

> Ignorer ce qui s'est passé avant qu'on soit né, c'est être toujours enfant. Qu'est-ce en effet que la vie d'un homme si par le souvenir du passé il ne s'ajoute pas à ses devanciers dans une trame continue ?

Retour à l'histoire, mais à une nouvelle histoire, une histoire critique qui recherche les causes et qui explique et qui se substitue à l'histoire annalistique des antiquaires. Cette nouvelle histoire, critique et objective, qui doit permettre aux hommes de se situer eux-mêmes et leurs actions dans la continuité de l'histoire de l'homme romain, lui paraît particulièrement indispensable à l'orateur, au législateur, au responsable politique[1], à tous ceux qui touchent au religieux.

C'est que pour Cicéron, l'oubli du passé et de la tradition est particulièrement redoutable en matière de religion. Plus encore que le *De republica*, qui pourtant exalte le rôle de Jupiter « souverain de tous les dieux et de tous les hommes »

---

1. « L'âme qui prévoit l'avenir se rappelle le passé » (*De rep.*, IV, 1).

(I, 36) et l'importance des rites officiels « pour le salut de la république » (II, 9), le traité *Des lois (De legibus)* souligne l'importance de la religion dans la pensée politique cicéronienne. Pour maintes raisons, dont deux suffiront ici :

> On peut regarder l'univers comme la patrie commune des dieux et des hommes... les hommes sont unis aux dieux par des liens de famille et de parenté (I, 7).

> Qu'avant tout les citoyens soient persuadés que les dieux sont les maîtres de toutes choses et les gouvernent, que tout ce qui se fait se fait par leur puissance, leur permission, leur divinité, que, bienfaiteurs du genre humain, ils surveillent nos actions, nos pensées intimes, lisent dans nos âmes, voient quel sentiment nous inspire dans les honneurs que nous leur rendons, tiennent un compte exact de notre piété, de notre impiété (II, 7).

Conclusion : l'homme et la cité courent à leur perte, si

> l'on ne détruit pas seulement les obligations envers les hommes, mais (si) l'on détruit les cérémonies religieuses et le culte des dieux que, selon moi, il faut maintenir, non par crainte, mais à cause de l'union qui existe entre l'homme et Dieu (I, 15).

Ces dieux, ces cérémonies religieuses sont un legs du passé romain[1], un héritage de la tradition qu'il importe de respecter sous peine de rompre l'union, d'abolir ce que les Romains appelaient la *pax deorum*, la paix des dieux, ou plutôt la paix avec les dieux, fondement de leur esprit religieux. Sa rupture entraînerait tout bonnement la fin de Rome ; c'est ce que croyaient encore les païens des IIe-IIIe s. ap. J.-C. face aux chrétiens qui voulaient substituer leur Dieu aux maîtres de l'Olympe.

---

1. « Conserver les rites de la famille et des ancêtres, c'est en quelque manière garder une religion transmise par les dieux, car l'antiquité est voisine des dieux » (*De leg.*, II, 11).

Seulement les affirmations traditionalistes et providentialistes de Cicéron ne vont pas sans poser de graves questions. D'abord celle de la détérioration de l'esprit religieux des Romains de la République finissante au regard du moins de la religion traditionnelle. Ce que ne nie pas Cicéron. Non seulement il ne le nie pas, mais il s'en inquiète. De même qu'il semble bien s'inquiéter de l'attirance de ses contemporains pour les religions nouvelles. Ce qui, par parenthèse, avec la volonté de tous les *imperatores* ambitieux de se prévaloir d'une protection divine particulière, ruine la théorie souvent avancée d'un déclin de la religion à la fin de la République. Ce qui décline, du fait de « la négligence et de la vétusté » de certains rites – c'est l'expression de Cicéron à propos de l'art augural (*De leg*, II, 13), du fait aussi du désarroi de la pensée théologique, fruit de l'enseignement des écoles philosophiques grecques, c'est l'attachement à certaines croyances et surtout aux rites de la religion traditionnelle, à un certain formalisme liturgique. Cicéron en est parfaitement conscient. Aussi demande-t-il d'une part de « croire que la religion la plus ancienne et la plus proche de Dieu est aussi la meilleure » (*De leg.*, II, 16), tandis que « rendre un culte à des dieux nouveaux ou étrangers, c'est confondre les religions et introduire des cérémonies inconnues auxquelles les prêtres sont étrangers », et il vaut mieux suivre « l'exemple des ancêtres » (II, 10). Mais d'autre part il pose aussi deux conditions qu'inspire l'esprit du temps : a) « que l'on s'approche des dieux d'une âme pure, qu'on apporte au culte un sentiment pieux, que l'on écarte les richesses » (II, 8) ; b) et surtout que « l'esprit divin ne saurait être sans la raison, et la raison divine implique nécessairement le pouvoir de décider souverainement du bien et du mal » (II, 4).

Du moins sur ce sujet n'y a-t-il pas d'ambiguïté. Il y en a davantage sur la question du providentialisme divin, qui justifie la liturgie officielle célébrée pour des dieux « gardiens de la Ville » et garants de sa puissance. Or, tandis que Cicéron, dans la première partie de son traité *De divinatione*, justifie la divination (on n'oublie pas qu'il était lui-même augure) qui est liée à la providence divine, et que dans le *De legibus* (II, 12), il proclame que « la législation la plus importante, celle à laquelle il faut attacher le plus de poids, c'est le droit augural ; nulle ne confère plus d'autorité », plus loin, il distingue prudemment et curieusement l'art augural de la science divinatoire. Et dans la deuxième partie de son traité sur la divination, il semble s'accommoder d'une séparation entre les rites (qui exigent bien entendu le respect formel) et la quête du divin, qui est objet de libre controverse. Sans aller jusqu'à juger Cicéron comme un « doctrinaire sans doctrine » – l'expression est de J. Carcopino –, on ne peut négliger les oscillations de sa pensée, en matière de religion, tiraillé qu'il était entre son attachement à la tradition et l'esprit de son temps : on connaît son amitié intellectuelle avec le savant relativiste Varron.

On n'a pas manqué non plus de s'interroger sur la sincérité des convictions et des proclamations de Cicéron. D'une part, il enseigne que l'homme n'est homme que parce qu'il est uni aux dieux, que le juste « n'attend ni récompense ni salaire ; c'est pour elle-même qu'on recherche la justice » (*De leg.*, I, 18). D'autre part, il réserve dans l'au-delà le privilège de la contemplation de la beauté céleste aux hommes éclatants de *virtus* : c'est – on le sait – le thème du célèbre « Songe de Scipion » qui présente la contemplation du cosmos comme la récompense de la *virtus* des hommes d'élite[1]. Sans aller non plus jusqu'à croire, avec J. Carcopino, que la consolation, composée par Cicéron après la mort de sa fille Tullia, est une manœuvre de vanité littéraire plutôt que l'expression d'une conviction, il faut bien reconnaître que son auteur paraît vraiment croire à l'immortalité de l'âme, bien que sa correspondance trahisse parfois des doutes qui contredisent le « Songe de Scipion ». Opportunisme ? Ou ici

---

1. Sur le « Songe de Scipion », la bibliographie est considérable. On citera seulement P. Boyancé, *Études sur le Songe de Scipion*, Bordeaux, 1936 – « Sur le "Songe de Scipion" (26-28) », *l'Ant. Class.*, XI, 1942, p. 5-22 – K. Buechner, *Somnium Scipionis, Quellen, Gestalt, Sinn*, Wiesbaden, 1976.

encore oscillation de la pensée ? Ou plus gravement tiraillement et drame entre l'esprit et le cœur ?

De toute façon, quel que soit le domaine de l'expression, quel que soit le degré d'ambiguïté dans les sentiments humains et leur expression, c'est toujours l'oubli ou le mépris du passé et des traditions qui oriente la réflexion de tous ceux – et ils sont nombreux, semble-t-il – qui au dernier siècle de la République pensent que les malheurs du temps et en particulier les atrocités des guerres civiles sont dus à l'abandon des institutions et des mœurs ancestrales, au déclin des cultes anciens et à la désertion des sanctuaires.

Il y a plus. La crise de la culture qui marque cette époque est due aussi, et peut-être surtout, au fait que ce siècle vit, sans toujours s'en rendre compte, le passage d'une culture à une autre. Ce qui crée – le phénomène est bien connu, et nous sommes bien placés pour nous en rendre compte – une certaine instabilité intellectuelle, spirituelle et morale... et chez ceux qui en sont conscients, une réelle inquiétude. Rome est alors au moment crucial de la transition d'une civilisation de l'oral à une civilisation de l'écrit. Conséquence de la crise politique, le déclin de la civilisation de la parole affecte surtout l'éloquence et une certaine forme de droit. L'art de la parole a connu ses beaux jours sous la République sur le Forum, à la curie, lors des comices et à l'occasion des grands débats comme des grands procès. Cicéron en a fait un instrument et un moyen d'action politiques. Il avait eu des prédécesseurs et des maîtres. Il n'aura pas de vrai successeur. Hortensius et César sont morts avant lui. Après lui, on se lancera plutôt dans les lectures publiques, les *recitationes* mises à la mode par Asinius Pollion : devant une cercle d'invités, l'auteur vient présenter son œuvre encore inédite. S'ouvre l'âge des poètes et des historiens[1]. L'agitation tumultueuse du second triumvirat et l'établis-

---

1. Sur l'« omniprésence » de l'écrit à Rome à la fin de la République, voir H.J. Martin, *Histoire et Pouvoirs de l'écrit* (coll. « Histoire et Décadence »), Paris, 1988.

sement de l'ordre nouveau augustéen n'ont que faire de la rhétorique, qui devient un genre exclusivement scolaire, livresque et mondain. L'éloquence politique a disparu.

Se trouve aussi en voie de disparition ou du moins est durement contestée une certaine forme du droit, de ce droit qui, on le sait, à Rome commande tout. Le changement est tel que les juristes parlent de « révolution scientifique » dans la pensée juridique[1]. Fondé essentiellement sur la loi des Douze Tables, le droit romain sous la République, s'est progressivement enrichi non seulement de lois nouvelles, mais aussi grâce à l'approfondissement de notions fondamentales, fruit de la réflexion philosophique. Il s'est aussi laïcisé, en passant du ressort exclusif des pontifes à l'œuvre des jurisconsultes au service de l'ordre politique. De même que son traité de philosophie politique, le *De republica*, est un peu le pendant romain de la *Politeia* de Platon, c'est dans le *De legibus*, pendant du traité de philosophie juridique platonicien des *Lois*, qu'on trouve le plus parfaitement exposé l'essentiel du problème : le fondement naturel du droit. Avec les graves conséquences qui en dérivent : la naissance de l'esprit critique et son application aux modes de croyance[2].

> Ce n'est ni dans l'édit du Préteur, comme la plupart le font aujourd'hui, ni dans les Douze Tables, comme nos anciens, que l'on doit aller puiser la connaissance du droit, mais au cœur de la philosophie... Car nous avons à expliquer la nature du droit et il faut aller la découvrir dans la nature de l'homme (*De leg.*, I, 5-6).

Certes, Cicéron maintient une hiérarchie (*De leg.*, II, 5) :

> L'intelligence divine reste la loi suprême. Mais la raison accomplie, quand elle se trouve dans l'homme, doit être la loi ; or la raison est accomplie dans l'esprit du sage.

---

1. Ainsi, en dernier lieu, A. Schiavone, *Giuristi e nobili nella Roma repubblicana, Il secolo della Rivoluzione scientifica nel pensiero giuridico antico*, Rome-Bari, 1981.
2. Lire C. Moatti, art. cit., p. 397 et suiv.

De là la distinction qu'établit Cicéron entre les lois. D'une part celles qui émanent des assemblées populaires, qui sont généralement des lois de circonstance, des lois qui portent les noms d'un tel ou d'un tel ; ce ne sont pas de véritables lois. D'autre part, les vraies lois, celles « dont l'abrogation est impossible » (*De leg.*, II, 6), parce qu'elles sont l'œuvre des sages et conformes à la raison.

> La raison à qui seule nous devons la supériorité que nous avons sur les bêtes, grâce à laquelle nous pouvons inférer, démontrer, réfuter, exposer, conclure, la raison commune à tous les hommes, mais différente par l'aptitude à apprendre (*de Leg.*, I, 10).

De là donc la possibilité, la liberté et même le droit pour l'homme de juger, soit en fonction du bien commun (le salut de l'État), soit mieux d'après le droit naturel :

> Nous ne pouvons distinguer la loi bonne de la loi mauvaise en vertu d'aucune règle que celle de la nature (*De leg.*, I, 16).

Il reste que, depuis le début du Ier s. av. J.-C., après la guerre sociale et les modifications de statut qu'elle a entraînées pour les individus et pour les villes, les lois se sont multipliées. Ce qui explique que ce soit fait sentir rapidement le besoin de codifier la législation. Sylla y a pensé, de même Pompée. Quant à César, Suétone nous dit qu'il avait formé le projet

> de condenser le droit civil et de choisir dans la multitude énorme des lois éparses ce qu'il y avait de meilleur et d'indispensable pour le rassembler en un tout petit nombre de livres (*Div. Jul.*, 44).

Il est peut-être significatif que de tels projets naissent au moment où se développent à Rome les bibliothèques, dont on se rappelle qu'à l'initiative de César, Varron fut le premier directeur. Le jeune aristocrate romain ne se contente plus pour son *educatio* d'aller écouter sous les portiques d'Athènes et de Rhodes les leçons des rhéteurs. Maintenant, il fréquente les bibliothèques et se nourrit de littérature, de philosophie et de jurisprudence écrites. Faut-il y voir un signe de déclin ? Certes, on peut observer qu'un « Pompée, dépourvu d'expérience en raison de sa carrière précipitée et essentiellement militaire, demanda à Varron, *homo novus*, de rédiger à son usage un *commentarium de senatu habendo*, "sur la manière de présider le sénat". Signe d'un changement spectaculaire du rapport entre savoir et pouvoir, et de l'apparition d'une conception sophistique du pouvoir, ce fait illustre une grande mutation : un guide pratique remplaçait plusieurs années d'apprentissage et l'imitation des modèles. Lorsque la vertu n'est plus pratiquée, il faut l'enseigner : l'éducation politique et civique s'offre comme salut[1]. » L'interprétation peut sembler quelque peu pessimiste.

Il est vrai que l'oubli et le mépris du passé, que le déclin de la grande éloquence politique, que l'abandon des valeurs anciennes en matière de droit, d'éducation et de mœurs politiques peuvent être ressentis comme responsables d'une crise de la culture affectant à la fois la façon de penser des Romains et l'action politique. Mais il est juste aussi de souligner l'autre aspect de la crise, son avers en quelque sorte : la naissance d'une nouvelle histoire, plus critique, l'éclosion d'un esprit scientifique qui engage la pensée romaine dans une nouvelle voie, la poussée d'une nouvelle culture qui va s'épanouir dans les deux siècles à venir. Une nouvelle culture dont l'expression commence à s'étaler sur les forums, dans les rues et, hors des villes, le long des routes. Jusqu'au IIᵉ s. av. J.-C., le souvenir des personnes, leur *memoria*, n'était entretenu que dans les hypogées des familles (qu'on pense au tombeau des Scipions) et rarement livré à la mémoire collective des vivants, en dehors des triomphes et des funérailles. De la même façon, le souvenir des hauts faits de l'histoire était enterré dans

---

1. C. Moatti, art. cit., p. 424.

les Annales des pontifes et très rarement évoqué en dehors des discours officiels et des célébrations religieuses. À partir de la fin du IIe s. et surtout au Ier s. av. J.-C., les inscriptions apparaissent en plein jour, curieusement plus tard à Rome que chez certains peuples italiques. Comme dans les cités hellénistiques, la *respublica* de son côté, les hommes du leur, commencent à user de l'écriture à des fins publiques en la mettant à la portée de tous ceux que progressivement va toucher l'alphabétisation. Privilège social d'abord, l'inscription va nourrir assez rapidement ce qu'on a appelé une « littérature de rue ». S'annonce ainsi la profusion des inscriptions qui, gravées dans la pierre ou le marbre, célèbrent sur les monuments leurs constructeurs, leur richesse et leurs mérites, sur les bases honorifiques les *Bildprogramme* qui désormais exaltent non plus seulement une communauté, mais des individus, les commanditaires, et leur carrière[1].

C'est pour toutes ces raisons qu'on peut parler d'une Renaissance romaine. Seulement, de même que les guerres de la Ligue ont tué la Renaissance française, on peut dire que les guerres civiles ont, sinon détruit, du moins détourné la Renaissance de la République romaine. Celle-ci était bien engagée. Elle se manifestait même dans l'espace urbain de la Ville : les nouvelles techniques bancaires se traduisaient par la multiplication des lieux financiers, c'est-à-dire des locaux et des boutiques de changeurs et de prêteurs ; l'explosion des forces populaires se manifestait par l'apparition de lieux de réunion des *contiones*, c'est-à-dire des

---

1. Sur cet aspect épigraphique de la « révolution romaine », voir G. Susini, « Compitare per via. Antropologia del lettore antico : meglio, del lettore romano », *Alma Mater Studiorum*, 1988, I (Bologne), p. 105-124. Sur les « Bildprogramme », voir G. Alföldy, « Bildprogramme in den Römischen Städten des Conventus Tarraconensis. Das Zeugnis der Statuenpostamente », *Homenaje Garcia y Bellido IV, Rev. de la Univ. Complutense*, 18, 1979 (1981), p. 177-275 – « Römische Statuen in Venetia et Histria », *Abhandl. Heidelberger Akad. der Wissensch.*, Phil.-hist. Kl., 1984, p. 7-170.

assemblées du peuple, notamment au Champ de Mars ; les basiliques répondaient aux besoins de confrontation des idées et aux discussions d'affaires : depuis la basilica Porcia (du nom de Caton l'Ancien), le Forum s'était meublé de la basilica Aemilia, de la basilica Sempronia, remplacée par la basilica Julia, toutes de grands édifices voisinant avec des boutiques de marchands (les *tabernae*). Mais en même temps on voyait apparaître à Rome les palais des dynastes qui, au milieu de leurs vastes parcs, isolaient les maîtres du moment du petit peuple romain, et avec le théâtre de Pompée le premier grand monument à fonction symbolique, un exemple que César suivit avec son Forum centré à la fois sur le temple de Vénus et sur sa propre statue en chef héroïsé. Ces constructions de prestige préfigurent et même reflètent déjà les nouvelles modalités de l'exercice du pouvoir, telles qu'Auguste devait les fixer pour des siècles.

Depuis les Gracques, Rome – c'est vrai – a vécu un siècle de crises terribles et sanglantes, un siècle au cours duquel, Appien l'a dit et il faut le répéter ici, « la violence règle tout ». Ses institutions ont été mises en péril. Ses structures sociales ont vacillé. Deux fois, en 49 et en 32, l'Empire a même failli éclater. Il est sûr que, ses limites territoriales quasiment atteintes[1], l'empire dans son ampleur géographique, sa diversité raciale et culturelle, a besoin d'être réorganisé, que la société, destructurée, doit être réformée, que les institutions, déstabilisées, sont à restaurer et à moderniser. Il est donc incontestable qu'il y a eu crises et déclin de la République romaine. On ne peut pas dire pour autant qu'il y a eu décadence de Rome.

On dira plutôt qu'il y a eu mutation. La constitution d'un empire immense, qui va de l'Euphrate à l'océan Atlantique et du Rhin au Sahara, a entraîné de profondes transformations dans tous les domaines. Rome en a été changée.

---

1. Sur cette question et celle de la conception géographique du monde à la fin de la République et à l'époque augustéenne, voir C. Nicolet, *l'Inventaire du monde*, Paris, 1988.

Les Romains plus encore. Que pour beaucoup ces changements qui affectent le corps civique, dans sa constitution traditionnelle, dans son organisation sociale, ses mœurs et sa religion, soient signes de décadence et germes de mort, ce n'est pas douteux. On l'a vu, l'idée de décadence hante les esprits sous le second triumvirat : dans les années 35-33, la décadence de Rome paraît fatale, et proche la fin de l'*Urbs*. C'est la victoire d'Actium qui a bouleversé les perspectives et fait renaître l'espoir. Déjà en 42, Virgile avait amorcé une réorientation des esprits. Les événements l'ont désavoué. Après 31 resurgit avec Horace une vision optimiste des choses. Dans cette méditation politique que sont ses *Odes* et en particulier les *Odes romaines*, composées, semble-t-il, entre 29 et 26[1], s'il met fortement en cause les richesses et les mauvaises mœurs, présentées comme responsables des guerres civiles – et chacun sait bien que l'accumulation des richesses et l'invasion des mauvaises mœurs sont des fruits des conquêtes –, et s'il y fait l'apologie des vertus de jadis, de la *virtus*, de la *fides* et de l'amour de la patrie, il proclame non moins haut sa confiance en l'avenir.

> Tant que César (entendons le jeune César Octave) veille sur l'État, la tranquillité publique ne sera plus troublée par les guerres civiles, par les violences, par la colère qui forge les épées et sème l'inimitié entre les malheureuses cités (*Ode*, 4, 15).

Le rétablissement et le maintien de la paix, génératrice d'ordre et de prospérité, permettent d'envisager de nouveau le retour de l'âge d'or, annoncé trop tôt en 42. Mieux, les *Odes romaines*, qui sont aussi « une méditation lyrique sur le destin de Rome[2] », montrent qu'on s'oriente alors

---

1. Selon P. Grimal, « Les Odes romaines d'Horace et les causes des guerres civiles », *REL*, LIII, 1976, p. 135-156 – *Rome, la littérature et l'histoire*, 1986, I, p. 81-101.
2. *Ibid.*, p. 81.

vers une nouvelle conception du temps historique. Comme l'a bien établi P. Grimal, déjà quand Cicéron, dans le *De republica* (III, 23), écrit

> qu'une cité doit être constituée de telle sorte qu'elle soit éternelle. Aussi n'existe-t-il pas pour une cité de mort naturelle, comme pour l'homme pris isolément, chez qui la mort est non seulement inévitable, mais parfois même souhaitable,

il prend le contre-pied de la théorie courante selon laquelle les cités connaîtraient le même cycle biologique que l'homme et la nature, à savoir naissance, croissance, déclin et mort. Les cités, pour Cicéron, ne sont donc pas fatalement mortelles. « Il y a là, souligne P. Grimal[1], dans la pensée de Cicéron une innovation singulièrement importante par rapport à ses prédécesseurs qui avaient réfléchi sur le sort des États. » À partir de là, deux applications vont être tirées. L'une par Cicéron lui-même : une cité n'est mortelle que si elle a de mauvaises lois ; il importe donc de faire préparer celles-ci par des sages pour qui la loi est avant tout « le discernement des justes et des injustes, en prenant comme norme la nature dans sa pureté antique et primitive, la nature sur laquelle les lois humaines doivent se régler pour châtier les méchants, secourir et protéger les gens de bien » (*De leg.*, II, 5). L'autre par l'entourage augustéen : à la conception cyclique du temps, calquée sur l'évolution de l'homme et de la nature, qui condamne les cités et les États à la décadence irrémissible et à la mort inéluctable, Octave Auguste substitue une conception nouvelle : celle du temps infini et heureux, du *saeculum aureum*, qui, garanti par le retour de la paix, se renouvelle

---

1. Voir *Cicéron*, Paris, 1986, p. 275. Sur l'idée de la fatalité de la décadence, entretenue notamment par les épicuriens, le rôle de Virgile et d'Horace, et sur le thème de la victoire d'Auguste sur la conception épicurienne de l'ordre du monde, voir P. Grimal, dans *Rome, litt. et hist.*, p. 843 et suiv., 911 et suiv., 1261 et suiv.

et en quelque sorte rajeunit non seulement à chaque célébration des jeux séculaires, mais aussi à chaque avènement d'un nouvel empereur. Le cycle du temps historique vu par les épicuriens se trouvait soumis, selon Lucrèce, aux interventions répétées de l'*Invidia*, de la Jalousie, qui conduisait les hommes à s'opposer les uns aux autres. Virgile a précipité l'*Invidia* aux Enfers. Autrement dit, Auguste a réussi à « briser le cycle des choses » ; il est le vainqueur définitif de l'Envie. Nouveau Romulus, nouveau fondateur de Rome, « perpétuellement victorieux et conservateur des citoyens » (selon l'expression de Dion Cassius, LIII, 16, 4, expliquant les décrets sénatoriaux de 27 av. J.-C. qui instituent le principat), il crée une nouvelle Rome, qu'il « inaugure » (car il est aussi augure) et pour laquelle il incarne l'espoir d'un *saeculum novum*, d'un ordre nouveau et éternel.

Auguste, devenu maître du monde, rompt un déterminisme.

Sans vouloir réduire l'importance décisive du rôle personnel d'Octave Auguste, il convient cependant de rappeler aussi qu'il a admirablement su recueillir et exploiter un héritage. Quand, en 32 av. J.-C., il reçoit le serment qui fait de lui le patron des villes d'Italie et des provinces d'Occident, il bénéficie du développement des clientèles dans la Rome républicaine, où depuis la fin du IIe s., ce phénomène sociopolitique a pris une ampleur particulière, telle que depuis Pompée et César la plupart des citoyens se sentent les clients d'un puissant. Quand, après les Ides de mars, Octave est rentré en Italie, l'un de ses premiers soins a été de prendre contact avec les vétérans de César et d'établir des liens personnels avec ces anciens soldats (les grognards de l'époque), tandis que, de son côté, le consul Marc Antoine prenait des mesures inspirées par la même préoccupation : l'un comme l'autre entendaient mettre à profit les résultats des réformes militaires qui, de l'armée de Rome, avaient fait l'armée de ses chefs. De même qu'après les victoires se tissaient entre le chef victorieux et la foule admiratrice de la puissance du vainqueur charismatique béni des dieux des liens personnels prêts à devenir des liens de sujétion. Quand enfin, sous la pression des événements, mais aussi d'une propagande bien menée, Rome se révèle disposée à reconnaître la surhumanité du maître qui s'élève au-dessus des corps intermédiaires traditionnels et qui s'avère en même temps capable de rétablir la paix civile, apparaissant ainsi comme le sauveur de la cité et des citoyens, Auguste hérite d'un mouvement de pensée et d'une évolution des esprits qui remontent à plusieurs générations, et qu'il sait exploiter avec un art consommé de la duplicité, du maniement des hommes et de l'habileté politique.

L'Empire était fait avant Auguste. Auguste a su l'installer pour des siècles. Grâce à lui, la paix régnait de nouveau. Il prétendit même avoir « restauré la République ». Ce n'était bien sûr qu'une fiction. Ses laudateurs dirent qu'il avait sauvé Rome. C'était sans doute vrai. Mais Rome y avait perdu sa liberté.

CHRONOLOGIE DES CONQUÊTES

En Italie

V^e-IVe s.	interventions de Rome dans les environs de la Ville, en pays latin et sabin.
395	conquête de Véies, puis de Faléries et de Capène.
386	expansion en Étrurie du Sud.
357-353	expansion en pays volsque.
338	soumission des Latins.
entre 318-312	annexion de Capoue.
290	soumission du pays sabin. installation de colonies en Campanie.
280	installation d'une garnison romaine à *Rhegium* (Reggio).
272	prise de Tarente.
268	installation d'une colonie à *Ariminum* (Rimini).
265	prise de Volsinies (Étrurie).
232-219	soumission des Insubres, Cénomans, Boïens, Ligures, Vénètes.
219	fondation des colonies de Plaisance, Crémone.
après 197	reconquête de l'Italie du Nord.
189	fondation de la colonie latine de *Bononia* (Bologne).

118-100	implantation romaine dans le Val d'Aoste.
49	la *lex Roscia* donne la citoyenneté romaine aux hommes libres de Gaule Cisalpine.
42	la Cisalpine est rattachée à la péninsule.

DANS LE BASSIN MÉDITERRANÉEN

241-210	Sicile.
241-235	Corse – Sardaigne.
206-197	*Hispania* (Espagne citérieure, Espagne ultérieure).
148-146	Macédoine.
146	Achaïe.
	Africa (Afrique du Nord-Est).
133-129	héritage de l'Asie.
118	Gaule du Sud ; fondation de Narbonne.
96	héritage de la Cyrénaïque.
74	Bithynie-Pont ; Crète.
64	Cilicie.
63	Syrie.
51	Gaule chevelue.
46	Numidie (*Africa nova*).
30	Égypte.

AU TOTAL : 1 900 000 km^2 en Europe
600 000 km^2 en Asie
440 000 km^2 en Afrique
} près de 3 000 000 km^2

BIBLIOGRAPHIE

Une bibliographie très complète, et mise à jour, se trouvant aisément dans les trois volumes de la collection « Nouvelle Clio » publiés par J. HEURGON, *Rome et la Méditerranée occidentale jusqu'aux guerres puniques*, Paris, 1993. et C. NICOLET, *Rome et la conquête du monde méditerranéen*, I/ *Les structures de l'Italie romaine*, Paris, P.U.F., 2001 ; II/ *Genèse d'un Empire*, 1997 ; édition corrigée avec addendum bibliographique (sous la direction du même auteur), il ne paraît pas nécessaire de donner ici une longue liste d'ouvrages ou d'articles. Certains sont d'ailleurs signalés dans quelques notes infrapaginales.

À qui voudrait cependant approfondir certaines questions, on conseillera de lire, outre les auteurs anciens, toujours les plus enrichissants :

A. ALFÖLDI, *Oktavians Aufstieg zur Macht* (*Antiquitas*, R.1 : *Abhandlungen zur Alten Geschichte*, 25), Bonn, 1976.

E. BADIAN, *Foreign Clientelae, 264-70 B.C.*, Oxford, 1958 ; *Roman Imperialism in the Late Republic*, Oxford, 1968 ; *Publicans and Sinners*, Oxford, 1972.

J. BAYET, *Histoire politique et psychologique de la religion romaine*, Paris, 1957.

M. BEARD et M.H. CRAWFORD, *Rome in the Late Republic*, Londres, 1984.

R. BLOCH, *Tite-Live et les premiers siècles de Rome*, Paris, 1965.

M. Bonnefond-Coudry, *Le Sénat de la République romaine de la guerre d'Hannibal à Auguste*, Rome-Paris, 1989.

P.A. Brunt, *Italian Manpower*, Oxford, 1971.

J. Carcopino, *Autour des Gracques*, Paris, 1928 ; 2ᵉ éd. avec appendice par C. Nicolet, Paris, 1967.

J. Carcopino, *César*, Paris, 1936.

J. Carcopino, *les Étapes de l'impérialisme romain*, Paris, 1961.

F. Chamoux, *Marc Antoine, dernier prince de l'Orient grec*, Paris, 1986.

F. Coarelli, *Il Foro Romano, Periodo arcaico*, Rome, 1983 ; 2ᵉ éd. 1986 ; *Periodo repubblicano e augusteo*, 1985 ; *Il Foro Boario dalle origini alla fine della Repubblica*, Rome, 1988.

P. De Francisci, *Primordia Civitatis*, Rome, 1959.

G. Dumézil, *Jupiter, Mars, Quirinus, essai sur la conception indoeuropéenne de la société et sur les origines de Rome*, Paris, 1941 ; *la Religion romaine archaïque*, Paris, 1966.

J.-C. Dumont, *Servus. Rome et l'esclavage sous la République*, Rome, 1987.

J.L. Ferrary, *Philhellénisme et Impérialisme. Aspects idéologiques de la conquête romaine du monde hellénistique*, Rome-Paris, 1988.

E. Gabba, *Esercito e Società nella tarda Repubblica romana*, Florence, 1973.

P. Grimal, *Cicéron*, Paris, 1986.

P. Grimal, *Rome, la littérature et l'histoire*, Rome-Paris, 1986.

P. Grimal, *le Siècle des Scipions. Rome et l'hellénisme au temps des guerres puniques*, 2ᵉ éd. refondue et augmentée, Paris, 1975.

E.S. Gruen, *The Hellenistic World and the Coming of Rome*, California, 1984.

E.S. Gruen, *The Last Generation of the Roman Republic*, Univ. of California, 1974.

J. Harmand, *l'Armée et le Soldat à Rome de 107 à 50 avant notre ère*, Paris, 1967.

F. Hinard, *Sylla*, Paris, 1985.

L. Homo, *les Institutions politiques romaines, de la cité à l'État*, 2ᵉ éd. avec bibliographie de J. Gaudemet, 1969.

L. Homo, *l'Italie primitive et les débuts de l'impérialisme romain*, Paris, 1925 (toujours utile, bien que vieilli).

M. Humbert, *Institutions politiques et sociales de l'Antiquité*, Paris, Précis Dalloz, 1984, pp. 167-454.

P. Jal, *la Guerre civile à Rome (étude littéraire)*, Paris, 1963.

A. Keaveney, *Rome and the Unification of Italy*, Londres-Sydney, 1987.

J. Le Gall, *le Tibre, fleuve de Rome dans l'Antiquité*, Paris, 1952.

A. Lintott, *Violence in Republican Rome*, Oxford, 1968.

S. Mazzarino, *Dalla Monarchia allo Stato Repubblicano, ricerche di storia romana arcaica*, Catane, 1946.

C. Meier, *Res publica amissa*, 1966 ; 2ᵉ éd. Francfort, 1980.

C. Nicolet, *le Métier de citoyen dans la Rome républicaine*, Paris, 1976.

C. Nicolet, *l'Ordre équestre à l'époque républicaine (312-43 av. J.-C.)*, I, *Définitions juridiques et structures sociales* ; II, *Prosopographie des chevaliers romains*, Paris, 1966-1974.

T.W. Potter, *Roman Italy*, Londres, 1987.

J. Poucet, *Recherches sur la légende sabine des origines de Rome*, Louvain, 1967.

J.C. Richard, *les Origines de la plèbe romaine. Essai sur la formation du dualisme patricio-plébéien*, Rome-Paris, 1978.

J.M. Roddaz, *Marcus Agrippa*, Rome, 1984.

E.T. Salmon, *The Making of Roman Italy*, Londres, 1983.

R. Syme, *The Roman Revolution*, 1939, traduction française par R. Stuveras, *la Révolution romaine*, Paris, 1967.

A.J. Toynbee, *Hannibal's Legacy*, Oxford, 1965, 2 vol.

J. Van Ooteghem, *Pompée le Grand, bâtisseur d'Empire*, Bruxelles, 1954.

G.R. Watson, *The Roman Soldier*, Londres, 1970.

R. Werner, *Der Beginn der Römischer Republik*, Munich-Vienne, 1963.

A.J.N. WILSON, *Emigration from Italy in the Republican Age of Rome*, Manchester, 1966.
C. WIRSZUBSKI, *Libertas as a Political Idea at Rome during the Late Republic and Early Principate*, Cambridge, 1950.
Z. YAVETZ, *Plebs and Princeps*, Oxford, 1969.

TABLE

Avant-propos : L'histoire économique et sociale peut-elle expliquer la grandeur et la décadence de rome ? 7
Le système économique romain 9
L'ordre social romain.. 16

Première Partie
DU VILLAGE À LA CITÉ CONQUÉRANTE

L'environnement italique...................................... 33
La fondation de Rome : les premiers habitats 37
La naissance de la ville et la formation de la cité 48
Les premières conquêtes en Italie
et l'entrée de Rome en Méditerranée occidentale... 62
Jusqu'au milieu du IVe s. des opérations limitées autour de Rome.. 65
À partir du milieu du IVe s. les interventions romaines dans la péninsule et en Méditerranée... 69

Deuxième Partie
DE LA CITÉ À L'EMPIRE

1. l'impérialisme romain...................................... 89
   L'impérialisme romain a-t-il été voulu
   et prémédité ? ou involontaire,
   né des circonstances ?.. 94
   Quand et comment est né
   l'impérialisme romain ? 100

    Le développement de l'impérialisme romain
    de 197 à 30 av. J.-C. 104
    L'impérialisme triomphant 110
    La République conquérante, ou l'impérialisme
    au service des généraux 116

2. LES CONSÉQUENCES ÉCONOMIQUES DES CONQUÊTES ... 128
    Le pillage des pays vaincus 128
    D'énormes mouvements de capitaux :
    les problèmes financiers de l'État romain 134
    Les difficultés et les mutations
    de l'agriculture italienne 140
    Vers une économie d'échange 148

3. LES TRANSFORMATIONS SOCIALES 158
    L'extension de l'esclavage 158
    L'essor des élites municipales 170
    L'ascension de l'ordre équestre 174
    Les mutations de la classe politique dirigeante ... 179
    Les tribulations du petit peuple 183

4. LES TRANSFORMATIONS CULTURELLES ET MORALES
    UNE « RÉVOLUTION SPIRITUELLE »
    L'HELLÉNISATION DE ROME ET DE L'ITALIE 194
    La Grande-Grèce, la Grèce
    et l'Orient grec à Rome 196
    L'évolution de la culture matérielle :
    le grandiose, le luxe et le raffinement 203
    Une révolution intellectuelle,
    spirituelle et morale 210

TROISIÈME PARTIE

LA « DÉCADENCE » DE LA RÉPUBLIQUE

1. LA CRISE AGRAIRE 231
    Tiberius Gracchus 238
    Caius Gracchus 245

2. LA CRISE POLITIQUE 253
Les années troublées 103-100 254
La guerre des Alliés 256
Le dérèglement des institutions républicaines 270

3. LES GUERRES CIVILES
ET LES AMBITIONS PERSONNELLES 287
Une nouvelle armée romaine 288
... au service de Sylla 294
La proscription de 82 et la dictature de Sylla 300
La domination de Pompée 306
La dictature de César 316

4. LA CRISE DES VALEURS RÉPUBLICAINES
TRADITIONNELLES 328
La maturation d'une nouvelle culture 329
Les atteintes à la morale civique 339
Déformation et manipulation de la religion 343
Conclusion 358
Rome au Ier s. av. J.-C. 358
Le monde provincial romain 360

QUATRIÈME PARTIE
LE SECOND TRIUMVIRAT
L'AGONIE DE LA RÉPUBLIQUE

1. UNE TERRIBLE CRISE DE TREIZE ANS 373
Les lendemains de l'assassinat de César 373
Une ultime tentative de restauration sénatoriale ... 383
Le second triumvirat et les proscriptions 387
Le partage du monde 389
Octave en Italie 391
Antoine en Orient 396
Vers une nouvelle guerre civile 400
Actium (2 septembre 31 av. J.-C.) 404

2. L'ÉVOLUTION DE LA SOCIÉTÉ :
VERS UNE NOUVELLE CLASSE DIRIGEANTE 409
La poussée d'une force nouvelle : l'ordre équestre . 410

La poussée des notables italiens
et des élites provinciales 415
La promotion des centurions et des affranchis ... 421

3. L'ÉVOLUTION DES ESPRITS :
VERS DE NOUVELLES MENTALITÉS............................... 425
La naissance d'un art littéraire nouveau 425
Le développement d'un « nationalisme » italien
et romain... 430
Les prémices de la religion du souverain............. 433
L'évolution des mentalités 436
Les nouvelles aspirations religieuses 453

CONCLUSION : Un témoignage de l'évolution
vers un ordre nouveau :
la supplication d'action de grâces 464

CONCLUSION

DÉCADENCE OU RENOUVEAU ?

Crise, déclin, décadence.. 469
Mutations et nouveautés.. 477
D'une civilisation à une autre 487

CHRONOLOGIE DES CONQUÊTES 505
BIBLIOGRAPHIE 507

collection tempus
Perrin

DÉJÀ PARU

1. *Histoire des femmes en Occident* (dir. Michelle Perrot, Georges Duby), *L'Antiquité* (dir. Pauline Schmitt Pantel).
2. *Histoire des femmes en Occident* (dir. Michelle Perrot, Georges Duby), *Le Moyen Âge* (dir. Christiane Klapisch-Zuber).
3. *Histoire des femmes en Occident* (dir. Michelle Perrot, Georges Duby), *XVIe-XVIIIe siècle* (dir. Natalie Zemon Davis, Arlette Farge).
4. *Histoire des femmes en Occident* (dir. Michelle Perrot, Georges Duby), *Le XIXe siècle* (dir. Michelle Perrot, Geneviève Fraisse).
5. *Histoire des femmes en Occident* (dir. Michelle Perrot, Georges Duby), *Le XXe siècle* (dir. Françoise Thébaud).
6. *L'épopée des croisades* – René Grousset.
7. *La bataille d'Alger* – Pierre Pellissier.
8. *Louis XIV* – Jean-Christian Petitfils.
9. *Les soldats de la Grande Armée* – Jean-Claude Damamme.
10. *Histoire de la Milice* – Pierre Giolitto.
11. *La régression démocratique* – Alain-Gérard Slama.
12. *La première croisade* – Jacques Heers.
13. *Histoire de l'armée française* – Philippe Masson.
14. *Histoire de Byzance* – John Julius Norwich.
15. *Les Chevaliers teutoniques* – Henry Bogdan.
16. *Mémoires, Les champs de braises* – Hélie de Saint Marc.
17. *Histoire des cathares* – Michel Roquebert.
18. *Franco* – Bartolomé Bennassar.
19. *Trois tentations dans l'Église* – Alain Besançon.
20. *Le monde d'Homère* – Pierre Vidal-Naquet.
21. *La guerre à l'Est* – August von Kageneck.
22. *Histoire du gaullisme* – Serge Berstein.
23. *Les Cent-Jours* – Dominique de Villepin.
24. *Nouvelle histoire de la France*, tome I – Jacques Marseille.
25. *Nouvelle histoire de la France*, tome II – Jacques Marseille.
26. *Histoire de la Restauration* – Emmanuel de Waresquiel et Benoît Yvert.
27. *La Grande Guerre des Français* – Jean-Baptiste Duroselle.
28. *Histoire de l'Italie* – Catherine Brice.
29. *La civilisation de l'Europe à la Renaissance* – John Hale.
30. *Histoire du Consulat et de l'Empire* – Jacques-Olivier Boudon.
31. *Les Templiers* – Laurent Dailliez.

32. *Madame de Pompadour* – Évelyne Lever.
33. *La guerre en Indochine* – Georges Fleury.
34. *De Gaulle et Churchill* – François Kersaudy.
35. *Le passé d'une discorde* – Michel Abitbol.
36. *Louis XV* – François Bluche.
37. *Histoire de Vichy* – Jean-Paul Cointet.
38. *La bataille de Waterloo* – Jean-Claude Damamme.
39. *Pour comprendre la guerre d'Algérie* – Jacques Duquesne.
40. *Louis XI* – Jacques Heers.
41. *La bête du Gévaudan* – Michel Louis.
42. *Histoire de Versailles* – Jean-François Solnon.
43. *Voyager au Moyen Âge* – Jean Verdon.
44. *La Belle Époque* – Michel Winock.
45. *Les manuscrits de la mer Morte* – Michael Wise, Martin Abegg Jr. & Edward Cook.
46. *Histoire de l'éducation,* tome I – Michel Rouche.
47. *Histoire de l'éducation,* tome II – François Lebrun, Marc Venard, Jean Quéniart.
48. *Les derniers jours de Hitler* – Joachim Fest.
49. *Zita impératrice courage* – Jean Sévillia.
50. *Histoire de l'Allemagne* – Henry Bogdan.
51. *Lieutenant de panzers* – August von Kageneck.
52. *Les hommes de Dien Bien Phu* – Roger Bruge.
53. *Histoire des Français venus d'ailleurs* – Vincent Viet.
54. *La France qui tombe* – Nicolas Baverez.
55. *Histoire du climat* – Pascal Acot.
56. *Charles Quint* – Philippe Erlanger.
57. *Le terrorisme intellectuel* – Jean Sévillia.
58. *La place des bonnes* – Anne Martin-Fugier.
59. *Les grands jours de l'Europe* – Jean-Michel Gaillard.
60. *Georges Pompidou* – Eric Roussel.
61. *Les États-Unis d'aujourd'hui* – André Kaspi.
62. *Le masque de fer* – Jean-Christian Petitfils.
63. *Le voyage d'Italie* – Dominique Fernandez.
64. *1789, l'année sans pareille* – Michel Winock.
65. *Les Français du Jour J* – Georges Fleury.
66. *Padre Pio* – Yves Chiron.
67. *Naissance et mort des Empires.*
68. *Vichy 1940-1944* – Jean-Pierre Azéma, Olivier Wieviorka.
69. *L'Arabie Saoudite en guerre* – Antoine Basbous.
70. *Histoire de l'éducation,* tome III – Françoise Mayeur.
71. *Histoire de l'éducation,* tome IV – Antoine Prost.
72. *La bataille de la Marne* – Pierre Miquel.
73. *Les intellectuels en France* – Pascal Ory, Jean-François Sirinelli.

74. *Dictionnaire des pharaons* – Pascal Vernus, Jean Yoyotte.
75. *La Révolution américaine* – Bernard Cottret.
76. *Voyage dans l'Égypte des Pharaons* – Christian Jacq.
77. *Histoire de la Grande-Bretagne* – Roland Marx, Philippe Chassaigne.
78. *Histoire de la Hongrie* – Miklós Molnar.
79. *Chateaubriand* – Ghislain de Diesbach.
80. *La Libération de la France* – André Kaspi.
81. *L'empire des Plantagenêt* – Martin Aurell.
82. *La Révolution française* – Jean-Paul Bertaud.
83. *Les Vikings* – Régis Boyer.
84. *Examen de conscience* – August von Kageneck.
85. *1905, la séparation des Églises et de l'État.*
86. *Les femmes cathares* – Anne Brenon.
87. *L'Espagne musulmane* – André Clot.
88. *Verdi et son temps* – Pierre Milza.
89. *Sartre* – Denis Bertholet.
90. *L'avorton de Dieu* – Alain Decaux.
91. *La guerre des deux France* – Jacques Marseille.
92. *Honoré d'Estienne d'Orves* – Etienne de Montety.
93. *Gilles de Rais* – Jacques Heers.
94. *Laurent le Magnifique* – Jack Lang.
95. *Histoire de Venise* – Alvise Zorzi.
96. *Le malheur du siècle* – Alain Besançon.
97. *Fouquet* – Jean-Christian Petitfils.
98. *Sissi, impératrice d'Autriche* – Jean des Cars.
99. *Histoire des Tchèques et des Slovaques* – Antoine Marès.
100. *Marie Curie* – Laurent Lemire.
101. *Histoire des Espagnols,* tome I – Bartolomé Bennassar.
102. *Pie XII et la Seconde Guerre mondiale* – Pierre Blet.
103. *Histoire de Rome,* tome I – Marcel Le Glay.
104. *Histoire de Rome,* tome II – Marcel Le Glay.
105. *L'État bourguignon 1363-1477* – Bertrand Schnerb.
106. *L'Impératrice Joséphine* – Françoise Wagener.
107. *Histoire des Habsbourg* – Henry Bogdan.
108. *La Première Guerre mondiale* – John Keegan.
109. *Marguerite de Valois* – Eliane Viennot.
110. *La Bible arrachée aux sables* – Werner Keller.
111. *Le grand gaspillage* – Jacques Marseille.
112. *« Si je reviens comme je l'espère » : lettres du front et de l'Arrière, 1914-1918* – Marthe, Joseph, Lucien, Marcel Papillon.
113. *Le communisme* – Marc Lazar.
114. *La guerre et le vin* – Donald et Petie Kladstrup.
115. *Les chrétiens d'Allah* – Lucile et Bartolomé Bennassar.
116. *L'Égypte de Bonaparte* – Jean-Joël Brégeon.

117. *Les empires nomades* – Gérard Chaliand.
118. *La guerre de Trente Ans* – Henry Bogdan.
119. *La bataille de la Somme* – Alain Denizot.
120. *L'Église des premiers siècles* – Maurice Vallery-Radot.
121. *L'épopée cathare*, tome I, *L'invasion* – Michel Roquebert.
122. *L'homme européen* – Jorge Semprún, Dominique de Villepin.
123. *Mozart* – Pierre-Petit.
124. *La guerre de Crimée* – Alain Gouttman.
125. *Jésus et Marie-Madeleine* – Roland Hureaux.
126. *L'épopée cathare*, tome II, *Muret ou la dépossession* – Michel Roquebert.
127. *De la guerre* – Carl von Clausewitz.
128. *La fabrique d'une nation* – Claude Nicolet.
129. *Quand les catholiques étaient hors la loi* – Jean Sévillia.
130. *Dans le bunker de Hitler* – Bernd Freytag von Loringhoven et François d'Alançon.
131. *Marthe Robin* – Jean-Jacques Antier.
132. *Les empires normands d'Orient* – Pierre Aubé.
133. *La guerre d'Espagne* – Bartolomé Bennassar.
134. *Richelieu* – Philippe Erlanger.
135. *Les Mérovingiennes* – Roger-Xavier Lantéri.
136. *De Gaulle et Roosevelt* – François Kersaudy.
137. *Historiquement correct* – Jean Sévillia.
138. *L'actualité expliquée par l'Histoire*.
139. *Tuez-les tous! La guerre de religion à travers l'histoire* – Elie Barnavi, Anthony Rowley.
140. *Jean Moulin* – Jean-Pierre Azéma.
141. *Nouveau monde, vieille France* – Nicolas Baverez.
142. *L'Islam et la Raison* – Malek Chebel.
143. *La gauche en France* – Michel Winock.
144. *Malraux* – Curtis Cate.
145. *Une vie pour les autres. L'aventure du père Ceyrac* – Jérôme Cordelier.
146. *Albert Speer* – Joachim Fest.
147. *Du bon usage de la guerre civile en France* – Jacques Marseille.
148. *Raymond Aron* – Nicolas Baverez.
149. *Joyeux Noël* – Christian Carion.
150. *Frères de tranchées* – Marc Ferro.
151. *Histoire des croisades et du royaume franc de Jérusalem*, tome I, *1095-1130, L'anarchie musulmane* – René Grousset.
152. *Histoire des croisades et du royaume franc de Jérusalem*, tome II, *1131-1187, L'équilibre* – René Grousset.
153. *Histoire des croisades et du royaume franc de Jérusalem*, tome III, *1188-1291, L'anarchie franque* – René Grousset.

154. *Napoléon* – Luigi Mascilli Migliorini.
155. *Versailles, le chantier de Louis XIV* – Frédéric Tiberghien.
156. *Le siècle de saint Bernard et Abélard* – Jacques Verger, Jean Jolivet.
157. *Juifs et Arabes au XXe siècle* – Michel Abitbol.
158. *Par le sang versé. La Légion étrangère en Indochine* – Paul Bonnecarrère.
159. *Napoléon III* – Pierre Milza.
160. *Staline et son système* – Nicolas Werth.
161. *Que faire ?* – Nicolas Baverez.
162. *Stratégie* – B. H. Liddell Hart.
163. *Les populismes* (dir. Jean-Pierre Rioux).
164. *De Gaulle, 1890-1945*, tome I – Eric Roussel.
165. *De Gaulle, 1946-1970*, tome II – Eric Roussel.
166. *La Vendée et la Révolution* – Jean-Clément Martin.
167. *Aristocrates et grands bourgeois* – Eric Mension-Rigau.
168. *La campagne d'Italie* – Jean-Christophe Notin.
169. *Lawrence d'Arabie* – Jacques Benoist-Méchin.
170. *Les douze Césars* – Régis F. Martin.
171. *L'épopée cathare*, tome III, *Le lys et la croix* – Michel Roquebert.
172. *L'épopée cathare*, tome IV, *Mourir à Montségur* – Michel Roquebert.
173. *Henri III* – Jean-François Solnon.
174. *Histoires des Antilles françaises* – Paul Butel.
175. *Rodolphe et les secrets de Mayerling* – Jean des Cars.
176. *Oradour, 10 juin 1944* – Sarah Farmer.
177. *Volontaires français sous l'uniforme allemand* – Pierre Giolitto.
178. *Chute et mort de Constantinople* – Jacques Heers.
179. *Nouvelle histoire de l'Homme* – Pascal Picq.
180. *L'écriture. Des hiéroglyphes au numérique.*
181. *C'était Versailles* – Alain Decaux.
182. *De Raspoutine à Poutine* – Vladimir Fedorovski.
183. *Histoire de l'esclavage aux Etats-Unis* – Claude Fohlen.
184. *Ces papes qui ont fait l'histoire* – Henri Tincq.
185. *Classes laborieuses et classes dangereuses* – Louis Chevalier.
186. *Les enfants soldats* – Alain Louyot.
187. *Premiers ministres et présidents du Conseil* – Benoît Yvert.
188. *Le massacre de Katyn* – Victor Zaslavsky.
189. *Enquête sur les apparitions de la Vierge* – Yves Chiron.
190. *L'épopée cathare*, tome V, *La fin des Amis de Dieu* – Michel Roquebert.
191. *Histoire de la diplomatie française*, tome I.
192. *Histoire de la diplomatie française*, tome II.
193. *Histoire de l'émigration* – Ghislain de Diesbach.
194. *Le monde des Ramsès* – Claire Lalouette.

195. *Bernadette Soubirous* – Anne Bernet.
196. *Cosa Nostra. La mafia sicilienne de 1860 à nos jours* – John Dickie.
197. *Les mensonges de l'Histoire* – Pierre Miquel.
198. *Les négriers en terres d'islam* – Jacques Heers.
199. *Nelson Mandela* – Jack Lang.
200. *Un monde de ressources rares* – Le Cercle des économistes et Erik Orsenna.
201. *L'histoire de l'univers et le sens de la création* – Claude Tresmontant.
202. *Ils étaient sept hommes en guerre* – Marc Ferro.
203. *Précis de l'art de la guerre* – Antoine-Henri Jomini.
204. *Comprendre les Etats-unis d'aujourd'hui* – André Kaspi.
205. *Tsahal* – Pierre Razoux.
206. *Pop philosophie* – Mehdi Belahj Kacem, Philippe Nassif.
207. *Le roman de Vienne* – Jean des Cars.
208. *Hélie de Saint Marc* – Laurent Beccaria.
209. *La dénazification* (dir. Marie-Bénédicte Vincent).
210. *La vie mondaine sous le nazisme* – Fabrice d'Almeida.
211. *Comment naissent les révolutions.*
212. *Comprendre la Chine d'aujourd'hui* – Jean-Luc Domenach.
213. *Le second Empire* – Pierre Miquel.
214. *Les papes en Avignon* – Dominique Paladilhe.
215. *Jean Jaurès* – Jean-Pierre Rioux.
216. *La Rome des Flaviens* – Catherine Salles.
217. *6 juin 44* – Jean-Pierre Azéma, Philippe Burrin, Robert O. Paxton.
218. *Eugénie, la dernière impératrice* – Jean des Cars.
219. *L'homme Robespierre* – Max Gallo.
220. *Les Barbaresques* – Jacques Heers.
221. *L'élection présidentielle en France, 1958-2007* – Michel Winock.
222. *Histoire de la Légion étrangère* – Georges Blond.
223. *1 000 ans de jeux Olympiques* – Moses I. Finley, H. W. Pleket.
224. *Quand les Alliés bombardaient la France* – Eddy Florentin.

À PARAÎTRE

Le royaume wisigoth d'Occitanie – Joël Schmidt.
Jeanne d'Arc – Colette Beaune.
L'épuration sauvage – Philippe Bourdrel.

Achevé d'imprimer en France par EPAC Technologies
N° d'édition: 4550414308718
Dépôt légal: juin 2005